CLIVE CUSSLER
Jagd am Meeresgrund

Buch

Nicht nur in Clive Cusslers spannenden Romanen spielt die »National Underwater and Marine Agency«, kurz NUMA, eine zentrale Rolle. Die NUMA, ein Verein zum Aufspüren gesunkener Schiffe, existiert auch im wirklichen Leben. In seinem ersten Sachbuch berichtet der bekannte Bestsellerautor in packenden Fallgeschichten von dramatischen Schiffskatastrophen und deren Spuren am Meeresgrund, die das NUMA-Team in abenteuerlichen Expeditionen orten und erforschen konnte. Auch als Sachbuchautor versteht es Cussler, die Leser in seinen Bann zu ziehen.

Autoren

Clive Cussler wurde durch seine Dirk-Pitt-Romane als erfolgreicher Buchautor weltweit berühmt. Wie der Held seiner Bestseller ist Cussler selbst ein begeisterter Tiefseetaucher und Abenteurer. Die von ihm gegründete, nicht kommerzielle Organisation NUMA, beschäftigt sich mit dem Aufspüren und der Erhaltung historischer Schiffswracks.

Craig Dirgo ist Schriftsteller. Er leitete zudem zahlreiche Expeditionen der NUMA.

CLIVE CUSSLER
& CRAIG DIRGO

Jagd am Meeresgrund

Abenteuerliche Tauchgänge
zu berühmten Schiffswracks

Aus dem Amerikanischen
von Helga Weigelt

GOLDMANN

Die Originalausgabe erschien
unter dem Titel »The Sea Hunters«
bei Simon & Schuster, New York.

Deutsche Erstausgabe

Umwelthinweis:
Alle bedruckten Materialien dieses Taschenbuches
sind chlorfrei und umweltschonend.

Der Goldmann Verlag
ist ein Unternehmen der Verlagsgruppe Bertelsmann

Deutsche Erstausgabe Januar 1998
© 1997 der deutschsprachigen Ausgabe
Wilhelm Goldmann Verlag, München
© 1996 der Originalausgabe Clive Cussler
Umschlagung: Design Team München
Umschlagfoto: Kurt Amsler/Jahr Verlag
Satz: Uhl + Massopust, Aalen
Druck: Graphischer Großbetrieb Pößneck
Verlagsnummer: 12761
Redaktion: Alexander Groß
KF · Herstellung: Sebastian Strohmaier
Made in Germany
ISBN 3-442-12761-0

1 3 5 7 9 10 8 6 4 2

Danksagung

Die Autoren sind folgenden Personen zu Dank verpflichtet:

Joaquin Saunders, Autor von »Die Nacht vor Weihnachten«, Ray Rodgers, Autor von »Die Überlebenden der Léopoldville-Katastrophe«, und all den Männern der 66. Panther-Division, die die schreckliche Tragödie vor Cherbourg, Frankreich, am Abend des 24. Dezember 1944 überlebten, für ihre Erzählungen des Grauens und des Heldentums. Dies ist wirklich ein Ereignis, das nicht in Vergessenheit geraten sollte.

Dank den Frauen und Männern, die die National Underwater & Marine Agency (NUMA) seit ihren Anfängen unterstützt haben. In guten wie in schlechten Zeiten blieben sie treu und standhaft. Hier kann nur eine unvollständige Liste ihrer erstaunlichen Leistungen wiedergegeben werden. Ohne ihre Anstrengungen würden noch über sechzig Schiffswracks von historischer Bedeutung auf dem Grund der Meere und Flüsse liegen, übersehen und unerkannt, vergessen für alle Zeit. Manche Schiffe sind verschwunden, ausgelöscht oder unter modernen Bauwerken begraben. Einige sind noch intakt. Jetzt, da uns der Weg gewiesen worden ist, überlassen wir es zukünftigen Generationen, das Wissen über die von Menschenhand geschaffenen Dinge weiterzugeben und zu bewahren, die unser maritimes Erbe darstellen.

Dank auch an meine Frau Barbara für ihre fortwährende Geduld und an meine Kinder, Teri, Dirk und Dana, die mit einem Vater aufgewachsen sind, der nie erwachsen geworden ist.

Danksagung

Die Autoren sind folgenden Personen zu Dank verpflichtet:

Joaquin Saunders, Autor von »Die Nacht vor Weihnachten«, Ray Rodgers, Autor von »Die Überlebenden der Léopoldville-Katastrophe«, und all den Männern der 66. Panther-Division, die die schreckliche Tragödie vor Cherbourg, Frankreich, am Abend des 24. Dezember 1944 überlebten, für ihre Erzählungen des Grauens und des Heldentums. Dies ist wirklich ein Ereignis, das nicht in Vergessenheit geraten sollte.

Dank den Frauen und Männern, die die National Underwater & Marine Agency (NUMA) seit ihren Anfängen unterstützt haben. In guten wie in schlechten Zeiten blieben sie treu und standhaft. Hier kann nur eine unvollständige Liste ihrer erstaunlichen Leistungen wiedergegeben werden. Ohne ihre Anstrengungen würden noch über sechzig Schiffswracks von historischer Bedeutung auf dem Grund der Meere und Flüsse liegen, übersehen und unerkannt, vergessen für alle Zeit. Manche Schiffe sind verschwunden, ausgelöscht oder unter modernen Bauwerken begraben. Einige sind noch intakt. Jetzt, da uns der Weg gewiesen worden ist, überlassen wir es zukünftigen Generationen, das Wissen über die von Menschenhand geschaffenen Dinge weiterzugeben und zu bewahren, die unser maritimes Erbe darstellen.

Dank auch an meine Frau Barbara für ihre fortwährende Geduld und an meine Kinder, Teri, Dirk und Dana, die mit einem Vater aufgewachsen sind, der nie erwachsen geworden ist.

Inhalt

NUMA-Kuratoriumsberatungsausschuß 11
Einleitung 13

Teil 1
Das Dampfschiff *Lexington*

I   Ankunft noch bei Tageslicht – 1840 41
II Das Erscheinen der NUMA – 1983 70

Teil 2
Das Marineschiff *Zavala* der Republik Texas

I   Ein leicht steuerbares Schiff – 1836–1842 81
II Das Schiff unter dem Parkplatz – 1986 92

Teil 3
U. S. S. *Cumberland* und C. S. S. *Florida*

I   Ihre Flagge weht noch immer – 1862 103
II   She-Devil der Konföderierten – 1864 119
III Wohin sind sie gegangen? – 1980 142
IV Zurück wie der Teufel – 1982 150

Teil 4
C. S. S. *Arkansas*

I Der Panzer – 1862 161
II Kommt hinunter zum Ufer – 1981 194

Teil 5
U. S. S. *Carondelet*

I Der Flußkrieg – 1862 205
II Manchmal hat man einfach kein Glück – 1982 227

Teil 6
Hunley, das Unterseeboot der Konföderierten

I Das kleine Unterseeboot konnte…
und schaffte es – 1864 241
II Der schwerste Fund von allen – 1980 271
III Noch einmal mit Gefühl – 1981 284
IV Wenn es beim ersten Mal nicht klappt – 1994 292

Teil 7
Die verlorene Lokomotive von Kiowa Creek

I Reise nach Nirgendwo – 1878 307
II Der Geist der Lokomotive 326

Teil 8
H. M. S. *Pathfinder*, *U 21* und *U 20*

I Tod aus der Tiefe – 1914 343
II Untergegangen in achtzehn Minuten 358
III Ich wäre lieber auf Hawaii – 1984 375

Teil 9
Der Truppentransporter *Léopoldville*

I Stille Nacht, tödliche Nacht – 1944 403
II Mist, wieder nichts! – 1984 429

Teil 10
Wer nicht sucht, kann nicht finden

Postskripten 455
Derzeitige Liste der Schiffswrackserkundungen und -entdeckungen der National Underwater & Marine Agency 465
Ausländische Schiffe, die entdeckt und erkundet wurden ... 473
Zusätzlich erkundete Lagerplätze 478
Fotonachweis 480

NUMA-Kuratoriumsberatungsausschuß

Clive Cussler, 1. Vorsitzender
Colonel Walter Schob
Admiral William Thompson
Michael Hogan
Eric Schonstedt
Commander Donald Walsh
Kenhelm Stott, jr.*
Douglas Wheeler
Craig Dirgo
Robert Esbenson*

Wayne Gronquist, Präsident
Dana Larson
William Shea
Dr. Harold Edgerton*
Clyde Smith
Peter Throckmorton*
Tony Bell*
Dirk Cussler
Barbara Knight

* verstorben

Einleitung

Es heißt, daß Jules Verne *In achtzig Tagen um die Welt* geschrieben hat, ohne Paris ein einziges Mal verlassen zu haben. Er tat kaum einen Schritt aus dem Zimmer, in dem er die phantasiereichsten Romane schuf, die die Welt je gelesen hat. Die meisten Romanschriftsteller schauen mich an, als sei ich ein Wesen von einem anderen Stern, wenn ich sie frage, welche anderen Interessen sie noch neben dem Schreiben hätten. Sie können es nicht fassen, daß es noch anderes im Leben gibt als das Ersinnen von Romanhandlungen und -figuren, Vorlesungsreisen für Bücher, das Herumstreiten mit Lektoren oder das Aushandeln besserer Geschäftsbedingungen mit Agenten. Ihr Leben wird einzig und allein von dem bestimmt, was sie in ihre PCs tippen.

Ein Reporter, der mich vor einigen Jahren interviewt hat, schrieb über mich: »Er folgt dem Trommelschlag einer Marschkapelle, die auf der anderen Seite der Stadt spielt.« Ich nehme an, das stimmt. Wenn ich meine Leser mit Abenteuergeschichten füttere, in denen ein Teufelskerl wie Dirk Pitt vorkommt, dann ist das nur ein Teil meiner Existenz. Ich bin süchtig nach der Herausforderung des Suchens, sei es nach verlorengegangenen Schiffswracks, Flugzeugen, Dampflokomotiven oder auch nach Menschen. Ich sammle auch Oldtimer und restauriere sie. Hauptsache alt, dann bin ich dabei.

Ein Teil von mir steckt in Dirk Pitt, denn einige Eigenschaften habe ich mit ihm gemeinsam. Wir sind beide etwa 1,90 m groß. Seine Augen sind grüner als meine, und er fasziniert die Damen sicher stärker, als ich es jemals vermochte. Wir haben die gleiche Abenteuerlust, obwohl seine Eskapaden viel weiter gehen als meine. Zum Beispiel habe ich niemals die *Titanic* gehoben. Auch das Leben des Präsidenten habe ich nie gerettet, noch jemals einen Goldschatz der Inkas in einer unterirdischen Höhle entdeckt.

Aber neben dem Trampen durch Sümpfe auf der Suche nach alten Kanonen oder einer wilden Fahrt in einem kleinen Boot bei Windstärke 8, als ich ein gesunkenes U-Boot zu finden hoffte, habe ich noch ein paar andere verrückte Sachen ausprobiert. Einmal, ich war bereits fünfzig, bin ich mit dem Fahrrad über die Rocky Mountains gefahren und durch die Wüste von Kalifornien. Mit fünfundfünfzig nahm ich den Steuerknüppel eines Seglers in die Hand, und mit dem Bungee-Springen fing ich mit sechzig an. Nach meinem fünfundsechzigsten Geburtstag will ich das Fallschirmspringen ausprobieren.

Wie fing das an mit dem Verlangen, Phantasie und Wirklichkeit in Einklang bringen zu wollen?

Vielleicht erinnern Sie sich an mich. Ich war jener Banknachbar in Ihrer Algebraklasse in der Oberschule, der aus dem Fenster starrte, während der Lehrer die Bruchrechnung erklärte. Ich war weit weg – in einer anderen Zeit, eine Million Meilen entfernt, als Besatzungsmitglied an der Kanone auf dem Schiff von John Paul Jones, der *Bonhomme Richard*, beim Angriff auf Cemetery Ridge mit Picketts Division, oder am Little Big Horn, wo ich das Kriegsglück wendete und Custer mit seinem 7. Kavallerieregiment rettete. Wenn man mich im Unterricht aufforderte, etwas wiederzugeben, konnte ich nur auf den Fußboden starren wie jemand, der das Gedächtnis verloren hat, und eine Antwort murmeln, die rein gar nichts mit dem Fach zu tun hatte, so daß die Lehrerin dachte, ich sei irrtümlich in ihre Klasse geraten.

Ich hatte Glück, genau dort, in Südkalifornien, zu jener Zeit aufzuwachsen. Vier Blocks von dem Mittelklassehaus meiner Familie aus den 40er Jahren entfernt lebten fünf Nachbarjungen meines Alters, die die gleiche reiche Phantasie hatten wie ich. Zusammen bauten wir Baumhütten, Clubhäuser, gruben Höhlen, konstruierten ein Schiff aus Holzabfällen in einem verlassenen Schuppen, entwarfen Miniaturstraßen und Bauten aus Lehm; Geistergeschichten erfanden wir in der Walpurgisnacht in der Garage meines Vaters. Erst wenn es fünf Uhr schlug, rannten wir nach Hause, um das Radio einzuschalten und den Abenteuern von Jack Armstrong zu lauschen, dem Idol amerikanischer Jungen schlechthin, und stellten uns vor, wie wir neben ihm durch den Dschungel des Kongo schlichen.

Seemannsgeschichten faszinierten meinen unsteten Geist besonders. Ich steckte ständig mit der Nase in Büchern, in denen Seeschlachten geschildert wurden, beispielsweise die zwischen den Panzerschiffen im Bürgerkrieg, die Gefechte der berühmten amerikanischen Fregatten gegen die Briten im Krieg von 1812, und die napoleonischen Seeschlachten Nelsons, besonders die romanhaften Berichte über Horatio Hornblower von C. S. Forester.

Da ich im Sternbild Krebs geboren bin, habe ich mich schon immer zum Wasser hingezogen gefühlt. Mit sechs sah ich zum ersten Mal den Pazifik. Ich rannte direkt in die Brandung, nur um sofort wieder von einem Brecher auf den Strand zurückgeschleudert zu werden. Unerschrocken rannte ich wieder zurück. Das war kein guter Einfall, denn ich hatte keine Ahnung, daß man schwimmen konnen mußte. Ich erinnere mich, wie ich die Augen aufmachte und mich wunderte, warum die Welt unter der Oberfläche so verschwommen aussah. Ich erkannte sogar einen kleinen Fisch. Dann ging mir auf, daß ich keine Luft bekam. Da er nichts anderes tun konnte, tastete mein Vater hektisch in der Tiefe herum, bis er mich fand und an die Luft zog. Meine Mutter, die vor einer Wiederholung dieser Unterwasserballett-Vorstellung Angst hatte, meldete mich sofort im nächsten Freibad zu einem Schwimmkurs an.

Da ich ein Einzelkind war, erfand ich Spiele, die ich allein spielen konnte. Eins davon spielte man mit Poker-Chips, die man zu einem Kriegsschiff stapelte. Manche Schiffskörper bestanden aus einer Reihe einzelner Chips, andere waren zwei- oder dreireihig. Die Größe der Kanonen hing von der Stärke von Gummibändern ab. Natürlich schossen die Gummischlingen meiner Flotte stets die Chips der feindlichen Flotte über den ganzen Linoleumfußboden in der Küche und im Eßzimmer meiner Mutter herum. Das gleiche Grundkonzept wurde in der Badewanne angewandt, wo ich Papierschiffchen schwimmen ließ und dann mit Murmeln bzw. Unterwasserbomben angriff, bis sie mit Wasser vollgesogen auseinanderliefen oder unter dem Gewicht der Geschütze und Kugeln sanken.

Ich tat all die verrückten Dinge, die Kinder in den damaligen geruhsamen Zeiten zu tun pflegten, ehe es das Fernsehen gab, wie zum Beispiel mit dem Fahrrad einen steilen Abhang hinunterfahren, um von einer kleinen Klippe unten in die Büsche zu krachen, auf einer Baustelle vom Hausdach in einen Sandhaufen springen oder ein provisorisches Floß bauen, um mit ihm in einem Regensturm durch einen reißenden Strom abwärts zu rasen. Irgendwo da oben muß es Schutzengel geben, die auf verrückte, waghalsige Jungen aufpassen. Erstaunlicherweise habe ich mir nie einen Knochen gebrochen bis ich schon über fünfzig war. Seither bereitet mir ein gebrochener Knöchel Schmerzen, wenn ich jogge, zwei angeknackste Wirbel, die ich mir holte, als ich aus einem Jeep fiel, in dem ich mit einem Metalldetektor über den Strand raste, um nach einem vergrabenen Schiffswrack Ausschau zu halten; und sechs gebrochene Rippen, zwei davon beim Surfen und eine bei einem Sturz von meinem Mountainbike. Die anderen holte ich mir bei Unfällen aus Unachtsamkeit.

Eins habe ich schon früh gelernt: Abenteuer kann man preiswert haben. Im College beluden wir, ein guter Freund, Felix Dupuy, und ich, sein Ford-Coupé, Baujahr 1939, und machten uns für einen Sommer auf den Weg, im Land herumzufahren. In drei Monaten legten wir mehr als dreizehntausend Meilen zurück und kamen durch sechsunddreißig Staaten. Wir schliefen unter Musiktribünen in Vermont, in Eisenbahnwaggons in Texas und in den Büschen neben dem Kapitol in Washington, D. C. Der ganze Trip kostete mich nur 350 Dollar. Wir kamen gerade noch rechtzeitig heim, um beim Ausbruch der »Polizeiaktion« in Korea in die Air Force aufgenommen zu werden, mehr aus Langeweile in der Schule als aus patriotischer Begeisterung.

Ich werde nie vergessen, wie Felix, Jack Hawkins und ich im Musterungsbüro saßen, uns gegenseitig ansahen und ständig wiederholten: »Ich gehe, wenn du gehst« oder »Wenn du einrückst, rück ich auch ein«. Ich kann mich nicht erinnern, wer als erster die Hand hob und den Eid schwor, jedenfalls habe ich ihm nie verziehen.

Trotz meines Antrags auf Einsatz im Luftaufnahmen-Kommando oder bei der Spionageabwehr fand so ein hinterhältiger Unteroffizier im Trainingslager heraus, daß ich einer dieser Autoraser aus Kalifornien war, und schickte mich auf die Flugzeug-Mechaniker-Schule. Nachdem ich diese absolviert hatte, verlangte die Air Force meine Versetzung nach Hickam Field, Hawaii, wo ich die riesigen Achtundzwanzigzylinderradialmotoren auf die C-97-Stratosphärenkreuzer montieren mußte. Das waren große Propellermaschinen, von der Air Force als Transportmaschinen eingesetzt, mit denen sie dringend benötigtes Personal und Nachschub nach Korea flog, um dann Verwundete in Krankenhäuser in die Staaten zu bringen.

In den drei Jahren, in denen ich auf Oahu stationiert war, durchstreifte ich mit meinen Kumpels, Dave Anderson und mit Al Giordano, einem mutigen, witzigen Italiener, der als Modell für Al

Giordano in meinen Büchern dienen sollte, den tiefen Dschungel der Insel, um abgestürzte Flugzeuge, frühgeschichtliche hawaiianische Begräbnishöhlen und verschwundene Menschen zu suchen. Ich erinnere mich nicht, irgend etwas gefunden zu haben. Wir wurden auch bereits früh zu Tauchfreaks. Das war Ende 1951, und es gab wenig von dem, was man heute an Taucherausrüstung braucht. Wir fertigten unsere eigenen Kamera-Unterwassergehäuse, Lanzengewehre und Flöße an. Meine erste Maske war ein unheimliches Ding aus Frankreich, das das ganze Gesicht verdeckte, mit zwei Schnorcheln, die mit Tischtennisbällen ausgestattet waren, um das Wasser abzuhalten. Soweit ich mich erinnern kann, waren sie aus elastischem Gummi. Die ersten serienmäßig produzierten Tauchflossen paßten einem an die Füße wie Hauspantoffel mit herabhängenden Lappen.

Wir nutzten jede Gelegenheit, ins Wasser zu kommen, und erforschten alle möglichen Buchten und Höhlen um Oahu. Ich nahm auch stets meine Ausrüstung mit und tauchte um die Inseln Midway und Wake herum, wenn die Flugzeuge nach Tokio auftanken mußten. In jenen Tagen begegnete einem selten ein anderer Taucher.

Weil wir tiefer gehen wollten, bestellten meine Kumpels und ich ein Gerät, das der erste in Honolulu ausgelieferte Tank mit Regler gewesen sein soll. Nachdem wir das Ding in einem Holzverschlag aus dem Laden für Sportgeräte abgeholt hatten, fuhren wir schnell zu einem Flugzeug-Wartungshangar, wo wir zweihundert Pfund muffige Luft aus einem Kompressor in den Tank pumpten. Dann tauchten wir abwechselnd von einem Riff herab in zwanzig Fuß tiefes Wasser. Das war lange Zeit vor der Einführung der »Zertifizierung von Unterwasser-Atmungsgeräten« durch zugelassene Instruktoren, und es ist ein Wunder, daß wir nicht zahllosen Taucherkrankheiten erlagen. Embolien und Dekompressionszeiten waren nebulöse Begriffe und blieben von den meisten Sporttauchern des Jahres 1951 unbeachtet.

Als ich ins Zivilleben zurückkehrte, versuchte ich es noch einmal mit dem College, mußte aber feststellen, daß sich nichts geändert hatte. Die gleichen muffigen Klassenräume, die mir noch immer Übelkeit verursachten. Ganz davon abgesehen, hatte ich keine Vorstellung davon, was ich werden wollte, wenn ich erwachsen wäre. Da es uns zurücktrieb zu dem Gestank von Öl und Benzin, kauften mein alter Schulkamerad, Dick Klein, und ich uns eine Tankstelle direkt neben der San-Bernardino-Autobahn, sechs Meilen außerhalb von Los Angeles, und wir betrieben sie fast vier Jahre lang.

An den Wochenenden fuhren Dick und ich immer in einem alten 1948er Mercury-Coupé, das wir auseinandergenommen und mit übergroßen Lkw-Rädern versehen hatten, in der Wüste von Südkalifornien umher. Schade, in seinem ursprünglichen Zustand wäre das Auto heute soviel wert wie ein Neuwagen der gehobenen Klasse. Wir suchten verlassene Goldminen, Geisterstädte und jedwede Zeichen von Gerätschaften, die aussahen, als ob sie ehemalige Schürfer oder frühe spanische Forscher vergessen hätten. Meist blieb uns der Erfolg versagt, aber wir amüsierten uns köstlich, wenn wir mit antiquierten Gewehren auf Felsen in der Ferne schossen.

Schließlich erwarb ich mein Taucherpatent, nachdem ich einen hochdotierten Werbejob in Hollywood aufgegeben hatte, um als Büroangestellter bei einer kleinen Kette von Tauchgeräteläden in Orange County zu arbeiten. Aber meine Verrücktheit hatte Methode, denn ich hatte beschlossen, Seegeschichten zu schreiben, und welcher Platz wäre besser geeignet, meine Karriere als Schriftsteller in die Wege zu leiten, als der hinter der Theke eines Taucherausrüstungsgeschäftes? Don Spencer, Ron Merker und Omar Wood, legendäre Taucher und Besitzer von Tauchergeschäften in Wassersportzentren, fragten sich, von welchem Stern ich gefallen sein könnte, als ich mich um eine Stelle für 400 Dollar im Monat bewarb, nachdem ich vorher als »creative director« in einer hochkarätigen Werbeagentur 2000 Dollar monatlich verdient hatte. Aber schlaue und umsichtige Burschen, wie sie waren – Spencer ist inzwischen verstorben –, überwanden sie ihre Zweifel und stellten mich ein. Wir wurden gute Freunde, und ich blieb ihnen für alle Zeiten dankbar. Ich erinnere mich immer mit Rührung daran, wie Merker mir ein Zertifikat des County von Los Angeles ausstellte. Er war von meinen Tauchfähigkeiten nicht besonders beeindruckt, nicht einmal nachdem ich ihn daran erinnert hatte, daß der rote Baron, Manfred von Richthofen, der im Ersten Weltkrieg zwölf Flugzeuge der Alliierten abgeschossen hatte, beinahe aus der Flugzeugführerschule geflogen wäre.

Mit bangen Gefühlen schickte er mich nach Catalina – als Tauchmeister auf ein Charterboot zu zwanzig anderen Tauchern. Ein Birntang, der sich vom Meeresboden spiralförmig auf die Wasserfläche zuschraubt, ist ein Anblick, den man nie vergessen wird, ich werde aber nie vergessen, wie die Sporttaucher sich wie ein Rudel ausgehungerter Barrakudas auf das Essen an Deck stürzten.

Unter Aufbietung meiner zweifelhaften Talente in der Werbung führte ich alle möglichen verrückten Kunststückchen vor, um das Geschäft anzuheizen; Bemühungen, die innerhalb von sechs Monaten zu einer hundertprozentigen Umsatzsteigerung führten. Nachdem ich einige Mannequins im Bikini auf dem Gehsteig vor dem Laden hatte hin- und herstaksen lassen, einen Flugzeugrumpf mit fluoreszierender orangegelber Farbe angestrichen hatte, der zusammen mit weiteren bikinibekleideten Models auf dem Dach aufgestellt wurde, fing ich an, in einem Theaterzelt auf dem Parkplatz seltsame Possen zu reißen. Ich erinnere mich an ein Plakat am Straßenrand, auf dem zu lesen war: HALTET AMERIKA GRÜN, VERBIETET DIE HUMMER AUF DEN AUTOBAHNEN. Ich bildete mir viel darauf ein, daß wir Mel Fishers Taucherladen in Manhattan Beach mit unseren Umsätzen weit überflügelten. Natürlich hatte Fisher die Lacher auf seiner Seite, als er schließlich die mit Schätzen beladene spanische Galeone *Atocha* fand.

Auch ich wurde gewissermaßen zur Legende, als ich den aufgezeichneten »Taucherdienst« übernahm, bei dem die Taucher anriefen, um den Wasserstand zu erfragen, bevor sie sich in die Tiefe begaben. Statt der alten nüchternen Ansage »Hier ist der Tauchbericht des Wassersportzentrums« und des genuschelt heruntergeleierten »Die Brandung beträgt drei bis vier Fuß, die Wassertemperatur sechsundsiebzig Grad und die Sicht beträgt zehn Fuß«, kam ich ans Mikrofon und rief: »Hallo, ihr Taucher, hier ist schon wieder euer heißgeliebter Teufelskerl aus den trüben Tiefen, Horatio P. Quakmeyer, mit dem neuesten Bericht über die Tauchbedingungen.« Meine Sendung enthielt sogar Rezepte für die Zubereitung von Ohrschnecken der Gattung Haliotis. Und, weil ich es einfach nicht lassen konnte, erwähnte ich am Schluß ein paar Artikel, die zufällig im Angebot waren. Fragen Sie mich nicht warum, aber sie fanden es köstlich. Die Taucher in Kalifornien bitten mich noch heute, ihre Bücher mit »Horatio P. Quakmeyer« zu signieren.

Wenn es im Laufe des Nachmittags im Laden ruhiger wurde, setzte ich mich an einen Kartentisch im Hinterzimmer und schrieb auf meiner Reiseschreibmaschine an einem Buch mit dem Titel »Der Todesflieger«. Nachdem mir klargeworden war, daß ich wohl endlich meinen besonderen Platz im Leben gefunden, und meinen Vertrag mit dem Literaturagenten Peter Lampack in der Tasche hatte, verließ ich traurig die Taucherläden des Wassersportzentrums, um meiner neuen Karriere als Schriftsteller nachzugehen. Spencer, Merker, Wood und ich schüttelten einander die Hände, und sie schenkten mir zum Abschied eine Doxea Taucheruhr mit einem gelben Zifferblatt, die ich mehr als zwanzig Jahre wie einen Schatz gehütet habe. Alle drei brachte ich als Figuren in meinem Roman »Hebt die *Titanic*!« unter, der ein Bestseller und ein schrecklicher Film wurde.

Plötzlich und ganz unerwartet bekam ich durch den Erfolg mit »Hebt die *Titanic*!« die Mittel und die Zeit, nach verlorengegangenen Schiffswracks zu suchen.

Im Dezember 1977 las ich in einem Buch von Peter Throckmorton, Dekan der amerikanischen Fakultät für Meeresarchäologie, daß ein Gentleman aus England, ein gewisser Sidney Wignall, im Begriff sei, Hinweisen auf John Paul Jones' berühmtes Kriegsschiff aus dem amerikanischen Revolutionskrieg nachzugehen, der *Bonhomme Richard*, die nach einer heldenhaften Schlacht vor Flamborough in der Nordsee gesunken war. Da ich natürlich den berühmten Kampf genauer studiert hatte, in dem der Unterlegene schreit »Ich habe noch nicht angefangen zu kämpfen«, als sein Schiff schon von Kugeln zerfetzt war, biß ich an, als ich erfuhr, daß Wignall Gelder sammelte, um die Suche in die Wege zu leiten.

Meine britischen Verleger konnten Wignall ausfindig machen, und ich rief ihn an. Als hitziger Walliser nahm er an, ich sei irgendein gestörter Betrüger, als ich aus heiterem Himmel anbot, eine Expedition zu finanzieren, um die *Richard* zu finden. Wir verabredeten eine Zusammenkunft, bei der er einigermaßen beruhigt war, als ich nicht mit einem Napoleonhut und in einer Zwangsjacke erschien, um die Grundlagen für die Organisation einer Suchexpedition zu besprechen. Dabei war das Budget nicht gerade von geringer Bedeutung. In diesem Falle glatte 60 000 Dollar. Am Ende wurden es 80 000.

Sidney hatte eine Galeone der spanischen Armada entdeckt und suchte nach dem Bleisarg von Sir Francis Drake vor der Küste von Portobelo in Panama. Er war ein hochkarätiger Historiker, aber Organisation war für ihn ein Buch mit sieben Siegeln. Ich hätte etwas vorsichtiger sein sollen, bevor ich mich ins Unbekannte wagte, aber das Wrack-Fieber war bei mir schon bis zum Siedepunkt angestiegen, also warf ich mich kopfüber ins Abenteuer. Jetzt weiß ich, woher der Ausdruck »vertrauensselig wie ein Kind« kommt.

Die Expedition sollte später nur mit knapper Mühe dem Fiasko entgehen. Tonnen unnötiger Ausrüstung einschließlich einer Dekompressionskammer wurden an Bord eines britischen Minensuchbootes aus dem Zweiten Weltkrieg verstaut, wie man es für geologische Erkundungen verwendet, und das mit einer Mannschaft, von der ich vermutete, daß sie bei einer Hinterhof-Ölgesellschaft tätig war. Der Fliegende Holländer segelte mit einem besseren Schiff als diesem. Sein altersschwacher Dieselmotor brach mit nervenaufreibender Regelmäßigkeit zweimal täglich zusammen. Die Schiffsmannschaft hätte mit ihrem Gestank eine ganze Horde schwitzender Rennradfahrer in die Flucht geschlagen. Die Kerle meinten, *bath s*ei irgend so eine Stadt in England. Da war einer in der Mannschaft, der mir aus unerfindlichen Gründen nie aus dem Sinn geht. Sein Name war Gonzo. Ich erinnere mich an den Namen, denn er hatte ihn auf seine Stirn tätowieren lassen. Das Schiff hieß *Keltic Lord*. Als dummer Amerikaner dachte ich immer, »keltisch« würde im Englischen mit »c« geschrieben.

Im August 1978 versammelten sich alle in Bridlington, England, einem Las Vegas der Arbeiterklasse. Mehrere Taucher von der Universität Wales wollten ebenfalls mit. Mein Schwiegersohn und meine Tochter, Bob und Teri Toft, waren etwas früher angekommen, um mit Sidney Wignall die Ausrüstung zu ordnen und ein altes Boot zusammenzukleben, das der Besatzung als Fähre dienen sollte, mit der die Suchmannschaft und die Versorgungsgüter zwischen der alten *Keltic Lord* und der Küste zu transportieren waren.

Der Teufelskerl Gary Kozak tauchte auf, um das Seiten-Scan-Sonar zu bedienen, ein elektronisches Instrument, das akustische Bilder vom Meeresboden aufzeichnet. Das Bild, das sich aus dem Sonarsignal ergibt, sieht einem Foto ähnlich, das man drei- oder viermal kopiert hat.

Marty Klein, der kleine Riese und leitende Geschäftsführer der Firma Klein Associates, Inc., die Konstrukteure der Sonareinheit, kamen ebenfalls auf die Jagd nach der *Bonhomme Richard* mit. Wenn ich so zurückdenke, ist mir klar, daß das Sonar das einzige von Menschenhand geschaffene Instrument war, das einwandfrei funktionierte. Ich wurde einem Oberst Walter Schob vorgestellt, der das *Mary-Rose-Projekt* verlassen hatte und sich bereit erklärte, hinabzutauchen, falls wir die Reste von John Paul Jones' Schiff finden würden. Auch wenn sonst nicht viel bei meinem amateurhaften Einstieg in das Schiffswrack-Hebeunternehmen herauskam, Gary, Marty und Walt wurden meine guten Kameraden und blieben es fast zwei Jahrzehnte lang.

Meine Frau, Barbara, die jüngere Tochter Dana und mein Sohn Dirk waren auch mit von der Partie. Für mich war es tröstlich, sie bei mir zu haben, als das Projekt in Gang kam. Wir wohnten alle in einem Hotel am Strand, mit Namen Excelsior, der, wie man mir sagte, lateinisch war und »alles übertreffend« bedeutete. Ein interessanter Ort. Ich möchte bezweifeln, ob man es jemals renoviert hat, seit die Römer abgezogen sind. Das Parfum meiner Frau war plötzlich verschwunden, ebenso Teris Kamera. Als ich eines Abends bemerkte, daß das Bettzeug außergewöhnlich zerknittert war, fragte ich das Zimmermädchen, ob sie die Bettlaken gewechselt hätte.

Sie sah mich erstaunt an: »Wollten Sie, daß Ihre Laken gewechselt werden?«

Ja, das kommt davon, wenn man als unbedarfter Amerikaner ins Ausland reist. Aber wir hatten unsere Rache unten im Eßzimmer. In den meisten englischen Strandhotels erhält man bei den Mahlzeiten seinen eigenen, bestimmten Tisch. Selbst Einzelpersonen plaudern durch den Raum hindurch mit anderen, falls sie allein an ihren jeweiligen Tischen sitzen.

Für gewöhnlich stand ich zeitig als erster auf und las die Zeitung am Frühstückstisch. Wenn Gary und Marty ins Zimmer kamen, lud ich sie meist ein, sich zu mir zu setzen. Dann pflegten Dana und Dirk sich an Teris und Bobs Tisch zu setzen. Das brachte das Personal im Eßsaal völlig durcheinander.

»Entschuldigen Sie, aber es ist nicht gestattet, andere Gäste mit an Ihrem Tisch sitzen zu lassen«, tadelte mich der Ober mit vor Aufregung hochrotem Gesicht. »Jedem Gast wird hier sein eigener Tisch zugeordnet.«

»Ist das ein Privileg oder eine Strafe?« fragte ich unschuldig.

Er verstand den Witz nicht. »Diese Leute dürfen nicht bei Ihnen sitzen. Sie müssen an ihren jeweiligen Tischen essen.«

Ich sah Marty und Gary an, die ihr Besteck griffbereit hielten. »Ich glaube, daß die Herren hier gern da sitzen, wo sie sind, und um die Karte bitten.«

»So wird das bei uns nicht gehandhabt«, zischte der Ober völlig außer sich.

»Dann wird es entweder so gemacht, wie ich will, oder ich werde mich bei der Gesundheitsbehörde über den Möwendreck auf dem Balkon draußen beschweren.«

Es war nur ein Scharmützel gewesen, aber ich war froh, daß ich es gewonnen hatte.

Beim Dinner bedurfte es großen Geschicks, die Pellkartoffel mit Tomatenketchup und Worcestersauce zu essen. Einmal bat ich den Barmann um einen Wermut pur, Marke Martini. Teri war damals ungefähr achtzehn Jahre alt. Das liebe Ding opferte sich und brachte dem Barkeeper bei, wie man Bloody Marys und Screwdrivers mixt.

An dem Tag, an dem wir in See stechen sollten, dauerte es bis elf Uhr morgens, ehe wir wegkamen. Die See war ziemlich rauh und die Bootsfahrt vom Dock bis zur *Keltic Lord* an sich schon abenteuerlich. Als wir längsseits kamen, halfen Gonzo und ein anderes Besatzungsmitglied allen, an Bord zu gelangen, nur mir nicht. Ich saß übersehen und vergessen auf einem lecken Fährboot in Sturm und Regen, wurde von heftigen Wellen gegen den Schiffsrumpf geschleudert, eine Aktentasche gegen den Leib gepreßt, die mein Forschungsmaterial enthielt, Karten von dem Forschungsgebiet und eine große Tüte Plätzchen, die mir meine Frau aufgezwungen hatte.

Meine treue Schiffsbesatzung, mein loyales Technikerteam – alle waren in die Kombüse gestürzt, um sich eine Tasse Kaffee zu ergattern.

Als ich mich mit meiner Last über die Reling gequält hatte, gelangte ich total aufgeweicht in die Kombüse. Keiner nahm Notiz von mir. Sid Wignall tat so, als gäbe es mich überhaupt nicht. Das war die Gelegenheit, bei der ich meinen *Hand-Trick* einführte, der sich im Laufe der Jahre im Umgang mit meuternden Schiffsbesatzungen und Taucherteams als segensreich erweisen sollte. Das geht so: Ich hebe die rechte Hand und frage laut und deutlich: »Sieht jeder diese Hand?«

Alle starren desinteressiert und nicken schweigend.

»Was auch immer geschieht«, fuhr ich fort, »ein Feuer an Bord, wir rammen einen Eisberg, oder wir werden von einer U-Boot-Besatzung torpediert, die vergaß, sich zu ergeben, ihr werdet diese Hand retten.«

Der gute alte Gonzo ging ins Netz. »Warum sollten wir denn uns den Arsch aufreißen, nur um diese Hand zu retten, Kamerad?«

Ich hatte sie in der Hand, die Macht war mein. Ich sah ihm geradewegs in die Augen und meinte: »Weil *dies* die Hand ist, die die Schecks ausschreibt.«

Es war umwerfend, wie ich innerhalb von dreißig Sekunden von einem Rodney Dangerfield zu einem Arnold Schwarzenegger wurde. Von jetzt an war *ich* der erste, dem man an Bord half. Gonzo wurde mein Kumpel und sorgte immer dafür, daß meine Kaffeetasse gefüllt war. Sogar der Kapitän fing an, mich mit »Sir« anzureden. In dem Augenblick begriff ich, daß die Suche nach Schiffswracks etwas war, was mir im Blut lag.

Wegen der Verspätung war schon der halbe Tag vertan, als wir unsere Bahnen über dem Suchraster zogen, was bedeutet, daß wir unseren »Übersee-Scan-Sensor« vorwärts und rückwärts schieben mußten, wie beim Rasenmähen, bis wir schließlich, noch vor Einbruch der Dunkelheit, nach Bridlington zurückkehrten. Als ich dieses Problem mit Sidney besprach, kam er mit einer brillanten Lösung: »Morgen werden wir pünktlich um sechs Uhr in der Früh den Anker lichten und auf den Suchbereich zuhalten.« Da ging ein Stöhnen durch die Reihen, aber sie waren alle einverstanden, da wir, wollten wir etwas erreichen, frühzeitig am Start sein mußten.

Das Küstenteam tauchte pünktlich um 5.50 Uhr am Pier auf. Der zuverlässige Walt Schob war schon mit dem Boot da, bereit, uns zur *Keltic Lord* überzusetzen. Der arme Marty Klein sah so elend aus wie ein Hummer in der Wüste. Gary Kozak hatte einen der schlimmsten Kater, die ich je gesehen hatte. Es war kein schöner Anblick.

Als wir das Schiff erreichten, nachdem wir uns durch dichten Nebel vorwärtsgetastet hatten, gingen wir an Bord und fanden die Decks völlig ohne Lebenszeichen vor. Die Mannschaft, das britische Taucherteam und Sidney Wignall – alle schliefen tief und fest, zweifellos schwebte Yorkshirepudding im Traum vor ihren Augen.

Voller Tücke und unverhohlener Verachtung für all jene, die nicht so gelitten hatten wie wir, stürmte ich in die Kajüte der Mannschaft, trat Wignalls Tür ein und schrie: »Wenn dieses Schiff nicht innerhalb von zehn Minuten unterwegs ist, werde ich euch an den Propeller binden!«

Ich muß Sidney Gerechtigkeit zuteil werden lassen. Er zeigte großes Verständnis. Der Anker rasselte hoch, der uralte Motor hustete und brachte eine Wolke schwarzen Rauchs aus einem Schornstein hervor, und der Bug furchte durch das Wasser innerhalb von genau acht Minuten.

Das Wrack, von dem Sidney dachte, es sei die *Bonhomme Richard*, erwies sich als Frachtschiff, das ein deutsches U-Boot im Ersten Weltkrieg versenkt hatte. Und so fiel der Vorhang über der Szene meiner Einführung in die Verwicklungen und Abenteuer bei der Jagd nach Schiffswracks.

Sechs Monate später bekam ich die traurige Nachricht, daß die *Keltic Lord* zusammen mit ihrer ganzen Besatzung bei einem

Wintersturm spurlos in der Nordsee verschwunden war. Ich wette, die Kneipen in der Hafenstadt Hull sind nie wieder die gleichen gewesen, seit Gonzo verschwunden ist.

Zum Erstaunen aller stand ich wieder auf der Matte und trat zur nächsten Runde an. Für das kommende Jahr organisierte ich erneut eine Expedition. Wayne Gronquist, Austin, Texas, Rechtsanwalt und später Präsident der NUMA, schlug vor, daß wir uns aus steuerlichen Gründen als »Stiftung« in Texas niederlassen. Am Anfang wollten die Kuratoren sie die »Clive-Cussler-Stiftung« nennen. Ich bin zwar kein selbsternanntes Mauerblümchen, aber mein Ego ist doch nicht ganz so monströs. Ich verwarf die Idee. Also meinten sie, es wäre doch lustig, sie nach der Regierungsbehörde zu benennen, bei der der Held meiner Bücher, Dirk Pitt, angestellt ist. Ich wurde überstimmt, und die National Underwater & Marine Agency war geboren. Jetzt konnte ich sagen: »Ja, Virginia, es gibt wirklich eine NUMA, eine NUMA, die sich der Bewahrung von Amerikas Erbe aus dem Meer verschrieben hat, indem sie verlorene Schiffe von historischer Bedeutung findet und identifiziert, ehe sie für alle Zeiten in Vergessenheit geraten.«

Dieser zweite Versuch, die *Richard* zu finden, wurde von dem früheren Marinekommandanten, Eric Berryman, geleitet. Wir bearbeiteten ein Gebiet zehnmal so groß wie beim ersten Mal und verbrauchten weniger als die Hälfte der Mittel. Auf dieser Reise hatte ich das große Glück, Peter Throckmorton und Bill Seha von der Brandeis University kennenzulernen. Wir arbeiteten nicht nur an diesem Projekt zusammen, sie wurden auch Mitglieder des NUMA-Kuratoriums. Ich fand ein solides und bequemes Schiff namens *Arvor III*, eine Yacht, die seltsamerweise nach den technischen Erfordernissen eines schottischen Fischtrawlers gebaut war. Ein unbezähmbarer Schotte mit Namen Jimmy Flett war Kapitän auf der *Arvor*. Nie habe ich einen prachtvolleren Menschen gekannt. Nicht einmal mit unserem erstklassigen Team gelang es uns, die verschollene *Bonhomme Richard* zu finden. Wir stießen jedoch auf einen russischen Spionagetrawler, der auf mysteriöse Weise kurz vor unserer Entdeckung gesunken war. Sofort wurde die Royal Navy benachrichtigt, und sie leiteten eine der herkömmlichen Unterwassersuchexpeditionen ein. Allerdings erfuhr ich nie, welche Geheimnisse sie entdeckt haben.

Eines Tages werde ich es wieder versuchen, verkündete Gary Kozak einmal. »Schiffswracks werden erst gefunden, wenn sie gefunden werden wollen.« Hoffentlich wird die *Richard* das nächste Mal bereit sein, den Finger zu heben und »hier« zu rufen.

Die NUMA war Wirklichkeit geworden. Und mit ordentlichen und besonnenen Leuten als Kuratoriumsmitgliedern und Beratern an Bord, zu denen Kommandant Don Walsh gehörte, der an Bord der *Trieste* an der tiefsten Stelle des Ozeans getaucht hatte, Doc Harold Edgerton, der tatkräftige und großartige Erfinder des Seiten-Scan-Sonar und der Strobe-Leuchte, und Admiral Bill Thompson, der fast mit links die Finanzierung und den Bau des »Navy Memorial« in Washington, D. C., geleitet hatte, fingen wir mit einer Reihe von wirklich ernsthaften Schiffswrack-Suchprojekten an.

Nach den erfolglosen Expeditionen von '78 und '79 wandten wir uns den heimatlichen Küsten zu. Unser erster Versuch im Sommer 1980 sollte das Konföderierten-U-Boot *Hunley* sein. Diese erste Suche erstreckte sich auf ein kleines Rasternetz, das sich über eineinhalb Meilen vor der Hafeneinfahrt befand, durch die die *Hunley* vor Charleston, South Carolina, gefahren war, bevor sie das Kanonenboot der Union, die *Housatonic*, torpedierte. Nach dem Angriff verschwand sie mit ihrer neunköpfigen Besatzung, und so erfuhr sie nie, daß sie in das Buch der Geschichte als das erste U-Boot eingegangen war, das ein Kriegsschiff versenkt hatte.

Bald sollte sich durch Nachforschungen und erste Sondierungen des Meeresbodens zeigen, daß die *Hunley* sich langsam aber sicher in den weichen Schlick gegraben hatte, der den Meeresboden vor der Küste bedeckt. Wir entdeckten, daß die Reste der *Housatonic* sich ebenfalls in den Meeresboden gewühlt hatten.

Das einzige Instrument, das man im allgemeinen verwendet, um versteckte Gegenstände in ihrer Gruft unter Salzwasser und Ablagerungen aufzuspüren, ist ein Magnetometer. Wenn das Seiten-Scan-Sonar der rechte Arm jeder Schiffswracksuche ist, dann ist das Magnetometer der linke. Die beiden Metalldetektoren, die am häufigsten verwendet werden, um einen vergrabenen Eisengegenstand zu finden und seine magnetische Kraft zu messen, sind das Protonenmagnometer und ein Gradiometer. Beide tun im Grunde das gleiche, verwenden aber unterschiedliche Meßverfahren. Als wir keine Spur der *Hunley* in der Nähe der Küste gefunden hatten, wurde uns klar, daß wir das Suchraster stark erweitern mußten.

1981 kamen wir zu einer gut organisierten Expedition zurück. Alan Albright, leitender Marinearchäologe der Universität von South Carolina, war sehr hilfsbereit und lieh uns sogar ein Schiff und ein Taucherteam, Bill Shea arbeitete an seinem selbstgebauten Protonenmagnometer, zusammen mit Walt Schob, der das Suchboot an den Rasterlinien vor- und zurücksteuerte. Ein zweites Schiff, ein Tauchboot, folgte, um alle eventuellen Besonderheiten zu untersuchen, die Bills Vergrößerungsinstrument entdeckt haben mochte. Den Tauchbetrieb leitete Ralph Wilbanks, der staatliche Archäologe, der den universitären Bereich vertrat.

Damit das mit dem Magnetometer ausgerüstete Boot die ganze Zeit seine Position präzise halten konnte, wurde eine »Mini Ranger Navigation Unit« eingesetzt. Dabei mußte mein Sohn Dirk in einem gemieteten Kleinbus wie in einem Backofen am Strand hocken, auf ein Anzeigeinstrument starren und eine Kurve beobachten. Dementsprechend hatte er Schob Anweisungen zu geben, damit er seinen Kurs halten konnte, bei dem er innerhalb der dreißig Meter schmalen Fahrtrinnen bleiben mußte.

Obwohl wir über fünfhundert Meilen Suchrinnen abfuhren, überquerten wir niemals das Grab der *Hunley*. Aber unser Tauchboot entdeckte die Reste von vier Konföderierten-Blockadeschiffen, die gepanzerten Beobachtungsschiffe der Union, *Weehawken* und *Patapsco*, und die eisengepanzerte *Keokuk* mit Zwillingszitadelle. Wir brachten schließlich alles auf die Reihe.

Nach der Expedition machten wir immer ein Foto von allen, die an dem Projekt beteiligt waren, und nannten es »Diplomfeier-Foto«. Als ich mir die siebzehn Freiwilligen betrachtete, die so schwer gearbeitet hatten, um die *Hunley* zu finden, und bei der Entdeckung der Wracks aus dem Bürgerkrieg so Großartiges geleistet hatten, fragte ich mich, was eine dürftigere und armseligere Besatzung hätte tun können.

Im Frühjahr 1982, bewaffnet mit dem teuren Schonstedt-Gradiometer, das uns immer von Erick Schonstedt, einem wunderbaren und freundlichen Menschen, der NUMA auf der gesamten Wegstrecke unterstützt hatte, geliehen wurde, machten Walt Schob und ich uns auf, eine Untersuchung des Wracks im unteren Mississippi-Lauf vorzunehmen. Wir hatten am Flughafen einen Kastenwagen gemietet – die baute man damals noch – und fuhren durch New Orleans zum Flußdelta, bis wir am Ende der Autobahn in einer Stadt mit dem Namen Venice ankamen, wo man sich Vorräte und Mannschaften besorgte, wenn man auf die Bohrinseln der Küste fahren wollte.

Hier charterten wir ein kleines Sechzehnfußschiff, das einem wortkargen Cajun-Fischer gehörte. Am ersten Morgen nahm er mein Geld und sprach kein einziges Wort mit uns. Am dritten Tag fand er schließlich, daß wir ganz nette Kerle seien und fing an, uns Cajun-Witze zu erzählen. Da ich mir zwei Tage zuvor den rechten Knöchel gebrochen hatte und das Bein fast bis zum Knie im Gips steckte, lieh er mir freundlicherweise einen Liegestuhl, so daß ich bequem am Bug sitzen konnte, das Gipsbein auf den Bootsrand gelagert, das wie ein Rammbock über dem schlammigen Flußwasser hing.

In den drei Tagen der Suche mit dem Magnetometer fanden wir Panzerschiffe der Konföderierten, die *Manassas*, in der Nähe eines Haufens Eisenrohre, und die *Louisiana*, beide später von einem

Wissenschaftlerteam von Texas A & M bei einer Untersuchung an Ort und Stelle identifiziert. Wir entdeckten auch die Reste der Kanonenboote *Governor Moore* und *Varuna*, versenkt in der Schlacht der Forts, als Admiral David Farraguts Flotte von Unionskriegsschiffen New Orleans eroberte.

Walt und ich verabschiedeten uns dann von dem freundlichen Fischer und fuhren nach Baton Rouge, um das berühmte Panzerschiff *Arkansas* der Konföderierten zu suchen, worüber in einem späteren Kapitel des Buches mehr zu lesen sein wird.

Das war nun wirklich ein herrlich gewagtes Unterfangen, selbst wenn es uns nichts anderes gebracht hatte als den Beweis, daß man eine Menge erreichen kann, wenn man mit Herz und Seele bei der Sache ist. Die größte Ausgabe in dem ganzen Projekt waren die Flugkosten. Eins sollte man sich merken: Wenn etwas noch nicht gefunden wurde, nachdem viel Zeit vergangen ist, dann nur, weil in neunzig Prozent der Fälle niemand danach gesucht hat.

Unweigerlich begräbt die Zeit auch jede Erinnerung an den Ort. Wenn man sich auf die Suche nach einem verlorenen Schiffswrack, einem indianischen Grabhügel, Goldbarren, Silbermünzen oder Porzellan-Nachttöpfen macht, braucht man nicht die Unterstützung der Regierung oder einer Universität. Man braucht keinen Lkw voll mit teuren Gerätschaften, man braucht keine Millionenerbschaft. Alles, was man wirklich braucht, sind Hingabe und Ausdauer. Außerdem muß man seine Phantasie im Zaum halten, damit man nicht irgendwelchen Hirngespinsten nachjagt. Manche Gegenstände wird man nie finden, manche waren ohnehin nie verlorengegangen, andere waren die Produkte der Einbildung eines Menschen, und allzu viele sind nicht im entferntesten da, wo man sie vermutet hatte.

Das Mississippi-Seitenschaufelboot *Sultana* ist ein erstklassiges Beispiel. Es war ein Luxusboot gewesen, mit dem Passagiere von New Orleans nach St. Louis gebracht wurden. Kurz nach dem Bürgerkrieg stopfte ein geldgieriger Unionsoffizier, der 22 Dollar für jeden Passagier von der Reederei bekommen sollte, 2400 Soldaten in das Schiff. Viele von ihnen waren malträtierte Gefangene, die man erst kurz zuvor aus dem berüchtigten Kriegsgefangenenlager der Konföderation, Andersonville, entlassen hatte, und die jetzt auf dem Weg zu ihren Familien waren. Die *Sultana* hatte auch achtzig zahlende Passagiere und vierzig Maultiere an Bord. Auf einem Foto, das man von ihr gemacht hatte, nachdem sie vollständig beladen war, wirkt sie irgendwie unheimlich. All diese schattenhaften Figuren, auf dem Dach zusammengepfercht und die Decks von Menschen wimmelnd, einschließlich der Maultiere, sehen gespenstisch aus.

Ungefähr fünfzig Meilen vor Memphis, Tennessee, entfernt, um zwei Uhr morgens am 27. April 1865, explodierte ein Kessel auf der *Sultana* und verwandelte sie in ein Inferno, ehe sie in einer kleinen Wolke aus Dampf und Rauch unterging. Mindestens 1800 Menschen starben, vielleicht sogar 2100. Die Katastrophe gilt noch immer als eine der schlimmsten Schiffstragödien in der amerikanischen Geschichte.

Im Sommer 1982 arbeiteten Walt Schob und ich mit Rechtsanwalt Jerry Potter aus Memphis zusammen, dem führenden Experten für diese Katastrophe und Autor des Buchs »Die *Sultana*-Tragödie«. Mit Hilfe des Gradiometers durchfuhren wir Suchbahnen über mehreren Standorten im Norden der Stadt auf dem trockenen Land, weil der Mississippi seinen Lauf seit 1865 erheblich geändert hat. Potter erinnerte sich, daß Mark Twain einmal geschrieben hat, »daß eines Tages ein Farmer ein Stück der alten *Sultana* mit seinem Pflug hervorholen und sehr erstaunt sein würde«. Twain hatte prophetische Gaben. Der ausgebrannte Rumpf der *Sultana* wurde schließlich innerhalb von fünfzig Yards an der Stelle gefunden, die ich mir ausgerechnet hatte, zwei Meilen von den derzeitigen Ufern des Mississippi entfernt, einundzwanzig Fuß tief unter dem Sojabohnenfeld eines Farmers in Arkansas.

Das Schlüsselwort heißt Recherche. Man kann nie genug im Bereich Forschung tun. Ohne einen Baseballplatz, der einem ausreichend Eingrenzungen bietet, verschwendet man Zeit und Geld und hat die gleichen Erfolgsaussichten wie bei dem Versuch, den Rattenfänger von Hameln und die Kinder der Stadt auf dem Mars zu finden. Natürlich kann man auch Glück haben, aber verwetten Sie nicht Ihr ganzes Geld! Die Chancen können 100:1 stehen, und doch besteht immer noch diese winzige Möglichkeit des Sieges. Sie meinen 1000:1? Dann lohnt sich die Mühe nicht.

Recherchen können entweder zu einem besseren Ausgangspunkt verhelfen oder einem sagen, daß es hoffnungslos ist. Eine Vielzahl von Wrackprojekten habe ich wieder zu den Akten gelegt und nicht den geringsten Versuch einer Erkundung unternommen, denn die Daten zeigen, daß die Sache aussichtslos war. Ein Schiff war im Golf von Mexiko verschwunden, ein Schiff, das auf einer Reise von den Bermudas nach Norfolk unterging, ein Schiff, das ungesehen irgendwo zwischen San Francisco und Los Angeles in der Versenkung verschwand. Die muß man allesamt vergessen. Wenn man nicht den kleinsten Anhaltspunkt dafür hat, müßte man ein Raster haben, das sich über tausend Quadratmeilen erstreckt.

Ob und wann sie beschließen, sich finden zu lassen, ist reiner Zufall.

Aber alles erst nach Recherchen und Studien einzufädeln, ist das, was mir wirklich gefällt.

Ich habe oft gesagt, wenn meine Frau mich aus dem Haus jagen würde, nähme ich ein Feldbett und einen Schlafsack und würde mich im Keller einer Bibliothek einquartieren. Nichts ist aufregender und kann einen in größere Begeisterung versetzen, als auf einmal zu spüren: Jetzt hast du genau den Punkt ausgemacht, wo ein verlorenes Objekt liegt. Dann hat man die Lösung eines über die Jahrhunderte für unlösbar gehaltenen Rätsels gefunden.

Viele Leute denken, die Suche nach einem verlorenen Schiff sei aufregend und abenteuerlich. Ich kann nicht für die Großen der

Branche sprechen, die alten Profis, wie Bob Ballard und sein »Wood's Hole Institute«-Team, aber die Kleinen sind ganz gewiß nicht auf Rosen gebettet. Die Wirklichkeit sieht nämlich so aus, daß die eigentliche Suche den Inbegriff der Langeweile darstellt. Man wird von morgens bis spät in einem kleinen Boot herumgeworfen. Man schwitzt aus allen Poren in diesem feuchten Klima und kämpft gleichzeitig gegen die Seekrankheit an, während man auf dünne Linien starrt, die sich über Kurvenblätter hinziehen. Und doch, wenn ein Bild auf der Sonaraufzeichnung auftaucht, oder der Stift über das aluminiumüberzogene Papier des Magnetometers streicht, und du weißt, daß du auf eine Veränderung oder ein Ziel gestoßen bist, dann wird die Erwartung überwältigend. Dann, wenn die Taucher emporkommen und berichten, daß sie den Gegenstand deiner Suche identifiziert haben, dann sind Blut, Schweiß, Tränen und Auslagen vergessen. Du wirst von einer Welle des Triumphs hinweggeschwemmt, die Sex um Längen schlägt. Jedenfalls beinahe.

Ich bekomme wöchentlich zehn bis zwanzig Briefe von Leuten, die sich mit ihrer Zeit und ihrem Geld freiwillig der NUMA zur Verfügung stellen wollen. Mir tut es in der Seele weh, daß ich ihre freundlichen Angebote ablehnen muß. Viele meinen, wir seien ein riesiges Unternehmen und säßen in einem zehnstöckigen Gebäude oder in über den Ozean gespannten Pfahlbauten, von denen aus wir hochmütig herabsehen. Genau gesagt haben wir kein Büro, keine Angestellten, nicht einmal unser eigenes Schiff. Wir haben ein paar Jahre lang versucht, die NUMA von einem Büro aus zu verwalten. Der sehr fähige Leiter war damals Craig Dirgo, aber es gab wenig oder nichts zu verwalten, und so schlossen wir es wieder. Expeditionen finden nur statt, wenn ich in Stimmung bin, und das ist selten mehr als einmal im Jahr der Fall.

Unsere aus Freiwilligen bestehende Besatzung ist klein. Wenige sind Taucher. Die meisten sind in der Wolle gefärbte Meereshistoriker und Elektro-Ingenieure. Wenn wir in ein bestimmtes Gebiet kommen, wo wir ein verlorenes Schiff suchen wollen, chartern wir ein Boot und laden die dortigen Taucher ein, die mit dem Gewässer vertraut sind, in dem wir arbeiten wollen. Sehr oft stößt ein Team aus staatlichen Archäologen zu uns.

Da die meisten unserer Expeditionen von meinen Buchantiemen finanziert werden, ohne daß wir irgendwelche Schenkungen oder Zuschüsse bekämen, denken meine Frau und Buchhalterin und, ach ja, das Finanzamt, daß ich mich unbedingt einer Gehirnoperation unterziehen müßte, weil ich mich diesen Verrücktheiten hingebe, ohne daß ich irgendeinen Gewinn oder einen anderen Vorteil daraus ziehe. Übrigens ist dies das erste Mal nach fast zwanzig Jahren, daß ich meine Erfahrungen zu Papier bringe. Ich bin ein Neuling im Schreiben in der Ich-Form, aber dadurch habe ich Gelegenheit, alle diese wundervollen Menschen zu erwähnen, die die NUMA unterstützt haben, und ihnen zu danken.

Wenn es noch mehr solche Spinner gäbe wie mich, die ihr Geld ausgeben wollen, ohne die geringste Aussicht auf Gewinn, dann könnten wir noch mehr solcher Projekte durchführen. Ein paar Leute, die sich damit gebrüstet haben, sich für NUMAs Suche legendärer Schiffe einsetzen zu wollen, und darauf brannten, in die Reihen der NUMA aufgenommen zu werden, um auch an ein paar Wrackfunden beteiligt zu sein, ließen es nie so weit kommen, daß ihr Scheckheft an die Stelle ihrer Lippen trat. Ich wollte, ich hätte eine Flasche Bier für jedes Angebot, das mir jemand machte, seinen Beitrag zu einer Schiffswracksuche zu leisten, nur um im letzten Moment den Rückzieher zu machen. Ich könnte allein mit den Versprechen meine eigene Bar eröffnen. Viele haben viel versprochen, aber keiner kam jemals auch nur mit einem Pfennig zu uns rüber. Schade, daß sie niemals die Aufregung der Jagd und die Befriedigung bei einer erfolgreichen Entdeckung erleben werden.

Der einzige Mensch, den ich kenne, der meine Liebe zu dieser Art Suche teilt und bereit ist ein Opfer zu bringen, ist Douglas Wheeler, ein Geschäftsmann aus Chicago. Er steuert immer

großzügig etwas bei, wenn die NUMA erneut ins Unbekannte vorstößt.

Exzentrisch wie ich bin, habe ich niemals nach Schätzen gesucht oder von Menschenhand gefertigte Gegenstände an mich genommen, die die NUMA aus einer Fundstelle genommen hat. Alle gehobenen Gegenstände werden ausschließlich zur Identifikation verwendet, bevor sie konserviert und den Museen übergeben werden. Nichts wird aufgehoben. Besucher und Gäste sind immer erstaunt, keinerlei maritime Gegenstände bei mir zu Hause zu finden. Meine einzigen Erinnerungsstücke sind dreizehn Modelle, die ich nach den Schiffswracks gebaut habe, die von NUMA entdeckt wurden, die Boje, die an der *Hunley* befestigt war, als mein Team auf sie stieß, und ein Rettungsring von der *Arvor III*.

Warum tue ich das, was ich tue, um keinerlei finanziellen Gewinns wegen und trotz häufiger Fehlschläge? Ich kann es wirklich nicht sagen. Vielleicht Neugier? Ein fanatischer Wunsch, etwas zu erreichen, was nur allzuoft unmöglich ist? Etwas zu finden, was noch nie jemand gefunden hat? Es gibt nicht viele von uns da draußen, die von der gleichen Verrücktheit besessen sind.

Alan Pegler ist einer, der dem fernen Trommeln folgt. Mr. Pegler, ein fröhlicher Mann mit einem langen Schnurrbart, war Eigentümer einer blühenden Kunststoffherstellungsfirma. Eines Morgens las er beim Frühstück die Nachricht in der *London Times*, daß der *Flying Scott*, der berühmte großartige Expreß, als Schrott verkauft werden sollte. Er nahm mit dem Direktor der Eisenbahngesellschaft Kontakt auf und kaufte die königliche Lokomotive und ihre Waggons, bevor sie zerstört wurden. Dann ließ er den ganzen Zug bis ins kleinste Detail restaurieren, bis er wieder so großartig aussah wie früher. Nicht zufrieden damit, den Zug einfach in einem Museum schmachten zu lassen, schickte Pegler den *Flying Scott* auf Touren, pfeifend auf den Bahnhöfen in England und den Vereinigten Staaten.

Leider erwies sich der Betrieb als exorbitant teuer und trieb

Pegler in den Bankrott. Er konnte jedoch den *Flying Scott* einer Nonprofit-Stiftung vermachen, die ihn zur Zeit noch instandhält und der Öffentlichkeit vorführt. Die Leute können so auch heute, ob jung oder alt, die Spannung wahrnehmen, die man beim Pfeifen einer Dampflokomotive empfindet, während man unter einer Wolke schwarzen Rauchs und weißen Dampfes durch die Landschaft gefahren wird.

Beim Konkursverfahren tadelte der ziemlich strenge Richter Pegler: »Ihren Sturz verdanken Sie Ihrem ungebremsten Enthusiasmus für Eisenbahnen. Der *Flying Scott* war Ihre Narretei.«

Pegler, unglaublich guter Dinge angesichts der Umstände, antwortete: »Natürlich, ich kann nicht sagen, daß ich es nicht bedaure, all mein Geld, mein Haus, mein Landhaus, meine Villa in Italien, meinen Bentley und meinen Volvo verloren zu haben und nichts mehr zu besitzen als das Hemd, das ich auf dem Leib trage. Aber ich bereue keinen Augenblick, den *Flying Scott* gekauft zu haben. Er wurde so gerettet, und das wiegt alles andere auf.« Offenbar ist dieser Alan Pegler mein Typ.

Was nun folgt, sind die Chroniken der verlorenen Schiffswracks und die erstaunlichen Bemühungen einer Gruppe verschworener NUMA-Anhänger, die lange und schwer arbeiteten, um sie zu finden. Die Menschen, die hier portraitiert werden, in Vergangenheit und Gegenwart, waren und sind real. Die historischen Ereignisse aber, auch wenn sie den Tatsachen entsprechen, wurden leicht dramatisiert, damit der Leser ein genaueres Bild der Handlung vor Augen hat.

Teil 1

Das Dampfschiff
Lexington

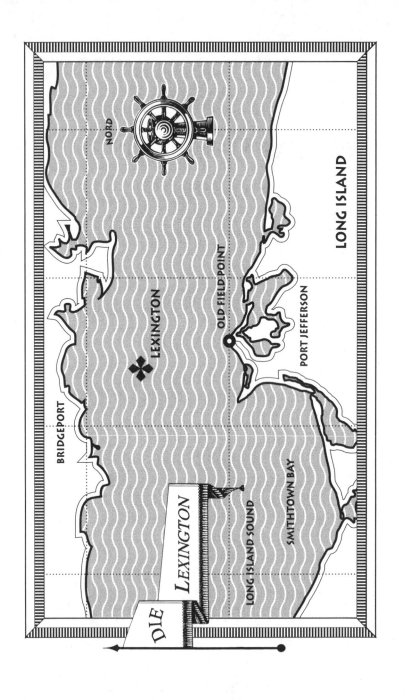

I
Ankunft noch bei Tageslicht
Montag, 13. Januar 1840

Ein hochgewachsener Mann mit Bart verließ die leichte, zweirädrige Hansom-Taxe. In der bitteren Kälte zitternd, vergrub er sein Kinn in seinem Mantelkragen. Er setzte seine Reisetasche auf dem vereisten Gehweg hinter dem Wagen ab. Der Mann hielt kurz inne und sah auf seine Taschenuhr. Die römischen Ziffern auf dem goldenen Ziffernblatt zeigten ihm, daß es schon nach 15 Uhr war. Nachdem er sich noch einmal vergewissert hatte, daß sein Fahrschein fest in der Seitentasche versteckt war, eilte er zum Abfertigungsgebäude und gelangte zur Pier auf der anderen Seite.

Der bärtige Mann hatte auf dem Dampfschiff *Lexington* eine Überfahrt von New York nach Stonington, Connecticut, gebucht, der Endstation, wo die Passagiere in die Eisenbahn überwechselten, um ihre Reise nach Boston fortzusetzen. Er war auf dem Heimweg dorthin, wo er als Professor für moderne Sprache an der Harvard-Universität einen Lehrstuhl innehatte, nachdem er drei Gastvorlesungen gegeben und sein letztes Gedicht verkauft hatte. Er dachte nicht daran, länger als notwendig in der Enge eines New Yorker Hotels zu verweilen. Er hatte sich in der Stadt nie wohl gefühlt und war jetzt begierig darauf, seine Frau und seine Kinder so schnell wie möglich und noch bei Tageslicht wiederzusehen.

Als er den schwarzen Rauch aus dem hohen vorderen Schornstein des Dampfschiffs emporkräuseln sah und den schrillen Klang seiner Dampfpfeifen hörte, fing er an, wie verrückt über die Holzplanken des Piers zu laufen und sich durch die wogende Menge der Passagiere zu zwängen, die aus dem Dampfer *Richmond* ausgestiegen waren. Seine Angst wuchs, und bald ergriff ihn Panik.

Zu spät. Er hatte das Schiff verpaßt.

Die Bohlen waren von Dockarbeitern auf die Pier gelegt worden, und die Seile, mit denen das Schiff festgemacht war, wurden von der Mannschaft an Bord gezogen. Nur ein paar Fuß trennten den Rumpf noch vom Dock. Der Mann war kurz versucht, über den Spalt zu springen. Aber ein Blick auf das bedrohlich kalt daliegende Wasser ließ ihn schnell seinen Vorsatz ändern.

Der Kapitän stand in der offenen Tür des Steuerhauses und starrte auf den späten Ankömmling herab. Er lächelte und zuckte mit den Schultern. Ein Schiff, das einmal abgelegt und den Hafen verlassen hatte, würde kein Kapitän jemals wegen eines verspäteten Passagiers umkehren lassen. Er winkte dem enttäuschten Fahrscheininhaber kurz bedauernd zu und verschwand dann im Steuerhaus. Er schloß die Tür, froh, in die Wärme neben dem bauchigen Schmiedeofen am Steuer zurückkehren zu können.

Der Mann stand auf der Pier, sein normalerweise weißes Gesicht war puterrot geworden. Er stampfte auf die Planken und schüttelte die Eiskruste von seinen Füßen, während er dem schnellsten Dampfschiff der ganzen Bucht von Long Island zusah, wie es in den East River schlüpfte und seine seitlichen Schaufelräder das graugrüne Wasser aufwühlten. Dabei merkte er nicht, wie sich ein Dockarbeiter, an seiner Pfeife paffend, neben ihn gesellte. Der Fremde nickte zum scheidenden Schiff hin. »Es hat ohne Euch abgelegt, nicht wahr?«

»Wenn ich nur zehn Sekunden früher gekommen wäre, hätte ich an Bord springen können«, antwortete der zurückgelassene Passagier leise.

»In der Bucht bildet sich Eis«, meinte der Dockarbeiter. »Eine scheußliche Nacht, in der ich keine Passage vor mir haben möchte.«

»Die *Lexington* ist ein solides und schnelles Schiff. Ich habe die Überfahrt auf ihr schon ein dutzendmal gemacht. Ich würde wetten, daß sie schon um Mitternacht in Stonington festmacht.«

»Vielleicht, vielleicht auch nicht. Wenn ich Sie wäre, wäre ich dankbar, noch eine warme Nacht an Land verbringen zu dürfen, bis das nächste Schiff am Morgen fährt.«

Der Mann nahm die Reisetasche unter den Arm und schob seine Hände in den warmen Handschuhen tief in die Taschen seines langen Mantels. »Verdammt sei diese Art Glück«, meinte er übellaunig. »Noch eine Nacht in der Stadt ist das letzte, was ich mir gewünscht hatte.«

Er warf dem Dampfer noch einen letzten Blick zu, wie er sich seinen Weg flußaufwärts durch das kalte, abweisende Wasser bahnte, dann wandte er sich um und ging zurück zum Bootshaus. Er konnte nicht wissen, daß jene paar Fuß zwischen dem Dock und dem Rumpf des scheidenden Schiffes ihm einen häßlichen und grausamen Tod erspart hatten.

»Ich hätte schwören können, daß der verrückte Kerl noch springen würde«, meinte Kapitän George Child.

Der Steuermann der *Lexington*, Kapitän Stephen Manchester, wandte sich um, ohne die Hände vom Steuer zu nehmen. »Mir ist es immer ein Rätsel, warum die Passagiere bis zur letzten Minute warten, um an Bord zu gehen.«

Child ging zur Vorderseite des Steuerhauses und beäugte ein Thermometer außen am Fensterrahmen. »Kaum vier Grad über Null. Sie wird noch gute fünf Grad darunter ertragen müssen, ehe die Nacht vorüber ist.«

»Wir werden noch Eis begegnen, ehe wir in Stonington anlegen«, meinte Manchester.

»Die gute *Lex* ist das älteste Schiff auf dem Sund.« Child zog eine Zigarre aus seiner Brusttasche und zündete sie an. »Sie wird uns schon nicht im Stich lassen.«

Ein Veteran von einem Schiffsoffizier mit vier Jahren Erfahrung auf Dampfschiffen und immer in der Bucht, hatte Child routinemäßig als Erster Offizier auf der *Mohegan* gedient, einem weiteren Fahrgastdampfer der Linie. Aber in dieser Nacht sollte er den derzeit Ersten Offizier, Kapitän Jacob Vanderbilt, vertreten, den Bruder des Commodore Cornelius Vanderbilt, der sich noch im frühen Stadium seines Wohlstandes befand und ein Vermögen im Schiffs- und Eisenbahntransportwesen zusammentragen wollte. »Der unerschrockene Jake«, wie man ihn nannte, hatte einen Ruf als Draufgänger. Er fuhr die *Lexington* oft auf ihren Reisen über den Long Island Sund, und zwar mit rasender Geschwindigkeit. Zum Glück für Jake, wie sich später herausstellen sollte, war er mit einem scheußlichen Schnupfen ans Bett gefesselt, und es war ihm nichts anderes übriggeblieben, als das Kommando Kapitän Child zu überlassen.

Anders als Jake Vanderbilt war George Child ein vorsichtiger Kapitän, der selten ein Risiko einging. Er stand neben Manchester, als der Lotse sich darauf konzentrierte, die *Lexington* durch die gefährlichen Gezeiten von Hell Gate zu navigieren. Von da aus weiten sich die verschlungenen Engen des East River etwas, bis das Schiff durch Throgs Neck gelangte und in die oft heimtückischen Gewässer des Sunds dampfte.

Er verließ die angenehme Wärme des Steuerhauses und inspizierte kurz die Ladung. Der Raum unterhalb des Promenadendecks war mit fast 150 Ballen Baumwolle zugestopft, manche waren nur einen Fuß von den Schornsteinverkleidungen entfernt aufgestapelt. Aus irgendeinem seltsamen Grund kam es Child nicht in den Sinn, sich wegen der riesigen Ansammlung brennbarer Baumwollballen so nahe am Schornstein Sorgen zu machen, obwohl dort erst vor einigen Tagen Feuer ausgebrochen war. Solange die notwendigen Reparaturarbeiten durchgeführt worden waren, wollte er die mögliche Gefahr lieber übersehen.

Der Rest der Ladung, auf Holzpaletten verstaut, war an den Abschirmungen rund um die Maschine aufgestapelt. Zufrieden, daß die Ladung fest vertäut war und sich unter dem Ansturm der hohen Wellen nicht bewegen würde, sah er bei Jesse Comstocks Kabine vorbei. Der Schiffszahlmeister zählte eifrig das von den Passagieren eingenommene Geld, die ihre Mahlzeiten im voraus bezahlen mußten. Child hütete sich, Comstock in seiner Konzentration zu stören, sondern ging zu einer Luke und ließ die Leiter hinunter in den mittleren Abschnitt des Schiffes, wo die Maschine und die Kessel montiert waren.

Die *Lexington* wurde von einer der stärksten Dampfmaschinen jener Zeit angetrieben, die in der Westpoint-Gießerei gebaut worden war. Es war eine Maschine mit Vertikalbalken, gewöhnlich Balanciermaschine genannt, angetrieben von einem 48-Zoll-Durchmesser-Dampfzylinder mit 11 Fuß Hub. Die Kolbenstange der Maschine war mit einer langen Welle verbunden, die den Vorwärtszapfen auf dem Balancierbalken antrieb, die Auf- und Abwärtsbewegungen zur Achternwelle umwandelte und die Kurbel mit Strom versorgte, von der das große 23-Fuß-Durchmesser-Schaufelrad mit seinen 9-Fuß-Schaufeln bewegt wurde. Die Kesselbrenner waren ursprünglich zum Verbrennen von Holz konstruiert, jetzt aber für Kohleverbrennung umgebaut worden. Wenn ein vollständiger Dampfkopf sich der roten Linie an ihren Druckmessern näherte, durchschnitt sie das Wasser bei nahezu 25 Meilen pro Stunde, schneller als die meisten konföderierten Blockadebrecher zwei Jahrzehnte später.

Cortland Hemstead, der leitende Ingenieur des Schiffs, überprüfte die zitternde Nadel auf den Ziffernblättern seiner Messinginstrumente, als Child ihm auf die Schulter klopfte. »Sobald wir die Sundspitze passiert haben, Mr. Hemstead, werfen Sie Kohlen auf.« Child übertönte den Lärm der Kessel und des Dampfablassens. »Ich will schnelle Fahrt machen. ›Bei Tageslicht ankommen‹, das ist unser Motto.« Er hielt inne und spuckte einen Strom Tabaksaft in den Schiffsbauch.

»Schade, daß Kapitän Jake die Erkältung erwischt und Ihr Euer warmes Plätzchen am Feuer wegen dieser Nachtfahrt verlassen mußtet.«

»Ich segle schon immer lieber in der Januarkälte als im Novembersturm.«

»Genießen Sie es, solange Sie noch können, denn wenn der Sommer kommt, werden Sie wie in der Hölle rösten.«

Hemstead wandte sich um und begann den Heizern Benjamin Cox, Charles Smith und zwei anderen, die gerade dabei waren, Kohle in die Feuerungen der großen Kessel zu schaufeln, Befehle zuzurufen. Child genoß die Wärme noch ein bis zwei Minuten, mußte dann aber die Leiter hinaufklettern und sich zur Kapitänskabine vorkämpfen, um sich für das Abendessen mit den Passagieren zu säubern.

Manchester übergab dem Steuermann Martin Johnson das Ruder. Er rieb sorgfältig das Glas trocken, das schon von innen beschlagen war, und blinzelte hinüber zum Landefeuer auf dem Kings Point. »Drei Grad nach Backbord«, rief er Johnson zu.

»Ich komme drei Grad nach Backbord«, bestätigte Johnson.

Manchester nahm ein Teleskop von der vorderen Theke und beobachtete einen Schoner, der mit entgegengesetztem Kurs nach Backbord fuhr. Er bemerkte, daß das Schiff von einer heftigen Brise leewärts gestoßen wurde. Er legte das Teleskop zurück und studierte die vor ihm liegende Bucht. Die Sonne war in ihrem Kielwasser hinter der Insel Manhattan untergegangen, und Dunkelheit senkte sich jetzt über das Wasser. Das wenige Eis, das er sehen konnte, hatte sich hauptsächlich an der ruhigeren Oberfläche um die schmalen Buchten an der Küste gesammelt. Ohne irgendeine Vorahnung starrte er über das schwärzliche Wasser. Jetzt, wo sie sich im offenen Sund befanden, war der kniffligste Teil der Reise vorüber, und er atmete erleichtert auf. Er fühlte sich auf der *Lexington* sicher. Sie war ein widerstandsfähiges Schiff, schnell und solide, für schweres Wetter gebaut.

Ihr Kiel war von der Schiffswerft Bishop & Simson, New York, an einem warmen Montag im September 1834 aufgelegt worden. Anders als spätere Dampfschiffe, die von Männern konstruiert wurden, die detaillierte Pläne zu zeichnen pflegten, war ein hölzernes Modell des Schiffsrumpfes herausgeschnitzt und nach den Launen des Kommandanten Vanderbilt so lange geändert worden, bis er mit den Ergebnissen zufrieden war. Dann, unter Verwendung des Modells als Anleitung, wurden die Umrisse in voller Größe in Kreide eingezeichnet. Als nächstes kamen die Zimmerleute, noch richtige Handwerker in jenen Zeiten. Sie sägten und verklebten den Holzrahmen des Schiffes.

Später, als der Mann berühmt, der Ebenezer Scrooge verehrte, übertraf sich Cornelius Vanderbilt selbst, als er die *Lexington* zum herrlichsten Passagierschiff jener Zeit machte. Er verschwendete ein erhebliches Vermögen an ornamentale Deckrelings aus Teakholz, Kabinentüren, Treppen und Holzvertäfelungen im Inneren, eine übertrieben ausgeschmückte Kantine und einen Speisesaal, alles im Hauptteil des Schiffs. Die gesamte Deckbeleuchtung, Vorhänge und Möbel waren aus qualitativ hochwertigem Material gefertigt und wäre der vornehmsten Villen von New York City würdig gewesen.

Der Kommandant prüfte persönlich jeden Zoll der Aufbauten und erfand eine Anzahl raffinierter Neuerungen. Er bestand auf der Verwendung bester weißer Eichenhölzer und gelber Tanne für die Balken und Fußbodenlatten. Vollkommene Festigkeit wurde durch eine Druckanalyse gewährleistet, die dem Buch »Towns Patnet for Bridges« entnommen war. Der Rumpf war durch seine für Schiffe ungewöhnliche Kastenkonstruktion besonders stark. Der Schornstein passierte gut verkleidet die Decks, und die Schlacke fing ein weites, im Schiffsrumpf untergebrachtes Rohr auf, das sie ins Meer ausspie. Weder in der Nähe der Boiler noch der Dampfrohre waren offenliegende Holzverschalungen angebracht worden. Die *Lexington* hatte sogar ihre eigene Feuerlöscheinrichtung, zusammen mit Pumpen und Schlauch. Drei große Rettungsboote hingen an ihren Davits, hinter den Schaufelrädern mit einem Rettungsfloß, das am Vorderdeck befestigt war.

Das Schiff ging am Montag, dem 1. Juni 1835, in Dienst und war sofort ein großer Erfolg. Zuerst fuhr es als Tagesschiff zwischen Providence, Rhode Island und New York hin und her. Zwei Jahre später wechselte es zur Stonington-Strecke. Seine Passagierunterkünfte wurden als außerordentlich luxuriös und teuer angepriesen. Weibliche Passagiere wurden besonders umworben, denn Vanderbilt bot all die Annehmlichkeiten auf, die Damen zu würdigen wußten. Die Mahlzeiten waren hervorragend, und die Bedienung ließ nichts zu wünschen übrig.

Entweder segelte Kommandant Vanderbilt unter einem glücklichen Stern, oder er besaß einen geschärften sechsten Sinn. Im Dezember 1838 unterbreitete Vanderbilts stärkster Konkurrent, die »New Jersey Steam Navigation and Transportation Company«, ein Angebot, das er schwerlich ablehnen konnte. Sie zahlten ihm 60 000 Dollar für die Renovierung im Inneren und für den Umbau der Kesselbrenner auf Kohle aus. Sein Bruder Jake verpflichtete sich, als Kapitän der *Lexington* an Bord zu bleiben, bis das neue Schiff der Familie vom Stapel gelassen sein würde.

Manchester zog an einem Hebel, so daß im Maschinenraum eine Glocke läutete, und er rief durch ein Sprachrohr: »Wir sind jetzt klar, Mr. Hemstead. Ihre Jungs können Kohle schaufeln.«

»Wie Sie wünschen, Kapitän«, antwortete der Erste Ingenieur über das Rohr.

Der hohe Schornstein spie Rauch aus, der sich verdichtete und aufblähte wie ein riesiger Pilz. Der Bug stieg hoch auf, als die *Lexington* vorwärts raste. Das Wasser unter ihren riesigen Schaufelrädern brodelte und kochte. Manchester erschien sie wie ein von der Leine gelassener Meutehund. Immer aufs neue spürte er die Erregung, wenn die große Maschine ihre Muskeln spielen ließ und den Rumpf über das Wasser schleuderte, so schnell, wie die schnellsten bisher gebauten Schiffe, wenn nicht sogar schneller.

Er prüfte noch einmal das Thermometer. Schon schwebte der Zeiger über der Null.

Die Nacht war nicht angenehm für einen Menschen, der draußen sein mußte, dachte er. Er blickte hinab ins Wasser, das am Schiffsrumpf emporschäumte, sich an ihm entlangschob und in das Kielwasser ergoß. Und noch konnte er sich das Entsetzen nicht vorstellen, wenn er in dieser Nacht von hier hinabgerissen würde.

Die meisten Kapitäne von Passagierschiffen, die auf dem Sund verkehrten, fühlten sich nicht wohl, wenn sie sich unter die Passagiere mischen sollten, und blieben die meiste Zeit der Fahrt vornehm reserviert in ihrem Steuerhaus oder in ihrer Kabine. Aber George Child war ein warmherziger und freundlicher Mann. Er hatte das Gefühl, es sei seine Pflicht, zu seinen Passagieren höflich zu sein und manchen Trost zu spenden. Und schließlich gab es eine große Zahl unter ihnen, die Angst hatten, auf einem Dampfschiff zu reisen.

Als Child, fünfzehn Minuten bevor zum Essen gerufen wurde, in den Salon trat, blickte er über die Passagiere hinweg, die in Gruppen zusammensaßen oder sich gesellig um die Öfen sitzend unterhielten. Job Sand, der hochgewachsene, würdig wirkende Ober, bewegte sich elegant durch den Salon und servierte Erfrischungen. Joseph Robinson war ein Weißer, die fünf anderen Kellner, der Küchenjunge, der hochgeschätzte Schiffskoch und Susan Holcomb, das Zimmermädchen, waren Schwarze.

Ohne daß er die Passagiere überprüfen mußte, riet Child ganz richtig, daß ungefähr 115 Passagiere an Bord sein mußten, die den Dollar Fahrgeld entrichtet hatten, Mahlzeiten extra. Deckpassagiere zahlten 50 Cents, aber heute abend waren solche Karten nicht verlangt worden. Wenn er seine 34köpfige Besatzung dazuzählte, waren fast 150 Männer, Frauen und Kinder an Bord der *Lexington*. Es schien, als sei auf dem Schiff eine Kleinstadt versammelt.

Mehrere Kartenspieler saßen an den Tischen, schweigend in ihr Spiel vertieft. Zwei bekannte Komödienschauspieler aus Boston, Charles Eberle und Henry J. Finn, sorgten für lebhafte Unterhaltung, während die Karten ausgeteilt wurden. Sie versäumten es nie, ihr Publikum zu vergnügen, wenn sich die Möglichkeit ergab. So hatten sie auch hier großzügig angeboten, nach dem Abendessen den Passagieren eine Szene aus ihrem neuesten Stück vorzustellen. Peter McKenna, ein Geschäftsmann aus New York, gewann den ersten Einsatz.

Mütter und Väter saßen auf Sofas und unterhielten ihre kleinen Kinder mit Geschichten und Spielsachen, die sie in der Stadt gekauft hatten. Mrs. Russel Jarvis, als eine Frau von außergewöhnlicher Schönheit beschrieben, sorgte für die Unterhaltung ihrer lebhaften Töchter und beschäftigte sie, indem sie mit ihnen die Leuchtfeuer zählte, die sich um die Gefahrenpunkte des Sunds erhoben. James Bates überflog eine Zeitung, während seine Frau ihrem Sohn und ihrer Tochter laut aus einem Gedichteband vorlas. Auf der *Lexington* schienen an diesen Montagen Eltern mit zwei Kindern zu überwiegen. William Townsend hatte seiner Frau einen freien Tag gegönnt und ihre beiden Mädchen mit auf eine Fahrt nach Boston genommen.

In deprimierter Stimmung befand sich eine Trauergemeinde an Bord, die den verstorbenen Harrison Winslow begleitete. Sie saß still auf einer Seite der Kabine für sich allein. Seine Witwe, Allice Winslow, ihr Schwiegervater, William Winslow, und Harrisons Bruder, John Winslow, begleiteten die Leiche, deren Sarg zusammen mit den anderen Gepäckstücken unter Deck verladen worden war. Die Beerdigung sollte in Providence stattfinden. Auf der gegenüberliegenden Seite der Kabine kicherte Mary Russell glücklich in Übereinstimmung mit Lydia Bates, einer jungen Frau ihres Alters. Mary war am Tag zuvor in New York getraut worden, und sie kehrte jetzt zu ihrer Familie zurück, um ihren Eltern die Neuigkeit beizubringen, aber ohne ihren frischgebackenen Ehemann.

Eine Gesellschaft von Kaufleuten stand um die Öfen herum. Sie sprachen über Geschäfte und Politik. Der Banker Robert Blake widersprach höflich den Geschäftsinhabern, Abram Howard, William Green und Samuel Henry, wegen der Zinsbeschränkungen durch die Bank von New York. John Lemist, Kämmerer der Hoston Leather Company, hatte nichts Gutes über die Bankiers zu sagen, die seine Firma neulich mit einem hohen Zinssatz auf ein Darlehen zur Erhöhung ihrer Investitionskraft belastet hatten.

Im Salon befanden sich auch viele Schiffskapitäne, die nach Monaten auf See in den Hafen eingelaufen waren und jetzt an ihren eigenen Kamin und zu ihren Lieben heimkehren wollten. Kapitän J. D. Carver, Chester Hillard, E. J. Kimbach, David McFarland, John Mattison, Theophilas Smith und Benjamin Foster, der von einer dreijährigen Reise nach Indien zurückgekehrt war, sponnen abwechselnd Seemannsgarn zur Freude ihrer Kollegen.

Weitere bemerkenswerte Passagiere waren unter anderem Dr. Charles Follen, ein angesehener Professor für deutsche Literatur am Harvard-College, und Adolphus Harnden vom Harnden-Express, der 20 000 Dollar in Silbermünzen mit sich führte und 50 000 in Banknoten, um sie bei der Merchants Bank abzuliefern.

Das Abendessen wurde um 18 Uhr von Job Sand und seinem Personal, den Kellnern, sowie den Hilfskochs Oliver Howell und Robert Peters, serviert, die den Passagieren eine Auswahl zwischen Hammelfleisch mit gekochten Tomaten und gebackenen Flundern in einer Weinsauce mit Reis anboten.

Beim Klingen von Gläsern und dem leisen Stimmengemurmel der Gäste, die ihre kleinen Geschichten erzählten, konnte keiner der 115 hier um die Eßtische versammelten Seelen ahnen, daß es bis auf einen Mann, der bei ihnen saß, für jeden hier die letzte Mahlzeit auf Erden sein würde.

Kurz nach 7 Uhr 30 ging der Erste Maat, Edwin Furber an die Steuerhaustür und alarmierte Kapitän Manchester, daß das Schiff in Flammen stand. Manchester trat sofort hinaus und starrte nach Backbord. Die Flammen schossen aus dem Promenadendeck um die Schornsteinverkleidung herum nach oben. Er blickte hinüber zur dunkel gewordenen Küstenlinie und setzte sich schnell ins Bild. Das Schiff war längst am Leuchtturm von Easton Neck Point vorbei und näherte sich dem Leuchtturm am Old Field Point, beide auf der Seite von Long Island in der Bucht. Das Licht von Bridgeport nach Norden schien weiter weg zu sein. Er übernahm sofort das Ruder von Steuermann Johnson und schwang das Rad hart an Steuerbord in einem vergeblichen Versuch, das Schiff zu wenden und auf Long Island an Land zu gehen.

Scheinbar von nirgendwoher eilte Kapitän Child in das Steuerhaus. »Wir haben ein Feuer an Bord!« schrie er. »Kurs zur nächsten Landestelle nehmen!«

»Ich will sie gerade wenden«, gab Manchester zur Antwort, »aber das Rad reagiert nicht auf das Ruder.«

Gemeinsam griffen die drei Männer in die Speichen und boten all ihre Kräfte auf, um das Schiff in Sicherheit zu rudern, vier Meilen und zwanzig Minuten entfernt. Plötzlich drehte sich das Rad wie verrückt und glitt ihnen aus den Händen. »Es reagiert nicht mehr«, murmelte Johnson völlig entgeistert.

»Das Feuer muß das Backbord-Steuerungsseil unter dem Steuerhaus durchgesengt haben«, meinte Child.

Außer Kontrolle geraten, obwohl die Maschinen noch liefen, fing die *Lexington* an, sich hilflos in großen Kreisen um die eigene Achse zu drehen. Child lehnte sich aus der Tür und starrte nach Steuerbord. Das schöne Schiff, einst der ganze Stolz der Vanderbilts, spuckte jetzt Feuer und Rauch aus dem ganzen Mittschiff. Er erkannte plötzlich mit einer Gewißheit, die ihm Übelkeit verursachte, daß sein Schiff und alle, die sich auf ihm befanden, dem Tode geweiht waren.

Child und Johnson verlassend, rannte Manchester nach draußen und rief den Matrosen an Deck zu, die Feuerspritze in Gang zu setzen und die Wassereimer loszubrechen. Die Matrosen schienen verängstigt und durcheinander. Sie versuchten die Motorspritze in Betrieb zu nehmen, schienen aber die Eimer nicht mehr zu finden. In dem Moment geriet eine Dampfwolke in das Steuerhaus. Child und Steuermann Johnson wurden gezwungen, sich würgend und hustend an die Luft und aus den tödlichen Dämpfen zu flüchten.

Der Zweite Maat, David Crowley, rannte nach Mittschiffs und stellte fest, daß schon aus mehreren Baumwollballen Flammen schossen. Jetzt fehlte nur noch, daß das Feuer sich bis zur Holzverschalung des Schiffes vorarbeitete. Er organisierte die Matrosen und die Salonkellner zu einer Eimerkette und begann, Wasser auf das um sich greifende alles verzehrende Feuer zu gießen. Da ihnen die Eimer ausgingen, warfen sie die Silbermünzen der Handelsbank aus ihren Holzkisten hinauf aufs Deck, füllten eilends die Kästen mit Wasser und gaben sie an die den Flammen am nächsten stehenden Männer weiter. Ihre Bemühungen führten jedoch zu keinem Erfolg, da sich die Flammen mit unglaublicher Geschwindigkeit vorwärts fraßen. Hätten von Anfang an kühlere Köpfe die Oberhand gehabt, wäre das Feuer vielleicht zu beherrschen gewesen. Jetzt schien die Hölle los zu sein.

Jede Hoffnung, das Schiff zu retten, war vergeblich.

Das glühend heiße Feuer zwang den leitenden Ingenieur Courtland Hemstead und seine Männer, sehr schnell den Maschinenraum zu verlassen, noch bevor sie in der Lage gewesen wären, die Maschinen zu stoppen. Dem Feuer gegenüber unempfänglich hielt der große Dampfzylinder die Schaufelräder am Laufen, so daß man die Boote nicht herablassen konnte.

Die *Lexington* stampfte durch die finsteren Gewässer, als ob sie in die Fänge irgendeiner außerirdischen Macht geraten wäre.

Die Gewalt der Flammen zwang die Feuerwehrmänner bald zum Aufgeben. Sie zogen sich hinter den hochaufragenden Balancierbalken zu den Schaufelradkästen zurück.

Für die Mannschaft war es zu spät zu fliehen, denn sie wurde auf dem Vorderdeck von einer Mauer aus Feuer gefangengehalten, die bis zur Spitze des Schornsteins reichte.

Für Kapitän Chester Hillard, der half, die Leinwand abzureißen, die die Rettungsboote abdeckte, war die *Lexington* ein hoffnungsloser Fall.

Crowley stand neben Kapitän Child und fragte: »Sir, was sollen wir tun?«

Child blickte um sich, sah die Angst auf den Gesichtern der Passagiere und antwortete ruhig: »Herrschaften begeben Sie sich zu den Booten.« Dann ging er nach hinten, um dafür zu sorgen, daß die Rettungsboote vorschriftsmäßig zu Wasser gelassen wurden.

Zwanzig Minuten zuvor hatten Scherze und Ausgelassenheit im Salon geherrscht. Jetzt hatte sich alles in ein Horrorszenario verwandelt. Die Passagiere waren von der Verwirrung und dem Schrecken völlig aus der Fassung geraten. Die Ruhe wich der unvermeidlichen Panik. Wild entschlossen rannten sie auf die Rettungsboote zu und schoben die Besatzung weg, die sich bemühte, sie der Reihe nach in die Boote zu heben. Von irrer Panik erfaßt, stürzten sich die Menschen wie die Lemminge mit den Booten ins Meer. Von der Massenhysterie erfaßt, vernichteten sie sich selbst, ohne es zu begreifen.

Nachdem sie die Boote gefährlich überfüllt hatten, ließen die Passagiere sie in das schwarze Wasser hinab, das noch immer vorbeiwirbelte und von den wütend um sich schlagenden Schaufelrädern immer heftiger bewegt wurde. Die Boote zusammen mit ihren hilflosen Insassen wurden sofort hochgeworfen und in die Nacht hinweggefegt.

Die übriggebliebenen Passagiere mußten jetzt für sich sorgen, und keiner wußte, wohin er sich wenden sollte. Einige sprangen ins Wasser. Ertrinken war fast so unvorstellbar wie das Verbrennen. Im frühen neunzehnten Jahrhundert konnten nur zehn von einhundert Menschen schwimmen. Auf jeden Fall wären sie in dem eiskalten Wasser in Minutenschnelle an Unterkühlung gestorben.

Kapitän Hillard rief ein paar Matrosen und eine kleine Gruppe Passagiere zusammen und wies sie an, alle Baumwollballen, die noch kein Feuer gefangen hatten, über Bord zu werfen. Nachdem ein Dutzend über den Seitenrand geschleudert worden war, kletterten Hillard und der Heizer Benjamin Cox hinunter, wo sie auf einem Ballen einander gegenüber rittlings zu sitzen kamen. Ihr gemeinsames Gewicht drückte das Wasser hinunter und stabilisierte den Ballen so lange, bis nur noch ein Drittel davon über der Wasseroberfläche zu sehen war. Der Wind war frisch, und die Strömung trug sie, mit einer Geschwindigkeit von eineinhalb Knoten, vom Schiff weg.

Während er um das Heck getrieben wurde, bemerkte Hillard eine Dame, die er für Mrs. Jarvis hielt, und die wie eine Rasende über die Reling schrie. Irgendwie war eines ihrer Kinder über Bord gefallen. Die Männer kamen so nahe an dem Kind vorbei, daß Hillard seine Hand ausstrecken konnte und den kleinen Körper berühren konnte. Nach dem Kleid und dem langen im Wasser strömenden Haar zu urteilen, konnte er ahnen, daß es sich um ein Mädchen handelte. Er sah, daß sie bereits tot war. Mrs. Jarvis flehte ihn an, ihre Tochter aus dem eiskalten Wasser zu ziehen, aber er war mehr damit beschäftigt, sein eigenes Leben zu retten. In dieser Situation stand der Selbsterhaltungstrieb an erster Stelle, und keiner rief jetzt mehr »Frauen und Kinder zuerst«, so lobenswert diese alte Seemannstradition auch sein mag.

Hillard wandte sich von der herzzerreißenden Szene ab, zog seine Uhr heraus und stellte im Licht des Feuers fest, daß es gerade 20 Uhr vorbei war.

Die *Lexington* würde für ihr Sterben lange brauchen.

Eine riesige, sich auftürmende Wolke aus schwarzem Rauch schob sich hundert Fuß hinauf in den Himmel und verdeckte die Sterne. Das Hauptdeck war eingesunken, und die einzigen für den Verzehr durch die Flammen übriggebliebenen Teile des Schiffs waren das Vorderdeck und die Bugseiten vor der Seilwinde. Zehn Leute standen an Steuerbord, während dreißig weitere sich noch auf dem Vorderdeck aufhielten, einschließlich Manchester.

»Sollten wir nicht springen oder so?« fragte ein völlig benommener Adolphus Harnden Kapitän Manchester.

»Das zu tun, wäre der sichere Tod«, antwortete Manchester.

»Wir können aber nicht nur hier herumstehen und verbrennen.«

»Jeder Mann für sich selbst«, sprach Manchester feierlich.

Er wandte sich ab und ließ sich über die Seite auf ein Floß aus Schrott fallen. Zwei oder drei andere Männer befanden sich schon darauf, und durch sein zusätzliches Gewicht wurde es unter Wasser gedrückt. Er packte sich ein Stück der Reling, die unter Wasser geraten war. Damit zog er sich auf einen Baumwollballen, der in der Nähe herumschwamm. Er sah, daß Passagier Peter McKenna zuerst auf den Ballen geklettert war. Harnden, noch immer auf dem Vorschiff, rief Manchester die Frage zu: »Ist noch Platz für einen zweiten Mann?«

Noch bevor Manchester antworten konnte, sprang Harnden, warf McKenna von dem Ballen und fiel mit ihm zusammen ins Wasser. Dann fand er ein Brett, das langsam vorbeitrieb, und sich daran festhaltend, fing er an, von dem sengend heißen Schiff wegzupaddeln. Wie zuvor Kapitän Hillard, als er das Schiff verließ, sah er auf seine Uhr. Jetzt war es gerade Mitternacht.

Die *Lexington* brannte jetzt seit vier Stunden.

Der Zweite Maat, Crowley, erreichte ebenfalls einen verlassenen Baumwollballen. Er zog sich an Bord, und erstaunlich geistesgegenwärtig stopfte er seine Kleider mit Baumwolle voll, um die kalte Nachtluft abzuwenden. Er hatte mehr Glück als die anderen, die die vorübergehende Sicherheit der Baumwollballen erreicht hatten. Ohne das zusätzliche Gewicht eines zweiten Körpers konnte er sich der ganzen Länge nach auf den Ballen legen, ohne daß seine Beine und Füße im Wasser versanken. Mit dem Strom treibend, konnte er wenig tun, außer zu kämpfen, um sich warm zu halten und die verschiedenen Landpunkte zu erkennen, an denen er vorüberglitt.

Die gefährlichste Flucht aus dem Inferno gelang dem Heizer Charles Smith. Er war gerade zwischen zwei Schichten eingeschlafen und wurde von einem Freund geweckt, der ihm die Nachricht von dem Feuer überbrachte. Er rannte schnell in den Maschinenraum, machte den Feuerwehrschlauch am Wasserhahn fest und öffnete das Ventil. Aber er konnte das Ende des Schlauchs nicht erreichen, um Wasser auf die Flammen zu gießen. Der Rauch und die Flammen jagten ihn nach achtern, wo er eines der Rettungsboote besteigen wollte. Er fand den Kapitän bei den Davits stehend, die die Rettungsboote auf der Steuerbordseite trugen, und er hörte ihn nach dem leitenden Ingenieur Courtland Hemstead rufen.

In weniger als einer Minute erschien Hemstead, mit versengten Augenbrauen und Haaren. »Sie wollten mich sprechen, Kapitän?«

»Um Gottes willen, stoppt die Maschine«, flehte ihn Child an. »Wir können die Rettungsboote nicht aussetzen, wenn wir noch fahren.«

Hemstead schüttelte den Kopf. »Das Feuer vertrieb uns aus dem Maschinenraum, noch ehe ich die Druckventile abstellen konnte. Jetzt kann keiner mehr in das Inferno zurück. Es tut mir leid.«

Child nickte. »Ihr habt Euer Bestes getan. Nehmen Sie Ihre Maschinenraum-Mannschaft und sehen Sie zu, was Sie tun können, um die Flammen noch so lange zurückzuhalten, wie wir brauchen, um alle sicher vom Schiff zu bekommen.«

Hemstead verschwand im Rauch, während Child über die Reling kletterte und versuchte, das Rettungsboot gerade zu halten, als es voll beladen mit entsetzten Passagieren herabgelassen wurde. In dem Augenblick durchschnitt jemand die Heckleine, das Boot schwang nach außen, und sein Bug tauchte durch die Wirbelbewegung vor den rotierenden Schaufelrädern unter. Child fiel in das Boot. Passagiere, Kapitän Child und das halbgesunkene Schiff trieben ab und verschwanden in der Nacht, die toten Körper begleitend, die schon im Kielwasser der *Lexington* schwammen.

Bald nachdem die Maschine endlich stoppte, begann das Schiff zu treiben. Wenn sie noch ein paar Minuten gewartet hätten, wären die zum Tode verurteilten Passagiere in den überschwemmten Booten vielleicht gerettet worden. Nur vier Menschen sollten überleben.

Smith kletterte über die Achterdeckreling, trat die drei Kabinenfenster ein, und indem er die Fensterbretter als Fußstützen benutzte, senkte er sich auf das Ruder herab. Nach einer halben Stunde kletterte ein Junge neben ihm hinunter. Smith sah in das vor Angst bleiche Gesicht. Er deutete auf einen Baumwollballen, der in der Nähe schwamm.

»Wenn du deine Haut retten willst, mein Sohn, solltest du dich auf diesen Ballen setzen.«

»Ich... ich kann nicht schwimmen«, stammelte der Junge.

»Halt dich fest, ich bring ihn näher heran.«

Smith glitt in das eiskalte Wasser, schwamm hinüber zum Ballen und kam darauf zu stehen. Unter Verwendung seiner Hände versuchte er, den Ballen nahe genug an das Achterdeck zu paddeln, damit der Junge an Bord springen konnte, aber er kam nicht zügig genug voran, um das Schiff zu erreichen. Schließlich kam er zu dem brennenden Dampfschiff zurück. Ohne zu überlegen kletterte er zurück auf das Schiff. Diesmal fand er sich Mittschiffs wieder, nahe dem Schaufelrad an Backbord. Dort traf er auf ein Dutzend Leute, die sich noch immer an allen möglichen Teilen der verglühenden Reste festhielten. Die Flammen waren so weit zurückgewichen, daß die Passagiere in der Lage waren, sich an der Seite festzuhalten. Sie stellten sich auf die Kanten, eine vorstehende Rippe des Rumpfes aus festem Holz, die in beide Richtungen verlief, um das Schiff vor dem Rollen zu bewahren.

Smith fand sich am Rumpf festklammernd neben Ingenieur Hemstead, Job Sand, dem Ober, Harry Reed, einem Matrosen, und einem Heizer, George Baum. Um den gesamten umgedrehten Rumpf herum war die See mit einer Schicht aus Trümmern, Asche und toten Körpern jeden Alters bedeckt. Smith biß die Zähne zusammen, als er der erschreckenden Realität der Tragödie entgegenstarrte. Er schluckte die Gallensäure herunter, die sich in seinem Hals angesammelt hatte, und sah hinab auf das Wasser unter seinen Füßen, das geduldig wartete, um sie zu verschlingen.

Um drei Uhr, sieben Stunden nachdem das Feuer entdeckt worden war, gingen die glühenden Reste des Dampfschiffs im kalten Wasser der Bucht unter, begleitet von einem gräßlich zischenden Geräusch, als das kalte Wasser in die verbrannten Innenteile des Rumpfes aufstieg. Dampf und Rauch vermischten sich und bildeten ein Sargtuch, das langsam vom Wind davongeweht wurde, und bald wurde auch das Treibgut davongeschwemmt, das Grab der *Lexington* verlassend, verhüllt und namenlos unter einer gnadenlosen See.

Als der Schiffsrumpf unter ihnen wegsank, kämpfte sich Smith mit vier anderen – Harry Reed, George Baum, dem Schauspieler und Komödianten Henry Finn und dem Jungen, der Smith' Platz am Ruder eingenommen hatte – auf ein großes Stück des Schaufelradkastens, der weggerissen worden war und hochschaukelte, als das Schiff schon gesunken war. Wie Manchester und Hillard vor ihm tat auch Smith sein Bestes, die anderen auf dem Schaufelradkasten am Leben zu erhalten. Er schüttelte und massierte sie und versuchte sie zu Bewegungen zu zwingen, aber von der Kälte überwältigt, hatten die Lebenden die Grenze ihrer Durchhaltekraft erreicht. Sie starben einer nach dem anderen und rollten ins Wasser.

Smith, ein kräftiger Trinker und Angeber an Land, starrte dem Teufel ins Gesicht und schüttelte die Faust.

Das unnatürliche Leuchten des Feuers über dem dunklen Wasser war von der Küste Long Islands und Connecticuts aus zu sehen. Die Flammen schossen in riesigen Säulen hoch und beleuchteten das Wasser vier Meilen im Umkreis.

William Sidney Mount, wegen seiner Long-Island-Landschaftsbilder ein Künstler von gewissem Ruf, war Zeuge des Unglücks und beschrieb, wie die örtlichen Matrosen sich anstrengten, durch das Packeis zu fahren, das Häfen und Einfahrten verstopfte. Fischer, die meinten, Opfer aus dem nur zwei Meilen entfernten Dampfschiff bergen zu können, machten sich aus ihrem Hafen in die bittere Kälte auf. Aber immer wenn sie dachten, sie wären innerhalb der Rufweite des brennenden Wracks, drehten die Winde und die Gezeiten und schoben die *Lexington* zurück in die Mitte des Sunds. Besiegt von den Launen der Natur hatten die beherzten Fischersleute keine andere Wahl, als nach Hause zurückzukehren, da die See zu rauh war, um sich in den Sund hinauszuwagen.

Kapitän William Tirrell von der Schaluppe *Improvement* entdeckte den brennenden Scheiterhaufen, aber er bot keine Hilfe an, weil er glaubte, der Dampfer hätte seine eigenen Boote auf dem Wasser, und er befürchtete, daß er die Flut verpassen könnte, die er brauchte, um in den Hafen zu kommen, genau wie Kapitän Stanley Lord von der *California* zweiundsiebzig Jahre später, der beschuldigt wurde, tatenlos zugesehen zu haben, während die *Titanic* sank. Tirrell wurde als grausamer und herzloser Mann dargestellt. Wegen seiner angeblichen Gleichgültigkeit gegenüber dem Leiden der Passagiere der *Lexington* hätte er beinahe sein Kapitänspatent verloren. Spätere Untersuchungen zeigten jedoch, daß er gute zwölf Meilen entfernt war und die Winde gegen sich hatte. Gutachter hielten es für zweifelhaft, ob er das angeschlagene Schiff rechtzeitig erreicht hätte, um seine unglückseligen Passagiere zu retten, selbst wenn er es versucht hätte.

Als er den brennenden Dampfer entdeckte, versuchte Kapitän Oliver Meeker von der Schaluppe *Merchant* mit seinem Schiff von der Pier in Southport loszusegeln. Aber der flache Hafen und die sinkende Flut führten dazu, daß die *Merchant* auf Grund lief.

Kapitän Hillard und Benjamin Cox waren etwa eine Meile von der *Lexington* weggetrieben worden, als sie sank. Zerrissene Wolken hingen verstreut über dem Festland, ein heller Mond beleuchtete die ganze Bucht. Die Nachtluft war unglaublich kalt, und die Männer versuchten sich warmzuhalten, indem sie ihre Hände und Arme um ihre Körper schlangen. Sie fühlten sich so elend, wie es nur für zwei menschliche Wesen möglich war. Dann, als ob sie dazu verurteilt waren, den Todeskampf doppelt zu bestehen, kippte eine große Dünung ihren Baumwollballen um. In das kalte Wasser gestoßen, kämpften Hillard und Cox darum, auf der anderen Seite wieder hinaufzuklettern. Der Verlust des Paddels war ein harter Schlag. Sie hatten sich durch dessen Benutzung warmgehalten und damit gegen die Flut angesteuert. Jetzt wurde der Ballen unkontrollierbar und rollte schwer unter den anstürmenden Wellen.

Cox hatte nur mit einem Flanellhemd, lose sitzenden Hosen, Stiefeln und einer Kappe bekleidet das Schiff verlassen. Als alter Seemann hatte Hillard klugerweise seine wattierte blaue Marine-Wolljacke getragen. Er gab Cox seine Weste und rieb Arme und Beine des Passagiers, schlug ihn auf den Körper und versuchte alles, um sein Blut in Bewegung zu halten.

»Ich möchte sterben«, erklärte Cox plötzlich.

»Sie reden wie ein Verrückter«, sagte Hillard. »Haben Sie nicht Frau und Kinder?«

Cox nickte wie betrunken. »Eine großartige Frau und sechs Kinder.«

»Ihnen steht ohne ihren Vater als Ernährer ein entsetzliches

Leben bevor. Sie dürfen die Hoffnung nicht aufgeben. Denken Sie immer daran, daß sie zu Hause erwartet werden.«

Cox gab keine Antwort. Er schien jeden Lebenswillen verloren zu haben.

Hillard konnte es in dem Augenblick nicht wissen, aber seine Bemühungen, Cox am Leben zu erhalten, verlängerten zweifellos auch sein eigenes Leben. »Verdammt, Cox«, fuhr er ihn an, »lassen Sie Ihren Tod nicht zu. Halten Sie an Ihrem Leben fest, für Gott und Ihre Familie.«

Cox schien ihn nicht zu hören. Er hatte jedes Interesse verloren. Der Baumwollballen wurde breitseits gegen das Schiff geschlagen und in eine Mulde gedrückt, bevor er den Schlag der nächsten Welle abbekam. Hillard hielt sich am Ballen mit völlig steifen und gefühllosen Fingern fest, als der Ballen hochgeworfen und wie verrückt herumgeschleudert wurde.

Mit erstarrtem Körper rutschte Cox von dem Ballen herunter, und Hillard sah ihn nicht mehr.

Hillards Überlebenskampf war eine fast exakte Wiederholung des Dramas, das auf Kapitän Manchesters Baumwollballen stattgefunden hatte.

Manchesters Partner, McKenna, beschwerte sich pausenlos über die bittere Kälte. Dann, als seine Haut von dem eisigen Wasser völlig aufgeweicht war und die kalte Luft das Leben aus seinem Körper sog, stammelte er etwas über seine Frau und seine Kinder, wie sie ihn an dem Morgen, als er sein Heim verließ, noch geküßt hatten.

»Du wirst um die gleiche Zeit morgen bei ihnen sein«, versicherte ihm Manchester aufmunternd.

»Nein, ich weiß, daß ich vor Kälte sterben werde.«

»Beweg dich, Mann«, flehte ihn Manchester an und sprach McKenna Mut zu. »Sorg dafür, daß dein Blut zirkuliert. Schlag mit den Armen, schüttele die Beine, tu alles, um warm zu bleiben.«

»Was soll das?« murmelte McKenna. »Wir werden beide untergehen.«

»Das ist deine Sache!« erwiderte Manchester bestimmt. »Ich will verdammt sein, wenn ich aufgebe.«

Wie Benjamin Cox schien auch McKenna nichts mehr zu hören und wurde still.

Manchester hatte viele Geschichten über schiffbrüchige Seeleute auf hoher See gehört, die ihren Überlebenswillen verloren hatten. Disziplin, so heißt es, ist der Schlüssel zum Überleben. Zu viele Seeleute, die gezwungen waren, ihre Schiffe zu verlassen, kamen aus Lethargie und Hoffnungslosigkeit um. Er konnte es jetzt mit eigenen Augen erleben. McKenna schien es gleichgültig geworden zu sein, ob er am Leben blieb oder starb. Am Leben zu bleiben, um seine Frau und seine Kinder davor zu bewahren, daß sie ohne Ehemann und Vater weiterleben mußten, schien völlig aus seinem Bewußtsein entrückt.

Manchester konnte nur hilflos zusehen, wie McKenna sich dem Schicksal ergab. Er starb, kurz nachdem die *Lexington* gesunken war. Sein Körper fiel nach hinten, sein Kopf hing zum Teil im Wasser. Die erste schwere Welle, die den Ballen traf, schwemmte ihn davon. Fast eine halbe Stunde lang trieb er auf dem Wasser neben Manchester dahin, das Mondlicht spiegelte sich auf seinem bleichen Gesicht und seinen Händen, bis er schließlich aus Manchesters Sicht verschwand.

Die todbringende Nachtkälte kam und ging vorüber, eine Nacht nie enden wollender Qualen. Als die Sonne aufging, wurde das Meer glatt, und Kapitän Meeker von der *Merchant*, der bis zum Morgengrauen gearbeitet hatte, um Fracht abzuladen, damit sein Schiff leicht genug würde, gelang es schließlich, seine Schaluppe von der länglichen Sandbank zu befreien, die durch die Strömung entstanden war. Er konnte mit der hereinkommenden Flut die Segel setzen und in den Sund aufbrechen.

Auf seinem Baumwollballen verkrallt, sichtete Hillard die *Merchant* ungefähr zur Mittagszeit und winkte wie ein Verrückter mit der Hand, um die Aufmerksamkeit der Menschen an Bord auf sich zu lenken. Kapitän Meeker wendete seine Schaluppe elegant auf Hillard zu und kam längsseits. Die helfenden Hände der Mannschaft zogen den halberfrorenen Überlebenden über die Seite und behandelten ihn mit der größten Höflichkeit. Er wurde unter Deck gebracht, wo man die feuchten Kleider mit warmen Decken tauschte. Dann setzte man ihn vor den Ofen und schüttete Tassen voller Kaffee, mit Whiskey versetzt, in ihn hinein.

Der nächste, der gerettet wurde, war Kapitän Manchester. Beinahe ohnmächtig vor Kälte, die Hände erfroren, gelang es ihm, sein Taschentuch zwischen seinen steifen, gefühllosen Fingern zu klemmen und schwach im leichten Wind flattern zu lassen. Nachdem ihn Meekers aufmerksame Mannschaft entdeckt hatte, saß er bald zum Auftauen neben Kapitän Hillard in der Kombüse der *Merchant*.

Um zwei Uhr nachmittags wurde Heizer Smith von Kapitän Meeker ausgemacht, seine Hände und Füße hatten schlimme Frostbeulen, und er war kaum bei Bewußtsein, als man ihn von dem Schaufelradkasten herunterholte. Alle drei Männer litten unter den Auswirkungen der extremen Kälte, der sie ausgesetzt waren, aber sie erholten sich mit der Zeit und konnten bei der Untersuchung des Leichenbeschauers aussagen. Kapitän Meeker zog noch zwei Tote aus dem Wasser, bevor er nach Southport zurückfuhr.

Die erstaunlichste Überlebensgeschichte war die des Zweiten Maat David Crowley. Glücklicherweise hatte sich sein Ballen nicht gedreht und war auch nicht mit der schweren See auf und ab gerollt, so daß er sich ein Nest in die Mitte der Baumwolle graben konnte. Indem er seine Kleider mit Baumwolle vollstopfte, bis er aussah wie ein fetter Schneemann, bewahrte er sich vor dem Erfrieren. Von der Mannschaft des Kapitän Meeker unbemerkt, mußte Crowley den ganzen Dienstag bis in die Nacht hinein leiden. Erst um neun Uhr Mittwoch nacht trieb sein außerhäusiges Heim gegen das Packeis entlang der Küste von Long Island.

Voller Angst, er könnte in das eiskalte Wasser fallen, kroch Crowley auf dem Bauch über das Eis, bis er Land erreichte. Dann stolperte er fast eine Meile bis zu einem Haus und klopfte mit letzter Kraft an die Tür. Die Bewohner, Mathias und Mary Hutchinson, dachten, sie hätten einen aufgeblasenen Leichnam vor sich, der nur in leichten Hosen und einem Hemd barhäuptig vor ihnen lag. Sie waren sehr erstaunt, als die Wärme des Hauses und ihre kräftige Massage seiner Gliedmaßen Crowley ins Leben zurückriefen. Er hatte achtundvierzig Stunden auf seinem schwimmenden Baumwollfloß die schneidende Kälte ausgehalten und war mehr als fünfzig Meilen abgetrieben.

Kurz nach seiner wunderbaren Rettung schenkten die Eigentümer der Baumwollfracht an Bord der *Lexington* dem Zweiten Maat Crowley einen solchen Ballen, wie den, der ihn an Land getragen hatte. Er ließ ihn in sein Heim in Providence, Rhode Island, bringen, wo er ihn, in seinem Wohnzimmer aufgestellt, viele Jahre bewahrte. Als während des Bürgerkriegs die Baumwollpreise in die Höhe schnellten, verkaufte Crowley seinen Ballen für wohltätige Zwecke. So entstand die berühmte Baumwoll-Tuchmarke *Lexington*.

Der Brand der *Lexington* hatte eine Reihe interessanter Erscheinungen zur Folge.

Die Lithographiekunst wurde in den 1800er Jahren ein beliebtes Betätigungsfeld. Die Menschen im ganzen Lande kauften Lithographien in ihren Gemischtwarenläden und hängten sie in ihren Wohn- und Eßzimmern auf. Die Öffentlichkeit gewöhnte sich daran, für ein paar Pennys jede Woche die Farblithographien an ihren Wänden auszutauschen, besonders, wenn der dargestellte Gegenstand ihre Phantasie anregte.

Kurz nach dem Brand der *Lexington* wurde ein junger Künstler, der darum kämpfte, ein Lithographiestudio einzurichten, von der *New York Sun*, engagiert, um eine Lithographie der Katastrophe zu erstellen. Er arbeitete Tag und Nacht und hatte sein Meisterstück in nur sechzig Stunden fertig. Er gab ihm den großspurigen Titel:

> Die schreckliche Feuersbrunst auf dem Dampfschiff LEXINGTON in der Bucht von Long Island am Montag abend, dem 13. Januar 1840; bei diesem traurigen Ereignis kamen mehr als 100 Personen ums Leben.

Nachdem das Bild in der Sonderausgabe der *New York Sun* erschienen war, wurde die schreckliche Katastrophe zu einer Sensation, und das Bild hing in fast jedem amerikanischen Heim. Als großer Durchbruch im Journalismus gefeiert, gehörte die Verwendung der graphischen Darstellung zur Illustration neuer heißer Storys bald zum üblichen Stil, der bis heute in Zeitungen und Zeitschriften beibehalten worden ist.

Der junge Künstler hatte sich einen Namen gemacht, und bald war er weltberühmt. Selbst wenn die Tragödie der unglückseligen *Lexington* nichts weiter bewirkte, gab sie doch dem Land die erstaunlichen Talente eines Nathaniel Curriers, der in siebzehn Jahren gemeinsam mit einem weiteren Lithographie-Künstler, James Merritt Ives, Erinnerungen heraufbeschwörende Farblithographien schuf, die den Geist des frühen Amerikas einfingen.

Der Mann, der zu spät zum Dock gekommen war und klugerweise beschlossen hatte, lieber nicht auf die *Lexington* aufzuspringen, las am nächsten Morgen von dem Unfall in der Sonderausgabe einer Zeitung. Er konnte sein Glück kaum fassen. Wäre er nicht wegen eines Streits mit seinem Verleger, Park Benjamin, wegen der redaktionellen Änderungen an seinem Gedicht »Das Wrack der *Hesperus*«, das in der Zeitung *World* veröffentlicht werden sollte, zu spät gekommen, wäre er ganz gewiß eine der 150 erfrorenen Leichen gewesen, die in der Bucht trieben.

Er faltete die Zeitung zusammen, legte sie beiseite und bat den Kellner um ein Blatt Briefpapier und einen Umschlag des Hotels. Nachdem der Tisch abgeräumt war, fing er an, seiner Frau und dem Vater zu schreiben, damit sie möglichst schnell erfuhren, daß ihr Ehemann und Sohn, Henry Wadsworth Longfellow, noch am Leben war und sich wohlbehalten im Restaurant eines New Yorker Hotels befand.

Kapitän Joseph Comstock wurde von der Transportgesellschaft beauftragt, sich zum Unfallort zu begeben und nach den Leichen von Passagieren und Mannschaft zu suchen, um eventuell Gepäck und Eigentum der Gesellschaft wiederzufinden. Das Dampfschiff *Statesman* mit dem Kommandanten George Peck wurde für die Suchoperation gechartert.

Comstocks vordringlichstes Problem war es, die ungefähre Position der *Lexington* zu finden, an der sie Feuer gefangen hatte und später gesunken war. Zeugen der Flammen auf dem Meer machten widersprüchliche Aussagen. Manche berichteten, daß sie das brennende Schiff außerhalb von Eatons Neck Point gesehen hätten, andere plazierten es in die Mitte der Bucht außerhalb von Crane Neck Point. Der Leuchtturmwächter in Old Field Point behauptete, er hätte die Flammen um etwa drei Uhr morgens circa vier Meilen nördlich des Leuchtturms gesehen. Die Tiefe des Wassers wurde mit zwanzig Klafter angegeben.

In zwei Tagen der Suche entdeckte man nur sieben Leichen, einschließlich der beiden, die Kapitän Meeker von der *Merchant* herausgezogen hatte. Zahlreiche Teile des Wracks wurden an Land gespült. Das Namensschild der *Lexington* und ein untergegangenes Rettungsboot wurden gefunden und zusammen mit mehreren Gepäckstücken herausgeholt.

Das Wetter war während der Suche ausgesprochen kalt, und die

Temperatur blieb um vier Grad unter Null. Die plötzliche Ansammlung von Eis entlang der Küste machte weitere Bemühungen zunichte. Kapitän Comstock blies die Suche ab und befahl die *Statesman* mit ihrer kläglich kleinen Ladung Toter zurück nach New York. Für Kapitän Comstock war die Suchoperation besonders hart. Einer der Vermißten, dessen Leiche niemals gefunden wurde, war Jesse Comstock, Beamter auf der *Lexington* und Bruder des Kapitäns.

In dem Untersuchungsbericht des Kommissars wurden alle möglichen Leute beschuldigt. Die Geschworenen beschuldigten die Dampfschiffeigner, ein gefährliches Schiff betrieben zu haben, und zeigten sie ferner wegen der brennbaren Fracht auf einem Dampfschiff an, das gleichzeitig Passagiere führte. Sie kritisierten die staatlichen Dampfschiffinspektoren, grobe Sicherheitsverletzungen übersehen zu haben, und die Dockarbeiter, weil sie entzündliche Fracht in der Nähe einer Heizquelle geladen hätten. Sie beschuldigten Kapitän Child und seine tote Mannschaft der Pflichtverletzung, obwohl sie seltsamerweise Kapitän Manchester, den Zweiten Maat Crowley und den Heizer Smith von jeder Verantwortung freisprachen.

Der Urteilsspruch lautete, daß die *Lexington* eine Feuerfalle gewesen sei. Die Verkleidung um den Schornstein entzündete ein Feuer, das schnell an die um ihn herum aufgeschichteten Baumwollballen weitergetragen wurde. Niemand wurde angeklagt, verurteilt, mit einer Geldstrafe belegt oder verlor sein Patent.

Alles, was blieb, waren von Schmerz überwältigte Herzen. Die verbrannte *Lexington* hinterließ neunzig trauernde Witwen und fast dreihundert vater- und mutterlose Kinder. Bis auf fünf Tote würde keiner ein Grab finden.

POSTSKRIPTUM
Eine Mitteilung aus der Wochenzeitung *Long Islander*, Huntington, New York.

30. September 1842. Die *Lexington*. Das Wrack des unglückseligen Schiffs ist an die Wasseroberfläche gehoben worden, aber eine der Ketten brach, und sie sank erneut bis auf 130 Fuß ins Wasser. Ein neuer Versuch soll unternommen werden. Die geborgenen 800 Dollar fand man nicht in Scheinen, wie es zuerst hieß, sondern als Silberklumpen, der 30 Pfund wog. Der Kasten war an Deck geleert worden, weil er als Eimer zum Löschen der Flammen dienen sollte.

II
Das Erscheinen der NUMA
April 1983

Ich kann mich nicht erinnern, was mein Interesse an der *Lexington* ursprünglich ausgelöst hat. Ich glaube, es war ein Einfall, der mir kam, als wir den Sand und die Brandung auf Fire Island National Seashore in New York nach den Resten des ersten Dampfschiffs absuchten, das den Atlantik überquert hatte, der *Savannah*. Sie schlug mehrere Jahre nach ihrer berühmten Überquerung bei Nebel 1821 gegen den Strand. Obwohl sie nur achtzig Stunden unter Dampf gefahren war, steht ihre berühmte Reise unübertroffen im Buch der Geschichte.

Diese Art Suche ist gewöhnlich die nervenaufreibendste, weil fast alle Schiffe, die an einer sandigen Küste oder an den Ufern von Flüssen auf Grund laufen, mit der Zeit total verdeckt und von Schlick verhüllt sind. Man kann dieses Phänomen gut beobachten, wenn man am Rande einer Brandung steht. Wenn einem die zurückweichenden Wellen die Füße umspielen, sinken sie ein und sind bald bedeckt. Das gleiche passiert einem Schiff, sogar einem Kriegsschiff, wenn ihm genügend Zeit gelassen wird. Ein weiteres Problem besteht darin, daß Landmarken große Veränderungen durchlaufen und lebende Zeugen selten zu finden sind.

Auf einem Boot, das einem Paar aus Long Island gehörte, führten Bill Shea und ich eine Fernabtastuntersuchung mit seinem Protonen-Magnetometer durch, so nahe wie wir uns an die Brecher auf der dem Atlantischen Ozean zugewandten Seite der Insel heranwagten, in der Hoffnung, die magnetische Unterschrift von an Bord der *Savannah* hinterlassenem Eisen aufzuspüren. Obwohl wir ein Suchraster von einer Meile geplant hatten, das parallel zum Strand verlaufen sollte, konnten wir über den hohen Sanddünen keine Landmarken ausmachen, die entlang dem Kamm von Fire Island verliefen. Da das Schiff keinerlei Navigationsausrüstung hatte, war es zwingend notwendig, die Grenzen für die Suchbahnen im Wasser und auf dem Strand festzulegen.

Ich meldete mich freiwillig, an die Küste zu schwimmen, die Sanddünen zu erklettern und das Ziel visuell anzupeilen, damit wir unser Gebiet abstecken konnten. Fünfzehn Minuten später entdeckte ich die von mir von der topographischen Karte abgezeichneten Landmarken, die mit der ungefähren Lage des Grabes der *Savannah* übereinstimmten. Nachdem ich die Ostgrenze des Rasters mit einem Stück Treibholz markiert hatte, das man vom Schiff aus sehen konnte, fing ich an, eine Meile in Richtung auf die Westgrenze abzuschreiten.

In Anbetracht meines schlechten Gedächtnisses – wenn meine Frau mich nach einem Laib Brot in den Laden schickt, komme ich immer mit einem Glas eingelegter Gurken nach Hause – verfolgte ich meinen Fortschritt dadurch, daß ich zehn Kieselsteine nebeneinander von einer Hand in die andere schob. Der Strand schien vollkommen verlassen, also sang ich die Zahlen laut in einer Mitch-Miller-Melodie vor mich hin.

Etwa auf halbem Wege in Richtung meiner westlichen Grenze sah ich, wie mir eine Gestalt aus der entgegengesetzten Richtung entgegenlief. Als sie näher kam, merkte ich, daß es ein älterer Herr war, der einen breitrandigen Schlapphut trug. Ich war so intensiv damit beschäftigt, meine Zahlen zu behalten, daß ich ihn nicht weiter beachtete, bis er vorbei war. Dann sagte mir eine winzige

Gehirnzelle, daß irgend etwas nicht stimmte. Also wandte ich mich um.

Der alte Mann war etwa zehn Schritte von mir entfernt stehengeblieben und starrte mich an, als ob ich irgendein Irrer sei, der aus seiner Gummizelle geflüchtet war. Auf seinem sonnenverbrannten Gesicht spiegelte sich ein amüsierter Blick wider. Zweifellos konnte er sich nicht vorstellen, warum jemand auf einem verlassenen Strand spazierengeht, dabei den Sand anstarrt und sich selbst Zahlen vorsingt.

Er konnte sich nicht mehr amüsiert haben als ich, denn ich stellte fest, daß der alte Kerl unter dem Schlapphut vollständig nackt war.

Eine der Praktiken, auf die ich mich mit der Zeit zu verlassen gelernt hatte, wenn ich ein besonderes Schiffswrack suchte, bestand darin, andere Schiffe zu erforschen, die in weitem oder näherem Umkreis gesunken waren. Sollte mein primäres Ziel zu schwer faßbar oder unmöglich zu finden sein und die Suche meinen Zeitplan sprengen, kann ich die eingesparten Tage dazu verwenden, nach einem zweiten oder dritten Wrack zu jagen. Es ist nichts dabei, wenn man ehrgeizig ist und die Gelegenheit sich bietet, noch mehr Erfolg einzuheimsen, wenn man schon zwei oder mehr Fische am Haken findet.

Da ich keine solide magnetische Unterschrift auf der *Savannah* fand, beschloß ich, mir noch eine Chance zu geben. Also brachte ich die Besatzung hinüber nach Long Island in den Sund, denn ich wollte einen Versuch unternehmen, das Dampfschiff *Lexington*, das seit fast 150 Jahren verschwunden war, zu entdecken.

Bob Fleming, ein landesweit bekannter Forscher aus Washington, D. C., und Wissenschaftler auf dem Gebiet von Schiffswracks, der regelmäßig mit mir zusammenarbeitete, brachte mich auf die Spur des Dampfschiffs, das unter einem bösen Stern gefahren war. Fleming schickte mir den Bericht über die Tragödie. Mit einer lebhaften Phantasie gestraft, konnte ich förmlich die Schreie der Opfer auf der *Lexington* nach jemandem hören, der sie in ihrem Grab finden sollte.

Margaret Dubitsky, eine Schullehrerin aus Long Island, die lange und schwer daran gearbeitet hatte, ein bemerkenswertes Paket Forschungsmaterial aus den Archiven des Staates New York und der umliegenden Orte zusammenzutragen, hatte Hinweise darauf gefunden, wie das Dampfschiff damals geborgen werden sollte. Ein unklarer Bericht behauptet, es sei an die Oberfläche gebracht und festgezurrt worden, was darauf hindeutete, daß es nicht mehr auf dem Boden des Sunds lag.

Diese neue Information ließ das Projekt beinahe in der Versenkung verschwinden, noch bevor damit begonnen worden war. Es war bekannt, daß bei gelegentlichen Meeresjagden, auch wenn sie sich über Jahrzehnte erstreckt hatten, keine Spur des Dampfschiffes gefunden worden war. Könnte dies die Erklärung dafür sein, warum es niemals von Sporttauchern noch von Fischern geortet wurde? Jeder schien zu behaupten, daß sie nicht länger existiere, nur weil sie nicht gefunden werden konnte.

Ich haßte es, sie aufgeben zu müssen. Ein Großteil meines Lebens haben mir Leute gesagt, ich würde meine Zeit vertun oder mich in sinnloser Arbeit verzetteln, auch wenn ich schließlich ein offensichtlich hoffnungsloses Projekt erfolgreich zu Ende brachte. Das Interessante daran ist, daß sie nur in vierzig Prozent der Fälle recht behalten hatten.

Alle pessimistischen Gedanken weit von mir weisend, war ich fest davon überzeugt, man könne davon ausgehen, daß die *Lexington* seit fast eineinhalb Jahrhunderten vergessen und unberührt noch immer in den schlammigen Tiefen ruhte. Wenn das so war, würde das verkohlte Wrack von dem, was einst das schönste Dampfschiff auf dem Long Island Sund gewesen war, ein historisch reicher und archäologisch bedeutsamer Fund werden.

Ein 200 Fuß großes Schiff aus 130 Fuß tiefem Wasser zu heben, ist ein Bravourstück, das heute selten, wenn überhaupt je, versucht wird. Schwierigkeiten mit dem Wetter, unvorhersehbare Meeresverhältnisse, angesichts der benötigten schweren Hebegeräte können die Kosten ins Unermeßliche steigern. Es scheint kaum glaubhaft, daß man im Jahre 1842 die Technologie kannte, ein solches Unterfangen zu bewerkstelligen. Das Tauchen mit Atemhaube steckte noch in den Kinderschuhen. Dekompressionstische waren unbekannt. Schoben Taucher Ketten unter dem Rumpf durch, um sie aus dem Wasser zu heben, oder wurden Kabel unter dem Wrack von zwei auf beiden Seiten unter vollem Dampf fahrenden Schiffen gezogen? Und außerdem mußte man eine Barke und einen Kran haben, stark genug, ein 488 Tonnen schweres Schiff an die Oberfläche zu heben. Selbst unter den Voraussetzungen des 21. Jahrhunderts braucht man dafür eine Winde, fast so groß wie die, die der *Glomar Explorer* benötigte, um ein russisches U-Boot zu heben. Und doch war es zu schaffen, wie letztendlich im Juli 1983 von der NUMA bewiesen wurde.

Obwohl keine Versicherungsgesellschaftsunterlagen über eine Bergung, keine glaubhaften, detaillierten Berichte in damaligen Zeitungen von einem verkohlten Rumpf erschienen, der in den Hafen gebracht wurde, machte ich weiter und stellte eine Expedition zusammen, um das Wrack zu suchen, von dem ich ganz sicher war, daß es noch auf dem Meeresgrund liegen mußte. Eine Anzahl Taucher erzählte mir, ich würde mich umsonst abschinden und Zeit und Geld in ein Faß ohne Boden schütten. Mir schien das genauso, als hätte man McArthur geraten, die Invasion der Philippinen abzublasen.

In Zusammenarbeit mit Zeff Loria aus Port Jefferson, Long Island, der sich bereit erklärt hatte, als Projektleiter zu dienen, begann ich, das historische Material zu analysieren, das Forscher wie Fleming und Dubitsky gesammelt hatten. Das Rätsel lautete: Wo genau befand sich die *Lexington*, als sie schließlich sank?

Schiffskapitäne, die auf Binnengewässern segelten, navigierten nicht anhand von Längen- und Breitenkoordinaten. Sie schätzten ihre Positionen auch nicht nach den Sternen oder verließen sich auf bloßes Raten. Sie fuhren nach Sichtregeln. Logbücher von Schiffen, die auf dem Sund fuhren, enthielten nur einfache Eintragungen, die besagten: »Oak Neck Point wurde um 21 Uhr 35 passiert.« Wenige andere Einzelheiten zu den Positionen wurden eingetragen.

Die *Lexington* hinterließ kaum Hinweise.

Von allen Augenzeugen an Land setzte ich am meisten Vertrauen in den Leuchtturmwächter von Old Field, der berichtete, er habe gesehen, wie die Flammen circa vier Meilen nördlich vom Point ausgingen, und zwar leicht nach Westen. Da ich annahm, daß er sich ein gutes Urteil von Entfernungen über dem Wasser bilden konnte, legte ich im ungefähren Bereich ein erstes Raster aus vier Quadratmeilen an, und die Suche begann.

Der erste Versuch galt primär dem Stadium der Gegend, Bodenkonditionen, Gezeitenlauf und Unterwassersichtweite. Kapitän Tony Bresnah ging mit uns und seinem Boot *Day Off* über einem versunkenen Kahn vor Anker, und wir unternahmen Tauchtests in den Sund. Mit lediglich ein bis zwei Fuß Sichtweite hatten wir gerechnet, aber die Strömung war viel stärker als angenommen. Wir schätzten sie nahe bei vier Knoten, und alle Taucher hielten sich an der Ankerkette fest, solange sie horizontal gespannt war, wie Flaggen in einem Windsturm. Wir entdeckten auch, daß die Hälfte unseres Suchrasters unter der Bahn der Fähre Bridgeport Port Jefferson verlief, die in den Sommermonaten zwischen dem Festland und Long Island fuhr. Seit 1874 ununterbrochen in Betrieb, bot sie einen ausgezeichneten Grund, warum Fischer in der Nachbarschaft nicht fischten und Taucher nicht tauchten.

Für den zweiten Versuch brachte Zeff Loria eine erstklassige Mannschaft zusammen. Die *Mikado III*, unter dem Kommando von Kapitän Mike Arnell, einem erfahrenen Tauchmeister, wurde gechartert. Das Taucherteam wurde von Doug Rutledge und Sandy

Zicaro angeführt. Zur Gerätschaft gehörten ein Schonstedt-Gradiometer zum Auffinden von Eisen, ein Seiten-Scan-Sonar von Klein & Associates, um die Gegenstände aufzuzeichnen, die aus dem Meeresboden herausragten, und ein Loran-Navigationsapparat, der inzwischen durch das neue »Global Positioning System« überflüssig geworden ist, das mit Satellit funktioniert.

Beim ersten Mal war die langweilige Arbeit des Einbringens von Suchbahnen nicht allzu unerträglich. Tom Cummings, Kleins Sonar-Techniker, kündigte schon während der ersten Stunde der Suche nicht ein, sondern drei solide Ziele an. Nachfolgendes Überstreifen der Ziele deutete auf ein großes Schiff hin, das in drei Sektionen zerbrochen war. In einer Sonar-Aufzeichnung konnte man den Balancierbalken und einen großen Ausschnitt aus einem Schaufelradkasten entdecken.

Kapitän Mike Arnell machte die *Mikado III* fachmännisch direkt über dem Wrack fest, so daß die Taucher über die Ankerleine absteigen konnten. Die Bodentiefe registrierte 140 Fuß auf dem Echogeber des Schiffes und den Tiefenmeßgeräten der Taucher. Dieses Mal warteten wir auf nachlassende Flut. Die Sicht innerhalb des Tunnels bot eine bessere Visibilität als die, die Rutledge und Zicaro auf dem Boden vorgefunden hatten, und sie mußten das Wrack mit Hilfe mächtiger Unterwasserscheinwerfer durchsuchen.

Unter Verwendung einer Sicherheitsleine streiften wir über enge Bereiche der mittleren Sektion des Wracks. Da die Taucher nur zehn Minuten auf dem Boden bleiben konnten, waren größere Erkundungen stark begrenzt. Die Taucher brachten ein paar Bolzen und verkohlte Holzstücke herauf. Sie berichteten, daß sie eines der Schaufelräder und weitere verkohlte Holzteile gesehen hätten, und beschrieben die Rumpfkonstruktion so, als sähe sie aus wie eine Eierschale, was den ungewöhnlichen Kastenrahmen der *Lexington* bestätigte.

Es ist schade, daß man auf dem sandigen Boden nicht stehen und das Wrack so vollständig überblicken kann. Die Länge des verbrannten und zerbrochenen Rumpfes, das große Schaufelrad und die Balancierbalken der Maschinen kann man sich eher vorstellen, als sehen. Das trauriggrüne, schlammige Wasser erlaubt einem nur ein paar kurze Blicke, wie das Schiff einst ausgesehen haben muß. Man hat das Gefühl, als ob man in todesschwarzer Nacht durch ein Geisterhaus schliche und einen die Gespenster aus den Augenwinkeln beobachten könnten.

Nach den vielen langen Stunden der Suche hatte ich das Gefühl, als ob ich selbst über die Decks der *Lexington* gewandert sei und beobachtet hätte, wie der Rauch aus ihrem Schornstein in die Luft blies, als hätte ich ihre Passagiere und ihre Mannschaft gesehen. Für die anderen Taucher war es einfach nur ein Haufen Trümmer auf dem Meeresboden. Ich sah sie im Geiste so, wie sie einst war, ein Greyhound der Meere. Und trotzdem tat es mir nicht leid, sie verlassen zu müssen.

Nachdem wir Fundstücke zusammengetragen und katalogisiert hatten, sandte ich ein Stück Holz an Robert Baldwin, einem führenden Experten in der Holzforschung, der es als gelbe Kiefer identifizierte, eines der Hölzer, die man beim Bau des Dampfschiffs benutzt hatte.

Rutledge und Zicaro beschrieben Bündel von seltsamem grünem Draht, der sich um das Wrack schlang. Da ich glaubte, daß das Wrack schon einmal gehoben werden sollte und in drei Teile zerbrochen war, mußte ich ein wenig Detektivarbeit leisten und Kontakt mit Mr. Oliver Tannet, einem Geschäftsmann bei einer Drahtkabel-Gesellschaft, aufnehmen. Wie es das Glück wollte, sammelte Mr. Tannet antike Drähte und war eine Autorität in Sachen alte Kabel. Er nahm an, daß die Ingenieure bis 1840 noch nicht die Technologie beherrschten, biegsame Drahtkabel zu extrudieren. Damit es sich dreht, wurden die Eisenstränge um einen Kupferkern gewickelt. Nach anderthalb Jahrhunderten Kontakt mit Salzwasser war das Eisen in den Kabeln, die verwendet wurden, um die *Le-*

xington vom Meeresboden zu heben, wegerodiert und hatte den grün oxydierten Kupferkern zurückgelassen.

Der Leuchtturmwächter hatte ziemlich richtig gelegen. Statt vier Meilen nördlich und leicht westlich, wurde das Wrack der *Lexington* dreieinhalb Meilen nördlich und leicht westlich gefunden.

Die von der NUMA gefundenen Gerätschaften (leider kein Silber) wurden dem Vanderbilt Museum in Centerport, Long Island, geschenkt, um sie der Öffentlichkeit zugänglich zu machen. Die Rufe nach Bergung des Dampfschiffs versiegten bald wie die meisten Bergungsprojekte, wenn man die Kosten zusammenrechnet und sich niemand findet, der die Mittel bereitstellt.

Seit der Entdeckung durch die NUMA sind viele Taucher auf der Suche nach der *Lexington* getaucht. Ihr Ruheplatz ist den örtlichen Tauchboot-Kapitänen nun gut bekannt. Vielleicht wird eines Tages eine umfangreiche archäologische Bergung ihrer Reste durchgeführt werden.

Die Greyhounds der Bucht sind lange Zeit über den Horizont gedampft. Die *Lexington* ist eine Zeitkapsel aus einer Ära, als die Vereinigten Staaten gerade angefangen hatten, ihre Muskeln spielen zu lassen und die Schwelle zur industriellen Revolution zu überschreiten. Eine Zeit, in der wir unsere Energie von dem sich offenbarenden Schicksal weg- und der Technologie zuwandten. Es ist schade, daß wir niemals ihren Dampf sehen und ihr Pfeifen hören werden.

Ein letztes Wort der Warnung: Beim Tauchen kann die *Lexington* sehr gefährlich werden. Die Gezeiten sind trügerisch und können bis zu vier Knoten betragen. Die Lichtverhältnisse sind mäßig und erschweren die Orientierung, es sei denn, ein Taucher nutzt die Führungsleine richtig, die an der Ankerkette angebracht ist. Ich empfehle sehr, nur bei ruhiger Flut zu tauchen, um der häßlichen Strömung zu entgehen.

Teil 2

Das Marineschiff *Zavala* der Republik Texas

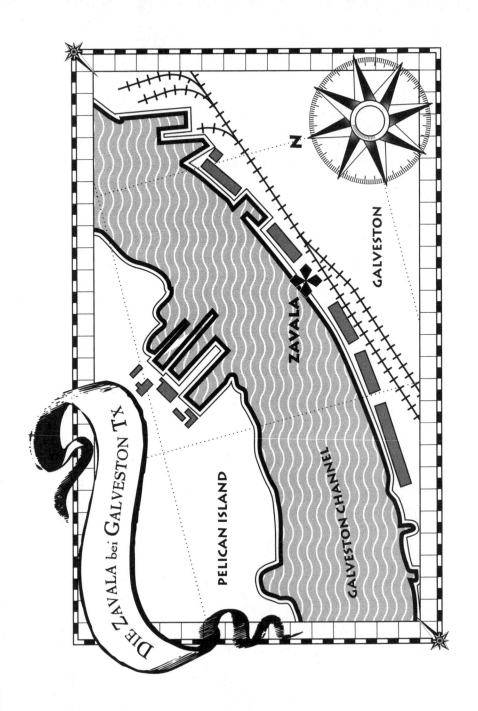

I
Ein leicht steuerbares Schiff
1836–1842

Bis zum frühen Morgen war der Himmel von schwärzlichen, düsteren Wolken überzogen, und der Wind gewann mit jeder Stunde an Geschwindigkeit; auf jeden Blitzstrahl folgte bedrohliches Donnergrollen, und der dahintreibende Regen wurde von einer schnell steigenden See begleitet, als der schlimmste Sturm, an den man sich damals erinnern konnte, im Oktober 1837 mitten im Atlantik zuschlug.

Kapitän Henry May blickte mit Entsetzen aus dem Steuerhaus seines Schiffes, dem Dampfschiff *Charleston*, in den ständig anschwellenden Sturm. Das Meer hatte sich in weniger als vierzig Minuten von einem wunderschönen in einen häßlichen Anblick verwandelt. Als Veteran der Route Philadelphia–Charleston, South Carolina, wußte May aus Erfahrung, daß sich dies zu dem schlimmsten Sturm entwickeln würde, dem er in seinen fünfundzwanzig Jahren zur See jemals begegnet war.

»Man sollte die Passagiere warnen, sich an ihren Kabinenbetten festzubinden, Mr. Lawler. Uns steht eine schlimme Sache bevor.«

Mays Erster Maat, Charlie Lawler, zwang sich ein schmales Grinsen ab. »Schlimme ›Sache‹, Kapitän? Es sieht eher nach Furien aus, die Amok laufen.«

»Wenn Sie schon dabei sind, sagen Sie Chefingenieur Leland, daß er auf seine Feuer aufpassen soll, denn, nach den Wellen zu urteilen, werden wir Wasser aufnehmen.«

Die volle Macht des Sturms kam gnadenlos auf sie herab. Innerhalb einer einzigen Stunde wurde das Meer zu riesigen Bergen, die aus den Laken von fallendem Regen emporstiegen und sich unten auf dem Bug der *Charleston* wellenförmig ausbreiteten, als sie mitten durch sie hindurchfuhr. Die Schiffswände und die Relings rund um das Hauptdeck wurden zusammen mit den Rettungsbooten davongefegt. Die Klappläden, die die unteren Fenster der Passagierkabinen abdichten sollten, wurden von der Macht des Wassers nach innen gedrückt.

May hatte das Glück, über eine Besatzung aus erfahrenen Männern zu verfügen, die furchtlos auf die Decks sprangen, um den Schaden zu beseitigen und Leinwand und Bretter über die zerbrochenen Fenster zu nageln. Sie arbeiteten in strömendem, alles durchdringendem Regen, der den Himmel verdunkelt und das Meer in einen überkochenden Kessel verwandelt hatte. Lawlers Stimme verlor sich im heulenden Wind, und er mußte die Mannschaft mit Handbewegungen anweisen, Wrackteile über Bord zu werfen.

Im Steuerhaus vereinten May und der Steuermann ihre Kräfte und kämpften, um die Wellenkämme rechtwinklig zu durchschneiden, ehe das Dampfschiff mit einem entsetzlichen Getöse in die Wellentäler stürzte. »Hilf mir, sie herumzuziehen«, befahl er dem Steuermann. »Wir werden versuchen, sie ans Ufer zu bringen.«

»Die Wellen werden unsere Breitseite zertrümmern«, protestierte Jacob Hill. »Wir werden es niemals schaffen, sondern vorher in Stücke zerrissen werden.«

»Wir werden sinken, wenn wir es nicht tun!« gab May wütend zurück.

Groß, breitschultrig und mit kräftigen Muskeln bepackt, machte sich Jacob Hill schweigend an die Arbeit, nickte wütend mit dem Kopf, murmelte ein kurzes Gebet und packte die Radspeichen erneut.

Langsam, viel zu langsam, schien es Hill, als ob der Rumpf sich breitseits, gegen den Aufprall des Meeres legte, das in die ganze Länge des hilflosen Schiffes brach. Dieses rollte sich zum Kentern auf die Seite, bis May aus den Seitenfenstern des Steuerhauses direkt auf das drohend graue Wasser sehen konnte. Die *Charleston* wurde emporgeworfen wie ein hilfloser Holzblock und immer wieder von den Wasserbergen begraben. Nach einer scheinbaren Ewigkeit hoben die Wellen schließlich das Heck empor und warfen es zurück, wobei die großen Schaufelräder begannen, sich heftig im Strom zu bewegen. Es war kaum zu fassen, sie hatte die 180-Grad-Wendung überstanden, ohne daß die Holzbohlen zerborsten waren.

»Nur Gott weiß, warum«, seufzte Kapitän May, »aber sie ist noch ebenso zuverlässig wie ein Dollarstück.«

»Sie ist ein leicht zu steuerndes Schiff«, murmelte Hill. »Ich kenne kein anderes, das das vermocht hätte.«

Mit ihren 569 Tonnen war die *Charleston* ein Seitenraddampfer von 201 Fuß Länge und 24 Fuß Breite, angetrieben von zwei Balancier-Maschinen, die von zwei Kesseln und einem kleineren Hilfskessel gespeist wurden. Sie war im Jahre 1836 in Philadelphia von der hochgeachteten Schiffsbaufamilie John Vaughan & Son gebaut worden. Zu ihrer Zeit war sie ein schnelles Schiff, das 16 Knoten schaffte.

Obwohl die *Charleston* jetzt leichter dahinfuhr, hing das Leben der Passagiere und der Mannschaft noch immer an einem seidenen Faden. Es war kaum zu glauben, aber der Sturm wurde noch heftiger. Die Aufbauten wurden eingedrückt, ebenso die Fenster des Steuerhauses. May und Hill kämpften verbissen darum, das Schiff auf einem geraden Kurs zu halten, obwohl der Regen ständig auf sie niederpeitschte und sie völlig durchnäßte.

Die Wellen stiegen hoch, brachen und schäumten unter den hölzernen Auskragungen durch, die unter den Schaufelradabdeckungen befestigt waren, liefen am Schiff entlang und ließen Wasser ins Schiffsinnere fließen. Nur allzu schnell begann das Schiff tiefer in das herumwirbelnde Wasser zu sinken.

Da er keinen seiner Mannschaft missen konnte, klopfte Lawler an die Kabinentüren und befahl den männlichen Passagieren, die Pumpen zu besetzen und eine Eimerkette zu bilden, um das Wasser, das unten in den Laderaum strömte, herauszuschöpfen. Kein einziger widersetzte sich Lawlers Befehl. Die nächsten achtzehn Stunden hielten sie durch, oft von ihren Ehefrauen unterstützt, die unbedingt helfen wollten. Selbst die paar Kinder an Bord wurden zur Arbeit herangezogen und mußten die gesprungenen Türen und Fenster ihrer Kabinen mit Lumpen und Baumwolle ausstopfen.

Kurz nach zwölf Uhr mittags wurde die vordere Lukenabdeckkung eingedrückt, und das hereinströmende Wasser löschte eines der Feuer der beiden Kessel. Dankbar für den Hilfskessel stocherte Ingenieur Leland im Feuer und ließ es aufflammen. Als das Schiff kaum noch manövrierfähig und von den Wasserbergen völlig überschwemmt war, befahl May, die Segel noch einmal zu setzen, und versuchte, die geschundene *Charleston* an den Strand zu setzen. Aber der bösartige Wind blies plötzlich in eine andere Richtung und riß das ungeschützte Leinen in Fetzen. In dem Augenblick schien es so, als sei jede Hoffnung verloren und die *Charleston* würde auf Grund gehen, ebenso wie die drei anderen Passagierschiffe, die in dem gleichen Sturm zerschellten und versanken. Aber der Gegenwind, der Mays Hoffnung, das Schiff in der Sicherheit der Küste auf Grund zu setzen, zunichte machte, arbeitete nun zu seinen Gunsten und trieb die *Charleston* um das Cape Lookout außerhalb der Küste von North Carolina herum und in geschütztere Gewässer.

Sobald sie um die Spitze des Kaps herum geweht worden waren, befahl May, die Anker herabzulassen. Jetzt, geschützt vor der vollen Macht der Winde und des Meeres, fuhr das Schiff mit seiner Besatzung und den Passagieren aus dem Sturm heraus. Dunkelheit kam und ging. Obwohl die Gefahr des Sinkens sich verringert hatte, schien die Nacht der Qualen nie enden zu wollen. Von ihren Ankerketten gefesselt, bohrte sich der Bug der *Charleston* in die wütenden, gnadenlosen Wellen. Das Morgengrauen kam als Erlösung, aber die ermüdete Besatzung und die Passagiere, von der Kälte gelähmt und ständig durchnäßt, hörten nicht auf, das Wasser auszuschöpfen.

Am Ende des zweiten Tages ließen der Wind und die stürmische See merklich nach. Der Sturm hatte nach Norden abgedreht. Der Regen verwandelte sich in dichtes Nieseln, und das Meer wurde ruhiger. Eine Möwe tauchte auf und umkreiste das Dampfschiff. Sie schrie, als sei sie überrascht, daß es noch dahinschwamm.

Zwei Stunden später informierte der Erste Ingenieur Leland Kapitän May, daß beide Kessel befeuert und unter genügend Dampf standen, um vorwärtszufahren. Jetzt, da er seinen Herd und den Ofen heizen konnte, bereitete der Schiffskoch die erste Mahlzeit für die Passagiere und die Mannschaft zu, die seit fast achtundvierzig Stunden nichts gegessen hatten. Wein und Rum wurden von Kapitän May großzügig ausgeschenkt, und die Besatzung und die Passagiere toasteten sich dankbar für ihre erstaunliche Rettung zu.

Am nächsten Tag, die erstaunten Einwohner der Stadt trauten ihren Augen nicht und konnten es kaum glauben, schleppte sich die *Charleston*, geschunden und zerschlagen wie sie war, in den Hafen von Beaufort, North Carolina. Nach einer behelfsmäßigen Reparatur fuhr der Dampfer triumphierend seinen Kurs weiter und wurde in Charleston mit einer Musikkapelle empfangen.

Eines Tages, im Herbst 1838, erklärte der Präsident der Republik Texas, Mirabeau B. Lamar, in seinem Büro energisch: »Wir müssen das Geld einfach zusammenbringen.«

»Wir können versuchen, weitere Schuldscheine auszustellen«, kam das Angebot vom nervösen Schatzmeister seiner Regierung.

»Tun Sie's nur«, meinte Lenar. »Wenn wir unsere Küsten nicht schützen können, können wir als Nation nicht bestehen. Wenn schon alle Schiffe unserer ursprünglichen Marine vernichtet, gestrandet und versunken sind, müssen wir sie ersetzen und eine neue und bessere Marine aufbauen.«

Ein leichte Brise blies die Blätter von den Eichen außerhalb seines Büros in Austin und ließ die Papiere auf seinem Schreibtisch zittern.

»Tun Sie's nur«, wiederholte er und wendete seine Aufmerksamkeit dem Problem der Überfälle durch die Comanchen zu.

Irgendwie kam das Geld zusammen, und im November des gleichen Jahres wurde Samuel Williams, der texanische Kommissar bei den Vereinigten Staaten, nach Baltimore übersandt. An Deck der *Charleston* stehend, befragte er den Agenten des Eigners.

»Die Motoren?«

»Kürzlich überholt.«

»Der Rumpf und die Aufbauten?«

»Wie Sie sehen, ist das Schiff in ausgezeichnetem Zustand.«

William starrte den Agenten an. »Wie teuer?«

»Mr. Hamilton, der derzeitige Eigner, fordert nur 145 000 Dollar.«

»Sagen Sie ihm, die Republik Texas zahlt ihm 120 000 Dollar.«

Der Agent sah überrascht auf. Als korrekter Neuengländer war er mit der raffinierten Art der mit allen Wassern gewaschenen Texaner nicht vertraut. »Ich bezweifle, daß Mr. Hamilton ein so niedriges Angebot überhaupt in Erwägung ziehen wird.«

»120 000 Dollar fest, und ich möchte, daß es Ende nächster Woche in See stechen kann.«

»Ich werde Ihr Angebot weitergeben. Das ist alles, was ich tun kann.«

Williams wandte sich ab und ging die Gangway hinunter zum Dock. Auf halbem Wege drehte er sich um und blinzelte den Agenten an. »Noch eins.«

»Sir?«

»Sorgen Sie dafür, daß die verdammten Möwen von *unserer* Takelage verschwinden.«

Umbenannt in *Zavala*, zu Ehren von Don Lorenzo de Zavala, dem ersten Vizepräsidenten der Republik Texas, wurden die Decksgebäude der *Charleston* entfernt und durch ein offenes Geschützdeck ersetzt, auf dem vier mittelgroße 12-Pfünder-Kanonen und eine lange 9-Pfünder-Kanone montiert waren. Ihre Laderäume wurden in Mannschaftsquartiere umgebaut. Allen anderen von der U. S. Navy gebauten Schiffe mit Eigenantrieb hatte die *Zavala* die Auszeichnung voraus, zum ersten bewaffneten Kriegsschiff in Nordamerika zu werden.

Der neue Kommandant der zweiten texanischen Navy, Edwin Ward Moore, fuhr die *Zavala* nach New Orleans, um dort neue Seeleute aufzunehmen. Als Kriegsschiff wurde ihre Besatzung um 126 Männer vergrößert, dreimal so viele Leute Besatzung wie die alte *Charleston*. Die Heuer genügte nicht, um eine Bank zu eröffnen. Rekruten der Marine bekamen sieben Dollar im Monat und die erfahrenen Seeleute zwölf Dollar. Die höheren Dienstgrade bezogen mehr Lohn. Ein Mittschiffsmann bekam 25 Dollar im Monat, ein Bootsmann 40 und Leutnants und Chirurgen sogar 100.

Die *Zavala* wurde gerade noch rechtzeitig in Dienst gestellt. Wieder war der Süden mit Schwierigkeiten konfrontiert. Mexiko hatte eine Blockade der texanischen Häfen verkündet, und obwohl die mexikanische Armee alle Hände voll zu tun hatte, eine Revolte in Yucatán niederzuschlagen, rückte nach Sam Houstons entscheidendem Triumph über Santa Ana bei San Jacinto die lang erwartete Invasion von Texas immer näher.

Präsident Lamar beschloß, mit seiner neuen Flotte von Kriegsschiffen den Rebellen von Yucatán, die sich gegen Santa Ana erhoben hatten, zu Hilfe zu kommen, und damit die mexikanische Marine von der texanischen Küste abzulenken. Am 24. Juni 1840 glitt die *Zavala*, begleitet von Commodore Moores Flaggschiff, dem Kanonenboot *Austin*, und drei bewaffneten Schonern, aus der Bucht von Galveston und wandte sich nach Süden durch den Golf der Bucht von Campeche auf die Halbinsel Yucatán.

Sobald sie mexikanische Gewässer außerhalb von Yucatán erreichten, befahl Moore seiner kleinen Flotte, mit regelmäßigen Patrouillen an der gesamten Küste zu beginnen. Es wurde bald deutlich, daß Präsident Lamars Plan, einen Angriff auf Texas abzuwenden, indem er seine Marine in feindliche Gewässer sandte, funktionierte. Spione berichteten nicht von kurz bevorstehenden Plänen der mexikanischen Generäle, ihre Armeen nach Norden zu entsenden.

Die *Zavala* hat während ihres Dienstes in der Bucht von Campeche nie eine Schlacht gegen ein feindliches Schiff geschlagen, aber sie erwies sich als unverzichtbar bei einer waghalsigen Expedition, die Commodore Moore im Herbst 1840 durchführte. Unter dem Kommando von Kapitän J.T. K. Lathrop schleppte die *Zavala* Moores Flaggschiff *Austin* und das bewaffnete Kanonenboot *San Bernard* neunzig Meilen den San-Juan-Batista-Fluß aufwärts zur Provinzhauptstadt von Tabasco, die zu der Zeit von der mexikanischen Regierung besetzt war.

Nachdem Commodore Moore seine Schiffe mit den auf die Stadt gerichteten Kanonen vor Anker gelegt hatte, ging er mit einer kleinen Küstenmannschaft kühn an Land und marschierte auf den Marktplatz. Die kleine Stadt schien offenbar verlassen.

Moore wandte sich an einen Seemann, der spanisch sprach. »Rufen Sie aus, daß wir die Führer der Stadt sehen möchten.«

Der Seemann nickte und schrie den Befehl auf spanisch hinaus. Aus einem großen Ziegelgebäude kam ein kleingewachsener, schwergewichtiger Mann mit einem roten Schal über seinem dicken Bauch langsam und nervös auf die Straße und hielt einen Zweig, an dessen Spitze ein weißes Stück Baumwollstoff befestigt war.

»Frag ihn, wer er ist«, befahl Moore.

Der Seemann fragte den Mann auf spanisch. »Er sagt, er sei der Bürgermeister. Er meinte auch, daß die Garnisonstruppen weggelaufen seien.«

Moore lächelte wie ein Fuchs in einer unbewachten Hühnerherde. »Teilen Sie dem Bürgermeister mit, daß wir, wenn er und seine führenden Bürger uns nicht 25 000 Dollar aushändigen, die Stadt in Schutt und Asche legen werden.«

Nach der Übersetzung gab es kein Zögern und keine Debatte. Der Seemann blickte Moore an und lachte: »Der Bürgermeister fragt, ob es in Ordnung wäre, wenn er in Silber bezahlt?«

Erfreut, daß seine Rechnung aufgegangen war, nickte Moore. »Sag ihm, Silber ginge auch.«

Nachdem das Lösegeld bezahlt war, bekamen die texanischen Seeleute ihren Sold und kauften die dringend benötigten Versorgungsgüter für die stets an Geldmangel leidende Marine ein.

Anfang Februar 1841 fuhr die Flotte nach Galveston zur Reparatur und Aufnahme von Versorgungsgütern zurück.

Bevor die *Zavala* Galveston wiedersah, wäre sie beinahe wie ein herrenloses Wrack davon getrieben.

Auf ihrem Weg nach Hause geriet die *Zavala* in einen schrecklichen Sturm, der nie aufzuhören schien. Fünf Tage lang kämpfte sich das widerstandsfähige Dampfschiff seinen Weg durch die schwere See. Da die Deckshäuser und die Passagierkabinen entfernt worden waren, als sie zum Kriegsschiff umgebaut wurde, schwappte das Meer über ihr jetzt offenes Kanonendeck, ohne Schaden anzurichten. Der *Zavala* war die Wildheit der ungestümen See nicht fremd. Ihre großen Schaufelräder trieben sie rücksichtslos in das Toben hinein.

»Mehr wird sie nicht mehr aushalten«, rief der Erste Maat Kapitän Lathrop über den brüllenden Wind zu.

Neben den zwei Steuermännern, die mit dem Rad kämpften, schüttelte Lathrop den Kopf. »Sie hat 1837 einem Sturm zwischen Philadelphia und Charleston widerstanden, der schlimmer war als dieser. Wie ich hörte, sanken alle Schiffe um sie herum.«

»Sie mag zwar stark sein, aber nochmals fünf Tage bei diesem Wetter, und ich verwette meine nächste Beförderung, daß wir alle auf dem Boden des Golfs landen werden.«

Ein Heizer kam aus der Luke des Maschinenraums und näherte sich Lathrop. »Der Oberingenieur läßt grüßen, Sir, aber er berichtet, daß wir jetzt bis auf unsere letzte Tonne Kohle alles verbraucht haben.«

»Dreihundert Meilen vorm Heimathafen.« Der Erste Maat sah Lathrop an, Angst in den Augen. »Wenn wir Dampf verlieren, ist alles vorbei.«

Kapitän Lathrop starrte gedankenverloren einige Augenblicke auf das Deck. Die Gischt schäumte hoch bis in seinen Bart. Dann sah er auf. »Bitte sagen Sie dem leitenden Ingenieur, er hat meine Erlaubnis, die Vorräte des Schiffs zu verbrennen, die Schotten und die Möbel. Alles was er braucht, damit wir weiterfahren können.«

Abgetakelt und ausgeweidet überlebte die *Zavala* den Sturm und kam vier Tage später in Galveston an. Als sie in den Hafen einlief und auf das Dock zufuhr, produzierten ihre Kessel kaum genug Dampf für ihre Schaufelräder, um sie mit drei Knoten Fahrt vorwärtszubewegen.

Nach ihrer einzigen Fahrt als Kriegsschiff wurde die *Zavala* aufs Trockene gezogen, und man ließ sie verkommen. Der neugewählte Präsident Sam Houston weigerte sich, nur einen einzigen weiteren Dollar in die Marine von Texas zu verschwenden, und überhörte jede Bitte, das beste Schiff der Flotte zu retten. Unbewacht, wurde sie so stark leckgeschlagen, daß man sie in den Boden rammte, damit sie nicht sank. Dann wurde sie vollständig abgetakelt und im

Stich gelassen. Mit der Zeit sah man von ihr nur noch einen verrotteten Rumpf in den Sümpfen am äußeren Ende des Hafens liegen, der immer tiefer in das Moor sank, bis man nur noch die Oberteile ihrer Kessel sah und einen ihrer zwei Schornsteine.

Bis 1870 war das einst schönste und technisch ausgereifteste Schiff in der Marine der Republik Texas vollständig unter dem Schlick verschwunden und vergessen.

II
Das Schiff unter dem Parkplatz

November 1986

Mein Engagement für die *Zavala* begann ganz harmlos, als meine Frau Barbara und ich den Präsidenten der NUMA, Wayne Gronquist, einmal in seiner Anwaltspraxis in Austin, Texas, besuchten. Während unseres Besuchs führte mich Wayne hinüber zum Capitol und stellte mich Gouverneur White vor. Nach einer kurzen Unterhaltung über verlorene Schiffswracks überreichte mir der Gouverneur ein von ihm unterzeichnetes Zertifikat, mit dem er mich zum Admiral der Navy von Texas ernannte. Ich erinnere mich, einen Witz gemacht zu haben, als ich meinte, ich sei wahrscheinlich Admiral Nummer 4932. Und dann habe ich mich wirklich unsterblich blamiert. Ich sagte: »Jetzt, wo ich Admiral bin, ist das mindeste, was ich tun kann, mir eine Flotte zusammenzusuchen«, denn ich glaubte nicht, daß es eine Texas Navy wirklich gegeben hatte.

Wie viele Texaner wußte ich auch nicht, daß die Republik Texas eine kleine Marine aufgestellt hatte, eigentlich sogar zwei Marinen. Die erste Marine bestand aus vier kleinen Kriegsschiffen, die Mehrzahl Schaluppen, die vom Sturm und bei Feindhandlungen zwischen 1835 und 1837 vernichtet wurden. Die zweite Marine, unter der hervorragenden Führung des Kommandanten Edwin Moore, besaß acht Schiffe und hatte von 1838 bis 1843 Bestand.

Die vereinten Marineeinheiten von Texas hinterließen ein erstaunliches Erbe. Die frühen Schiffe bedrohten die Versorgungslinie von Santa Ana, eroberten mehrere Handelsschiffe, schickten ihre Fracht aus Waffen und Versorgungsgütern an General Sam Houston und trugen damit erheblich zu seinem Sieg bei San Jacinto bei.

Trotz ihrer heldenhaften und edlen Taten ist sehr wenig über die Erfolge der texanischen Kriegsschiffe geschrieben worden. Lediglich zwei Bücher sind vor vielen Jahren erschienen. Nur »Thunder on the Gulf« von C. L. Douglas und »The Texas Navy« von Jim Dan Hill, existierten zu dem Thema. Die wenigen Einzelheiten, die bisher ans Licht gekommen sind, wurden in Artikeln für historische Fachzeitschriften abgedruckt. Wie bei den meisten Schiffswracks blieben ihre endgültigen Ruhestätten im dunkeln und wurden vergessen.

Es gibt nichts schlimmeres als einen überheblichen Clive Cussler. Als bekannter Masochist wieder einmal an die Angel geraten und gezwungen, meinen Stolz aufrechtzuerhalten, rief ich meinen alten Kumpel, Bob Fleming, zu Hilfe, der mir damals mit der Forschungsarbeit in Washington geholfen und Pläne aufgestellt hatte, wie man nach irgendwelchen texanischen Schiffswracks suchen könnte, deren Leiber irgendwie den Verwüstungen der Zeiten widerstanden haben konnten.

Die zwölf Schiffe, von denen man weiß, daß sie der Republik Texas gedient hatten, waren alle bis auf drei entweder auf dem Meer verlorengegangen oder in die US-Navy überführt worden, als Texas ein Staat unter anderen wurde, und letzten Endes wurden sie verschrottet oder verschwanden aus den Annalen der Geschichte. Die Schiffe, auf die ich mich damals konzentrierte, waren die bewaffnete Schaluppe *Invincible*, nach einer Schlacht mit zwei mexikanischen Kriegsschiffen im Golf auf Grund gelaufen, die *Bru-*

tus, in der Bucht von Galveston in einem Wirbelsturm völlig zerstört, und die *Zavala*, die im Schiffskanal von Galveston auf Grund gelaufen und verlassen worden war.

Viele außergewöhnliche und freundliche Menschen in Galveston waren von dem Projekt begeistert und halfen uns unermüdlich. Zusätzlich zu Flemings Forschungsbemühungen tat Kay Taylor-Hughes wahre Wunder, indem er Lokalberichte über die Schiffe beisteuerte: Mike Davis leistete hervorragende Arbeit an der *Brutus*. Bürokratische Hürden wurden von der wunderschönen Sylvia Jackson, dem Senator Chet Brooks und von Stan Weber überwunden. Gronquist koordinierte das Projekt, während Barto Arnold sich als höchst hilfreich und kooperativ erwies.

Die *Brutus* war eine bewaffnete Schaluppe und im Januar 1836 in Dienst genommen worden. Sie war 180 Fuß lang und 22 Fuß breit und trug eine lange 180-Pfünder-Drehstütze für Geschütze und neun kurze Kanonen. In Gesellschaft der *Invincible* richtete sie Verwüstungen an den mexikanischen Handelsschiffen entlang der Golfküste und in Yucatán an und eroberte mehrere erstklassige Schiffe. In ihrer kurzen Karriere trug die *Brutus* ihren Anteil zur Unabhängigkeit von Texas bei.

Im Oktober 1837 fegte eine riesige Sturmbö über die Küste von Texas hinweg, zerstörte unzählige Bauwerke und vernichtete eine große Zahl Schiffe. Von der *Brutus* wurde berichtet, daß sie erheblich beschädigt worden war. Zeitgenössische Berichte besagen, daß sie nahe Williams Wharf auf Grund lief und dort liegengelassen wurde.

Nach Durchsicht alter Aufzeichnungen und Messungen an dem modernen Dock außerhalb der Stadt Galveston vermutete Mike Davis die *Brutus* am Fuß der 24. Straße und am Ende der Pier 23, unter dem Lagerhaus 22–23 der Wrack-Verladegesellschaft, wo ihre Knochen noch heute liegen sollen.

Inzwischen konzentrierte ich mich auf die *Zavala*. Es stellte sich als ein Projekt heraus, das Spaß machte und gleichzeitig eine Her-

ausforderung war. Ich hatte schon immer eine Schwäche für sie, denn sie zwang mich nicht, auf einem mit den Wellen rollenden Forschungsschiff zu sitzen, mir das Klackklack des Magnetometers anzuhören und dabei zehn Stunden an einem Stück auf Zifferblätter und Papieraufzeichnungen zu starren.

Der erste Hinweis, der mir eine Richtung wies, war eine Zeichnung, die Fleming und Taylor-Hughes mir brachten und auf der die Aufbringung der U. S. S. *Harriet Lane* dargestellt war, ein Kriegsschiff der Union, das von den Konföderierten während der Schlacht von Galveston im Bürgerkrieg geentert wurde. Im Vordergrund der Federzeichnung stößt eine dreieckige Pier in den Hafen, und mehrere Soldaten bewachen eine Reihe von Gebäuden, die sich an den Spundwand schmiegen. Die Pier war mit dem Schild BEAN'S WHARF markiert. An der Rückseite der Decksbauwerke ragte ein schwarzes Rohr aus dem Wasser hervor. Der Künstler bezeichnete es als die *Zavala*.

Jetzt hatte ich meinen Baseballplatz.

Im Adreßbuch von Galveston aus dem Jahre 1856 fanden wir folgende Information unter der Überschrift »Kaianlagen«:

Bean's Wharf – Auf der Rückseite von Block 689 und gegenüber der »Schipper's Press« in diesem Jahr von A. H. Bean und Nelson Clements aus New York erbaut und von T. H. McMahan & Gilbert überprüft, hat eine Front von 300 Fuß.

Jede optimistische Annahme, daß wir uns auf der Spur des verlorenen Dampfers befanden, wurde von den örtlichen Historikern zunichte gemacht, die glaubten, daß die *Zavala* außerhalb des äußersten Endes des Pier im Kanal gesunken war und vor vielen Jahren schon durch das Wasser zerstört worden ist. Ich konnte mich nicht dazu bringen, sie abzuschreiben. So las ich das nicht. Meine Argumentation basierte auf der Annahme, daß Bean diese Pier nie gebaut hätte, wenn das Wrack der *Zavala* das Be- und Entladen seiner Schiffe behindert hätte. Es schien nur logisch, daß das Wrack sich entweder unter oder entlang der alten Pieraufbauten befand, ganz gewiß aber nicht draußen im Kanal.

Glücklicherweise stellte ich fest, daß die Evolution der Veränderungen entlang dem Kanal einigermaßen leicht nachzuvollziehen waren. Bean's Wharf war in alten Unterlagen und Plänen des Ufergeländes von 1856 bis 1871 eingezeichnet. Die Docks begannen am Fuße der 29. Straße und dehnten sich 130 Yards über dem Wasser in L-Form aus, wobei der äußere Anlegebereich sich nach Westen erstreckte, bis er an die 30. Straße angrenzte. Nachdem ich eine Karte der Wasserfront von 1927 untersucht hatte, wurde mir klar, daß die alten Docks, die sich einst über ein weites Sumpfland vom Ufer her erstreckt hatten, nach Jahren der Landauffüllung jetzt begraben waren. Wenn man die alten Karten in chronologischer Reihenfolge abdeckte, konnte man ein Suchraster festlegen.

Während sich das Suchteam in Galveston versammelte, fuhr ich mit meinem alten Freund und Geschäftspartner, Bob Esbenson, der zu einer der Figuren in meinen Romanen die Vorlage abgab, wo ich ihn als großen Kobold mit hellblauen Augen beschrieb, zum Standort, um ihn zu untersuchen. Meine Hauptsorge war, daß irgendein Bauwerk über dem Wrack entstanden sein könnte. Lagerhäuser, Getreideaufzüge und riesige Beton-Dockanlagen liefen über zwei Meilen am Kanal entlang. Unglaublich, daß die Stelle, wo Bean's Wharf einst stand, jetzt frei von Bauten sein sollte.

Unser Suchraster war vollständig, weil 1971 ein Getreideaufzug explodiert war und beinahe dreißig Menschen in den Tod gerissen hatte. Ein Lagerhaus über Bean's Wharf war zerstört und die Trümmer bis auf den Boden entfernt worden. Es war jetzt ein Parkdeck für den neu erbauten Getreideaufzug und seine Arbeiter.

Ich kletterte auf den Getreideaufzug und stellte mir bildlich die Straßen vor, die auf den alten Karten zu sehen waren. Die meisten der früheren Durchfahrten, die einst kreuz und quer durch die alten Docks liefen, waren jetzt wenig mehr als verunkrautete Alleen. Weit unterhalb stand Bob Esbenson auf dem Parkdeck und ging nach meinen gerufenen Anweisungen umher. Schließlich, als ich mich davon überzeugt hatte, daß er ungefähr dort stand, wo ich die Reste der *Zavala* vermutete, markierte er den Ort.

Der nächste Schritt war eine Mag-Untersuchung mit dem Schornstedtschen Gradiometer. Ein sehr großer Gegenstand wurde mehrere Fuß unter dem Deck aufgezeichnet. Dann heuerte ich einen Brunnenbauer an, um durch das Verfüllmaterial zu bohren. Es war kalt und regnerisch, und wir fühlten uns elend, aber jeder hielt den ganzen Nachmittag und bis spät in die Nacht durch. Jede Bohrprobe wurde aus dem Boden gezogen und auf seinen Inhalt hin untersucht.

Nach einem der ersten Versuche stieß die Bohrerspitze auf etwas Hartes und weigerte sich weiterzugehen. Ich hoffte, daß wir auf die Kessel der *Zavala* gestoßen waren, aber ohne Kernbohrung war es nicht möglich, das genau festzustellen. Wir brachten nun Bohrungen im Dreifußraster an; dabei nahmen wir Holzproben auf, die ein Schiff oder Teile alter Aufbauten in Bean's Wharf gewesen sein konnten. Kleine Klumpen von Kohle tauchten ebenfalls auf, die darauf hinwiesen, daß der Bunker eines Dampfers dort gewesen sein mußte. Andere Trümmerstücke kamen an die Oberfläche, die aber nicht sicher als die eines Schiffes zu identifizieren waren.

Dann, beim sechsunddreißigsten Versuch, brachten wir den Kern herauf und fanden siebzehn Zoll soliden Holzes, am Boden mit einer Kupferplatte verstärkt. Wir hatten durch den Kiel eines Schiffes gebohrt und waren durch die an dem Rumpf angebrachte Kupferverkleidung gestoßen, die Schäden durch Würmer und Verkrustungen verhindern helfen sollten. Aber hatten wir wirklich die Gebeine der *Zavala* gefunden?

Mit Barto Arnolds Erlaubnis mietete Esbenson einen Bagger und wir begannen zu graben. Bei zwölf Fuß Tiefe befreite die Baggerschaufel den Doppelkessel eines Dampfers vom Schlamm. Zusätzliche Grabungen deckten die Seite des Rumpfes auf. Die *Zavala* war gefunden.

Fotos wurden gemacht, und wir ließen eine Gruppe Pfadfinder in die Mulde innerhalb der Aushöhlung hinab, so daß sie auf den Boilern stehen konnte. Es war das erste Mal seit 150 Jahren, daß das jemand tat. Barto Arnold erklärte die Stelle zum geschichtlich wichtigen Ort, und so wurde das Grab aufgedeckt. Später, als Bob Esbenson von einem Reporter aus Galveston interviewt wurde, fragte man ihn, wie er herausgefunden habe, wo die *Zavala* lag.

»Clive stand oben auf dem Getreideaufzug und schrie mir zu, mich hierhin und dorthin zu bewegen, so lange, bis ich neben einem gelben Mercury, Baujahr 1967, stand.«

»Und dort habt Ihr die *Zavala* gefunden?« fragte der Reporter.

»Nein, Clive verfehlte sie.«

Der Berichterstatter blickte von seinem Notizbuch auf. »Wollen Sie damit sagen, er habe Sie an den falschen Ort geführt?«

Esbenson nickte sarkastisch. »Ja, er ließ mich gute zehn Fuß vom Zentrum des Wracks entfernt stehen.«

Der Reporter starrte Esbenson an. Er fragte sich, ob man ihn wohl verkohlt hatte, und brach das Interview ab.

Ich wünschte, ich könnte sie alle um zehn Fuß verfehlen.

Im darauffolgenden Jahr beauftragte ich Fred Tournier mit dem Bau von zwei Modellen der *Zavala* im Maßstab ⅛ Zoll zu 1 Fuß. Fred ist ein großartiger Handwerker und der Mann, der ein Dutzend oder mehr Modelle unserer Schiffswrack-Entdeckungen baute, die in meinem Büro aufgestellt sind. Das eine behielt ich, das andere schenkte ich dem Staat Texas in einem feierlichen Akt im Büro des Gouverneurs von Austin.

Craig Dirgo, ein guter Freund und langjähriges Mitglied der NUMA, sorgte dafür, daß das Modell uns im Cockpit beim Piloten auf unserem Flug von Denver nach Austin begleitete. Zu betonen wäre, daß das Modell in einem ziemlich großen Glaskasten stand.

Wir transportierten es sehr vorsichtig in einem Taxi ins Kapitol, schleppten es vorsichtig durch die Vorhalle und in einen Aufzug, dann um das Rondell herum zum Büro des Gouverneurs, und am Ende waren wir schweißgebadet. Wir waren ein paar Minuten zu spät gekommen, und eine Gruppe Journalisten fragte den Gouverneur gerade über irgendeinen wirklich aufregenden Legislativantrag aus.

Als sie gehen wollten, versuchte ich, sie für die *Zavala* und für die Marine von Texas zu interessieren. Sie kratzten sich am Kopf und gähnten, als ich ihnen sagte, daß wir hier ein symbolträchtiges Schiff hätten, das für die Republik Texas gekämpft habe, das einzige noch zugängliche historische Schiffswrack jener Zeit. Sie sahen mich alle an, als wolle ich einem Besoffenen Mineralwasser verkaufen. Zeitungsleute haben einfach kein Gespür für Geschichte.

Ich wurde, zusammen mit Wayne Gronquist und Barto Arnold, dem Leiter der Geschichtskommission von Texas, offiziell in das Büro von Gouverneur Bill Clement gebeten. Nachdem Waye uns alle bekannt gemacht und das Modell vorgeführt hatte, sah der Gouverneur mich an und fragte: »Haben Sie das hier gebaut?«

Politiker gehören nicht zu meinen Lieblingsmenschen. Ich bin immer sehr stolz darauf, ein schönes NEIN auf meinen IRS-Fragebogen zu malen, wo gefragt wird, ob ich einen Dollar für meine Lieblingspartei stiften würde. Ich erinnere mich, daß ich bei einer Wahl meine Stimme abgeben sollte, in der ich keinen einzigen Kandidaten leiden konnte. Also schrieb ich hinein: John Dillinger, Baby Face Nelson, Pretty Boy Floyd und Ma Barker – für die höchsten Posten des Staates.

Nachdem ich Hunderte von Stunden damit verbracht hatte, die Marine von Texas zu erforschen, indem ich die ganze Nacht in einem schlammigen Loch unter einem Parkplatz nach der *Zavala* gebohrt und Tausende von Dollar in das eigentliche Projekt gesteckt hatte, dachte dieser Gouverneur tatsächlich, ich wäre irgend so ein armes Würstchen, das Modelle baut?

Vielleicht habe ich es nicht gebaut, aber ich habe Fred mehrere tausend Dollar dafür bezahlt, daß es die Menschen von Texas betrachten können. Gegen Tränen der Verzweiflung ankämpfend, stand ich da in meinem schweißbefleckten Designeranzug, verachtet von den Zeitungsleuten, und ich fragte mich, warum man für mich weniger Respekt übrig hat als für Rockey Dangerfield.

Der Gouverneur erhielt nicht ganz die Antwort, die er erwartet hatte. Ich wandte mich zu Gronquist und Arnold um und murmelte: »Das war's dann, ich hau hier ab.«

Und ich ging hinaus.

Der arme Wyne Gronquist und Barto Arnold waren peinlich berührt. Der Gouverneur zuckte nur mit den Schultern, lächelte und sagte: »Ich nehme an, er hat es eilig, noch ein Modell zu bauen.«

Bedauerlicherweise wird der Tag wohl nie kommen, an dem Marinehelden von Texas, wie Moore, Hurd und Hawkins ebenso bekannt sind, wie Travis, Bowie und Fanin. Aber weil sie zugänglich ist, hoffe ich inständig, daß die *Zavala* eines Tages vollständig untersucht und für die Öffentlichkeit konserviert werden wird, so wie sie da liegt. Vielleicht kann das, was von ihrem Rumpf und ihren Maschinen übrig ist, den Weg zu einer Nachbildung weisen, die man so bauen kann, wie das Schiff einst ausgesehen hat, als es noch der Stolz der texanischen Flotte war.

Jetzt wandten wir unsere Aufmerksamkeit der *Invincible* zu, die im Golf außerhalb von Galveston im Jahre 1827 auf Grund gelaufen und von der Macht der Brandung zerbrochen worden war. Sie erwies sich als die am wenigsten zugängliche von den dreien, und wir haben ihre Reste noch immer nicht identifiziert.

Teil 3

U. S. S. *Cumberland* und C. S. S. *Florida*

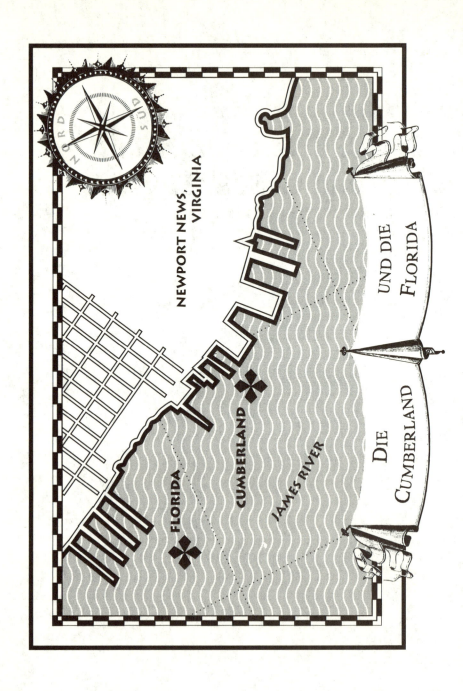

I
Ihre Flagge weht noch immer

8. März 1862

Sie bewegte sich wie ein Ungeheuer in den Tiefen eines längst vergessenen mesozoischen Meeres. Der größte Teil ihres Rumpfes war unter der dunklen Wasseroberfläche verborgen, während ihr massiver Buckel mit seinen eisengrauen Schuppen in einen Morgennebel stieß, der ebenso abstoßend wie widerlich war. Ihre Metamorphose von einem verbrannten und versunkenen Schiffsrumpf in die am weitesten entwickelte Mordmaschine der Welt hatte nur zehn Monate gebraucht. Als sie fertig war, gab es kein Schiff, das so schrecklich und bedrohlich war. Kein Kriegsschiff wurde für stark genug gehalten, sie zu versenken. Sie galt als unbesiegbar.

Ursprünglich in der Marine der Vereinigten Staaten als Dampfschraubenfregatte *Merrimack* in Auftrag gegeben, war sie von konföderierten Ingenieuren nachgebaut worden, nachdem ihr Militär den Marinehafen von Norfolk von der Marine der Union zurückerobert hatte. Umbenannt in C. S. S. *Virginia* und von Franklin Buchanan, einem bärbeißigen alten Seemann von Anfang Sechzig, als Kapitän geführt, der erster Superintendent der Marineakademie in Annapolis gewesen war, dampfte sie ihrer Verabredung mit dem Schicksal entgegen.

Die Kriegsschiffe der Unionsflotte schwangen mit der hereinkommenden Flut faul an ihren Ankern hin und her, die in die Bucht namens Hampton Roads prallte. Abgesehen von etwas Dunst, der über dem Wasser hing, war der Tag wolkenlos und blau. An der Mündung des James River vor der Stadt Newport News, Virginia, lagen blockierend die Kriegsschaluppen mit vierundzwanzig Kanonen, die *Cumberland* und die Fregatte *Minnesota* und die *Roanoke*, die jweils vierundvierzig Kanonen trugen, und *Cumberlands* Schwesterschiff, die *St. Lawrence*. Fünf Schiffe, die fast jede Flotte der Welt versenken konnten. Die *Cumberland* war einst der ganze Stolz der U. S. Navy gewesen. 1842 im Marinehafen von Boston erbaut, hatte sie als Flaggschiff sowohl im Mittelmeer- als auch im Afrika-Geschwader gedient. Es war ein Schiff, das Künstler liebend gerne malten. Mit seinen geneigten Masten und dem vollen Satz quadratischer Segel, abgesetzt gegen einen blauen Vorhang, und ihrem dunklen Rumpf, der leise die grüne See durchschnitt, stellte es das letzte Modell seiner Art dar. Innerhalb von nur zwei Dekaden sollten hölzerne Kampfschiffe durch farblose Schiffe aus Eisen und sogar Stahl ersetzt werden.

Sie hatte einmal vierundfünfzig Kanonen getragen, war aber modernisiert worden, »beschnitten« nannte man das damals, indem man ihr unteres Kanonendeck entfernt und ihre alten Geschütze durch wenige, viel mächtigere ersetzt hatte. Sie besaß zwei Zehn-Zoll-Dahlgren-Schwenkkanonen vorn und achtern, zweiundzwanzig neue Zehn-Zoll-Dahlgren-Modelle auf ihren Breitseit-Batterien und eine der mächtigsten bis dato gebauten Kanonen, ein siebzigpfündiges Geschütz mit gezogenem Rohr. Für ein hölzernes Kriegsschiff war es so großartig wie nur möglich. Aber ohne Maschine war es ein Anachronismus, ein Kriegsinstrument, das seiner Zeit hinterher hinkte.

An Bord der *Cumberland* hängte die Mannschaft Wäsche auf und aß gerade ihr Mittagsmahl in der Kombüse zu Ende. Küstenboote schaukelten sanft gegen den massiven schwarzen Rumpf nahe der Leiter, die zum offenen Kanonendeck führte. Die Männer der Besatzung, die Nachmittags- und Landurlaub hatte, drängten hinaus in die Stadt, ohne zu ahnen, wieviel Glück sie hatten, daß sie das Schiff verlassen konnten. Der Kapitän, Kommandant William Radford, hatte den Befehl erhalten, einem Kriegsgericht nahe der Festung Monroe vorzusitzen, und war noch vor der Morgendämmerung zu dem Zehnmeilenritt davongeeilt.

Mehrere Seeleute, die noch kein Recht auf Landurlaub hatten, hockten zusammen auf dem Achterdeck. Einer von ihnen blies eine Melodie auf seiner Mundharmonika und ein kurz gewachsener bärtiger Kanoniersmaat tanzte eine Gigue. Der Ire war froh, daß er bald ein Glas in seiner örtlichen Kneipe würde trinken können; vielleicht könnte er sogar ein Mädchen aufreißen.

Die wöchentliche Wäsche, auf einer Schnur zum Trocknen auf der Takelage aufgehängt, wehte in der leichten Frühlingsbrise. Ein junger Seemann, noch ein Teenager, saß auf Deck und kritzelte einen Brief an seine Lieben zu Hause. Als er fertig war, versiegelte er den Umschlag mit einem Pünktchen weichem Wachs und steckte ihn in seine Jackentasche. An Land sahen Soldaten eines Infanterieregiments aus Indiana und einer Artilleriebatterie einen Ringkampf zwischen den Meisterringern zweier Kompanien zu. Wegen des für die Saison ungewöhnlich warmen Wetters watete eine Gruppe Soldaten im Fluß nahe dem felsigen Strand. Die wenigen, die schwimmen konnten, paddelten in das tiefere Wasser und lachten die aus, die im Flachen blieben.

Ruhig wie ein stolzer Elch im Angesicht des Gewehrs des Jägers lag die *Cumberland* auf dem Wasser, glückselig unwissend und ahnungslos vor dem Unheil, das ihr von der gegenüberliegenden Seite der Bucht entgegendampfte. Ihre Besatzung konnte sich die Hölle nicht vorstellen, die ihnen bevorstand, wie viele von ihnen in der nächsten Stunde verstümmelt und getötet würden. Holz sollte auf Eisen prallen, und die Folgen würden katastrophal sein. Seekrieg würde niemals wieder so sein wie früher.

Unter vollem Dampf, schwarzen Rauch aus ihrem einzigen Schornstein stoßend, dampfte die *Virginia* dem Elizabeth River entgegen und in die Gewässer von Hampton Roads. Träge wie ein überladener Kahn, häßlich wie eine Zinkbadewanne, die man umgekippt hatte, war sie plötzlich der Stolz der Konföderation geworden. Die ortsansässigen Zivilisten und Soldaten, die beobachtet hatten, wie sie gebaut wurde, und viel Skepsis hinsichtlich ihrer Fähigkeiten geäußert hatten, drängten sich jetzt in Massen auf beiden Seiten des Flusses und gaben ihr einen tosenden Abschiedssalut. Ein Mitglied der Mannschaft zog die Konföderiertenflagge, mit ihren zwei horizontalen roten Streifen, getrennt durch einen weißen Streifen, mit dreizehn Sternen in einem blauen Feld, von 1862 auf. Ihre Jubelrufe wurden begleitet von Kanonenschüssen aus den Batterien der Konföderierten, die die Flußmündung bewachten.

Die Bewaffnung der umgebauten *Merrimack* bestand aus einem todbringenden Sortiment alter, ausgedienter Kanonen, die hastig zu mächtigeren Geschützen mit gezogenem Rohr, zehn an der Zahl, umgebaut worden waren. Es gab keine Jungfernfahrt, keine Probefahrten, um die Mannschaft üben zu lassen oder die Maschinen zu testen. Der alte Buck Buchanan war ein ungeduldiger Mann. Mit einem provisorischen Schiff, das mit unqualifizierten zusammengewürfelten Kräften besetzt worden war, mit einer Mannschaft, die noch nie einen Fuß auf ein Kriegsmarineschiff gesetzt hatte und bereits an Bord ging, als ein Trupp Arbeiter noch immer dabei war, sie fertigzustellen, brach Buchanan auf.

Unfähig, eine erfahrene Marinemannschaft zusammenzubekommen, stellte Buchanan 320 Freiwillige aus Infanterie und Artillerie zusammen, die in Richmond stationiert waren. So verzweifelt suchte Buchanan nach guten Männern, daß er den Dienst eines Colonel J.T. Wood von der konföderierten Armee akzeptierte, der als diensthabender Marineleutnant an Bord kam.

Während das Schiff sich behäbig auf den Feind zubewegte, sammelte Buchanan seine Mannschaft zusammen und hielt ihnen eine mitreißende Rede. Er beendete seinen Vortrag mit den Worten: »Ihr werdet euch nicht zu beschweren haben, daß ich euch nicht nahe genug an den Feind herangeführt habe. Geht an eure Kanonen.«

Leutnant George Morris, Erster Offizier der *Cumberland* und stellvertretender Kapitän in Radfords Abwesenheit, stand nahe bei Leutnant Thomas O. Selfridge jr. und deutete auf eine Rauchsäule weit in der Ferne.

»Was hältst du davon, Tom?«

Selfridge starrte durch sein Fernrohr. »Diese Dunstschicht auf dem Wasser verleiht ihm den Anschein einer Luftspiegelung. Ich kann nicht sagen, ob es unterwegs ist oder bewegungslos.«

Morris legte das Teleskop auf eine Reling, um es ruhiger halten zu können, und spähte in die Ferne. »Sieht für mich so aus, als käme es hierher.«

Die beiden Unionsoffiziere warteten wortlos die nächsten paar Minuten hinüberstarrend, bis die Rauchsäule aus dem Dunst heraustrat und sich als von einem hohen Schornstein ausgespien erwies, der aus der Mitte eines riesigen abgeschrägten Schiffs ragte, das unerbittlich vorwärtsstampfend über das Wasser direkt auf die *Cumberland* und die *Congress* zuhielt. Jeder in der Marine der Union hatte gewußt, daß ihr ehemaliges Schiff gehoben, umgebaut und mit einem eisernen Mantel versehen worden war. Sie hatten damit gerechnet, daß es sich irgendwann blicken lassen würde, aber nicht, daß das so früh sein würde.

»Es ist die *Merrimack*«, sagte Morris leise. »Sie kommt.«

Selfridge starrte durch sein Fernrohr auf die näher kommende Rachegöttin. »Sie hält genau auf uns und die *Congress* zu.«

»Wir werden heute eine Schlacht zu schlagen haben.«

»Soll ich den anderen Offizieren Bescheid sagen?«

Morris nickte feierlich. »Und gib den Befehl an die Trommler, die Mannschaft auf ihre Posten zu rufen.«

Die Mannschaft nahm schnell ihre Wäsche ab. Die Segel, die zum Trocknen ausgelegt waren, wurden zusammengerollt, und die Küstenboote ins flache Wasser, weg von dem Schiff, gerudert. Über das Kanonendeck wurde Sand gestreut, um das Blut aufzusaugen, das ganz sicher fließen würde. Die Kanonen der *Cumberland* wurden ausgefahren, geladen und zündfertig gemacht. Eine unheimliche Stille fiel über das Schiff, als die Augen eines jeden Mannes das unaufhaltsam auf sie zukommende eiserne Ungeheuer beobachteten, seine Geschwindigkeit abschätzten und die Kanonenstellungen zählten.

Was sie nicht sehen konnten, war die Zehntausend-Pfund-Gußeisen-Ramme, die auf den Bug der *Virginia* montiert war, wie der Schnabel eines riesigen Wasserspeiers.

»Wir kümmern uns im Augenblick nicht um die Dampferfregatte«, meinte Buchanan zu seinem Zweiten Leutnant Catesby Jones, »konzentriert euch auf die *Cumberland* und auf die *Congress*.«

Jones, etwa vierzig Jahre alt, starrte den alten Buck an. »Ist Ihr Bruder nicht auf einem dieser Schiffe?«

Buchanan nickte ernst. »McKean ist Zahlmeister auf der *Congress*.«

»Welches Schiff wollt Ihr zuerst angreifen?« fragte Jones.

»Die *Cumberland*. Sie besitzt ein Siebzigpfündergeschütz mit gezogenem Rohr. Ich will sehen, was sie gegen unseren Panzer ausrichtet.«

Die Angst sprach aus Jones Augen. »Schade, daß wir keinen eigenen Siebzigpfünder hatten, um ihn während des Baus zu testen.«

Buchanan zeigte ein gezwungenes Lächeln. »Wir werden bald wissen, wie sie sich anstellt, nicht wahr?«

Fünfzehn Minuten später feuerte die *Congress* zuerst und ließ eine ganze Breitseite los, die von der Kasematte der *Virginia* zurückprallte, wie einer der Seeleute der Union es beschrieb:

»Wie Hagel auf einem Blechdach.« Dann eröffneten die Batterien der *Cumberland* das Feuer im Gleichklang mit der Artillerie der Armee an Land. Beobachter wunderten sich über den Rauch, der ausbrach, als ein Schrapnell in die gepanzerte Kasematte der Konföderierten einschlug, abprallte, in die Luft geschleudert wurde und auf der anderen Seite des Flusses niederging. Was sie sahen, war das Brutzeln und Zischen des Tierfetts, das Buchanan auf die Seiten der eisengepanzerten Kasematte hatte schmieren lassen, um die Unionsgranaten abzulenken. Womit er nicht gerechnet hatte, war der widerliche Gestank, der durch die Kanonenöffnungen und oberen Luftlöcher getragen wurde und über die Mannschaft dahinstrich wie ein übler Wind.

Der einzige Schaden, der in der Eröffnungsphase der Schlacht angerichtet wurde, kam von einer Granate der *Cumberland*, die die Ankerkette der *Virginia* in Stücke riß und durch ein Kanonenloch zurückschlug, wodurch ein Mann getötet und mehrere andere verletzt wurden.

Der Eisenpanzer war ein Vorteil. Da das Unionsschiff vor Anker lag, als die Flut hereinkam, und die *Virginia* mit dem Bug zu ihr, konnten *Cumberlands* Kanoniere ihre Kanonen auf der Breitseite nicht ins Spiel bringen. Ihr Feuer zurückhaltend, bis sie in Reichweite war, wurde das vordere Siebenzollgeschütz der *Virginia* mit gezogenem Rohr durch die Kasematte hinausgestoßen und abgefeuert. Der Schuß schlug seitlich in die *Cumberland* ein, explodierte auf dem Kanonendeck in einer Wolke aus Holzsplittern, die ein Dutzend Seeleute tötete oder verwundete. Schnelles erneutes Laden, und die zweite Salve der Kanone schlug mitten in der Mannschaft der vorderen Zehnzollschwenkkanone ein, tötete sie alle mit Ausnahme des Pulverjungen und verletzte außerdem Kanonenkapitän John Kirker so schwer, daß ihm beide Arme abgenommen werden mußten.

Während er nach unten auf das Kabinendeck gebracht wurde, wo der Schiffschirurg bereits die verwundeten Seeleute operierte, rief Kirker noch, während sein Blut aus den Arterien spritzte: »Gebt ihnen Zunder, Jungs, gebt es ihnen!«

Leutnant Morris stand in der Takelage und leitete die Schlacht. Dabei mußte er hilflos zusehen, wie sein Schiff zerstört wurde und die *Virginia* erbarmungslos immer näher auf die *Cumberland* zustampfte. Dann wendete der Eisenpanzer unerwartet und deutete mit seinem Bug auf die Steuerbordseite der *Cumberland*. Erst in dem Augenblick erkannte Morris, daß das eiserne Ungeheuer sie rammen wollte.

»Steuert direkt auf sie zu und wendet nicht ein einziges Grad«, schrie Buchanan, das Kanonenfeuer übertönend, seinem Lotsen zu. »Trefft sie querab an ihrem Vordermast.«

»Wohin Ihr meint, Sir«, bestätigte der Lotse.

Eine dicke Wolke aus schwarzem Staub stieg aus dem riesigen Schornstein der *Virginia*, als sie im Neunziggradwinkel auf das getroffene Schiff der Union zufuhr. Mit ihrer Höchstgeschwindigkeit von 5½ Knoten vorwärtsstampfend wie eine riesige Faust, brach sie durch die äußere Schicht Baumstämme, die als Schutz um den Rumpf der *Cumberland* angebracht worden war. Ihre unaufhaltsame Masse zerbrach die Baumstämme wie Zahnstocher, und sie durchquerte die restlichen paar Meter zu ihrem Ziel in Sekundenschnelle.

Nach dem Krieg, als Buchanan sich an die Schlacht erinnerte, sprach er davon, daß der ideenreichste Befehl, den er in seiner ganzen langen Karriere als Marineoffizier gegeben hatte, dieser Ruf hinunter in den Maschinenraum, eine halbe Minute vor dem Aufschlag, war, als er rief: »Maschinen umkehren!«

Die großen Schrauben stoppten, drehten sich und bissen sich ins Wasser. Währenddessen wurde die massive Ramme von fast eintausend Tonnen vorwärtsgestoßen und tief unter der Wasserlinie in den Rumpf der *Cumberland* gejagt, direkt hinter dem vorderen Mast und unter dem Kabinendeck, wobei ein Loch aufgerissen wurde, von dem manche später behaupteten, daß »ein Pferd und ein Wagen hätten hindurchfahren können.«

Gleichzeitig spien die todbringenden Bugkanonen der *Virginia* ihr Feuer. Sie schossen direkt durch die Seite der waidwunden Fregatte und töteten zehn Mann unter Deck. Die Masten der *Cumberland* schwankten rückwärts und vorwärts wie ein Pendel, während sich Wasser in den aufgerissenen Schiffsrumpf ergoß. Fast eine Minute lang waren die beiden Schiffe fest ineinander verkeilt, denn die *Virginia* war nicht in der Lage, sich aus dem Griff der Fregatte freizukämpfen. Der Bug der *Cumberland* begann tiefer ins Wasser zu sinken. Einen Augenblick sah es so aus, als würde die hölzerne Fregatte das eisengepanzerte Schiff mit sich auf den Grund ziehen. Hätte Buchanan nicht vor der Kollision befohlen, die Maschinen zu wenden, dann wäre die *Virginia* zweifellos mit untergegangen.

Zum Glück für Buchanan und seine Mannschaft wurde die riesige Ramme aus ihrer Fassung gerissen, die fest in der *Cumberland* saß, und die Eisenpanzerung brach frei. Dann drehte sich die *Virginia*, bis die Schiffe Seite an Seite lagen. Die schwer angeschlagene Mannschaft der Fregatte faßte jetzt plötzlich Mut, da sie all ihre Breitseitkanonen auf ihren tödlichen Gegner richten konnte. Die Kanoniere feuerten drei Breitseiten ab, die die Mündungen von zwei Kanonen auf der *Virginia* aufschlitzten, ihren Schornstein zertrümmerten, ihre Anker abrissen und die meisten Rettungsboote zerfetzten. Ihr Feuer war gut gezielt; aber es war dennoch eine nutzlose Aktion. Selbst auf kürzeste Distanz konnte das Feuer der *Cumberland* wenig Schaden bei ihrem Feind anrichten.

An Bord des schnell vollaufenden Schiffes spielten sich Szenen des Schreckens ab. Das Kanonendeck war überschwemmt mit dem Blut, den Innereien und den Gliedmaßen der dezimierten Mannschaft. Es lagen so viele Tote zwischen den Geschützen herum, daß die Lebenden sie aus dem Weg schaffen und auf der anderen Seite aufstapeln mußten. Die Verwundeten, die man nach unten auf das Kabinendeck gebracht hatte, wo sie ärztliche Hilfe erwarteten, konnten sich nicht retten, weil das Wasser von unten heraufkroch.

Ein schwerverletzter Seemann namens Winston Humbolt wartete darauf, von einem Chirurgen versorgt zu werden. Sein guter Freund und Schiffsmaat, Tom Lasser, der eine Verletzung an der Hand hatte und jetzt, nach seiner Behandlung, zurück in den Kampf ging, hielt kurz bei ihm inne, um ihm Mut zuzusprechen.

»Tom, willst du mich verlassen?« wisperte Humbolt.

Lasser wiegte den Kopf seines Freundes in seinem Schoß. »Nein Winny, ich werde dich nicht verlassen.«

Leutnant Morris stand gerade auf dem Hauptdeck, als ein letzter Schuß von dem Panzerschiff einen Volltreffer auf die Steuerbord-Kanonenmannschaft in der Nähe landete. Die Geschützmannschaft schien sich in der Explosion aufzulösen. Morris war vor Entsetzen wie gelähmt. Er stand erstarrt da, Eiter und kleine Stücke menschlicher Glieder klebten überall an ihm. Er war zu benommen, um sich zu bewegen. Die Galle stieg ihm im Hals hoch, als er den schlimm zugerichteten Kanonier Karl Hunt erkannte; dessen Beine waren unter den Knien abgeschossen, und doch kroch er hinüber zu seiner Kanone und zog die Zündschnur zum letzten Mal. Dabei gelang es ihm, dem Panzerschiff einen Schuß gegen den Schornstein zu verpassen, der dabei explodierte. Selfridge, der das Grauen mitansah, eilte hinüber und half Morris, sich auf einen Lukendeckel hinter dem Hauptmast zu setzen. »Bleib bei uns, George. Wir brauchen dich.«

Morris faßte Selfridge fest am Arm. »Mir geht es gleich besser, kümmere dich um die Geschütze.«

Er kam plötzlich auf die Beine und schob Selfridge beiseite, als er eine Stimme erkannte, die ihm durch den Kanonendonner zurief, sich zu ergeben. Er schwankte zu einer Reling und starrte hinunter zu dem nur ein paar Meter entfernten Panzerschiff. Aus einer

Luke im Oberdeck der Kasematte wiederholte Buchanan seine Aufforderung: »Ergebt euch.«

»Niemals!« schrie Morris herausfordernd zurück. »Ich sinke eher längsseits.«

Seine Antwort wurde von einer Granate aus einer der Neunzolldahlgrens der *Cumberland* begleitet.

Wie ein kämpfender Skorpion, der sich weigert zu sterben, feuerten die noch verfügbaren Kanonen der *Cumberland* immer weiter auf die unverwundbare *Virginia*. Der Vorwärtsstoß des Decks führte dazu, daß eines der Geschütze sich von der Muhrleine losriß. Selfridge sah mit stillem Entsetzen zu, wie die Kanone das schräge Deck herabriß und dabei einen jungen Seemann zerquetschte. Sein furchtbarer Schrei wurde erstickt, als er von der Kanone durch eine Reling mit in den Fluß gestoßen wurde. Sein lebloser Körper stieg an die Oberfläche, mit dem Gesicht nach unten schwimmend, eine menschliche Markierung für die Verheerung.

Die Kanonen wurden von der zur Verzweiflung getriebenen Mannschaft so lange abgefeuert, bis das Wasser in ihre Mündungen floß. Der letzte Schuß des sterbenden Kriegsschiffes wurde von dem siebzehnjährigen Matthew Tenney abgefeuert, als der Fluß schon um seine Knie floß. Nachdem seine Granate eine Öffnung der *Virginia* durchbrochen hatte und die Trommel einer Kanone, die zum Feuern ausgefahren war, zerstörte, versuchte Tenney durch sein eigenes Kanonenloch herauszukriechen. Aber der Wasserschwall schwemmte ihn zurück, und er wurde nie mehr gesehen.

Erst als der Bug untergegangen war, gab Morris den Befehl: »Schiff verlassen. Die noch können, helfen den Verwundeten über die Seitenwand.«

»Die Fahne, Sir?« fragte ein Seemann Morris.

Er blickte hinauf zu den Stars and Stripes, die in der Sonne flatterten. »Laß sie dort, damit alle sie sehen können.« Dann wandte er sich um und half einem schlimm verwundeten Mann über ein zerbrochenes Schott.

Der rundliche junge Trommler mit Namen Joselyn blieb furchtlos auf seinem Posten und schlug den Ruf an die Waffen während der ganzen Schlacht. Erst jetzt schob er seine Trommelstecken in seinen Gürtel und sprang ins Wasser. Er benutzte seine Trommel als Floß und paddelte wie ein Hund der Küste entgegen.

Das Schiff rollte nach Backbord und versank in den Fluß. Unten auf dem schwimmenden Kabinendeck waren die Schreie der Verwundeten schnell erstickt. Tom Lasser, der noch immer den Kopf seines Freundes im Schoß hielt, schloß die Augen und akzeptierte das Unabänderliche. Er und Winston Humbolt ertranken gemeinsam.

Geschunden und zerschlagen, aber kampfbereit bis zum bittern Ende, sank der Kiel der *Cumberland* in den Schlammboden des James River, ihr Mast noch über Wasser, ihre Fahne noch im Winde flatternd, ihr Kampf für immer vorbei.

Wie ein Mann erklärte die Mannschaft der *Virginia*: »Kein Schiff kämpfte je heldenhafter.«

Von den 326 Mann an Bord der *Cumberland* zu Beginn der Schlacht waren 120 tot.

Als William Radford den Geschützfeuerlärm während des Kriegsgerichts hörte, verließ der Kapitän des unglückseligen Schiffes die Verhandlung, sprang auf sein Pferd und ritt die zehn Meilen zurück zu seinem Schiff, als wäre eine Geisterarmee hinter ihm her. Als er die unteren Klippen über dem James River erreichte, sprang Radford ab. Seinem Pferd stand der Schaum ums Maul, und es war schweißbedeckt.

Er starrte voller Entsetzen hinüber zu den Männern, die im Wasser kämpften und ertranken. Nichts war von seinem einst so stolzen Schiff geblieben außer den Masten, die aus dem Wasser ragten.

Er stellte mit nicht geringem Stolz fest, daß seine Fahne noch wehte.

Hinter ihm schwankte sein Pferd unsicher wie auf Gummibeinen, und fing an zu zittern wie ein Blatt in einer steifen Brise. Dann fiel das Pferd zu Boden, seine Zunge aus dem offenen Maul hängend und seine Augen glasig. Die Erschöpfung von dem wilden Ritt hatte es umgebracht.

So zerschlagen sein Schiff auch gewesen sein mochte nach der Eroberung der *Cumberland*, hatten der alte Buck Buchanan und seine *Virginia* doch noch immer mehr als genug Kampfgeist in sich. Sie wandten sich jetzt dem nächsten Schiff in der Reihe zu. In einem vergeblichen Versuch, Gewässer zu erreichen, die zu flach für ein Panzerschiff waren, als daß es hätte folgen können, raste die *Congress* auf die Küste zu und auf Grund, das Steuerbord in die Mitte des Flusses gerichtet. Buchanan hämmerte mit seinem unbezwingbaren Schiff auf die hilflose Fregatte ein, bis ihr Kapitän tot war und der Zweite Offizier die weiße Fahne hochzog und kapitulierte.

Buchanan ließ sein letztes Rettungsboot zu Wasser und schickte einen Offizier, um die Kapitulation entgegenzunehmen. Aber der bärbeißige alte Kommandant der Infanterie und Artillerie an Land hatte sich nicht ergeben und befahl daher seinen Leuten, weiterzufeuern.

Buchanan stand mit seinen Offizieren auf dem Kasemattendeck, um besser sehen zu können, als er von einer Gewehrkugel am Schenkel schwer verletzt wurde, ebenso wie mehrere seiner Männer neben ihm. Als er nach unten getragen wurde, verärgert darüber, daß die Küstentruppen die weiße Flagge der Kapitulation von der *Congress* ignoriert hatten, befahl er Leutnant Catesby Jones, die Unionsfregatte völlig zu vernichten.

»Verbrennt das Schiff, brennt es nieder, bis nichts mehr von ihm übrig ist!« raste er.

Jones nahm ihn beim Wort und rief hinunter auf das Geschützdeck: »Achtung feuern!«

Die eisernen Kanonenkugeln wurden auf Rosten über einem Ofen so lange erhitzt, bis sie fast rotglühend waren. In Eimer gerollt und zu den Geschützen getragen, wurden sie in die Öffnungen gerammt und auf die wehrlose Fregatte gefeuert. Innerhalb von Minuten brannte die *Congress* von Steuerbord bis zum Heck.

Durch eine Kanonenöffnung beobachtete Jones die Feuersbrunst mit großer Befriedigung. Das Feuer hatte die Kanonen des sterbenden Schiffs erreicht, und sie gingen von selbst los, eine nach der anderen, als würden sie von ihrer Mannschaft befehligt.

An dem Tag ging für die Infanterie alles schief. Die *St. Lawrence* zog die Segel auf, um ihrem Schwesterschiff zu Hilfe zu kommen und lief auf Grund. Die mächtige *Minnesota* ereilte das gleiche Schicksal. Bei dem Versuch, an der Schlacht teilzunehmen, ging sie ebenfalls unter und versank tief im Schlamm. Und um der Kränkung noch eine Verletzung hinzuzufügen, war die *Roanoke* wegen einer beschädigten Propellerwelle manövrierunfähig.

Die letzten drei Schiffe der Unionsflotte lagen da wie gefesselte Schafe, die auf das Erscheinen des Tigers warteten.

Jones ging auf Buchanan zu, dessen Bein gerade vom Schiffschirurgen verbunden wurde. »Habe ich Ihre Erlaubnis, die Schlacht wiederaufzunehmen, Sir?«

Buchanan starrte auf den Verband um seinen Schenkel, der schon anfing rot zu werden. »Ich habe gehört, die *Minnesota* und die *St. Lawrence* sind auf Grund gelaufen.«

Jones nickte. »Sie scheinen festzuliegen. Genauso wie die *Roanoke*. Unsere Spione berichten, daß sie eine zerbrochene Welle hat.«

Buchanan starrte durch die Tür seiner Kabine auf das Licht, das durch eine Deckenluke kam. »In einer halben Stunde wird es zu dunkel sein, um etwas zu sehen. Ich glaube, wir brechen am besten alle Aktionen ab und begeben uns zurück zum Dock. Die *Cumberland* hat einen guten Kampf geliefert, und die anderen Schiffe haben Beschädigungen, die repariert werden müssen, ehe wir wieder angreifen.«

»Ich bin einverstanden«, erwiderte Jones. »Sie sind uns auch morgen noch ausgeliefert. Wir können sie dann fertigmachen.«

»Ja«, der alte Buchanan hatte ein füchsisches Grinsen auf dem Gesicht. »Morgen ist früh genug.«

Jones kehrte zum Ruder zurück und wies den Lotsen an, nach Norfolk zu wenden. Während sie eine Szene der Zerstörung hinter sich ließ, wie sie nie in amerikanischen Gewässern gesichtet ward, fing die *Virginia* an, über die Hampton Roads auf ihr Dock zuzudampfen. Sie ließ 250 tote Seeleute und mehr als 100 Verwundete hinter sich, zu der Zeit der größte einzelne Verlust in der Geschichte der Marine der Vereinigten Staaten.

Kurz nach Sonnenuntergang erreichte das Feuer an Bord der *Congress* das Pulvermagazin, und sie explodierte in einem schrecklichen Feuerwerk, bevor sie hinabsank zur *Cumberland* auf den Boden des James River. Buchanan und Jones wußten, daß sie einen großen Sieg errungen hatten und freuten sich auf einen noch größeren am nächsten Morgen. Sie hatten das Undenkbare bei einem Verlust von nur zwei Männern und acht Verwundeten geschafft.

Aber was sie nicht wußten: Der letzte Triumph wurde ihnen entrissen.

Ehe der schwarze Rauch aus dem zerschossenen Schornstein über die Strahlen der sinkenden Sonne wegzog und der letzte Donner der *Congress* über den dunklen Wassern der Hampton Roads grollte, schlich sich ein seltsames, unheimliches Schiff aus dem Nebel der Chesaspeake Bucht heran.

Durch einen in der Geschichtsschreibung einmaligen Zufall war das Panzerschiff *Monitor* der Union angekommen. Am folgenden Morgen war die Mannschaft der *Virginia*, im Norden noch immer *Merrimack* genannt, bereit, noch einen ruhmreichen Tag zu erleben. Sie waren völlig perplex, als das, was einer von ihnen »Käseschachtel auf einem Floß« nannte, hinter dem Rumpf der *Minnesota* in Sicht kam. Das kleine Unions-Panzerschiff bewegte sich direkt auf das biblische Ungeheuer der Konföderation zu und feuerte zwei große Elf-Zoll-Dahlgren-Kanonen ab. Die *Virginia* antwortete, und die erste Schlacht zwischen zwei Panzerschiffen begann. Ein paar Stunden später endete sie mit einem Patt. Keines der Schiffe hatte viel abbekommen, und beide reklamierten den Sieg für sich. Ein neues Blatt im Buch der Geschichte war geschrieben, und die Seekriegsführung sollte nie wieder sein wie zuvor.

Kaum zwei Wochen nach den heroischen Schlachten von Hampton Roads untersuchte ein Wracktaucher mit Namen Lorring Bates die Reste der *Cumberland*, um festzustellen, ob sie gehoben und umgebaut werden könnte. Er fand das Wrack in 66 Fuß Wassertiefe, in einem Winkel von fünfundvierzig Grad und in völliger Unordnung. Er beschloß, daß sie zu schlimm zerstört war, als daß es die Kosten der Bergung rechtfertigen würde.

Sporadische Versuche von Bergungsleuten, Zubehör und Anlagen von Wert zu bergen, und die Streitereien, wer das Recht hatte, vertraglich vereinbarte Bergungsarbeiten vorzunehmen, dauerten noch bis Ende 1870. Trotz des Ruhms der Schlacht und der Heldenhaftigkeit der Mannschaft geriet die *Cumberland* in Vergessenheit. Erst 1980 kamen Männer und fanden ihre Gebeine.

II
She-Devil
der Konföderierten

28. November 1864

Es war eine klare Vollmondnacht, und das Schiff warf geisterhafte Schatten übers Wasser. Ein Jahr und sieben Monate waren vergangen, seit die *Cumberland* kämpfend untergegangen war, nur ein paar hundert Yards am unteren Flußlauf, gerade ein Stück weit von der Stadt Newport News, Virginia, entfernt. Die kleine achtköpfige Mannschaft, die das Schiff bewachte, erwartete keine Schwierigkeiten, daher schliefen die meisten Männer. Nur zwei Ingenieure waren noch wach, weil sie versuchten, eine Hilfspumpe zu reparieren. Ein Armeetransportschiff hatte versehentlich das vor Anker liegende Schiff gestreift. Die folgende Kollision hatte die Planken gelockert und dadurch geringfügig undicht gemacht.

Kurz nach Mitternacht ruderte ein hochgewachsener Mann von der Küste her auf das Schiff zu. Er starrte hinauf zu dem schwarzen, hoch über ihm aufragenden Rumpf. Er war schweigsam in die Stadt geritten, hatte sein Pferd an einen Baum gebunden an der Küste zurückgelassen und sich ein Ruderboot »geliehen«. Kein in der Nähe stationierter Soldat oder ziviler Anwohner würde die Handlung bezeugen können, die er auszuführen im Begriff war. Als er die Enterleiter hinaufstieg, hielt er eine Ledertasche fest in der einen Hand. So bewegte er sich wie ein Geist über das verlassene Schiffsdeck. Die Kanonen wirkten im Mondlicht weder geheimnisvoll noch bedrohlich, eher wie große tote Ungeheuer.

Er trat in die Kapitänskajüte und bewunderte die schönen Mahagonitüren und Schotten. Dann ging er durch die Offiziersmesse und an der Apotheke vorbei, ehe er sich in den Maschinenraum hinunterließ. Er sah die Ingenieure über der defekten Pumpe arbeiten und ging ihnen aus dem Weg, indem er sich hinter einem der großen Kessel hielt. Der Eindringling selbst war Ingenieur und wußte die Maschinen an Bord zu würdigen. Seine Hände zärtlich über die Manometer aus Messing gleiten lassend, starrte er auf die kalten Kessel.

»Du bist ein wunderschönes Schiff«, sagte er zärtlich, so unpassend die laut gesprochenen Worte auf dem stillen Schiff auch klingen mochten. »Verzeih mir, was ich dir jetzt antun muß.«

Schweren Herzens öffnete er die Tasche und holte einen großen Schraubenschlüssel hervor. Er benutzte ihn als Hebel und drehte die Stopfen von den Ventilen, so daß das Wasser in die Bilge strömen konnte. Als er den letzten Stopfen entfernt hatte, wartete er pflichtbewußt, bis das Wasser gurgelte und aus den Kielräumen aufstieg. Er lauschte, als das Schiff knirschte und stöhnte, weil das Holz sich unter dem ansteigenden inneren Druck bog. Es schien, als ob sie den Ingenieur anflehte, sie zu retten.

Der Ingenieur überhörte bewußt die unheimlichen Geräusche, kämpfte sich die Leiter hinauf und durch die Maschinenraumluke achtern von der großen Siebenzollschwenkkanone. Während er so über das Deck zur Enterleiter eilte, bereute er zutiefst seine heimliche Mission, das schöne kleine Schiff auf Grund zu schicken, aber Befehl war Befehl.

Er sprang die Leiter hinunter in sein Boot, legte ab und ruderte schnell an die Küste. Nachdem er das Boot in den Fluß gestoßen hatte, sah er zu, wie es mit der Strömung verschwand. Dann ging er zu seinem Pferd, machte es vom Baum los und ritt ohne einen Blick zurück davon.

Alarmiert von dem plötzlichen Anstieg des Wassers im Maschinenraum, weckten die Männer, die die Hilfspumpe reparierten, den Chefingenieur, William Lannan. Er nahm das steigende Wasser zur Kenntnis und war von dem heftigen Zufluß überrascht. Man unternahm jede Anstrengung, das bevorstehende Sinken des Schiffes zu verhindern, aber das Wasser stieg schneller, als man es ausschöpfen konnte.

Ein Abschleppboot wurde gerufen und sollte das Schiff in flachere Gewässer ziehen, aber es kam zu spät. Bis 7 Uhr morgens war sie abgesoffen, ihre Maste und Rahen hilflos gegen den Himmel emporgereckt. Ihr Sterbelied ertönte, als die Luft im Inneren, vom Druck des einströmenden Wassers zusammengepreßt, aus den Öffnungen und Luken zischte. Ihr Rumpf verschwand unter einer Wolke aus Blasen. Dann sank ihr Kiel in den weichen Meeresboden, und das düstere Wasser wurde ihr Leichentuch.

Der Geschichte größtes Kaperschiff der Meere existierte nicht mehr. Es legte sich in den weichen Schlamm, um seine Zeit abzuwarten.

Zweieinhalb Jahre zuvor, am 22. März 1862, stand Thomas Dudley, Konsul der Vereinigten Staaten in Liverpool, England, an einer Seemauer und beobachtete, wie die *Oreto* in See stach. Er wischte die Linse seines Fernrohrs sorgfältig mit einem Taschentuch ab und spähte durch das Tröpfeln des Regens in den Märzsturm, der von Norden blies. Er war immer auf der Suche nach Schiffen, die von britischen Reedereien gebaut und dann heimlich an die konföderierten Staaten von Amerika verkauft wurden, ein gefährlicher Verstoß gegen das Seerecht, das die Ausrüstung von Kriegsschiffen für kriegführende fremde Nationen untersagte.

Die *Oreto* war ein schönes Schiff, das angeblich für die italienische Kriegsmarine gebaut worden war. Mit ihren sorgfältig nach hinten geneigten Masten und doppelten Schornsteinen machte sie den Eindruck, als ob sie sich bewegte, obwohl sie stillstand. Als schneller Kreuzer konstruiert, enthielt sie mehrere Neuerungen. Eine bestand darin, daß ihre Schraube aus dem Wasser gehoben werden konnte, um den Wasserwiderstand zu reduzieren, wenn sie unter Segeln fuhr, und so Kohle zu sparen. Sie erschien Dudley ziemlich klein für ein Kaperschiff der Konföderierten. Ihre Gesamtlänge betrug gerade einmal 212 Fuß bei 27 Fuß Breite.

Während er ihr Aussehen bewunderte, entschied er, die *Oreto* sei zu schön, um gefährlich zu werden. Er versäumte, sich das Schiff als eines der erfolgreichsten Kaperschiffe der Südstaaten vorzustellen.

Dudley sah zu, wie eines der Hafenlotsenboote sich vom Rumpf des Schiffes entfernte, das nun weiter in die Bucht glitt. »Scheint nur eine Probefahrt zu sein«, meinte er zu seinem Assistenten, der schlechtgelaunt im feuchten Nebel neben ihm stand. »Sein Kapitän, James Duguid, ist ein Brite und hat keinerlei Verbindung zur Konföderation, soweit ich weiß.«

Der Assistent, ein mageres Kerlchen von kaum zwanzig, wies auf mehrere Frauen, die auf dem Deck herumwanderten. »Die Damen sind ganz gewiß nicht in der konföderierten Marine.«

»Das Schiff sieht ziemlich harmlos aus«, fügte Dudley hinzu. »Trotzdem müssen wir es genau beobachten, wenn es zu seinem Dock zurückkehrt.«

»Ich übernehme gern den Dienst«, bot der Asistent an und beäugte eine nahe gelegene Kneipe, wo er der Feuchtigkeit entfliehen und sich mit einem Schluck Whiskey aufwärmen konnte.

Dudley starrte dem zurückweichenden Schiff nach und winkte dann dem Assistenten zu. »Wir wollen zurück ins Konsulat. Ich muß einen Bericht in unsere Londoner Botschaft bringen.«

Enttäuscht zuckte der Assistent mit den Schultern. »Wie Sie wünschen, Sir.«

Wie ein liebevoll gepflegtes Vollblut des Meeres, mit kaum einem Fähnchen Rauch aus den Doppelschornsteinen, dampfte die *Oreto* im Hafeneingang an den Bojen vorbei und erhöhte ihre Geschwindigkeit, so daß sie ordnungsgemäß auf ihren fälligen Kurs westlich von Liverpool zusteuerte. Sobald das Land im dichten Nebel verschwunden war, befahl Kapitän Duguid das Schiff zu stoppen.

»Das Lotsenschiff macht längsseits fest«, sagte er zu seinem Ersten Offizier. »Helfen Sie den Damen hinüber.«

Er ging auf den heruntergelassenen Landungssteg und händigte jeder der Frauen ein Fünfguinea-Goldstück aus. »Danke für Ihre Gesellschaft, meine Damen«, sagte er galant. »Ich bedaure, Sie gehen zu sehen.«

Ein dralles Weibsbild mit einem dunklen Schönheitsfleck auf der Wange sandte Duguid ein breites Lächeln zu. »Das ist das leichteste Geld, das je eine von uns verdient hat«, schnurrte sie wie ein Kätzchen. »Ihr müßt mich besuchen, wenn Ihr das nächste Mal in Liverpool seid.«

Duguid küßte galant ihre Hand. »Worauf Sie sich verlassen können.«

Er trat zurück und beobachtete das Übersetzen der Frauen auf das Lotsenboot. Er klopfte an seinen Hut, als das Boot ablegte und von der *Oreto* abstieß. Die Frauen winkten ihm zu. Dann gab er seinem Steuermann ein Zeichen: »Nach Südsüdwest drehen, so lange, bis ich einen richtigen Kurs festlegen kann.« Dann wandte sich Duguid an seinen Ersten Offizier: »Heb die Schraube und zieh die Segel auf. Wir haben eine lange Reise vor uns.«

Einen Monat später kamen Duguid und die *Oreto* im Hafen von Nassau auf den Bahamas an. Kaum hatte er den Anker ausgeworfen, als das Schiff in eine Kontroverse geriet. Der Konsul der Vereinigten Staaten hatte sofort bei den britischen Behörden Protest eingelegt. Er behauptete, daß die *Oreto* in britischen Gewässern bewaffnet würde, und forderte, sie zu beschlagnahmen. Die Briten, die Pro-Konföderierte waren, zuckten nur mit den Schultern und antworteten, daß das Schiff keine Geschütze hätte, noch gäbe es Beweise dafür, daß irgend jemand plante, solche an Bord zu bringen.

Eine steife Inselbrise blies die Vorhänge im Büro des Gouverneurs der Bahamas, C. J. Bayley, vom Fenster weg. Das einfache, getünchte Zimmer war mit einem großen, kupferbeschlagenen Teakholz-Schreibtisch möbliert. Zwei Holzstühle mit steifer Rückenlehne, auf dem einen ein magerer Mann mit verschlagenen Zügen, waren vor dem Schreibtisch aufgestellt.

Samuel Whiting, Konsul der Vereinigten Staaten in Nassau, brachte seinen Fall vor. »Die *Oreto* ist schlicht und einfach ein Kanonenboot.«

Bayley nahm ein Schlückchen Peking-Tee aus seiner feinen Porzellantasse. »Man kann jedes Schiff mit einem Geschütz als Kanonenboot bezeichnen. Wir haben keine Beweise, daß das Schiff bewaffnet ist.«

»Sie wissen, daß es insgeheim der Konföderation gehört«, sagte Whiting ärgerlich.

»Davon habe ich keine Ahnung, Sir«, erwiderte Bayley und wurde rot vor Wut.

»Außerdem hat mein Büro keinerlei Nachricht aus London über irgendeine derartige Vermutung.« Der Gouverneur stand hinter seinem Schreibtisch auf. »Wenn Sie mich jetzt entschuldigen wollen, ich muß an einem Cricket-Match teilnehmen.«

Enttäuscht über Bayleys offensichtliches Vorurteil gegenüber der Konföderation, stürmte Whiting aus dem Zimmer.

Nicht jeder Engländer hielt zu Jefferson Davis und Richmond. Eine Gaunerei vermutend, beschlagnahmte ein Pro-Union-Kommandant der britischen Marine die *Oreto*. Aber der Gouverneur wies darauf hin, daß sie als britisches Schiff registriert sei und das Georgskreuz am Mast habe. Er befahl ihre sofortige Freigabe. Klagen und Gegenklagen flogen herüber und hinüber. Das Schiff wurde wieder beschlagnahmt und genauso schnell wieder freigegeben. Es kam zu einer Verhandlung, bei der die Vertreter der Vereinigten Staaten noch einmal einen Anlauf für die Verurteilung der *Oreto* nehmen konnten.

Den Unschuldigen markierend, bezeugte Kapitän Duguid, daß er von keiner Unregelmäßigkeit auf dem Schiff wisse. Er gab zu, daß sie sich als Kriegsschiff perfekt eignen würde, aber daß er sie ohne Geschütze nur als gewöhnliches Handelsschiff betrachten könne. Der Vorsitzende Richter war überzeugt, und die *Oreto* wurde wieder einmal freigegeben.

Stillschweigend übergab Kapitän Duguid John Maffitt das Schiff, einem schneidigen und erfolgreichen konföderierten Blockadekapitän. Nach erfolgreich durchgeführter Mission nahm Duguid den ersten Dampfer zurück nach England.

John Newland Maffitt war der Sohn eines Seemanns und auf See geboren. Nachdem er im Alter von dreizehn als Mittschiffmann in die Marine der Vereinigten Staaten eingetreten war, faszinierten ihn besonders die Strömungen und die Unterwasserhydrographie. Nachdem er in den Rang eines Leutnants erhoben worden war, verbrachte er fünfzehn Jahre mit der Erforschung der Ost- und Golfküste. Maffitt kannte jeden Zoll und jede Bucht von Portsmouth, Maine, bis Galveston, Texas, wie seine Westentasche.

Maffitt war durchschnittlich groß und schwer, hielt sich aber so aufrecht, daß er den Eindruck eines viel höher gewachsenen Mannes machte. Er hatte ein starkes Kinn, von einem dichten, dunklen Bart bedeckt. Er hatte etwas Anmaßendes an sich und ein Leuchten in den Augen, das immer kritisch den Horizont zu prüfen schien, wenn er einen direkt anstarrte. Intelligent und verschlagen wie ein Fuchs wurde John Newland Maffitt als Kaperschiffkapitän der Handelsmarine nur noch von Raphael Semmes von der *Alabama* übertroffen, und er war von allen der erfolgreichste Blockadekapitän. Vielleicht war er der einzige konföderierte Kapitän, der niemals ein Schiff verloren hatte. Gefürchtet und gleichzeitig respektiert von seinen früheren Freunden in der Marine der Union, war er ein Gentleman von Kopf bis Fuß.

Da er nicht warten wollte, bis ihm sein neues Kommando wieder abgenommen wurde, schlüpfte Maffitt aus dem Hafen, entging einem Kriegsschiff der Union und segelte zu einer kleinen, unbewohnten äußeren Insel weit ab vom Ufer der Grand Bahamas, wo er ein Rendezvous mit dem Küstenschoner *Prince Albert* hatte, der Geschütze und Munition transportierte. Sobald die beiden Schiffe geankert hatten, wurden die Waffen von dem Schoner auf die *Oreto* umgeladen.

Die Eile kam Maffitt teuer zu stehen. Er war gezwungen, mit einer Mannschaft zu segeln, die fürchterlich unterbesetzt war. Er besaß so wenige Leute, daß er und seine wenigen Offiziere an der Seite der gewöhnlichen Seeleute schuften mußten, um die Geschütze an Bord zu bringen. Als er am 16. August 1862, nachdem sie sechs Sechs-Zoll- und zwei Sieben-Zoll-Blakeley-Geschütze mit gezogenem Rohr montiert hatten, und eine Zwölf-Pfund-Howitzer, wurde die *Oreto* offiziell *Florida* getauft und in die konföderierte Marine integriert.

Die erste Reise der C. S. S. *Florida* war ein Alptraum. Wichtige Ausrüstungsgegenstände, die man zum Abfeuern der Geschütze benötigte, waren nicht auf der *Prince Albert* angekommen. Der neueste Meeresräuber sah böse aus und hatte einen starken Biß, aber keine Zähne. Maffitts Situation verschlechterte sich schnell. Während des Ladens wurde seine bereits unterbesetzte Mannschaft vom Gelbfieber heimgesucht. Als das Schiff schließlich in See stach und sich von den Bahamas wegbewegte, trug die *Florida* schon den tödlichen Skorbut mit sich.

Maffitt ließ das Schiff in Havanna vor Anker gehen, um seine Kranken an Land zu schicken und eine neue Mannschaft anzuheuern. Als Kuba in der Ferne verblaßte, spürte auch Maffitt den Schmerz in den Lenden, der die Infektion mit dem Fieber ankündigte.

Maffitt lag die meiste Zeit der Reise in seiner Kabine, zu krank, um an Deck zu gehen. Mit einer dezimierten Mannschaft (nur einundvierzig Mann waren noch auf den Beinen), schätzte er, daß seine einzige Hoffnung darin bestünde, das Unionsblockadeschiff in einen größeren südlichen Hafen zu bringen, ehe es ein Yankee-Kriegsschiff entdecken und seine Ohnmacht nutzen würde. Unter jeglichen Umständen ohnehin ein fast unmögliches Unterfangen, aber jetzt um so gefährlicher, weil sein Schiff sich nicht wehren konnte. Nachdem er seine Entscheidung getroffen hatte, befahl er seinem Ersten Offizier, Leutnant Jubal Haverley, Kurs auf Mobile, Alabama, zu nehmen.

Am späten Nachmittag des 4. Septembers 1862, nach einer dreitägigen Fahrt durch den Golf von Havanna, sichtete Maffitt die Ruinen des Leuchtturms außerhalb der Bucht von Mobile nahe Fort Morgan. Er entdeckte auch drei Kriegsschiffe der Union, die den Hafen blockierten. Noch immer nicht ganz erholt von seinem Kampf mit dem Gelbfieber und deshalb eine Erscheinung wie ein Geist, war Maffitt zu schwach, um an Deck zu gehen. Sein Blick wanderte von dem schwerbewaffneten feindlichen Schiff über die fünfzehn Meilen Wasser, die die *Florida* von den konföderierten Geschützen trennten, die auf Fort Morgan und im sicheren Hafen dahinter montiert waren.

Maffitt wandte sich an Leutnant John Stribling, der unter Raphael Semmes an Bord des Kaperschiffes *Sunter* gedient und seine Dienste freiwillig angeboten hatte, damit er nach Hause nach South Carolina zurückkehren und seine Braut sehen konnte. »Sagen Sie mir, Sir, wie würden Sie unsere Aussichten einschätzen?«

Stribling betrachtete nüchtern die drei Kriegsschiffe. »Wir sind ein Schiff mit einer Besatzung von Kranken und Krüppeln. Wir können nicht unser einziges Geschütz abfeuern. Ich würde sagen, unsere Chancen innerhalb von Minuten aus dem Wasser katapultiert zu werden, sind hervorragend.«

»Sie würden es nicht für klug halten, in die Mobile Bay einzulaufen?«

»Nein, Sir, ich würde vorschlagen, wir versuchen es nach dem Dunkelwerden.«

Maffitt schüttelte den Kopf. »Mitten in der finsteren Nacht herumirren und den Kanal abtasten, würde uns ganz gewiß hinunter auf eine Sandbank schicken.«

»Entweder das, oder wir fahren das Schiff an Land und verbrennen es«, meinte Stribling finster.

Maffitt starrte gedankenverloren auf die ferne Hafeneinfahrt. Dann nickte er tapfer. »Ich bin ein Spieler, der den hohen Einsatz liebt. Ich glaube wirklich, wir könnten versuchen zu bluffen.«

»Sir?«

»Wir gleichen aufs Haar einem britischen Kanonenboot. Wir lassen die britische Flagge aufziehen und halten direkt auf sie zu.«

In der kurzen Zeit, die ihnen blieb, sammelte Maffit die wenigen Offiziere, die noch in der Lage waren, mit eigener Kraft zu gehen. »Wir gehen rein«, kündigte er an. »Zieht die englischen Farben auf. Jede Minute, die wir die Schiffskapitäne der Union zum Narren halten können, erspart uns eine Breitseite aus ihren Kanonen. Sobald sie die Wahrheit erkannt haben und das Feuer eröffnen, gebt mir eine volle Ladung Dampf. Alle Männer, einschließlich der Kranken, werden unter Deck geschickt. Nur die Offiziere bleiben bei mir oben.«

Es gab kein Wort des Widerspruchs. Kein einziger Mann hätte gezögert, mit John Newland Maffitt durch die Hölle zu gehen.

»Mr. Stribling, würden Sie mir den Gefallen tun, mich an der Reling festzumachen?«

»Aber, Sir, wenn das Schiff auf Grund läuft...«

»Dann sinken wir wenigstens in einem Stück«, antwortete Maffitt mit einem grimmigen Lächeln. Er sprach mit James Billups und Samuel Sharkey, den mutigen jungen Steuermännern der *Florida*. »Meine Herren, ich möchte, daß Sie auf das größte Schiff des

Geschwaders zusteuern. Zielt mit unserem Bug direkt auf die Mitte.«

»Aye, Sir«, antwortete Billups. »Sie brauchen es nur zu sagen, und wir schlitzen sie mittschiffs auf.«

Der Kapitän der *Winona*, das erste Schiff der Unionsflotte, dem sich die *Florida* näherte, ging an die Reling und winkte dem konföderierten Kaperschiff zu. »Was für ein Schiff seid ihr?«

»Ihrer Britischen Majestät Dampfer *Vixen*«, antwortete Maffitt.

Überlistet signalisierte der Kapitän der *Winona* den anderen Kriegsschiffen, daß der Fremde ein Freund sei.

»Zwei zu eins«, sagte Maffitt, als die *Florida* die *Winona* passierte. Der Kapitän des zweiten Unionsschiffes, der *Rachel Seaman*, schnappte ebenfalls nach dem Köder und blieb an Backbord, ohne daß er etwas Verdächtiges an dem englischen Schiff bemerkte, dessen Geschütze untätig und unbemannt dastanden. Die letzte Hürde stellte die *Oneida* dar, eine große Kriegsschaluppe, die zehn Geschütze an Bord hatte, zwei davon riesige Elfzoller. Ihr Kapitän, George Preble, wollte nichts riskieren und befahl seinem Steuermann zum Bug des englischen Eindringlings hinüberzuwechseln.

Unten im Maschinenraum der *Florida*, ohne das Drama oben zu sehen, fütterten die fiebergeschüttelten Heizer wie die Besessenen ihre Feuerkästen. Die neuen Maschinen reagierten mit einem sprunghaften Anstieg der Geschwindigkeit, wodurch der Bug des Schiffes durch die Wogen geschleudert wurde und riesige Wolken Sprühwasser über sie hinweg sandte.

Billups und Sharkey packten grimmig die Speichen des Ruders und zielten mit dem Bugspriet der *Florida* direkt auf den Rumpf der *Oneida*. Überrascht zu sehen, daß die »Engländer« die Absicht hatten, sein Schiff zu rammen, befahl Kommandant Preble, seine Maschinen in Rückwärtsgang zu bringen. Es war ihm noch immer nicht aufgegangen, daß der Fremde irgend etwas anderes sein konnte als britisch. Es war ein wunderschönes kleines Schiff, dachte er, zu unschuldig aussehend, als daß es der Konföderation gehören könnte. Als er seinen Kapitän auf der Reling sah, winkte ihm Preble zu, wie der Kapitän von der *Winona* zuvor.

Maffitt starrte wie hypnotisiert auf die großen Elfzollgeschütze und ihre Besatzungen, bereit zu feuern. Jetzt war alles zu spät. Es gab kein Zurück. Die beiden Schiffe dampften jetzt parallel nebeneinanderher. Weniger als hundert Meter trennten sie. Preble befahl, einen Schuß über den Bug der *Florida* zu feuern. Dann klatschte ein zweiter Schuß auf dem Wasser vor dem beschleunigenden Schiff. Maffitt hatte seine letzte Karte ausgespielt. In dem Augenblick hatte der Krieg plötzlich die *Florida* eingeholt. Ihr Schicksal hing an einem seidenen Faden.

Auf Befehl von Preble schoß die *Oneida* eine Breitseite ab. Der Schuß verwüstete das fliehende Konföderierten-Schiff. Zum Glück für Maffitt und seine Mannschaft hatten die Kanoniere der *Oneida* zu hoch gezielt. Wenn die Geschütze herabgedrückt worden wären, hätte die Karriere der *Florida* auf dem Meeresboden des Golfs geendet. Granaten schlugen in ihre Boote, das Geländer splitterte, ihre Takelage riß in Fetzen, Sparren fielen auf das offene Deck. In einem Augenblick war das einst so schöne Schiff in ein unansehnliches häßliches Entlein verwandelt worden.

Dann senkten die Unionskanoniere ihr Ziel. Elfzollgranaten schlugen in noch empfindlichere Teile der *Florida* ein. Eine riesige Granate bohrte sich wenige Zoll über der Wasserlinie an Steuerbord in den Rumpf. Der Backbordkessel wurde eingedrückt, ein Mann geköpft, und neun andere wurden schwer verwundet, ehe die Backbordseite aufgerissen wurde, ein Loch so groß wie ein Pferd entstand und das Geschoß explodierte. Wäre es einen Augenblick früher zerborsten, hätte die entstandene Verwüstung die *Florida* in den Wellen versenkt.

So ruhig, als ob er eine Parade abnähme, rief Maffitt aus: »Mr. Stribling, es ist Zeit, daß wir ihnen zeigen, wer wir sind. Holt die britischen Farben ein und zieht unsere Flagge auf.«

Steuermann Sharkey sprang übers Deck und packte die Falleinen. Dabei verlor er einen Finger durch ein Schrapnell. Seine blutende Wunde ignorierend, zog er die Flagge hinauf in den Himmel. Als das Wahrzeichen der Konföderation über der *Florida* hochging, erkannten die Offiziere auf den Unions-Kriegsschiffen, wie sehr sie getäuscht worden waren. Um ihren guten Ruf zu retten, waren sie um so entschlossener, den Räuber fertigzumachen, so schnell sie ihre Geschütze laden und abfeuern konnten.

Die *Winona* und die *Rachel Seaman* eröffneten mit jedem Geschütz, das sie aufbieten konnten, das Feuer. Eine Granate schlug in der Kombüse der *Florida* ein, eine andere explodierte nahe dem Backbord-Durchgang. Bald lagen Wrackteile auf dem Deck herum und fielen auf allen Seiten klatschend ins Wasser. Um alles noch schlimmer zu machen, fingen die Scharfschützen der *Oneida* an, jeden Mann abzuknallen, den sie an Deck ausmachten. Männer, die Maffitt nach oben geschickt hatte, um die Segel zu setzen, wurden von Musketenkugeln durchsiebt und von Schrapnellen durchbohrt. Fünf wurden getroffen, aber es gelang ihnen hinabzusteigen, nachdem sie die Segel eingezogen hatten. Man half ihnen nach unten und legte sie neben die vom Gelbfieber darniedergestreckten.

Jeden Trumpf ausspielend, den er hervorzaubern konnte, wich Maffitt aus und manövrierte herum, um die Kanoniere der Union abzuschütteln. Er gewann wertvolle Minuten, als die schnellere *Florida* anfangen konnte, ihrer Meute von Verfolgern zu entwischen. Einundzwanzig Elfzollgranaten schlugen in das wehrlose Schiff ein. Eine hereinkommende Breitseite von der *Oneida* schien die *Florida* in einem Crescendo von Detonationen aus dem Wasser zu heben. Die Seeleute der Union konnten kaum glauben, daß die hilflose Zielscheibe, auf die sie so entsetzlich einhämmerten, angesichts der unvermeidlichen Niederlage noch immer auf dem Meer schwamm, ihre schrecklichen Wunden ertragend ohne ein sichtbares Zeichen von Kapitulationsbereitschaft.

Während Einschläge rund um Maffitt und unter ihm widerhallten, ignorierte er den heftigen Sturm und gab mit einer Stimme ohne das geringste Zeichen von Furcht Befehle an seine Steuermänner. Offiziere an Bord der *Oneida* berichteten nach dem einseitigen Kampf, daß sie einen Mann auf der Quarterreling hätten sitzen sehen, so kühl und beherrscht, als sei er im Begriff, ein Pferderennen zu beobachten. Sie konnten nicht umhin, die Tapferkeit des Mannes zu bewundern, der da allein an Deck saß und seinen Steuermännern Befehle zuwinkte.

Eine gute Stunde lang wurde die *Florida* von drei Feinden beschossen, die sich ohne die Ablenkung durch ankommendes Geschützfeuer konzentrieren konnten. Als sie mit vierzehn Knoten vorwärts raste, machte sich ihre höhere Leistungsfähigkeit bemerkbar. Die Unionsmannschaft mußte ihre Geschütze nach jedem Schuß höher heben, jetzt, wo ihre Beute sich davonmachen wollte.

Fort Morgan kam näher. An der Befestigungsmauer jubelten konföderierte Kanoniere ihrem Schiff zu, ihre Geschütze geladen und bereit zum Feuern, sobald die Unionsschiffe in Reichweite kämen. Sie sahen mit wachsendem Optimismus zu, als sie merkten, daß Granaten ihr Ziel verfehlten und ins Kielwasser der *Florida* plumpsten, weil zu kurz gezielt worden war.

So unglaublich es schien, es war ein Wunder geschehen. Maffitt hatte mit dem Schicksal gespielt und gewonnen. Er beobachtete, wie die Unionskriegsschiffe ausgetrickst wendeten und in den Golf beidrehten, als eine Granate aus einem Geschütz mit gezogenem Rohr aus Fort Morgan herüberschwirrte und zwischen der Meute und ihrem Opfer ins Wasser fiel. Die *Florida* hatte endlich den sicheren Hafen erreicht.

Maffitt knüpfte das Seil um seine Taille auf und kam etwas schwankend auf die Beine, ebenso wie seine Offiziere, die während der ganzen Jagd auf ihren Posten geblieben waren. Jetzt umringten sie ihn, und er sprach mit einem breiten Lächeln zu ihnen:

»Wenn unsere Rumvorräte nicht vernichtet sind, schlage ich vor, daß wir sie uns genehmigen.« Dann, unsicher zum Ruder hinstaksend, schüttelte er Jim Billups die Hand, der das Schiff mutig durch das Chaos aus Schüssen und Splittern gesteuert hatte. »Meine Glückwünsche, Billups. Sie sind ein tapferer Mann.«

»Ich bin glücklich, daß ich zu Diensten sein konnte, Sir.«

»Paßt auf die Kanalbojen auf und bringt sie hinüber nach Fort Morgan. Dann wollen wir ankern.«

Maffitt befahl, die Maschinengeschwindigkeit zu reduzieren, als die *Florida* stolz in die Mobile Bay dampfte, ihre Fahne steif in einer ablandigen Brise. Die Männer an den Geschützen auf Fort Morgan stießen laute Jubelrufe aus, als sie sich vorbeischleppte. Dann begannen die Kanonen zu donnern, als sie dem geschlagenen kleinen Schiff einen Einundzwanzigkanonensalut abfeuerten. Maffitt und seine Mannschaft hatten das Unmögliche geleistet. Ehren und Geschenke regneten aus dem ganzen Süden auf sie nieder. England war des Lobes voll über das Schiff, das sie gebaut hatten. Überall bewunderten die Leute den David, der Goliath geschlagen hatte. Selbst die Feinde des Nordens konnten nicht umhin, fasziniert zu sein. Der kaltblütige, hartnäckige Admiral Porter war von Maffitts unvergleichlicher Verwegenheit beeindruckt. Er erklärte: »Nie hat ein Mann unter solchen Umständen mehr Stärke und mehr Tapferkeit bewiesen.«

Es dauerte dreieinhalb Monate, die mehr als vierhundert verschiedenen Beschädigungen an der *Florida* zu reparieren. Am 16. Januar 1863 schlüpfte Maffitt während eines Regensturms wieder aus der Mobile Bay und schlängelte sich durch die Yankee-Blockadeflotte. Sie begann ihre erste Fahrt als Kaperschiff, was den Annalen der Marine ein großes Kapital hinzufügte.

»Auf ihr wehen die Stars und Stripes«, bewunderte Maffitt die eleganten Linien eines Clipperschiffs mit Vollzeug. »Feuert einen Schuß quer über ihren Bug.«

Ein Rauchschwaden wurde von einem lauten Knall begleitet, eine Granate flog aus dem Geschützrohr des Zwölfpfünder-Howitzer und schlug fünfzig Meter vor dem Bug des Clipperschiffs spritzend auf dem Wasser auf.

»Ihr Kapitän hat die Botschaft verstanden«, bemerkte Leutnant Charles Morris. »Er bringt sie vor den Wind.«

»Sie scheint schwer beladen«, bemerkte Maffitt.

Als die *Florida* näher kam, zog ein einsamer Seemann an Deck des Handelsschiffes eine weiße Fahne auf. »Keine Jagd diesmal«, lachte Maffitt und wandte sich an Morris. »Geh an Bord und hol die Frachtpapiere.«

»Sehr wohl, Sir.« Morris versammelte schnell eine Mannschaft und ließ das Küstenboot herab in die rollenden Wellen. Als er hinüber zu dem Yankee-Schiff ruderte, sah er das Namensschild in goldenen Buchstaben am Backbord-Bug. Der Clipper wurde *Jacob Bell* genannt. Es bringt Pech, den Namen eines Mannes zu tragen, dachte er.

Kapitän Charles Frisbee, ein knorriger Neuengländer, traf Morris, als der Konföderierte an Deck kam. »Ich werde nicht sagen: ›Willkommen an Bord‹, verdammt noch mal«, sagte der Kapitän der *Jacob Bell*.

»Ich bin Leutnant Charles Morris von der C. S. S. *Florida*, deren Kapitän John Maffitt ist«, äußerte Morris in amtlichem Ton. »Wir nehmen Euer Schiff als Preis entgegen.«

»Ich habe von Eurem Teufelsschiff gehört«, schnaubte er, »und ich habe von Maffitt gehört.«

»Darf ich Eure Frachtpapiere sehen?«

Der Kapitän händigte Morris einen Stapel Papiere aus. »Ich dachte mir schon, daß Sie danach fragen würden.«

Morris überprüfte die Schiffspapiere. »Wie ich sehe, haben Sie eine große Fracht Tee geladen.«

Der Kapitän der *Jacob Bell* nickte. »Wert über eineinhalb Millionen Dollar.«

Morris riß die Augen auf über die unglaublich hohe Summe.
»Schade, daß der Tee nie eine Teetasse von innen sehen wird.«
»Ihr gebt mir nicht die Möglichkeit, in einem ausländischen Hafen Kaution zu hinterlegen, um die Fracht zurückzubekommen?«
»Tut mir leid, Kapitän, das Risiko, von einem Kriegsschiff der Union abgefangen zu werden, ist zu groß.«
»Ihr wollt sie versenken?« brüllte der Kapitän wütend.
»Wir beabsichtigen, sie zu verbrennen.«

Nachdem die Nahrungsmittelvorräte und Wertgegenstände auf das konföderierte Kaperschiff umgeladen worden waren, zündeten sie die *Jacob Bell* an. John Maffitt war tief traurig beim Anblick der Flammen, die ein so wunderschönes Clipperschiff verzehrten. Ein alter Seebär wie er haßte es, ein Schiff, jedes Schiff, sterben zu sehen. Die Tatsache, daß die *Jacob Bell* der wertvollste Preis sein sollte, den sich je ein konföderiertes Kaperschiff im gesamten Krieg holte, konnte ihn nicht trösten.

Die erste Fahrt der *Florida* war viel erfolgreicher als erwartet. Maffitt hatte einen untrüglichen Instinkt für das Auffinden und Kapern von Handelsschiffen der Union. In nur sechs Monaten kaperte er fünfundzwanzig Frachtschiffe, deren Frachtwert zusammengenommen an die 15 Millionen Dollar heranreichte. Er stellte einen Rekord auf, der nur von Raphael Semmes und seiner *Alabama* übertroffen wurde.

Zwei der gekaperten Schiffe erhielten erstklassige Mannschaften und fungierten als Begleit-Kaperschiffe. Das eine wurde von dem allgegenwärtigen Charles Read befehligt, der in der Schlacht von New Orleans gegen Farragut gekämpft und die Backbord-Geschützbatterie auf der *Arkansas* bemannt hatte. Read kaperte einundzwanzig Schiffe, ehe er selbst während eines waghalsigen Überfalls in einem Hafen von Neuengland gefangen wurde.

Im August 1863 bedurften die Maschinen der *Florida* dringend einer Überholung, und ihr Rumpf mußte von mehreren Zoll Seealgenbewuchs befreit werden. Obwohl Maffitt die Arbeit lieber in einem britischen Seehafen hätte machen lassen wollen, war dies wegen des politischen Konflikts zwischen den Vereinigten Staaten und Großbritannien unmöglich. Also segelte er sein Schiff in den französischen Hafen von Brest.

Die Reparaturen auf dem Kaperschiff sollten nur achtzehn Tage dauern, aber Komplikationen mit den Franzosen führten zu einer Verlängerung bis auf fünf Monate. In dieser Zeit wurde Maffitt krank. Er hatte gleich mehrere Leiden, teilweise seinen Gelbfieberanfall. Er bat den Marineminister der Konföderation um Entlassung. Das Kommando wurde schließlich seinem treuen Offizier, Charles Morris, übergeben.

Mit einer neuen und unerfahrenen Mannschaft segelte Morris im Februar 1864 aus dem Hafen von Brest und fuhr die *Florida* hinaus auf ihre zweite Reise. Die Erträge waren mager, denn die meisten Schiffe mit amerikanischer Registrierung lagen wegen der hohen Versicherungsprämien in ihren Heimathäfen fest. Schuld an den hohen Prämien waren die *Florida* und die *Alabama*, die jetzt ebenfalls Überfälle auf den Meeren verübten. Nachdem er dreizehn Schiffe gekapert hatte, segelte Leutnant Morris in den Hafen von Bahia, Brasilien, um Versorgungsgüter und Kohle aufzunehmen.

Unglücklicherweise für Morris und die *Florida* lag auch ein Kriegsschiff der Union im Hafen, die U. S. S. *Wachusett*, mit ihrem Kapitän Napoleon Collins.

»Ausgerechnet diesen Teufel müssen wir in einem neutralen Hafen treffen«, beschwerte sich Collins gegenüber dem Konsul der Vereinigten Staaten in Bahia, Thomas F. Wilson, der zu dem Kriegsschiff hinausgerudert war.

»Könnt Ihr sie nicht aus dem Wasser blasen, sobald sie zum Hafen hinausdampft?« fragte Wilson.

Kommandant Collins studierte die *Florida* durch ein Fernrohr.

»Sie ist schneller als ich. Wenn sie sich in einer mondlosen Nacht hinausstiehlt, ist es unmöglich, sie einzuholen.«

»Ein verdammtes Verbrechen, wenn Sie mich fragen«, brummte Wilson böse. »Uns gelingt es nicht, sie zu zerstören, und Gott allein weiß, wie viele unschuldige Handelsschiffe sie und ihre Besatzung von Piraten verbrennen und plündern werden.«

Collins antwortete nicht. Er schien nachzudenken.

»Man muß etwas unternehmen, bevor sie entkommt.«

»Was glauben Sie, was Brasilien mit uns macht, wenn wir die *Florida* hier und jetzt angreifen?« fragte Collins.

»Sie würden vermutlich damit drohen, Euch aus dem Wasser zu blasen«, antwortete Wilson. »Aber ich bezweifle, daß sie das tatsächlich versuchen. Darüber hinaus würde ich nach Washington zurückberufen und getadelt, und Sie würden vor das Kriegsgericht gestellt wegen Provokation eines internationalen Konflikts.«

Collins senkte sein Fernrohr und lächelte. »Schade, sie wäre leicht einzunehmen. Die meisten ihrer Offiziere und Besatzungsmitglieder sind an Land gegangen. Wie ich höre, befinden sich Kommandant Morris und seine Offiziere in der Oper.«

»Hier wird uns eine goldene Gelegenheit geboten, Kommandant, gleich welche persönliche Konsequenzen es hat, unsere Pflicht ist klar.«

Collins wandte sich zu seinem Ersten Offizier. »Mr. Rigsby.«

»Sir?«

»Bitte suchen Sie unseren Ersten Ingenieur und befehlen Sie ihm, Dampf zu machen.«

Rigsby starrte seinen Kapitän an, Respekt strahlte aus seinen Augen. »Wollt Ihr hinter der *Florida* her, Sir?«

»Ich habe die Absicht, sie auf der Stelle zu rammen und zu versenken.«

Ein verschlagenes Grinsen huschte über Wilsons Gesicht. »Ich werde mehr als glücklich sein, Eure Aussage zu bestätigen, daß es sich um einen unglücklichen Unfall gehandelt habe.«

Collins nickte zum Ruder hin. »Bloß damit Sie wissen, wen Sie hängen müssen. Ich werde uns persönlich hineinsteuern, mit Ihnen an meiner Seite.«

»Ich würde es als Ehre betrachten«, fügte Konsul Wilson ohne zu zögern hinzu.

Vor dem Morgengrauen des nächsten Tages lichtete die *Wachusett* ihre Anker und dampfte auf die *Florida* zu, machte mehr als eine halbe Meile hinter dem brasilianischen Kriegsschiff fest, das zwischen beiden feindlichen Kriegsschiffen lag, um genau dieser Situation entgegenzuwirken. Collins selbst war am Ruder und die *Wachusett* glitt um das brasilianische Schiff herum, ging auf Kollisionskurs in Richtung der ahnungslosen *Florida*. Ein Seemann, der Deckwache hatte, sichtete das Yankee-Schiff, das aus der Dunkelheit der frühen Dämmerung auftauchte, und gab Alarm. Der Ruf kam zu spät. Ehe die Mannschaft aus ihren Hängematten springen und die Gewehre laden konnte, traf die *Wachusett* die *Florida* mitten in ihrer Steuerbord-Seite, zertrümmerte ihre Relings und Schotten, wobei ihr Besanmast und ihre Hauptrah zu Bruch gingen.

In der Dunkelheit hatte sich Collins verschätzt. Anstatt seinen Bug mittschiffs durch den Rumpf der *Florida* zu rammen und sie auf den Boden des Hafens von Bahia zu schicken, kratzte er sie lediglich an und verursachte geringfügigen Schaden. Als seine Matrosen das Deck des Kaperschiffes mit ihren Waffen beschossen, wurden zwei seiner Breitseitgeschütze in der Hitze des Gefechts ohne ausdrücklichen Befehl abgeschossen. Sich den Vorteil des Irrtums zunutze machend, schrie er der Besatzung der *Florida* zu, sie solle sich ergeben, oder er würde sie in Stücke hacken.

Leutnant Thomas Porter, Kommandant des konföderierten Kaperschiffs, hatte, während Morris an Land war, keine Wahl, als die Niederlage zuzugeben. Seine Geschütze waren ungeladen, an Bord befand sich weniger als die Hälfte der Mannschaft, und die

Matrosen der *Wachusett* schossen jeden nieder, der sich bewegte. Er besprach sich mit den wenigen Offizieren, die nicht an Land gegangen waren, und alle stimmten überein, daß jede Verteidigung nur zu einer Verschwendung von Menschenleben führen würde. Widerstrebend senkte Porter die Flagge der Konföderierten zum letzten Mal.

Collins befahl, eine Trosse an der hilflosen *Florida* zu befestigen, und innerhalb von Minuten wurde sie aus dem Hafen gezogen. Durch das Geräusch von Gewehrfeuer aufgeschreckt, kam das brasilianische Kriegsschiff heran, um nachzusehen, was los war. Als sein Kapitän das üble Spiel und den groben Verstoß gegen die Neutralitätsgesetze seines Landes erkannte, befahl er seinen Geschützmannschaften, auf die *Wachusett* zu feuern. Collins ignorierte den Protest und weigerte sich, eine Breitseite zurückzuschicken. Als die Sonne über den Horizont kroch, hielt er auf die offene See zu und zog seinen Gefangenen hinter sich im Kielwasser her.

Konsul Wilson blieb auf der *Wachusett*, bis sie die Vereinigten Staaten erreichten. Glücklicherweise für ihn war der Entschluß, ihn an Bord zu behalten, vernünftig gewesen. Wutentbrannt wegen der bösartigen Verletzung der Neutralität plünderte und verbrannte ein brasilianischer Mob das Konsulat der Vereinigten Staaten in Bahia. Wäre Wilson zurückgeblieben, wäre er sicherlich an einem geeigneten Laternenpfahl aufgehängt worden.

Die *Wachusett* schleppte die illegal gekaperte *Florida* in den Hafen von Hampton Roads und machte sie außerhalb von Newport News fest. Nicht lange danach sank das konföderierte Kaperschiff, obwohl es vor Anker lag. Es gingen Gerüchte um, daß ein Armeetransporter schuld sei, der sie in tiefster Nacht gerammt habe. Die wahre Geschichte kam erst an einem Sommerabend im Jahre 1872 heraus, als John Maffitt bei Admiral Porter zum Abendessen in seinem Haus in Washington eingeladen war.

Während sie den Cognac und die Zigarren auf der Veranda des

alten Seebären genossen, sah Maffitt Porter an und fragte: »Admiral, würden Sie mir wahrheitsgemäß berichten, wie die *Florida* gesunken ist?«

Ganz entspannt lächelte Porter vor sich hin. »Selbstverständlich, immerhin ist inzwischen viel Wasser unter der Brücke durchgeflossen.«

»Dann war es kein Unfall?«

»Kein Unfall«, schüttelte Porter den Kopf. »Präsident Lincoln war ganz außer sich, als ihn wegen Collins hinterhältiger Kaperung des Schiffs in Brasilien ein Proteststurm von den Staaten Europas überzog. Lincoln bestand darauf, daß wir die *Florida* freigeben und zu den Konföderierten auf Bahia zurückschicken, um die Reparationszahlungen zu vermeiden, die die brasilianische Regierung gefordert hatte. Während der Auseinandersetzung rief mich Staatssekretär Henry Seward in sein Büro.«

Porter fuhr fort, die Ereignisse zu erzählen, die zum Hinscheiden der *Florida* geführt hatten.

»Seward ging hin und her, während sein machiavellistischer Geist versuchte, einen Ausweg zu finden, der die europäische Völkergemeinschaft beruhigen könnte. ›Diese fürchterliche Geißel wieder auf unseren Handel loszulassen, wäre schrecklich. Es muß verhindert werden.‹

›Was empfehlen Sie, Mr. Secretary?‹ fragte ich.

›Ich wollte, sie läge auf dem Grunde des Meeres!‹

›Meinen Sie das, Sir?‹

Seward nickte grimmig. ›Ja, von ganzem Herzen.‹

›Dann möge es geschehen‹, versprach ich ihm. Am nächsten Morgen schickte ich einen Ingenieur im Schutze der Nacht zu dem gestohlenen Dampfer. Meine Anweisungen lauteten, die Hähne vor Mitternacht zu öffnen und den Maschinenraum nicht eher zu verlassen, bis ihm das Wasser bis zum Kinn reicht. Bei Sonnenaufgang muß dieses Rebellenfahrzeug ein Ding der Vergangenheit sein und im Flußbett ruhen.« Porter stieß eine Wolke Rauch in die feuchte Abendluft hinaus. »Ich dachte, es sei dichterische Gerechtigkeit, sie genau über dem Punkt zu versenken, wo die *Merrimack* die *Cumberland* gerammt und versenkt hatte.«

Maffitt hörte still zu und starrte in sein Cognac-Glas, als sähe er auf dem Grund sein einst so stolzes Schiff, wie es in ewiger Finsternis auf dem Boden des James River liegt, wo es nie mehr Handelsschiffe der Vereinigten Staaten belästigen würde. Nie mehr würde es die Marine heimsuchen, die es nur mit hinterhältigen Mannschaften aufhalten konnte. Es würde, gemeinsam mit seinem Schwesterschiff, der *Alabama*, in die Geschichte eingehen, als Höhepunkt im Leben der konföderierten Marine.

So endete das letzte Kapitel der *Florida*. Alles, was von ihr blieb, war ihr Epilog.

III
Wohin sind sie gegangen?
April 1980

Das Cusslersche Gesetz zeigt auch in dieser Doktrin seine Gültigkeit: »Jedermann kennt die Lage eines Schiffswracks, das nicht da ist.«

So traurig es ist, der Mensch ist nicht nur ein Vernunftwesen. Allzuoft richten wir uns nach einer zweifelhaften Intuition und nach nebulösen Argumenten, die jeder durch Tatsachen fundierten Grundlage entbehren. Man muß auf der Hut sein, daß keines der beiden die Oberhand gewinnt. Ich habe noch nie erlebt, daß ein Schiffswrack aufgrund göttlicher Eingebung oder durch einfaches Raten gefunden worden ist.

Da bekannt war, daß sie innerhalb von weniger als einer Meile voneinander entfernt lagen, beschloß ich, die Suche nach der *Cumberland* und der *Florida* in einer Expedition zu kombinieren. Was ich für ein relativ einfaches Suchobjekt gehalten hatte, weil die Schiffe nach den Berichten in einer ziemlich kompakten Gegend lagen, stellte sich als sehr komplizierte und schwierige Angelegenheit heraus. Obwohl die *Congress* explodiert und bis zu ihrer Wasserlinie heruntergebrannt war, konnte ich sie sofort als ein mögliches Ziel eliminieren, denn sie war im September 1865 gehoben und mit abgetakeltem Rumpf in den Marinehof von Norfolk gebracht worden, wo sie verkauft und auseinandergenommen wurde.

Warum sich die *Florida* und die *Cumberland* so viele Jahre lang jedem Zugriff entzogen hatten, ist ein Rätsel. Bekanntlich sind beide zwischen dem James-River-Kanal und der Küste entlang Newport News gesunken. Berichte über die dramatische Schlacht und den endgültigen Ruheort der *Cumberland* unterschieden sich sehr stark voneinander. Genau wie die Zeugen eines Autounfalls oder Mordfalls, gibt keiner den gleichen Bericht. Obwohl eine Anzahl von Untersuchungsbeamten das Rätsel untersucht und von 1904 bis 1980 einen Stapel Daten gesammelt hatte, war keiner, weder ein Individuum noch eine Gruppe, bei der Suche nach dem Standort der Wracks sehr präzise vorgegangen.

Ich begann mit den Forschern Bob Fleming und Dr. Chester Bradley zusammenzuarbeiten, letzterer war eine Autorität auf dem Gebiet der gesunkenen *Cumberland*, *Florida* und *Congress*. Bergungsberichte, Aussagen von Augenzeugen, Korrespondenz und Zeitungsartikel wurden zusammengetragen und studiert.

Die Forschung brachte an den Tag, daß nach dem Krieg George B. West, der Sohn eines Farmers, dessen Wasserfront-Besitz nahe dem Ort lag, wo die Schiffe gesunken waren, gewöhnlich um die Wracks herum geangelt hatte, während sie geborgen wurden. West beschrieb, wie die Bergungstaucher versucht hatten, in der Passagierkabine der *Cumberland* eine Eisenkassette zu finden, die angeblich 40 000 Dollar in Goldmünzen enthielt. Ich habe ihm, ehrlich gesagt, die Geschichte von dem Schatz nie abgekauft. Niemals habe ich von einem Soldaten, Seemann oder Flieger, vom Revolutions- bis zum Golfkrieg gehört, daß er in Gold bezahlt wurde. Unmöglich zu glauben, daß unsere großmütige Regierung jemals ihre kämpfende Truppe in irgendeiner anderen Währung als in Papiergeld oder Silbermünzen bezahlt hätte. So unglaublich es klingt, der Safe wurde gefunden und zehn Jahre später nach dem Krieg im Jahre 1875 von Clemens Brown gehoben, aber Zeitungsberichte besagen, daß nur 25 oder 30 Dollar darin gefunden wurden.

Ich habe es schon immer interessant gefunden, daß zwei Wochen nachdem ein Schiff sinkt, und zwar irgendein Schiff, sei es ein Abschleppschiff oder ein Ozeandampfer, Gerüchte aufkommen, es wären irgendwo in seinen Gedärmen 10 000 Dollar in bar versteckt gewesen. Zwanzig Jahre später steigt das Gerücht auf 100 000 Dollar in Silber. In hundert Jahren wird der Betrag auf 1 Million Dollar in Gold angewachsen sein. Nach zweihundert Jahren werden Bergungsleute und Schatzsucher steif und fest beschwören, das Schiff habe zehn Tonnen Gold und Säcke voller kostbarer Juwelen mit sich geführt, und alle nicht weniger als 500 Millionen Dollar wert. Solches ist die mesmerisierende Verführung eines Schatzes.

Tatsache ist, daß trotz gelegentlicher Erfolge wie *Atocha* und *Central America*, mehr Geld auf der Suche nach Reichtümern ins Meer geworfen worden ist, als jemals dabei herauskam.

George West hatte die Stelle gefunden, wo er die Taucher bei der Arbeit an der *Florida* gesehen hatte, gekennzeichnet als »Pier 1 und Pier 2« nahe der Newport-News-Strandfront. Dann beschrieb er die *Cumberland* als »...vor Pier 6 ungefähr in der Mitte des Kanals gesunken.«

Ich errechnete dann mögliche Standorte, indem ich die Folie einer alten Karte aus dem Jahre 1870 auf die modernste Karte legte. Als ich die Landmarken von Wests Berichten verglich, konnte ich erkennen, daß Pier 6, der jetzige Pier C, den Behördenaufzeichnungen von Virginia Port entsprach, während der Schiffshafen von Horne Brothers jetzt über dem lag, was einmal Pier 1 und 2 gewesen waren.

John Sands, Kurator des Marine-Museums von Newport News, war sehr hilfsbereit und stellte uns Kopien von Bildern in Wasserfarben und Zeichnungen von zeitgenössischen Künstlern zur Verfügung, die die Masten der *Cumberland* aus dem Fluß zwischen zwei Piers herausragend erkennen lassen. Ungefähr dreihundert Meter von der Küste entfernt.

Jetzt hatten wir unseren Baseballplatz.

Ich fand, daß es Zeit war, die Früchte unserer Arbeit zu ernten. Zur Feier des Tages öffnete ich ein Glas von Laura Scudders Erdnußbutter. Während ich mein Lieblingssandwich aus Erdnußbutter mit Mayonnaise und Dillgurken zubereitete, rief ich Bill Shea und Walt Schob an und machte mit ihnen einen Termin aus, bei dem wir uns alle in Virginia treffen wollten, um eine Viertage-Gesamtinspektion durchzuführen und erste Daten für eine spätere, gründlichere Suche zu sammeln.

Der nächste Schritt war, bei der »Virginia Marine Resources Commission« einen Antrag für eine Genehmigung zur Untersuchung historischen Eigentums unter Wasser zu stellen. John Broadwater, Leiter der Abteilung Unterwasser-Archäologie, war höchst hilfreich und stellte sogar ein Team staatlicher Archäologen zur Verfügung, die mitgehen und tauchen sollten. Unterstützung wurde von Mitgliedern eines Teams britischer Unterwasserforscher angeboten, einer Handvoll wirklich interessanter und liebenswürdiger Jungs.

An dem Tag, an dem sich alle an dem Projekt Beteiligten versammelten, waren die Beamten des Commonwealth von Virginia (der Titel »Staat« ist für sie nicht gut genug) schon etwas weniger von unserer Methodik beeindruckt, ein Begriff, den die Archäologen gerne verwenden, weil er ebenso akademisch klingt wie »Provenienz« und »empirische Daten«.

Es gibt Arbeitsschiffe und Arbeitsschiffe. Aber unsere NUMA-Besatzung arbeitete von einer Hundertfuß-Luxusyacht aus, die in den zwanziger Jahren gebaut worden war und deren Decks die Füße zweier Präsidenten, Coolidge und Hoover, getragen hatten. Sie hieß *Sakonit* und war reich mit Teak-Decks und innen mit Mahagonitäfelungen ausgeschmückt. Ihr Kapitän Danny Wilson hatte viele Stunden und eine Stange Geld aufgewendet, um sie in ihren ursprünglichen Zustand zurückzuverwandeln. Er und seine Familie wohnten an Bord.

Man konnte auf dem großräumigen, offenen Hinterdeck unter einer farbenfrohen Markise sitzen und sich geisterhafte Männer im Smoking und Frauen in Flügelkleidern vorstellen, die ihre Strümpfe bis unter die Knie heruntergerollt hatten, mit Rouge geschminkt waren, Cocktails aus geschmuggelten Spirituosen trinkend und nach den Klängen einer Dixieland-Jazzband tanzend.

In der Annahme, daß die Suche nach Schiffen aus dem Bürgerkrieg eine Abwechslung mit sich bringen könnte, vercharterte Wilson die *Sakonit* an die NUMA für fünf Tage zum halben Preis. Er bot mir einen Luxussalon an und lud mich ein, die Übernachtung auf der berühmten alten Yacht zu genießen. Das Problem war, daß ich nicht schlafen konnte. Die *Sakonit* hatte keine Klimaanlage, und Virginia im Juli ist weder kühl noch trocken.

Ich lag da und starrte durch eine Öffnung auf die Reflexionen des sich kräuselnden Wassers, während ich in einem Ozean von Schweiß lag, fast verrückt vor Neid auf Bill Shea, Walt Schob und meinen Sohn Dirk, die klug, wie sie waren, jetzt bequem in einem Holiday Inn in der Nähe wohnten, bei ständig gleichbleibender Temperatur und einer Cocktailbar in der Nähe, wo man jederzeit eisgekühltes Bier bestellen konnte.

Meine halbvertrocknete Zunge hing mir aus dem Mund, wenn ich daran dachte, wie herrlich es jetzt wäre, bei ihnen zu sein. Aber die Wilsons waren so nette, gastfreundliche Menschen, daß ich den Gedanken wieder fallenließ.

John Broadwater, sein Mitarbeiter aus der Unterwasserforschungsgruppe und das britische Taucherteam trauten uns nicht die richtige Einstellung zur archäologischen Forschung zu. Aus irgendeinem unerklärlichen Grund hielten sie unsere Erkundungsmöglichkeiten für außerordentlich eingeschränkt. Sie fanden unsere Anlagen mangelhaft. Da wir keine vollständige Übung planten, hatten wir nur unser zuverlässiges Schonstedt-Gradiometer mitgebracht, unseren eigenen Archäologie-Experten, Dan Koski-Karell, zwei Kästen Coors-Bier und vier Flaschen Bombay-Gin. Ich bin ein großer Anhänger einer Bewegung, die da heißt: »Der Weg ist schon das Ziel.«

Wenn ich so darüber nachdenke, kann ich verstehen, daß wir gegenteilige Einstellungen hatten. Broadwater und seine Mannschaften meinten es todernst und erwarteten ein volles Programm, aber ich war einzig und allein da, um die Standortbedingungen zu prüfen, Landmarken zu untersuchen und dabei noch ein bißchen Spaß zu haben. Ein ausgedehnteres Suchprojekt müßte später folgen.

Als wir schließlich ans Geschäft gingen, fingen wir damit an, unsere Bahnen in fünfzig Fuß Abstand zur Küste und im Uhrzeigersinn laufen zu lassen. Wenn wir auf bedeutende Veränderungen stießen, wurden Bojen niedergelassen. Dann gingen Taucher hinunter und schwammen einhundert Fuß kreisrunde Suchmuster um die Zentren der Ziele.

Da alle Ziele in Tiefen von mehr als siebzig Fuß lagen, war die Tauchzeit auf maximal vierzig Minuten begrenzt und Tauchwiederholungen dauerten nicht länger als fünfundzwanzig Minuten. Und da die englischen Tauchtabellen die Verweilzeit am Boden auf dreißig Minuten beschränkten und keine Wiederholungen zuließen, konnte das britische Team die Standorte nur einmal am Tag untersuchen.

Das Schwimmen im James River kann man nicht mit dem Sporttauchen in der Karibik vergleichen. Seit wir in den 81er und 82er Jahren dort waren, hat es Wasserreinigungsversuche gegeben, aber in der damaligen Zeit mußten wir uns mit einem dunklen Schlammloch zufriedengeben, in dem sich alle Arten der Verschmutzung befanden, die dem Menschen bekannt sind: Abwasser, Keton, Chemikalien und ein Bakterium vom E-Koli-Stamm, das einen Umweltexperten zum Weinen bringen würde. Aber damit nicht genug, waren da die Strömung des Flusses und die Gezeitenbrandung aus Chesaspeake Bay, die über den Tauchplätzen hin- und herwogte. Mit denen mußte man sich auch noch abfinden. Der Schiffsverkehr war stark, und die schwimmenden Rümpfe und rasenden Schraubenblätter von Tankern, Frachtern, Schleppern und Kähnen, die den Fluß hinauf- und hinunterfuhren, stellten eine ständige Bedrohung für Taucher dar.

Walt Schob, der überall in der Welt herumgetaucht und an der Bergung der *Mary Rose*, dem Flaggschiff von König Heinrich VIII. beteiligt war, das vier Jahrhunderte vergessen am Meeresboden gelegen hatte, bis man es fand und barg, sagte, die Bedingungen auf dem Boden des James River wären die schlimmsten, die ihm je begegnet seien.

Der einzige Vorteil für uns war die warme Wassertemperatur. Davon abgesehen war es das schönste Gefühl für jeden, die Erleichterung zu spüren, wenn man wieder die Oberfläche und das Tageslicht erreicht hatte, nachdem man durch siebzig Fuß Finsternis in den Schlamm hinuntergetaucht war. Taucher, die normalerweise eine Brille trugen, brauchten die Dienste eines Optikers, um ihnen Linsen auf Rezept in ihre Gesichtsmasken zu bauen. Selbst bei hundertprozentiger Sehschärfe ist es schwierig, einen Gegenstand zu erkennen, der weniger als sechs Zoll entfernt ist.

Ich überließ den Löwenanteil des Tauchens den jungen Leuten und verbrachte meine Zeit damit, vorbeifahrende Schiffe auf dem Wasser scharf zu beobachten und nach Zeichen Ausschau zu halten, die auf Probleme unter Wasser hindeuteten. Meine andere Aufgabe bestand darin, Fragen von Würdenträgern und Zeitungsleuten zu beantworten. Ich konnte mich immer amüsieren, wenn ein Besucher an Bord der *Sakonit* kam, um die Maßnahmen zu beobachten, und dann ein künstliches Bein auf dem Deck herumliegen sah. Der Gesichtsausdruck war jedesmal köstlich. Das Bein gehörte Dick Swete, einem Mitglied des archäologischen Forschungszentrums von Virginia, der in Vietnam ein Bein verloren hatte. Noch ehe sie fragen konnten, erzählte ich ihnen, die Taucher hätten es bei der Suche im Flußbett gefunden. Ich glaube nicht, daß Dick etwas von der Geschichte erfahren hat, die ich erfunden hatte und den Leichtgläubigen zu servieren pflegte. Sie handelte vom einbeinigen Seemann, der auf die Kasematte der *Virginia* gepinkelt hatte, als sie die *Cumberland* rammte.

Ein Reporter fragte mich: »Haben Sie einen Arzt an Bord?«

»Nicht im eigentlichen Sinne«, antwortete ich. »Ich kümmere mich um alle medizinischen Notfälle selbst.«

»Haben Sie Medizin studiert?«

»Nein, aber ich habe den *Reader's Digest* abonniert.«

Ich bin immer wieder überrascht, wie wenig Spaß die Damen und Herren von der Presse verstehen.

Von den zwei Zielen, die am vielversprechendsten schienen, erwies sich das eine als alter Kohlenschlepper aus Eisen. Das andere Ziel aber war ein Zimmerplatz voller wurmstichiger Planken, die die Archäologen als von einem Schiffswrack aus dem neunzehnten Jahrhundert stammend einordneten. Könnten es möglicherweise die Reste der *Florida* sein?

IV
Zurück wie der Teufel
Juli 1982

Nachdem ich eines Abends bei zwei Martinis ernsthaft und gründlich nachgedacht hatte, beschloß ich, noch einen Versuch wegen der *Florida* und der *Cumberland* zu unternehmen. Irgendwie schien es mir das einzig Vernünftige.

Da wir einigermaßen sicher sein konnten, wo die *Florida* ruhte und ein Rasternetz für den Standort der *Cumberland* vor uns hatten, das nicht größer war als ein Baseballfeld, meinte ich entsprechend dem Bild von mir als gutem Kerl, Salz der Erde und Rückgrat von Amerika, daß es Zeit sei für eine professionelle Erkundung, die ein Team echter professioneller Archäologen durchführen sollte.

Das Glück lachte mir. Ich mußte weder die Kelly Girls herbeirufen noch eine Stellenanzeige unter »Gesucht« schalten. Vier Archäologen vom Commonwealth von Virginia, die 1981 mit der NUMA getaucht waren, James Knickerbocker, Sam Margolin, Dick Swete und Mike Warner, hatten gekündigt und ihre eigene Organisation mit Namen »Underwater Archaeologicial Joint Ventures« (UAJV) gegründet. Ich hätte mir kein besseres Team aussuchen können, selbst wenn ich eine Belohnung versprochen hätte. Sie alle zusammen hatten über achthundert Stunden Tauchzeit im

James River hinter sich, und trotz gotterbärmlicher Bedingungen hatten sie einen Rekorderfolg sowohl bei der Suche als auch beim Forschen und in der Expedition erreicht.

Die erste Hürde bestand darin, eine Genehmigung vom Staat Virginia und vom Armee-Ingenieur-Corps zu Ausgrabungen an den Wrackstellen einzuholen.

Da ich eine etwas unbekümmerte Art habe, mit nebensächlichen Einzelheiten umzugehen, fand ich die Verfahren und die von der Bürokratie aufgebauten Hürden ziemlich ermüdend. Ich meine, die Beschränkungen, die Einbeziehung aller möglichen Eventualitäten, von der Bedrohung für das Schalentierangeln und die Kulturgüter bis zu der Forderung, täglich Logbuch-, Tauchbucheintragungen, Ausgrabungs- und Artefakte-Register zu führen, Monatsberichte zu schreiben, Methodologie zu erklären und hundert andere Vorschriften, was man tun durfte und nicht tun durfte, kamen mir so vor wie die Vorschrift in einem Kino, daß man während einer Filmvorführung mit Clowns kein warmes Butter-Popcorn und keine Katzenzungen essen darf.

Aufgrund irgendeiner genetischen Veranlagung bin ich nicht süchtig nach dem Sammeln historischer Artefakte geworden, und so wurde die Genehmigung letzten Endes ausgestellt, zum großen Teil dank der Geduld der UAJV-Bande, die sich unbeirrt durch einen Berg Papiere kämpfte. Bevor die tatsächliche Untersuchung stattfand, interviewte UAJV ortsansässige Wasserleute, Sporttaucher, Muschel- und Krabbenfischer, Charterbootkapitäne, jeden, der Licht in das Problem der Veränderungen im Flußbett bringen konnte. Sie stießen auf eine Goldader, als der Muschelsammler-Veteran, Wilbur Riley seine Dienste anbot und unserem Team die Stelle zeigte, wo er wegen einer herabgefallenen Zange, die schließlich an einem Gegenstand im Wasser festgehangen hatte, von Menschenhand geschaffene Gegenstände aus dem Zeitalter des Bürgerkriegs herausgezogen hatte.

Taucher gingen hinunter und entdeckten haufenweise umherliegende Wrackteile aus großen Holzschiffen, deren riesige Rumpfhölzer aus dem Schlick hervorragten wie Geister, die in der Vergangenheit eingefroren waren. Sie entdeckten beinahe sofort den Schaft eines großen Ankers, Deckplanken und Feldzeugzubehör, die die Männer an den Geschützen verwendeten. Über einen Zeitraum von mehreren Tagen wurden eine Anzahl interessanter Artefakte aus dem Schiff geborgen, das so hartnäckig eine Schlacht geschlagen hatte, die es keinesfalls gewinnen konnte. Das eine war ein schiefer Rahmen, den ein Seemann um die zerbrochenen Kanten eines Spiegels angefertigt hatte. Vielleicht der dramatischste Fund war die große bronzene Glocke der *Cumberland*, die 6 Zoll hoch und 19 Zoll breit war. Wenn man sie genau betrachtet, kann man sich vorstellen, wie sie von unsichtbarer Hand geläutet wird und ihre Mannschaft an die Geschütze ruft, während die *Virginia* näher kommt.

Das eine Objekt, für das jedes Marinemuseum das linke Bein ihres Kurators geben würde, um es ausstellen zu dürfen, ist die Ramme der *Merrimack/Virginia*, die noch immer in dem Rumpf der *Cumberland* begraben liegt. Das ist das wertvollste Artefakt von allen, aber seine Bergung bedarf eines sehr teuren und umfassenden Projekts, das NUMAS Mittel bei weitem übersteigen würde.

Ein Rätsel, das dem Suchteam zu schaffen machte, war der ständige Verlust der Geländemarkierungsbojen. In dem Fortschrittsbericht wird immer wieder erwähnt: »Neue Boje ausgesetzt.« »Bojen fehlen.« »Bojen umgesetzt.« »3 Bojen fehlen.« Die Bojenankerleinen schienen aus dem Boden gerissen. Es sind doch sicher nicht jede Nacht Schiffe über unsere Tauchstandorte gestrichen. Wir konnten nicht umhin uns zu fragen, ob uns vielleicht irgend jemand nicht leiden mochte. Aber ohne Verdächtige zu kennen und ganz gewiß niemanden mit Motiven, schrieben wir das Phänomen Geistern zu, die aus den Wracks aufsteigen und den Lebenden Streiche zu spielen belieben.

Nachdem, abgesehen von einem ganz geringen Zweifel, bewiesen war, daß es sich bei dem Schiff außerhalb von Pier C tatsächlich um die *Cumberland* handelte, zogen Warner, Margolin & Company sechshundert Meter flußaufwärts, bis zu der Stelle, die wir zwei Jahre zuvor außerhalb des Horne Brothers Shipyard Docks untersucht hatten. Ein Abschnitt des Rumpfes, 121 Fuß lang, wurde gefunden und aufgezeichnet. Das Wrack, das aus dem Treibsand herausstand, hatte eine Länge von 135 und eine Breite von 23 Fuß. Eine große Zahl Artefakte wurde herausgeholt, einschließlich Päckchen mit Enfield-Patronen, Champagnerflaschen in ihren Original-Kästen, Schiffsbeschläge, Sicherungen und Kanonenkugeln, ein Schuh, Takelageblocks und Haken und eine hohe, reichverzierte Zinnkanne.

Die Taucher waren offensichtlich bis hinunter in das Schiffskrankenhaus und in die Apotheke gelangt und hatten ein ganzes Sortiment Apothekengläser und Flaschen hochgebracht. Eine Flasche, mit ihrem Glaspfropfen fest verkorkt, enthielt noch immer eine gelbe Flüssigkeit, die 120 Jahre ungestört dort gelegen hatte. Eine weiße Keramik-Arzneimittelschale zeigte eine rote Schlange, die sich um eine Palme ringelte. Die Inschrift warb für eine Apotheke in Brest, Frankreich, der Hafen, in dem Maffitt das Kommando der *Florida* abgegeben hatte.

Jetzt, wo erwiesen war, daß die Wrackstellen diejenigen der beiden berühmten Bürgerkriegsschiffe waren, jedenfalls für mich, wenn auch nicht für staatlich geprüfte Archäologen, die immer darauf bestehen, daß man eine gravierte Plakette findet, auf der der Name, die Seriennummer, die Blutgruppe und die DNS angegeben sind, schlossen wir unsere Feldaktivitäten ab und konzentrierten uns auf die Konservierung der Artefakte. Vorerst mieteten wir eine kleine Garage und brachten die geborgenen Antiquitäten in Wassertanks unter, die das gute alte Wasser des James River enthielten, damit sie nicht zu Staub zerfielen. Sie waren keine Leute, die ihre Haushaltsmittel für Hamburger und Bier ausgaben, statt dessen kaufte das UAJV-Team ein Dutzend PVC-Kinderplanschbecken, in die sie die Waren eintauchten.

Ursprünglich hatte das Ministerium für historische Landkarten von Virginia angeboten, die Aufgabe der Konservierung zu übernehmen. Aber nachdem man die Artefakte gehoben und widerstandsfähig gemacht hatte, machten sie einen Rückzieher und behaupteten, ihre Mittel für das Jahr seien schon aufgebraucht. Ihre Lösung? Die wertvollen Antiquitäten zurück in den Fluß werfen. Ich sah auf zu Gott und fragte ihn: »Gott, warum werde ich an allen Ecken und Enden geschröpft und behindert?« Und er blickte herab auf mich und sagte: »Wenn du nicht zufrieden bist, warum sammelst du nicht Briefmarken?«

Schließlich hatte er ein Einsehen. Es erschien Anne Garland vom Konservierungszentrum im College von William and Mary in Williamsburg, die anbot, sich mit uns die Kosten der chemischen Behandlung der geborgenen Gegenstände zu teilen, um sie im Marinemuseum von Newport News auszustellen. Wir wurden uns handelseinig, und sie leistete Hervorragendes an mehr als dreißig verschiedenen Stücken. Ich hatte schon immer eine Schwäche für »William and Mary«, besonders weil, als alles abgerechnet war, sie mir nur einen Bruchteil der Kosten berechneten.

Doch dann ging wieder etwas schief.

John Sands, der Kurator am Museum, baute eine großartige Ausstellung der Artefakte um die *Cumberland* und die *Florida* auf. Sie wurden fast sechs Monate lang ausgestellt, als irgendein Marineadmiral und der Kurator des Norfolk Naval Museums hereintrat, Sands zu sehen wünschte und verächtlich forderte, ihm »unsere Artefakte« auszuhändigen.

Es scheint, daß der Staatsanwalt der Marine einen Traum hatte. Er deutete an, daß meine zwei Jahre Forschungsarbeit, das kleine Vermögen, das ich in das Projekt gesteckt hatte, und die unermüdlichen Anstrengungen der UAJV-Leute von Rechts wegen einzig und allein der Marine zugute kommen müßten. Er behauptete scheinheilig, daß das Marineministerium Eigentümer beider Schiffe sei und alle Stücke und Teile ihm gehörten. Im Falle der *Cumberland* behauptete er, daß jeder, der sie nach dem Bürgerkrieg als Schrott verkauft habe, nicht dazu ermächtigt gewesen sei. Normalerweise, so gestand er ein, gehörte die *Florida* als Eigentum der Konföderation, dem Bundesschatzamt. Aber Forschungsergebnisse der Marine hatten bewiesen, daß die *Florida* als Blockadeschiff gekapert und der Marine der Union zugeeignet worden war.

Endgültig ihren Mangel an Stil und Vornehmheit zur Schau stellend, drohte die Marine, die Sache vor Gericht zu bringen, um Anspruch auf die Antiquitäten zu erheben, zu deren Bergung sie absolut nichts beigetragen hatte. Und weil sie den Gezeitengewässerbereich von Virginia mit fast 30 000 Jobs unterstützte, überschlug sich der Commonwealth von Virginia und warf das Handtuch. John Sands' Ausstellung wurde abgebaut und die Artefakte per Lkw ins Marinemuseum von Norfolk gefahren, wo sie noch heute ausgestellt sind. Ich hätte sie herausfordern, mit ihnen kämpfen und mit Leichtigkeit vor dem Admiralitätsgericht gewinnen können. Die Behauptung der Marine stand auf tönernen Füßen. Ich besitze Kopien von Briefen des ursprünglichen Bergungstrupps der *Cumberland*, dem die Rechte von Gideon Welles, Minister der U.-S.-Marine, verkauft worden waren. Wenn Welles nicht berechtigt war, das Wrack zwecks Bergung zu verkaufen, wer dann? Der Anspruch der Marine auf die *Florida* war genauso irrsinnig. Sie hatten das falsche Schiff.

Das Schiff, auf das sie sich bezogen, war nicht das berühmte Seeteufel-Kaperschiff, geführt von dem schrecklichen Kapitän John Maffitt, sondern die Version eines kommerziellen Blockadeschiffes, das gekapert und als Kriegsschiff unter dem Namen *Florida* in die Marine integriert worden war.

Da sind die Augenblicke, in denen ich den Drang verspüre, mich mit Psychedelic-Augenlidschatten zu beschmieren. Im Laufe der

Jahre hatte ich einige Male mit der U.-S.-Marine zu tun, meist zum Vorteil beider Seiten. Aber es gab Zeiten, in denen ich mich fragte, wie zum Teufel sie jemals den Krieg im Pazifik gewinnen konnten. So lange die Artefakte zur Ausstellung für die Öffentlichkeit im Norfolk-Museum zur Verfügung gestellt wurden, beschloß ich, kein Aufhebens zu machen. Wenn sie sie im Keller versteckt hätten, dann hätte die U.-S.-Marine den Namen Clive Cussler mit Sicherheit für alle Zeiten verflucht, was sie aber wahrscheinlich ohnehin tat.

Welchen Dank bekamen die NUMA und die UAJV für ihren Kampf um die Erhaltung unseres nationalen Marineerbes?

Viele Jahre später besuchte ich Freunde in Portsmouth, genau gegenüber dem Elizabeth River von Norfolk. Ich wanderte einen Tag lang durch das Marinemuseum und bewunderte die Früchte unserer eigenen Arbeit, als ein Marineleutnant aus einem Büro kam und an dem Ausstellungsstück vorbeiging.

»Komisch, daß sie nicht einmal die Leute erkennen, die die Wracks gefunden und die Artefakte geborgen und mit einem Widmungsschild versehen haben«, bemerkte ich laut zu niemand Bestimmtem.

Er blieb stehen und starrte mich an. »Wen meinen Sie?«

»Das Team von der National Underwater and Marine Agency zusammen mit den Underwater-Joint-Ventures-Archäologen.«

Er wurde rot. »Kennen Sie zufällig Clive Cussler?« fragte er plötzlich.

»Cussler, ja, ich habe ihn schon gesehen«, antwortete ich und meinte damit die Millionen Male, die ich in den Spiegel geschaut hatte.

»Nun, Sie können es mir glauben«, sagte der Leutnant schnippisch, »der Hundesohn und seine Diebesbande hatten nicht das geringste mit dem zu tun, was Sie hier sehen. Ein Marine-Team von der SEAL hat all das hier geborgen.«

»Was Sie nicht sagen!«

»Diese Arschlöcher haben zu Unrecht Ansprüche erhoben. Dies war ganz allein der Erfolg der Marine.«

Undankbarkeit, Ablehnung, Antipathie.

Na ja, so ist das Leben eben, nicht wahr? Keine Leuchtraketen, keine Paraden. Am Ende kommt man dahin, zu denken, daß Briefmarkensammeln vielleicht doch nicht so langweilig ist.

Das Ende der Geschichte muß noch geschrieben werden. Ein Taucher- und Bergungsteam der Marine hat mehrere erfolglose Versuche unternommen, die Ramme der *Virginia* zu finden.

Im März 1990 überfiel das FBI ein kleines Bürgerkriegsmuseum in Virginia und einen Reliquienhändler. Bewaffnet mit Durchsuchungs- und Beschlagnahmungsbefehlen des Bundes konfiszierten die Agenten eine große Anzahl von Artefakten, die von den Standorten der *Florida* und der *Cumberland* gestohlen worden waren. Die gestohlenen Gegenstände umfaßten auch Holzteile, Schiffspumpen, Kanonenkugeln, Musketenmunition und verschiedene Messing- und Ledergegenstände. Klageschriften wurden zugestellt, aber keiner bekam eine Gefängnisstrafe, und die Geldstrafen waren minimal.

Wenn nichts anderes dabei herauskam, dann werden Plünderer es sich überlegen, bevor sie die Wracks ausrauben, wenn sie wissen, daß diese Wracks überwacht werden und gestohlene Antiquitäten aus ihrem Rumpf leicht verfolgt werden können. Wir können nur hoffen, daß bald die Mittel aufgebracht werden, und richtige archäologische Ausgrabungen stattfinden können. Wer weiß? Vielleicht können Ihre Enkelkinder mit Schaudern die große Ramme der *Virginia* betrachten.

Das ausgeraubte Lager wurde auf 60 000 Dollar geschätzt. Wenn Kapitän Charles Frisbee von der *Jacob Bell* das biblische Alter von 165 Jahren erreicht hätte, wäre er vielleicht glücklich gewesen, zu erfahren, daß ein Sammler 3000 Dollar für einen Löffel von seinem Schiff bezahlt hat.

Teil 4
C. S. S. *Arkansas*

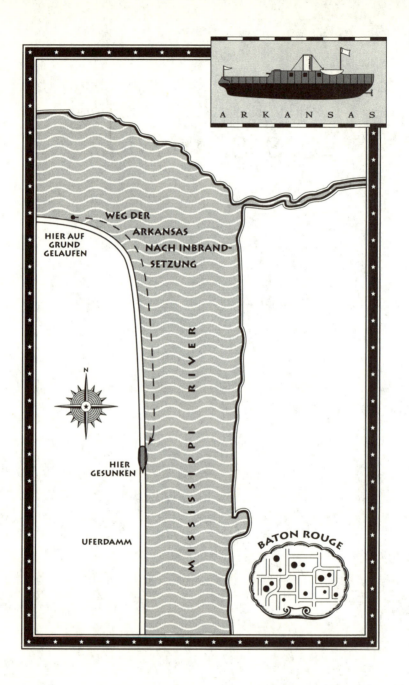

I
Der Panzer
Juli 1862

Entlang dem sich hinschlängelnden Bett des Yazoo River, waren die Ufer mit dichtem, verschlungenem Bewuchs bedeckt, ein sichtbares Erbe der reichen Delta-Erde. Eine Reihe von Farmen, jetzt vernachlässigt, stand ebenfalls an den Ufern. Ihre Baumwollernten verrotteten auf den Feldern. Die Männer, die die Ernte hätten überwachen müssen, waren in den Kampf für die Konföderation geschickt worden.

Nahe Satartia, Mississippi, saß Ephram Pettigrew auf der heruntergebrochenen Veranda seines Hauses. Er war alt und wettergegerbt, in den späten Sechzigern, und kratzte sich hier seinen Lebensunterhalt als Pächter im Tagelohn und mit Angeln auf dem Fluß in seinem kleinen, hölzernen Ruderboot zusammen.

Die wenigen ihm noch verbliebenen Zähne waren braun gefärbt von den Tabakklumpen, die er zu kauen pflegte. Sein gelichtetes Haar hob sich weiß gegen seine rote Kopfhaut ab. Er schaukelte langsam in seinem roh bearbeiteten Schaukelstuhl hin und her und streichelte eine gelbe, getigerte Katze, die in seinem Schoß schnurrte.

Er hatte das Maschinengeräusch des sich nähernden Dampfschiffes gehört, ein paar Minuten bevor es eine ferne Biegung des

Flusses umrundete. Er streichelte die Ohren der Katze und wartete geduldig, bis das Schiff in Sicht kam.

Anstelle der üblichen Schaufelrad-Boote, die im Lauf der Jahre an seiner Veranda vorbeigestampft waren, kam hier das seltsamste Schiff, das er je gesehen hatte.

Für ein konföderiertes Panzerschiff schob sich der Rumpf hoch aus dem Wasser. Seine riesige Eisenramme war auf den Bug montiert, der weißes Kielwasser in den schlammigen Fluß ergoß. Auf dem Mitteldeck erhob sich eine rechtwinklige Kasematte mit abfallenden Enden und uncharakteristischen geraden Seiten, schwer mit Eisenschienen gepanzert. Ein Führerhaus, ähnlich einer Pyramide, die obere Hälfte abgeschnitten, ragte aus dem Vordach der Kasematte heraus.

Insgesamt zehn Geschütze stießen ihre unheimlichen Läufe durch die gepanzerten Wände, drei in den viereckigen Öffnungen auf jeder Seitenwand. Die vier Geschütze in den vorderen und hinteren Sektionen der Kasematte konnten durch gerundete Öffnungen feuern. Sie waren eine seltsame Mischung aus 9-Zoll-Kanonen mit glatten Läufen, 8-Zoll-64-Pfündern, 6-Zoll-Geschützen mit gezogenem Rohr und 32-Pfündern mit glatten Läufen.

Anders als die meisten Panzerschiffe der konföderierten Marine, die grau angestrichen waren, zeigte dieses häßliche Schiff ein schmutzigbraunes Farbmuster, das fast genau zu den Flußufern paßte. Es zog dreizehn Fuß Wasser, und somit war die C. S. S. *Arkansas* so gefährlich wie alle Panzerschiffe, die die Konföderierten gebaut hatten, und sie fuhr den Yazoo River abwärts, zündfertig geladen und bereit zur Schlacht.

Pettigrew hörte auf, die Katze zu streicheln, als er den drahtigen Mann mit einem dichten schwarzen Bart neben dem Steuerhaus stehen sah, die Arme über der Brust gekreuzt den Fluß hinunterstarrend. Er spuckte einen Strang Tabaksaft in eine Tomatenpflanze an der Veranda und stand aus dem Schaukelstuhl auf, um das Eichhörnchen zu häuten, das er sich zum Abendessen geschossen hatte.

Er drehte sich noch einmal nach der *Arkansas* um, ehe sie um die nächste Flußbiegung verschwand. »Das ist schon ein phantastisches Boot«, flüsterte er seiner desinteressierten Katze zu.

Der Kapitän des Panzerschiffes schlüpfte behende durch eine Luke im Kasemattendach hinunter auf das untere Geschützdeck. Die Luft war stickig, die Brise, die von der Bewegung des Schiffes erzeugt wurde, gelangte kaum in das riesige Innere.

Isaac Brown, der kein besonderer Anhänger einer strengen Marine-Kleiderordnung war, zog die graue Uniformjacke aus, um sich bei der Sommerhitze das Leben zu erleichtern. Er ließ Hemd und Hosenträger sehen und begann seinen Rundgang an den Geschützbatterien.

Als er nach Steuerbord auf die Kasematte zuwanderte, abgeschirmt durch drei Zoll Gleisschienen und hinterfüttert mit fünfzehn Zoll Kiefernholz, kamen Brown die Leutnants Alphonso Barbot und A. D. Wharton entgegen, seine Offiziere, die für die Seitengeschütz-Batterien verantwortlich waren.

»Guten Morgen, Kapitän«, grüßte Barbot Brown. »Sie sehen aus, als seien Sie aktionsbereit.«

»Ich bin so bereit wie eh und je«, sagte Brown und lächelte, wobei er seine Hosenträger zurückschnellen ließ. »Wie benehmen die Armeetruppen sich, die General Thompson uns aus Missouri gesandt hat?«

»Ein Haufen guter Männer, Sir«, antwortete Wharton.

»Sie behandeln die Geschütze wie Altgediente«, nickte Barbot zustimmend.

Brown freute sich, das zu hören. »Seid bereit und fahrt mit dem Drillen der Leute fort. Morgen um die gleiche Zeit werden wir auf den Feind treffen.«

Isaac Brown, ein Veteran mit siebenundzwanzig Dienstjahren in der Marine der Vereinigten Staaten, betrachtete die beiden Offiziere sorgenvoll. Sie standen groß und stockstei vor ihm. Beide glaubten hingebungsvoll an ihre Sache und hatten das optimistische Aussehen junger Leute. Aber sie hatten es noch vor sich, die Schrecken des Krieges am eigenen Leib zu erfahren.

Wharton war zwanzig und hatte sich kürzlich mit einer wunderschönen, vornehmen jungen Dame des Südens in Nashville verlobt, während Barbot zweiundzwanzig war, bereits verheiratet und zu Hause in South Carolina zwei kleine Kinder hatte.

Brown warf wieder einen Blick hinunter auf das Geschützdeck. Die neu beplankten Decks waren gekehrt und mit Schmierseife geschrubbt worden, und jetzt sah das Holz aus wie poliert. Neben jedem großen Geschütz lagen auf Radkarren Eisenkugeln in Holzpaletten aufgestapelt, mit Putzlumpenstangen und Schießpulver griffbereit zum Abfeuern. Er sah zufrieden zu, wie die Mannschaften die Schießübungen an jedem Geschütz routinemäßig exerzierten.

»Ich gehe unter Deck, den Maschinenraum inspizieren. Sorgt dafür, daß die Männer weiter an ihren Kanonen arbeiten.«

Sich die winzigen Schweißperlen mit einem großen Taschentuch von den Augenbrauen reibend, das er stets in seine Tasche gestopft mit sich trug, stieg Brown hinab in die höllische Enge des Maschinenraums. Als sich der Kapitän näherte, stand George City hinter seinem Metallschreibtisch auf, der an eine Spundwand geschraubt war.

City war fast dreißig, und seine natürliche, frische Hautfarbe war jetzt von der Hitze der Brenner beinahe in lilarot umgeschlagen. Sein Haar war mahagonifarben, und anders als die meisten Besatzungsmitglieder war er glatt rasiert und behauptete allen Ernstes, dies würde ihm helfen, sich in der glühenden Hitze etwas Kühlung zu verschaffen.

Während der übereilten Konstruktion des Schiffes war der Maschinenraum so konzipiert worden, daß er Unterdruck hatte. Als die Luken genau richtig eingesetzt worden waren, zogen sie Luft aus dem Wasser und kühlten das Innere des Maschinenraums. Das

Problem heute war, daß die Lufttemperatur auf dem Fluß fast neunzig Grad betrug, und der Unterschied zur Hitze von den Kesseln nicht gerade viel Luftzug ergab. Die Maschinen, die eilig in Memphis zusammengebaut worden waren, waren so störrisch wie ein Gespann Maulesel, das nicht zusammenpaßt.

Das Hemd des leitenden Ingenieurs City war durchnäßt und hatte sich durch und durch mit Schweiß vollgesogen. Ein großer Tropfen der salzigen Flüssigkeit schien ständig an seiner Nasenspitze zu hängen.

»Morgen, City!«, rief Brown.

»Und was für ein warmer Morgen das ist«, bestätigte ihm City.

»Wie laufen Ihre Maschinen?«

»Ich halte die Daumen. Der Kessel, der die Steuerbordschraube treibt, war nicht richtig entlüftet, und als der Druck fiel, kamen wir vom Kurs ab. Die Lager werden Probleme machen, fürchte ich.« Beim ersten Testlauf des Schiffes hatte die eine oder andere Maschine regelrecht gestoppt. Dann drehte sich eine Schraube, und das Schiff wurde in Kreisen herumgetrieben, wie ein Hund, der seinen Schwanz jagt.

»Ich bete, daß sie uns nicht im Stich lassen, wenn wir auf die Yankee-Flotte treffen.«

»Ich werde dafür sorgen, daß sie uns bis Vicksburg bringen«, versprach City. »Oder ich werde das Schiff auf meinem Rücken tragen.«

Die *Arkansas* hielt ihre temperamentvollen Maschinen zurück und fuhr langsam stromabwärts. Als die Nacht zu sinken begann, fingen die Grillen, die über das Schiff krochen, mit ihrem langsamen, melodischen Zirpen an. In dem immer purpurfarbener werdenden Dunst entzündeten die Männer, die den vorderen Geschützen zugeteilt waren, die terpentingefüllten Metallfackeln, die das schlammige Wasser vor ihnen erleuchteten.

In regelmäßigen Abständen pflegte der Cheflotse, John Hodges,

165

hinunter in den Maschinenraum zu rufen, sie sollten nicht so schnell fahren. Dann nahmen zwei Matrosen am Bug Sondierungen auf dem Flußboden vor. Dafür benutzten sie eine Leine mit einem Bleigewicht. Durch Vergleich der aufgezeichneten Tiefen mit den Landmarken der Küste konnte der Lotse die Schiffposition auf einer Flußkarte einzeichnen, bevor er den Befehl an den Maschinenraum weitergab, die Maschinen wieder anzuwerfen.

Kapitän Brown saß in der Offiziersmesse mit dem leitenden Offizier Henry K. Stevens und den Leutnants John Grimball, George W. Gift, Alphonso Barbot, A. D. Wharton und Charles Read zusammen. Die Reste eines Frühstücks aus Schinken und Maisbrei wurden von Chefsteward Hiram McCeechum abgeräumt. McCeechum ging hinaus und überließ die Offiziere in der Messe ihrer Unterhaltung über die bevorstehende Schlacht.

»Wir werden bis zehn Uhr auf dem Mississippi sein«, meinte Brown. »Und wir haben jeden Grund anzunehmen, daß die Yankee-Flotte uns erwartet.« Er hielt inne und leerte seine Kaffeetasse, dann stellte er sie beiseite. »Berichte unserer Spione auf dem Fluß besagen, daß drei föderierte Kanonenboote bereits am Eingang zum Yazoo herumlungern. Sobald wir Kontakt aufgenommen haben, werde ich das führende Schiff rammen und versenken. Noch Fragen?«

Jeder einzelne Mann schüttelte verneinend den Kopf.

Dann hielt Brown den üblichen Vortrag. »Meine Herren, wenn wir den Kampf herausfordern, wie wir es jetzt tun, müssen wir gewinnen oder untergehen. Falls ich falle, muß der, der mir im Kommando nachfolgt, den festen Entschluß fassen, die Flotte des Feindes zu durchqueren oder auf Grund zu laufen. Sollten sie uns entern wollen, muß das Schiff in die Luft gejagt werden. Keinesfalls darf es in die Hände des Feindes fallen. Jetzt gehen Sie an Ihre Geschütze.«

Einer nach dem anderen machten sich die Offiziere auf den Weg zu ihren Geschützposten. Brown saß einen Augenblick allein tief in Gedanken vor seinen Schiffskarten. Dann seufzte er, schob den Stuhl zurück und ging zu der Leiter, die zum Steuerhaus führte. Schwarzer Rauch aus dem großen Schornstein kräuselte sich abwärts, genau nach unten auf das Wasser, und schob sich dann hinter dem Schiff her. Entlang den grasbedeckten Abhängen der Küste schnappten sich Flußvögel die herabhängenden, bemoosten und wassertriefenden Zweige, während auf einer Lichtung an der Hafenseite einige Milchkühe mit ihren Hufen in dem schlammigen Wasser stapften und schweigend aufblickten, als das Panzerschiff vorbeidampfte. Brown zögerte, ehe er das Steuerhaus betrat, denn er fand die Szene trügerisch friedlich.

Die Hände fest auf zehn und zwei Uhr des polierten Steuerrades blickte Cheflotse Hodges vor sich auf den Fluß. Die Augen zusammengekniffen, spähte er durch die Schlitze in der Panzerplattenarmierung. Er sprach mit Brown, ohne seine Aufmerksamkeit von dem sich dahinschlängelnden Fluß abzuwenden.

»Um die nächste Biegung ist Rauch über den Baumkronen zu erkennen.«

»Da wir heute das einzige konföderierte Schiff auf dem Fluß sind«, sagte Brown langsam, »müsssen das Yankees sein.«

Hodges riß ein Streichholz an, hielt es an die Pfeife, die fest zwischen seinen Zähnen steckte, und puffte Leben in die Bruyère-Pfeife. »Ich wette um meinen nächsten Sold, daß sie einen Empfang für uns vorbereitet haben.«

In diesem Moment, beinahe noch ehe Hodges seinen Satz beendet hatte, dampfte das Panzerschiff der Union, die *Carondelet*, langsam ins Blickfeld.

Kundschafter der Marine der Union hatten zugesehen, wie Brown sein seltsam aussehendes Panzerschiff aus Schrott zusammenbaute. Sie hatten die Konstruktion der *Arkansas* vom Auflegen des Kiels bis zur Montage der Geschütze verfolgt. Als die Kundschafter Admiral Farragut vor der *Arkansas* warnten und ihren möglichen Bestimmungsort, das in konföderierten Händen befindliche Vicksburg, angaben, sandte er eine kleine Flotte von drei Schiffen aus, um sie zu stoppen. Die Vorausflotille bestand aus der schnellen Ramme *Queen of the West*, dem leichtbewaffneten Kanonenboot *Tyler* und dem Panzerschiff *Carondelet*, das unter dem Befehl des Kommandanten Henry Walke, einem alten Freund Browns von vor dem Krieg, stand. Sie waren Messemaats auf einer Fahrt rund um die Welt gewesen, und einst standen sie sich nahe wie Brüder.

Sobald die Unionsschiffe gesichtet wurden, kam Leben auf die *Arkansas*. Stolz über das eingeschlossene Geschützdeck vorwärts und rückwärts schreitend ließ der Trommler den Ruf zur Schlacht erschallen, während die Geschützmannschaften bereit standen, die Kanonen durch ihre Öffnungen zu schieben. Die Offiziere verteilten Musketen, Pistolen und Entermesser an die Männer. Sandeimer wurden auf Deck ausgeleert, um das Blut aufzusaugen, das in der kommenden Schlacht fließen würde. Die meisten Männer der Mannschaft waren bis auf die Taille nackt und hatten Tücher um ihre Köpfe gewickelt. Wie Brown zogen mehrere Offiziere ihre Jacken aus und taten ihre Pflicht im Unterhemd.

Aus dem Führerhaus spähte Brown nach den näher kommenden Schiffen. »Sie kommen drei voraus auf uns zu«, kündigte er an. »Halten Sie auf das mittlere Kanonenboot zu, Mr. Hodges, das große. Versuchen Sie es mittschiffs zu treffen.«

An Bord der *Queen of the West* wurde ihr einziger Vorteil, die ungeheure Geschwindigkeit, die sie aus ihren Maschinen herausholen konnte, von den schweren Strömungen des Flusses zunichte gemacht. Sie hatte keine Geschützbatterien an Bord, und ihre Fähigkeit zu rammen war unwirksam geworden. Beim Anblick des braunen konföderierten Panzerschiffs, beschloß der Kapitän der *Queen*, schnell eine Kehrtwendung zu machen und flußabwärts zurückzufahren.

Die *Carondolet* und die *Tyler* blieben auf Kurs direkt oben am

Fluß und machten sich fertig, ihre Bugkanonen auf den Feind abzuschießen. Die ersten Geschosse flogen zu hoch und verfehlten die *Arkansas*, als diese erbarmungslos auf sie zuhielt.

»Ruf hinüber zur *Tyler*«, befahl Walke von der *Carondelet* seinem Ersten Offizier. »Sag ihnen, daß wir wenden und stromabwärts zurückfahren. Der Plan ist, den Kampf mit unseren Steuerbord-Kanonen fortzusetzen und das Konföderationsschiff mit uns zu ziehen.«

Das Ruder herumwirbelnd drehte der Lotse der *Carondelet* das Schiff; dann rief er zum Maschinenraum hinunter und verlangte volle Kraft voraus, als die Steuerbordkanoniere sich fertig machten zum Feuern.

Als Antwort auf die aus einem Messing-Sprechrohr über das Wasser gerufenen Anweisungen wendete die *Tyler* schnell, gemeinsam mit ihrem größeren Schwesterschiff. Bei ihrer kürzeren Länge und ihrer leichteren Tonnage, konnte sie ihre Wendung schnell vollenden und hielt unter vollem Dampf weg von der *Arkansas*. Deren Schüsse flogen hinter der *Queen of the West* her.

Das Rad leicht regulierend steuerte Hodges direkt auf das Panzerschiff der Union zu und bildete somit die Nachhut der kleinen Flotte. Brown stand neben dem Steuermann und studierte die zurückweichende *Carondelet* aus seinem Fernrohr. Er sah mit zusammengekniffenen Augen durch den Rauch, der aus den Unionsgeschützen kam, und wandte sich nach Hodges um.

»Ich sehe das Weiße von frischem Holz unter ihrer Panzerung. Sobald wir in Reichweite kommen, sollten wir in der Lage sein, durch die Kasematten zu dringen und sie zu versenken.«

Grimball bedurfte keines Befehls von seinem Kapitän. Er und seine Mannschaft begannen zu feuern, erneut zu laden und wieder und wieder zu feuern. Im Rhythmus koordinierter Bewegung schossen sich die vorderen Kanoniere ein. Grimball zählte die Schüsse, als der Rückstoß von seinen Kanonen den Bug der *Ar*-

kansas von einer Seite auf die andere schaukeln ließ; erst die eine Kanone, dann die andere, wobei jede jeweils einen Schuß alle drei Minuten abgeben konnte.

Die *Arkansas* kam drohend den Fluß herunter – wie ein tödlicher, Rauch und Feuer auf sein Opfer speiender Drache. Ein Schwarm reisender Flugtauben brach aus den Bäumen am Flußufer, als ein donnernder Schlag ihren großen 64-Pfündern entfuhr.

Unten im Maschinenraum schaufelten die Heizer des Chefingenieurs City wie wild Kohle aus den nahe gelegenen Bunkern in die Kessel. Die Temperatur stieg immer weiter, und er schrie über das Geräusch der Kanonen und das Toben der Kessel hinweg seinen Leuten zu: »Das Ruder braucht mehr Dampf! Schaufelt, als wäre der Teufel persönlich hinter euch her!«

Innerhalb des Steuerbordbrenners glühte der Kohlehaufen schon wie die Feuer eines Vulkans. Wie besessen schaufelnd warf die Mannschaft Kohle in die tosenden Flammen, um dann die Metalltür zuzuschlagen und den geschwärzten Riegel mit einem Brett zu verbarrikadieren. Dann zogen sie weiter zum nächsten Boiler und wiederholten den Vorgang.

»Wir gewinnen Vorsprung vor ihnen, Sir«, teilte Hodges Brown mit.

Noch ehe Brown antworten konnte, traf ein Schuß aus der *Carondelet* die vordere Abschirmung des Steuerhauses und prallte zurück, so daß Brown eine schwere Prellung an der Stirn erlitt, als er gegen die Eisenwand geworfen wurde. Da lag er auf dem Deck, spürte das Dröhnen der Maschinen unter ihm, kämpfte gegen die Ohnmacht an und suchte den Kopf nach der Herkunft des Blutes ab, das ihm in die Augen lief.

»Sir?« rief ihm Hodges zu. »Brauchen Sie den Chirurgen?«

Brown wischte sich das Blut mit kühler Gelassenheit so lange weg, bis er wieder sehen konnte. Da er kein Grau fand, das auf Gehirnteilchen hingedeutet hätte, antwortete er dankbar: »Ich glaube nicht –«

Seine Worte wurden unterbrochen, als ein weiterer Schuß von der *Carondelet* in eine Wand des Steuerhauses einschlug und an der Panzerung explodierte. Ein Teil des Rades wurde sofort weggerissen, und Brown wurde mit einem Schwall Blut vollgespritzt, das aus dem Steuermann Hodges floß wie aus einer zerdrückten Tomate. Der Steuermann fiel auf das Deck, der größte Teil seiner Schulter und ein Arm fehlten.

Ein weiterer Lotse, J. H. Shacklett, eilte die Leiter hinauf ins Steuerhaus, weil er sehen wollte, ob er helfen könnte, und wurde von einem Schrapnell in die Brust getroffen. Er fiel auf seine Hände und Knie und versuchte sich selbst zurück zur Lukenleiter zu schleppen.

James Brady, ein junger Mann aus Missouri, war Shacklett ins Lotsenhaus gefolgt. Unten auf dem Geschützdeck, als die Granaten eingeschlagen waren, sah er auf und bemerkte das Blutbad. Er packte sofort einen Mittschiffmann und rief: »Schick nach dem Chirurgen und drei Ordonnanzen, schnell!« Dann kletterte Brady über die Leichen in das Lotsenhaus und griff in die splitternden Speichen des Rades.

»Bleib auf Kurs in Richtung auf das föderierte Panzerschiff«, befahl Brown schwach.

Brady wartete auf eine Gelegenheit, die *Carondelet* zu rammen, aber der Fluß verengte sich und hinderte ihn daran, die *Arkansas* im Winkel herumzudrehen. Jede Hoffnung zu rammen kam zu spät. Die größere Geschwindigkeit der *Arkansas* brachte sie bald auf gleiche Höhe mit dem Unionsschiff. Breitseite an Breitseite rasten die Schiffe flußabwärts, sich gegenseitig unter Beschuß haltend.

Mitten im wildesten Gefecht verbesserte sich die Zielgenauigkeit der konföderierten Kanoniere merklich. Granate um Granate riß den Bug der *Carondelet* auf, zerschlug ihre Dampfrohre und setzte ihre Steuerungsanlage außer Betrieb. Da durch die aufgerissenen Rohre ihre Geschwindigkeit stark reduziert und an Steuern nicht mehr zu denken war, befahl Kommandant Walke seinem Steuermann widerstrebend, auf das nächste Flußufer zuzuhalten.

Fast zur gleichen Zeit hatte Brady die Kontrolle des Steuers übernommen. Der leitende Chirurg, H. W. M. Washington, betrat das Lotsenhaus und kniete sich über Brown.

»Ich bin nicht ernsthaft verletzt«, murmelte Brown. »Kümmert Euch erst um die anderen.«

Der Chirurg nickte und tastete nach der Vene an Hodges Hals. Er schüttelte mit dem Kopf und deutete auf die Ordonnanzen. »Bedeckt ihn und bringt ihn nach unten.« Dann ging er weiter zu Shacklett, der, obwohl fast völlig zerstückelt, noch immer bei Bewußtsein war. »Bringt ihn zum Operationstisch, macht es ihm bequem und wartet, bis ich zurück bin.«

Nachdem die Ordonnanzen ihre grauenvolle Pflicht erfüllt und die beiden Lotsen sich entfernt hatten, ging Washington zu Brown zurück: »Kapitän, ich muß Sie untersuchen.«

Brown hatte sich auf die Füße gezogen. Er stand völlig ruhig da, als Washington die Wunde auf seiner Stirn untersuchte, eine breite Binde aufrollte und um seinen Kopf wickelte.

»Sie haben einen dicken Schädel«, sagte Washington, als er fertig war.

»Das hat mein Vater auch immer gesagt«, antwortete Brown mit einem schiefen Grinsen.

Jetzt endlich war die *Tyler* auf dem Weg flußabwärts, um der angeschlagenen *Carondelet* zu Hilfe zu kommen. Leutnant Gwin, Kapitän der *Tyler*, erteilte einer Abordnung Armee-Scharfschützen, die seinem Schiff zugeteilt waren, den Befehl: »Geht an Deck und fangt an, mit Musketen und Pistolen auf diese verdammten Rebellen zu schießen.«

Wie ein kleiner Terrier, der einen Wolf anbellt, zog das Kanonenboot dreist entlang der *Arkansas* und begann das Deck des viel größeren Panzerschiffs mit Gewehrkugeln zu durchlöchern.

»Bleibt bei den Yankees, Mr. Brady«, befahl Brown. »Ich gehe hinunter und überwache das Feuer.«

»Ich werde an ihnen kleben wie Sirup«, erwiderte Brady scherzhaft.

Brown ließ sich hinunter auf das Geschützdeck fallen, seine Stiefel scharrten auf dem Sand, der ausgestreut worden war, um das herumspritzende Blut aufzusaugen. Gerade da wurden drei der Breitseitkanonen in einem riesigen Donner abgeschossen. Mit lautem Dröhnen schossen die Granaten über das Wasser auf die *Carondelet* zu. Gleichzeitig drehten die Bugkanonen der *Arkansas* sich mit ihren Läufen auf die *Tyler* zu, die jetzt nur ein paar Meter entfernt lag. Brown beobachtete die Ergebnisse des Sperrfeuers mit grimmiger Befriedigung.

Stücke der *Tyler* flogen in die Luft, als das kleine Kanonenboot von Steuerbord bis Backbord erzitterte. Gleichzeitig schlugen auf der gegenüberliegenden Seite des Rebellen-Panzerschiffs Granaten in die *Carondelet* ein, so daß sie sich mit ihrem Steuerborddeck auf die Seite legte und ihr Kanonendeck geflutet wurde. Im gleichen Augenblick schoß eine Kugel aus der Pistole eines Unionsoffiziers an Bord der *Tyler* glatt durch eine offene Geschützscharte in die Kasematte und traf Brown an der Schläfe, prallte wundersamerweise ab und verlor sich im Rauch.

Zum zweiten Mal in weniger als einer halben Stunde fiel Isaac Brown fast ohnmächtig auf das Deck.

Leutnant Wharton, Kommandant der Backbord-Breitseit-Geschütze, schrie: »Der Kapitän ist getroffen! Tragt ihn zum Chirurgen!«

Während die Schlacht um ihn herum wütete, öffnete Brown langsam die Augen, konzentrierte sich, setzte sich auf und sah sich um. Als er anfing, sich auf die Füße zu ziehen, rannte der stellvertretende Erste Offizier, Samuel Milliken, hinüber und hielt ihn am Arm fest.

»Sir, Sie sollten unten bleiben. Sie bluten am Kopf.«

»Ich werde es überleben«, murmelte Brown. Milliken zurückstoßend stolperte er auf die Buggeschützscharte zu, wo er die Auswirkungen des gut gezielten Feuers seines Schiffes erkennen konnte.

Die *Carondelet* bot einen wüsten Anblick: Ihre Panzerung in Stücke, die Maschinen manövrierunfähig geschossen und etwa dreißig Männer ihrer Besatzung tot oder verwundet. Und das durch ein Panzerschiff der Rebellen, das noch vor einer Stunde nur in einem vagen Bericht der Spione erwähnt worden war. Als die *Arkansas* vorbeistrich, sah sie unbrauchbar aus. Dampfwolken wogten aus ihren beschädigten Rohren in die Luft, als die aufgeschreckte Mannschaft aus jeder Öffnung über die Seite in den schlammigen Fluß sprang.

Brown trat auf das Dach der Kasematte der *Arkansas* und rief seinen alten Freund, Henry Walke, herbei. Man hat nie erfahren, ob Walke ihn hörte oder nicht, aber es kam keine Antwort. Die kampfunfähige *Carondelet* in den Trauerweiden am Ufer hängen lassend, befahl Brown Steuermann Brady, die *Tyler* und die *Queen of the West* zu verfolgen.

Unter normalen Umständen hätte man die Schlacht als das Ende einer schönen Tagesarbeit angesehen, aber für die *Arkansas* und ihre Besatzung war es nur ein Vorspiel. So schwer die Verletzung an seinem Kopf auch gewesen sein mag, Browns Gehirn arbeitete tadellos. »Ich gehe nach unten«, informierte er den leitenden Offizier Stevens. »Laßt mit unserem Feuer nicht nach.«

Der Verband um seinen Kopf war tiefrot von Blut getränkt. Brown kämpfte sich durch den Maschinenraum. »Guter Gott!« keuchte er, als ihm eine Welle glühender Luft entgegenschlug.

Die Temperatur im Maschinenraum betrug über 50 Grad und stieg immer noch an. Die Heizer waren nackt bis auf die Taille, ihre Körper in Kohlenstaub eingehüllt, der an ihrem Schweiß kleben blieb, ihre Gesichter tiefrot, ihre Augen pausenlos triefend. Jeder Mann hatte das Gefühl, seine Haut würde verbrennen.

Steven spähte hinunter durch die Luke und schrie Brown zu: »Ich habe für Ersatz gesorgt. Wir werden die Maschinenbesatzung in Schichten arbeiten lassen. Die zweite Gruppe kommt jetzt hinunter.«

Brown starrte Chefingenieur City an, der Schwierigkeiten hatte, seinen Kopf aufrecht zu halten, als er tapfer dagegen ankämpfte, vor Hitze und Ermüdung ohnmächtig zu werden. »Ihr könnt kaum noch auf den Füßen stehen, Mr. City. Sie sollten besser eine Weile an Deck gehen.«

City schüttelte den Kopf. »Die Verschlüsse zwischen den Brennern und den Schornsteinen sind weggeschossen. Wir kriegen hier keinen Abzug zustande.«

Der verletzte Kapitän half dem völlig erschöpften Ingenieur die Leiter hinauf in Richtung des kühlen Geschützdecks darüber. Nachdem City es aus dem Maschinenraum geschafft hatte, kollabierte er. Einer der Seeleute an Deck leerte einen kleinen Wasserbehälter in sein Gesicht, um ihn wiederzubeleben. City spuckte, schüttelte den Kopf, um wieder klar denken zu können, und beugte sich hinunter zu Brown.

»Noch eins, Kapitän«, sprach er mit kratziger Stimme und kämpfte um frische Luft. »Ich kann Euch nicht mehr als zwanzig Pfund Dampf machen.«

Die *Arkansas* war mit 120 losgefahren.

»Kümmern Sie sich um diese Männer, Stevens«, befahl Brown. »Nicht länger als fünfzehn Minuten da unten in diesem Höllenloch. Und sorgt dafür, daß sie genügend frische Luftzufuhr bekommen. Wenn Ihr mich braucht, ich bin im Lotsenhaus.«

Sich den pochenden Kopf haltend, watete Brown durch das Blut der Toten und Verwundeten ins Lotsenhaus. Er legte einen Arm auf Bradys Schulter. »Wie läuft die alte *Arkansas*?« fragte er.

»Immer noch voller Kampfgeist, Kapitän. Aber wir werden niemanden mehr rammen. Ich habe kaum genug Geschwindigkeit drauf, um voranzukommen.«

»Nichts von wegen Rückkehr flußaufwärts also?«

»Absolut nichts. Wenn wir nicht mit dem Strom dampfen könnten, würde ein Mensch schneller laufen können als wir fahren.«

»Dann werden wir deutlich im Nachteil sein, wenn wir in das Heiligtum des Teufels einfahren«, erwiderte Brown und dachte an den Empfang durch Admiral Farraguts vereinte Fluß- und Seestreitkräfte, die um die letzte Biegung des Yazoo, nur zwei Meilen entfernt, warteten.

Es würde kein Entkommen für die *Arkansas* geben. Von Flußufer zu Flußufer reichend lagen die siebenunddreißig Kriegsschiffe des Mississippi-River-Unionsgeschwaders fest vor Anker, so weit das Auge sehen konnte. Ihre schwarzen Rümpfe, Wälder aus Masten und endlose Reihen Schornsteine bildeten einen undurchdringlichen Panzer, gespickt mit mehr als tausend Geschützen.

»O mein Gott«, stöhnte Brady bei dem erschreckenden Anblick.

Brown ließ sich auf einem hohen Schemel nieder, um durch den Schlitz in der zerbrochenen Panzerung des Lotsenhauses zu spähen. »Direkt durch die Mitte, Mr. Brady. Wir müssen jedes Schiff treffen, auf das wir schießen.«

Bradys Kinn zitterte vor Angst bei dem Anblick so vieler Schiffe, die mit ihren Geschützen auf sie zielten, zumindest in seiner Vorstellung auf ihn persönlich. Der Schweiß rann an seinem Gesicht herunter. Aber seine Hände blieben ruhig auf dem zersplitterten Ruder liegen.

»Ja, Sir«, sagte er mit fester Stimme. »Direkt durch die Mitte.«

Der Ruf klang als Echo von Schiff zu Schiff der Unionsflotte. »Die *Arkansas* kommt!« Die Trommler an Bord fingen an, die Mannschaft auf ihre Posten zu rufen. Unfähig voranzukommen und in eine Position zu manövrieren, aus der man einen klaren Schuß hätte abgeben können, litt die Unionsflotte trotz ihrer übermächtigen Feuerkraft unter einem großen Nachteil. Da er nicht glaubte, daß die *Arkansas* es wagen würde, die gesamte Flotte anzugreifen, waren Farragut und seine Männer nicht vorbereitet. Sie waren im Schlaf erwischt worden, ohne Dampf in ihren Kesseln und mit nur wenigen zündfertigen und geladenen Geschützen.

Grimmig und ganz ihrer Aufgabe gewidmet konnten die Männer von der *Arkansas* nur beten, daß sie die kommende Feuerhölle überstehen mögen, als die Vierknotenströmung sie in den Rachen der monströsen Flotte von Schiffen trug, die zu beiden Seiten von ihnen lagen.

Das konföderierte Panzerschiff zog bald auf gleiche Höhe mit dem ersten Schiff in der Reihe, Admiral David Farraguts Flaggschiff, die U. S. S. *Hartford*, mit den Neunundzwanzigzollgeschützen. Die Geschütze auf der *Arkansas* bliesen ihre tödliche Ladung hinaus. Das große, tiefe Ozean-Kriegsschiff wurde völlig überrascht und sofort von den gut plazierten Granaten des Panzerschiffs verwüstet. Der Anker der *Hartford*, zwei Boote und mehrere Sektionen ihrer Reling waren vom Eisenhagel weggeblasen worden, als ihre Mannschaft Deckung suchend davonrannte.

Die Kanoniere der *Arkansas* waren frei, von allen Seiten zu feuern, ohne Angst, einen Kameraden unter den Rebellen zu treffen, und sie nutzten die Gelegenheit. Denn selbst wenn sie auf jeden Punkt des Kompasses zielten, konnte ihr ständiges Feuer kein Ziel verfehlen. Es war wirklich wie eine Jagd auf Haushühner, dachte Brown.

Als nächstes war die Schraubenschaluppe *Iroquois* an der Reihe, dann das Flußschiff *Benton*, die Dampfschaluppe *Rich-*

mond und das gepanzerte Fährschiff *Essex*. Alle wurden von dem Panzerschiff der Konföderierten aus sämtlichen Ladepforten beschossen, als es an ihnen vorbeidampfte.

Der Wind hatte sich gelegt, und der Rauch aus den dreihundert Kanonen der *Arkansas* erzeugte schnell einen dichten schwarzen Schleier, der über dem Wasser hing. Unfähig zu sehen waren die föderierten Kanoniere gezwungen, die Blitze der Feuerläufe aus den Kanonen der *Arkansas* zur richtigen Plazierung ihrer Granaten zu verwenden. Im Kreuzfeuer trafen sie ihre eigenen Schiffe fast ebensooft wie das konföderierte Panzerschiff. Ein Schrei stieg von den Unionsschiffen auf, das Feuer einzustellen, bis die Luft sich klären würde.

An Bord des Kanonenboots *Sciota* befahl der kommandierende Offizier, Reigard Lowry, die Elfzollkanone auf den grotesken braunen Eindringling zu richten. Der erste Schuß traf die Kasematte der Rebellen, prallte aber an der Panzerung nach oben ab und explodierte ohne Schaden anzurichten mitten in der Luft über dem Steuerbord. Lowry sah aufmerksam zu, als eine weitere Granate in die gepanzerte Seite einschlug. Die obere Hälfte eines Körpers fiel von einem Geschützstand herab. Der Mann hatte an der Kasematte gelehnt, um die Geschütztrommel zu schrubben, als er von der Explosion in der Mitte auseinandergerissen wurde.

Leutnant Barbot hatte das Kommando über die Geschützbatterie auf der *Arkansas,* wo der Mann getötet wurde. Er starrte, beim Anblick der unteren Hälfte des Torsos von Übelkeit übermannt, auf diesen herab, der in einer immer größer werdenden Blutlache lag. In der Angst, daß die entsetzlichen Körperteile seine Mannschaft, die schon jetzt von den Stunden der andauernden Schlacht geschwächt war, demoralisieren könnten, befahl er einem seiner Kanoniere, den Leichnam über die Seite zu werfen.

»Ich kann nicht!« schrie der Kanonier laut über das Dröhnen

der Geschütze hinweg. »Sehen Sie, Leutnant, das ist mein Bruder.«

Barbot übernahm die gräßliche Pflicht selbst.

Leutnant George Gift, ein korpulenter, breitschultriger Mann aus Tennessee, leitete das Feuer der Bug-Kanonen. »Das hätte beinahe getroffen!« rief er seiner Mannschaft zu.

»Keine Sorge, Leutnant«, meinte ein junger Pulverträger, »man sagt, der Blitz schlägt niemals zweimal an der gleichen Stelle ein.« Die Worte waren kaum aus dem Mund des Jungen gekommen, als noch eine Granate über Backbord schlug und mit höllischer Macht direkt innerhalb des Geschützdecks explodierte. Sein Hut wurde Gift vom Kopf geblasen, und sein Haar und sein Bart wurden sofort von dem Feuer bis auf die Haut versengt.

Auf dem Deck um ihn herum lagen, wie zerbrochene und weggeworfene Wachsfiguren, sechzehn seiner Kanoniere tot oder verwundet. Die meisten von ihnen hatten die Splitter, die von den Holzplanken hinter dem Eisenschild absprangen, schrecklich zugerichtet. Die Decks wurden von der Granate in ein Flammenmeer verwandelt. Gift besetzte schnell eine Pumpe und ließ das Feuer löschen. Als er das Deck abspritzte, ging sein Wasserstrahl über den jungen Mann, der gerade noch zu ihm gesprochen hatte.

Der Körper des Jungen war grauenhaft verstümmelt, ein Bein vom Oberschenkel an völlig weggerissen. Sein Kopf hing nur noch an einem Stück Gewebe am Hals. Er war gestorben, ehe er das Deck berührt hatte.

Am hinteren Ende der Kasematte befehligte Leutnant Charles Read, ein Veteran der Schlacht um New Orleans und dazu bestimmt, Ruhm auf der C. S. S. *Florida* zu erwerben, seine Mannschaft an den doppelten Zweiunddreißigpfünderkanonen, die nach achtern schossen. Ruhig und gelassen stand er pfeifend an der Reling, als stünde er nach einer Theaterkarte an.

Er schien amüsiert, als ein solider Schuß die Panzerung an der Kasematte traf und plattgedrückt zurückprallte, während Granaten in tausend Teile zerstoben.

Granaten aus den Kanonen der *Arkansas* fegten über die kurze Entfernung, die sie von dem Kanonenboot *Lancaster* trennte. Obwohl der Kapitän der *Lancaster* seine Mannschaft angewiesen hatte, die Kessel mit Ketten zu bedecken, damit die Kanonenkugeln abprallten, erwies sich der Schutz gegen die großen Geschütze der *Arkansas* als unzureichend. Zwei Granaten durchdrangen die Panzerplatten an der Seite des Schiffs und stießen weiter durch das Holz in die Kessel. Kochendes Wasser und Dampf schossen durch das ganze Schiff und kochten die Männer im Maschinenraum wie Krebse im Kochtopf. Ein Chor von Dutzenden Männern schrie im Todeskampf. Ihre qualvollen Schreie wurden an Bord der *Arkansas* gehört. Im Abstand von nur dreißig Sekunden fielen sie tot zu Boden, das Fleisch von ihren Knochen heruntergekocht. Die restlichen Mitglieder der Mannschaft sprangen unter einem Geschoßhagel in den Fluß, um dem sicheren Tod durch den überhitzten Dampf zu entgehen.

Brady, der Lotse, hielt hilflos das Rad, als die *Arkansas* durch die Seeleute der Union brach, die kämpften, um im morastigen Wasser an der Oberfläche zu bleiben, und sich dabei an jeglichen Trümmern festhielten, die sie finden konnten, damit sie nicht untergingen. Brady hat nie erfahren, ob einige Männer der *Lancaster* in den Doppelschrauben der *Arkansas* zerhackt worden sind.

Schließlich hatte die *Arkansas* das Schlimmste überstanden. Sie war übel zugerichtet, ihre Panzerplatten an manchen Stellen vollständig durchlöchert und ihre Maschinen kaum noch brauchbar, und doch fuhr sie weiter, machte Dampf, und ihre Kanonen feuerten noch immer.

Vor ihnen lag nur noch ein einsames Schiff, ein Panzerschiff der Union, auf dem das viereckige Banner eines Fahnenoffiziers wehte. Es war die *Benton* unter dem Kommando von Commodore David Dixon Porter, das letzte Schiff des Unionspanzers, das als eines der mächtigsten auf dem Fluß angesehen wurde.

»Ich glaube, ich kann es rammen«, wandte sich Brady an Brown. »Die Strömung scheint hier stärker zu sein und schiebt uns mit ziemlicher Geschwindigkeit voran.«

Zu spät. Brown beobachtete einen Wachposten an Bord der *Benton*, der frenetisch auf die *Arkansas* deutete. Mit einem plötzlichen Anstieg der Geschwindigkeit schlüpfte das Panzerschiff der Union aus dem Weg der Konföderierten und drehte herum in Richtung auf die gegenüberliegende Seite des Flusses.

»Schieß eine Breitseite auf sie ab!« schrie Brown hinunter zum Geschützdeck.

Die erschöpften und blutenden Kanoniere gaben ihre letzte Kraft und schossen. Das Unionsschiff wurde von einem Sturm Granaten durchsiebt. Die Mannschaft auf dem Geschützdeck der *Benton* war dezimiert, gefallen wie Gras unter der Sense.

Admiral Farragut war wütend, daß ein einzelnes konföderiertes Schiff der vereinten Macht von zwei Flotten entkommen war. Er befahl dem kleinen, schnellen Flußdampfer, *Laurel Hill*, die Verfolgung aufzunehmen. Schnell Dampf machend heftete sich das Schiff an die Fersen des schwerbeschädigten Panzerschiffs. Der Versuch kam zu spät. Ihr Opfer hatte sich aus der Umklammerung befreit.

Die *Arkansas*, auf alle Welt wie ein lächerlicher Kahn wirkend, voll beladen mit Eisenschrott, navigierte durch die sogenannte »Hundebeinbiegung« oberhalb von Vicksburg und gelangte schließlich unter den Schutz der konföderierten Armee-Geschützbatterien, die hoch oben auf den Felsenklippen der Rebellenfestung saßen. Isaac Brown schützte seine Augen vor der Sonne und spähte nach hinten auf den Rauch der vorausfahrenden *Laurel Hill*.

»Sollen wir abwarten, bis sie in Reichweite kommt?« fragte er leise den treuen Brady am Steuer.

Brady schüttelte den Kopf. »Wir werden froh sein, wenn wir genug Dampf haben, es bis zum Dock zu schaffen.«

»Dann fahr sie heim«, sagte Brown, indem er dem Lotsen auf den Rücken klopfte. »Wir haben genug gekämpft für einen Tag.«

Von den Hügeln um Vicksburg begrüßten Tausende von Soldaten zusammen mit begeisterten Einwohnern das braune Schiff mit lautem Jubel. Von dem Donner der Kanonen flußaufwärts alarmiert, hatten sie durch einen Reiter von der Schlacht gehört, der den Kampf von der Küste aus miterlebt hatte, ehe er in die Stadt raste. Als die *Arkansas* an den Docks entlangglitt, rannten die Leute hinunter zum Fluß und gratulierten euphorisch.

Angeführt von drei Kompaniekapellen, die die Armee als Antwort auf die Neuigkeit von der ruhmreichen Schlacht ausgesandt hatte, winkten die Zuschauer den heldenmütigen Männern zu, die wie betäubt und völlig entkräftet auf die offenen Decks des Panzerschiffs gekrochen kamen. Mit Gewehrpulver beschmiert und aus Wunden blutend, die ihnen von herumfliegenden Holzsplittern beigebracht worden waren, standen sie stumm und gleichgültig dem begeisterten Empfang gegenüber.

»Ich möchte, daß alle Männer, die noch stehen können, die Toten und Verwundeten wegschaffen«, befahl Brown Leutnant Stevens.

»Ich werde mich sofort darum kümmern«, bestätigte Stevens den Befehl mit einem müden Gruß.

Innerhalb von Minuten begannen diejenigen der Mannschaft, die noch gehen konnten, manche mit riesigen Verbänden, ihre Toten und Halbtoten wegzuschleppen.

Wie Zuschauer bei einem grotesken Schlachtfest schob sich die Menge an der Küste näher an das schwer beschädigte Panzerschiff heran und spähte durch die offenen Kanonenluken. Blut bedeckte fast jeden Zoll des Geschützdecks. Verschiedene Körperteile lagen verstreut um die noch immer rauchenden Kanonen. Sie starrten furchtsam auf von Granaten in den Panzer geschossene klaffende Löcher. Die braune Farbe war an manchen Stellen abgesplittert, so daß eine Schicht von Rost und Eisenpanzerung zum Vorschein kam.

Plötzlich versteinert vor Entsetzen beim Anblick der Zeichen des Gemetzels standen die Zuschauer schweigend daneben, als die Kranken- und Totenwagen mit ihrer erbärmlichen Ladung davonfuhren. Die Männer, die die Leichen und die Verletzten weggetragen hatten, kehrten an Bord zurück; ohne eine Pause einzulegen, begannen sie die Schäden zu reparieren.

»Bitten Sie die Armee um Hilfe beim Transport von Kohlen zum Dock«, befahl Brown Leutnant Harris. »Ich möchte, daß die Kohlenbunker so schnell wie möglich wieder gefüllt werden.«

Unterhalb von Vicksburg fing eine kleine Blockadeflotte aus Kanonenbooten der Union an, auf die *Arkansas* zu feuern. Sie blieben weit entfernt, denn sie fürchteten die starken Küstenbatterien, eine davon unter dem Kommando von David Todd, Schwager von Präsident Lincoln. Das ohne Nachdruck abgegebene Sperrfeuer erreichte nicht viel mehr, als daß Wasser auf den Kohlenstaub fiel, der das Deck des konföderierten Panzerschiffs bespritzte, als seine Bunker beladen wurden.

Die gedemütigten Offiziere der Unionsflotte, wutentbrannt über den Tod und die Zerstörung, die das einsame Rebellen-Kriegsschiff angerichtet hatte, lichteten die Anker und fuhren in Richtung Vicksburg weiter, um den Kampf fortzusetzen. Ihre Wut war begründet. Schüsse und Granaten hatten ihre Schiffe dreiundsiebzigmal getroffen, zweiundvierzig Mann getötet und neunundsechzig verwundet.

Um sieben Uhr jenes Abends kamen sie in Reichweite des angedockten Panzerschiffs. Als die Flotte in Formation flußabwärts fahrend vorbeikam, feuerten einhundert Kanonen auf die bereits zerschossene Kasematte der *Arkansas*.

Der Abendhimmel leuchtete feurig von dem wütenden Bombardement, und Funken sprühten nach dem Einschlag von Eisen in die gepanzerten Wände des Rebellen. Das Inferno dauerte die ganze Nacht an. Im Morgenlicht starrten Admiral Farragut und Kommandant Porter ängstlich durch ihre Fernrohre, in der Hoffnung, daß die *Arkansas* jetzt tief im schlammigen Wasser des Mississippi begraben läge.

Sie waren entsetzt zu sehen, daß sie noch immer neben ihrem Dock schwamm und herausfordernd zurückfeuerte.

»Die Yankees wissen nicht, wann sie aufhören müssen«, sagte Brown mit einem überheblichen Grinsen. Als Mann, der vor keinem Kampf zurückwich, befahl er seiner Mannschaft, die *Arkansas* zum Angriff zu führen.

Sie war keinesfalls in der Lage, bei der allzu großen Übermacht noch eine Schlacht durchzustehen, dampfte aber der Unionsflotte entgegen, als ein Hagel von Geschossen aus den konföderierten Batterien auf den Hügeln ihnen zu Hilfe kommend herunterdonnerte. Die belagerten Einwohner von Vicksburg sahen hingerissen und fasziniert zu, als das Panzerschiff vorstieß, um zum zweiten Mal in vierundzwanzig Stunden gegen die gesamte Flotte der Union zu kämpfen.

Noch bevor sie einen einzigen Schuß abgeben konnte, wurde die *Arkansas* von einem schmiedeeisernen 225-Pfund-Bolzen aus einer großen Kanone getroffen. In Form eines Granitsteins durchbrach das riesige Geschoß den unteren Teil der Kasematte, ging durch die Panzerung, zerfetzte die schweren Hölzer dahinter und richtete ein Chaos im Maschinenraum an. Chefingenieur City wurde gegen ein Schott geworfen und fiel ohnmächtig zu Boden.

»Helfen Sie mir, City an Deck zu heben!« rief einer der Heizer.

Ein anderer Heizer, in der Rauchwolke kaum erkennbar, der den

Maschinenraum füllte, packte City an den Füßen. Gemeinsam trugen sie ihn hinauf zum Geschützdeck.

Nachdem der Bolzen in den Maschinenraum eingeschlagen war, eine Maschine nun manövrierunfähig, zwei Heizer getötet und mehrere andere verwundet worden waren, flog er weiter in die Bordapotheke und ließ einen Hagel von Splittern herabregnen. Zurück blieb ein toter Lotse, William Gilmore, der sich freiwillig bereit erklärt hatte, als Ersatz für die beiden in der Schlacht mit der *Carondelet* gefallenen Lotsen an Bord zu kommen. Dann blieb das Geschoß in der Holzrückwand kurz vor dem Panzerschild stecken. James Brady, der tapfere Lotse, der während der Fahrt durch das Spalier heroisch das Rad besetzt hatte, wurde verwundet und fiel über Bord.

Bei Sonnenuntergang, eine Maschine kaum noch drehend, schleppte sich die *Arkansas* zurück zu ihrem Dock unterhalb von Vicksburg und entlud erneut ihre Toten und Verwundeten. Auch die Unionsschiffe waren nicht ungeschoren davongekommen. Mehrere wurden von dem präzisen Feuer der Konföderierten getroffen und stark beschädigt. Die Zahl der Toten und Verwundeten glich diejenige der *Arkansas* mehr als aus.

Die nächsten Tage vergingen langsam, bis die notwendigen Reparaturen abgeschlossen waren. Kapitän Brown war hoch erfreut, Admiral Farraguts Mannschaften in Aufregung versetzt zu haben. Jeden Tag zu unterschiedlichen Zeiten pflegte er die Kessel anzünden zu lassen. Sobald der Rauch aus den Schornsteinen zu blasen begann, wurde die ganze Flotte der Union unter Dampf gesetzt, weil sie glaubten, die *Arkansas* käme schon wieder heraus. Maschinenraummannschaften, die in der Sommersonne brieten, litten noch zusätzlich unter den höheren Temperaturen an Bord ihrer Schiffe.

Unbeirrt befahl Farragut wieder einen Angriff. Im Tageslicht des 22. Juli traten die Schiffe der Föderation erneut in Aktion. Das

Panzerschiff *Essex* übernahm die Führung und brach durch das Feuer der konföderierten Batterien direkt auf die *Arkansas* zu. Einen besseren Zeitpunkt hätten sie gar nicht wählen können, da bis auf achtundzwanzig Offiziere und Mannschaftsmitglieder der normalen zweihundertköpfigen Besatzung alle wegen Verwundung oder Krankheit im Krankenhaus lagen.

Ihre Geschützmündungen nur ein paar Meter voneinander entfernt, lieferten sich die beiden Schiffe einen offenen Schußwechsel. Die Schüsse aus den Kanonen der *Essex* schlugen durch die Panzerplatten an Steuerbord und zersplitterten fast die Trommel der hinteren Kanone an Backbord, wobei acht Konföderierte getötet und sechs verwundet wurden, die Hälfte der gesamten verbliebenen Mannschaft. Noch immer mit vollen Kräften feuernd, schossen die Kanoniere der *Arkansas* das unierte Schiff manövrierunfähig und jagten es in die Flucht.

Als die schwerbeschädigte *Essex* flußabwärts trieb, waren ihr Schornstein von Löchern durchsiebt und die Dampfrohre weggeschossen. Ihr Rumpf wies gähnende Löcher auf, und die konföderierten Küstenbatterien fanden so ihr Ziel und zerfetzten die Decks, sprengten die Küstenboote und Anker weg, bevor sie den Kapitän verwundeten.

Die schnelle Ramme *Queen of the West* kam angriffsbereit aus dem Rauch hervor und traf die Seite des Kriegsschiffs der Rebellen. Die *Arkansas* wurde von dem Einschlag durchgerüttelt, und einen Augenblick lang schien es, als ob ihr Rumpf nachgeben würde. Aber sie schüttelte die Schläge ab, richtete sich auf, goß ein verheerendes Feuer in die *Queen of the West* und jagte sie davon.

Den frustrierten Unionskommandanten schien es, daß es bei dem unglaublichen Konföderationsschiff nicht mit rechten Dingen zugehen könne. Admiral Farragut blies die Attacke klugerweise ab.

»Sie brauchen Bettruhe, oder Sie müssen die Folgen tragen.« Der Armeechirurg, der Isaac Brown untersuchte, sprach so, daß kein Widerspruch möglich war.

»Ich habe ein Schiff und eine Besatzung, die mich brauchen«, protestierte Brown schwach.

»Tot können Sie ihnen wenig nützen«, warf ihm der Chirurg vor, »und das werden Sie sein, wenn Sie meine Anweisungen nicht befolgen.«

Schließlich, nach einem fruchtlosen Streit, wurde Brown in einem Wagen nach Grenada, Mississippi, gebracht. Dort, im Hause eines alten Freundes, wurde ihm befohlen, sich auszuruhen und nach der Übermüdung und den Verwundungen Kräfte zu sammeln. Leider war der Aufschub nur von kurzer Dauer.

»Ich will verdammt sein, wenn mein Schiff ohne mich segelt«, schimpfte Brown los, als er hörte, daß der *Arkansas* befohlen worden war, in der Schlacht von Baton Rouge zu helfen. »Ingenieur City ist im Krankenhaus und ohne ihn zur Überwachung der Maschinen ist nicht abzusehen, zu welchen Katastrophen es kommen kann.«

Er hatte Leutnant Stevens den Befehl hinterlassen, das Schiff nicht wegzubewegen. Aber unter Druck und Befehlszwang durch den ranghöchsten Marineoffizier in der Region blieb Stevens keine Wahl, als zu gehorchen und sich auf die 300-Meilen-Reise flußabwärts nach Baton Rouge zu machen.

Wenn es etwas gibt, was Isaac Newton Brown niemals fehlte, so war es Mut. Von seinem Krankenbett aufstehend, bestieg er den ersten Zug in Richtung Vicksburg. Kaum fähig sich zu bewegen, brachte er die 180-Meilen-Reise auf einem Haufen Postsäcken hinter sich. Immer noch von der Krankheit gebeutelt, mietete er einen Wagen, der ihn den Rest des Weges transportierte.

Er kam vier Stunden zu spät. Die *Arkansas* war ohne ihn auf ihre letzte Reise gegangen.

Der leitende Offizier, Leutnant Henry Stevens, war jetzt Kommandant des Panzerschiffs. Als das Schiff flußabwärts in Richtung auf Baton Rouge dampfte, starrte er am Bug stehend mit größter Besorgnis auf das schlammige Wasser. Obwohl alle Schäden repariert worden waren und die *Arkansas* so furchteinflößend wirkte wie damals, als sie sich mit der ganzen Flotte der Union angelegt hatte, fühlte sich Browns Mannschaft unglücklich. Ohne Ingenieur City konnte sich jedes Maschinenproblem zur Katastrophe ausweiten. Der neue für den Maschinenraum verantwortliche Mann war ein junger Armeeoffizier ohne Erfahrung mit Marine-Dampfmaschinen. Noch bevor sie auf halbem Wege zu ihrem Bestimmungsort waren, mußte das Schiff halten, und es wurden in aller Hast Reparaturarbeiten durchgeführt.

Als es Morgen wurde und die unbesiegte *Arkansas* auf der durch den Schlick aufgewühlten Wasserfläche dahindampfte, Rauch gemächlich aus ihrem nur behelfsmäßig geflickten Schornstein aufsteigend, hörte Stevens fernes Donnergrollen. Er erkannte Schlachtenlärm, als die Feldartillerie die Landschaft um Louisiana zum Zittern brachte, und er erkannte, daß der Bodenangriff der konföderierten Truppen zur Rückeroberung von Baton Rouge bereits begonnen hatte.

Nachdem er sich durch einen offenen Port zum Geschützdeck hatte fallen lassen, stieg er die Leiter hinunter in den Maschinenraum. »Werden die Maschinen durchhalten?« fragte er.

»Sieht nicht gut aus, Sir«, antwortete der Ingenieur wahrheitsgemäß. »Sie sind vollständig unzuverlässig.«

Wie vorauszusehen war, stoppte fünf Minuten später die Backbordmaschine aus unerklärlichen Gründen.

»Ich habe dieses Treffen einberufen, um Ihre Meinung zu hören, was unsere Weiterfahrt betrifft«, sagte Leutnant Stevens zu der Gruppe Offiziere, die sich in der Messe versammelt hatte. »Man hat mir versichert, die Maschinen könnten repariert und wieder in Gang gesetzt werden. Aber für wie lange kann keiner sagen.«

»Wir kämen schneller voran, wenn die Mannschaft an die Riemen ginge«, murmelte Leutnant Charles Read sarkastisch vor sich hin.

Stevens blickte in die Runde. »Vor Ihnen liegen Zettel. Ich möchte, daß jeder Mann seine Meinung aufschreibt, ob wir weiterfahren oder zurückweichen sollen. Fügen Sie Ihren Namen nicht hinzu. Ich möchte, daß Sie alle Ihre ehrliche Meinung abgeben, ohne Furcht vor Repressalien.«

Einer nach dem anderen füllten die Offiziere mit einem Bleistiftstummel, den sie von Hand zu Hand weitergaben, die Zettel aus und warfen sie in einen Hut in der Mitte des Tisches. Stevens füllte seinen zuletzt aus und rührte dann den Haufen um.

»Jetzt wollen wir unser Schicksal herauslesen«, schlug er vor, nahm die Zettel und entfaltete sie, um sie vorzulesen.

»Fortfahren, fortfahren, fortfahren, Baton Rouge, fortfahren, weiterkämpfen...« Und so ging es weiter, bis der letzte Zettel verlesen war. Das Ergebnis der Abstimmung war einstimmig.

Stevens schob seinen Stuhl zurück und stand von seinem Platz am Ende des Tisches auf. »Nehmen Sie Ihre Posten wieder ein, meine Herren. Wir haben eine Verabredung in Baton Rouge einzuhalten.«

Stevens starrte auf die drei Kriegsschiffe der Union, die flußaufwärts kamen. »Da ist unsere alte Freundin, die *Essex*«, sagte er zu dem neuen Lotsen. »Rammt sie. Dann machen wir die anderen beiden fertig.«

Die *Arkansas* näherte sich der letzten Biegung des Flusses, bevor sie eine Gerade erreichte, die an der belagerten Stadt vorbeiführte. Stevens ging nach draußen und stand auf dem Deck der Kasematte. Er spähte durch das Fernglas und sah, daß die konföderierte Artillerie am Westufer einen schwachen Versuch unternahm, die Kriegsschiffe der Union am Feuern auf die Rebellentruppen-Stellungen zu hindern. Kaum war er in die Sicherheit des

Lotsenhauses zurückgekehrt, als ein kratzendes Geräusch durch das Schiff lief. Die Steuerbordmaschine war auf einmal tot, und die Backbordschraube drehte die *Arkansas* in einen Bogen, so daß sie auf eine Sandbank lief.

Der Ersatzingenieur erläuterte das Problem. »Der Kurbelstift ist zerbrochen. Wir haben eine Esse auf dem Geschützdeck aufgebaut, und der Schmied wird einen neuen zurechthämmern, den wir in die schwingende Welle einsetzen können.«

»Wie lange wird es dauern, bis wir in Fahrt kommen können?« fragte Stevens.

»Ungefähr bis Morgengrauen.« Der Ingenieur wischte sich den Schweiß von den Augenbrauen, die schwarz waren von der Schmiere auf seinem Putzlumpen. »Das ist noch gut geschätzt.«

Wie versprochen lief die Maschine bei Sonnenaufgang an, und die *Arkansas* begann sofort, sich von der Sandbank zu heben. Aus Angst, auf eine Sandbank zu laufen, hatten die Kanonenboote der Yankees nicht versucht, noch in der Nacht anzugreifen.

»Fahren Sie auf die *Essex* zu«, befahl Stevens dem Lotsen.

Die *Arkansas* schob sich rückwärts hinaus in den Fluß und wollte sich gerade Baton Rouge zuwenden, als die Backbordmaschine rasselte und plötzlich stillstand. Nur von der hastig reparierten Steuerbordmaschine angetrieben, schwang sie sich noch einmal in einem Halbkreis herum und trieb ihre Ramme in das schlammige Ufer.

»Es tut mir leid, Sir«, sagte der Ingenieur, und die bittere Niederlage stand ihm ins Gesicht geschrieben. »Die Backbordmaschine ist nicht mehr zu reparieren.«

»Dann ist alles vorbei«, murmelte Stevens verzweifelt. Voller Reue gab er Befehl, das Schiff zu verlassen.

Als es sich unter der Mannschaft herumsprach, wandten sie sich ihren Quartieren zu und fingen an, alles mitzunehmen, was sie wegtragen konnten. Alle waren zutiefst enttäuscht. Sie konnten nicht glauben, daß ihr geliebtes Schlachtroß kampflos sterben würde. Wie auf einer Beerdigungsprozession schritten sie feierlich vom Bug an Land.

Steven winkte einem seiner Offiziere zu. »Leutnant Wharton.«

»Sir?«

»Sobald alle an Land sind, möchte ich, daß Sie das Kommando übernehmen und die Männer Aufstellung nehmen lassen.«

»Und was ist mit Ihnen, Sir?«

»Ich werde das Schiff anzünden.«

Eine Reihe halb schwimmender, halb watender Männer bewegte sich durch das flache Wasser und versammelte sich auf dem trockenen Land. Die größeren Männer halfen den kleineren, festen Halt unter den Füßen zu finden.

Sie waren eine zusammengewürfelte Gruppe, halb bekleidet und schmutzig. In den Händen trugen sie die wenigen Besitztümer, die sie hatten retten können: ein Gewehr, schmutzige Kleider, in ein Bündel zusammengebunden, Briefe und Bilder von zu Hause. Nur Stevens und Read blieben an Bord.

»Die Männer haben jede Kanone zündfertig gemacht und geladen«, berichtete Read.

»Gut«, erwiderte Stevens. »Das sollte eine stürmische Abschiedsfeier für sie werden. Ist die Pulverspur gelegt?«

Read nickte. »Direkt bis ins Magazin.«

»Sehr gut. Sie sollten jetzt lieber an Land gehen.«

Unter Tränen legte Stevens Feuer an das Kanonenboot, das er weniger als drei Tage befehligt hatte.

Die Mannschaft stand feierlich an Land und starrte zu ihrem Schiff hinüber. Rauch stieg hoch in die Luft über ihr, und das Feuer glühte über ihren Decks und brannte aus den Geschützöffnungen. Die *Essex* war näher herangekommen und feuerte Granaten über die Biegung des Flusses hinweg auf die Seite der *Arkansas*. Dann kam ein ohrenbetäubendes Getöse, als das Pulvermagazin explodierte. Das Wasser brandete herein und floß in Richtung Steuerbord. Die Kasematte war ein Flammeninferno, die Geschütze feuerten in einem letzten trotzigen Aufbegehren von selbst. Bald darauf explodierte sie in einer gewaltigen Detonation und versank.

Kein Feind hat je ihre Decks betreten, kein Unionsschiff und keine Schiffsflotte hat sie je besiegt. Sie teilte mehr aus, als sie einstecken mußte, und kämpfte bis zum bitteren Ende, den Besten der Besten trotzend. Wenige Schiffe in der Geschichte haben je mit so unglaublich hohem Einsatz gekämpft. In Eile aus Resten zusammengebaut, die erst noch gereinigt werden mußten, hatte sie in ihrem kurzen Leben das Unmögliche vollbracht.

Die außergewöhnliche Karriere der *Arkansas* hatte nur dreiundzwanzig Tage gedauert.

Seltsamerweise erhielt die *Arkansas* niemals die historische Anerkennung, die man ihren Schwesterpanzerschiffen zukommen ließ. Die *Merrimack* und die *Virginia*, abhängig davon, auf welcher Seite Ihre Sympathien liegen, sind viel bekannter. Der heldenhafte Kampf, den die *Tennessee* focht, bis sie sich in Mobile Bay schließlich ergab, ist viel berühmter. Über die *Albemarle* sind Bücher geschrieben worden, nicht aber über die *Arkansas*. Vielleicht rührt ihr geringer Bekanntheitsgrad daher, daß sie so viel Leid über die Marine der Union gebracht hat, denn es sind immer die Sieger, die die Geschichtsbücher schreiben.

Die *Arkansas* liegt begraben im Schlamm des Mississippi, verloren und vergessen, und wurde, soviel man herausfinden konnte, niemals geborgen. Die einzige Erwähnung, die ihr je zuteil wurde, kam fünfundsechzig Jahre nach ihrer Zerstörung, und dann wurde sie fälschlich als die Fregatte *Mississippi* der Marine der Union identifiziert.

AUS EINEM ARTIKEL DER ZEITUNG VON BATON ROUGE, JUNI 1927:

Eine Anzahl von Granaten und menschliche Skelette, die für die Reste des Flaggschiffs unter dem Kommando von George Dewey gehalten werden, dem späteren Helden von Manila

Bay, sind von der Thompson Gravel Company ein paar Meilen nordöstlich von Baton Rouge auf der Westseite des Flusses heraufgeholt worden.

Eine Dreizollgranate, die James R. Wooten von der Louisiana-Highway-Kommission durch P. A. Thompson von der Kiesgesellschaft vorgestellt wurde, war aus einer Konföderiertenkanone abgefeuert worden, wie Major J. C. Long vom United States Bureau of Public Roads berichtet, der auf diesem Arbeitsgebiet ausgebildet ist. Er sagt, das Auftreten mache deutlich, daß die Granate abgefeuert worden ist und daß es sich um den Typ handelt, den die Konföderierten zu benutzen pflegten.

Das Schiff, von George Dewey befehligt, und flußaufwärts mit Admiral Farragut reisend, wurde von konföderierten Kanonen unterhalb von Port Hudson manövrierunfähig geschossen. Es trieb flußabwärts ab und kam schließlich ein paar Meilen von hier ans Ufer, wo es Feuer fing. Dabei entkamen die meisten Insassen. Man nimmt an, daß die menschlichen Knochen und die Granaten von jenem Schiff stammen. Die konföderierte Granate hatte sich möglicherweise in der Takelage verfangen, nachdem sie abgefeuert worden war. Eine der Granaten wog 102 Pfund.

II
Kommt hinunter zum Ufer

November 1981

Als ich unsere Suche nach der *Arkansas* aufnahm, dachte ich, ich sollte versuchen, noch eine abenteuerliche Seele zu finden, die alle Vorsicht in den Wind schlagen würde, um mit meinen Anstrengungen und Auslagen gleichzuziehen. Ich übernahm also eine Taktik von Ernest Shackleton, dem berühmten britischen Polarforscher. Er schaltete einst eine Anzeige in der *London Times*, in der er Freiwillige suchte, die ihn auf eine Expedition an den Südpol begleiten sollten. Er erhielt über eintausend Zuschriften. Ich paraphrasierte seine Anzeige und ließ meine eigene im *Wall Street Journal* abdrucken:

Männer gesucht, die Mittel für die Suche nach historischen Schiffswracks aufbringen können. Etwas Gefahr, viele Enttäuschungen. Lange mühselige Stunden auf See. Fehlschläge häufig möglich. Gewinn aus Investition unwahrscheinlich. Große persönliche Befriedigung, wenn erfolgreich.

Zuschriften an: Clive Cussler
National Underwater & Marine Agency
Austin, Texas

Ich bekam zwei Zuschriften von Leuten, die nur neugierig waren, aber keine Angebote für Hilfe bei der Finanzierung machten.

Im Laufe der Jahre hatte ich gelernt, daß Betteln um Münzen verlorene Mühe ist, und beschloß, es würde zu weniger Frustration führen, wenn ich die NUMA-Expeditionen aus meinen Buchantiemen bezahlte – eine kluge Entscheidung, die ich nie bereut habe. Entweder konnte ich das tun oder das Geld den Kindern vererben.

Ich nehme an, ich könnte mir von dem, was ich all die Jahre auf der Suche nach verlorenen Schiffen ausgebe, eine Geliebte halten, aber das wäre meiner liebevollen Frau gegenüber nach einundvierzig Ehejahren nicht fair. Außerdem, die Befriedigung, die man erlebt, wenn man einen lang verloren geglaubten, von Menschenhand gefertigten Gegenstand von historischer Bedeutung wiederfindet, ist von dauerhafterem Wert als bloßer Sex. Zugegeben, es gibt nicht wenige Männer und eine erhebliche Zahl Frauen, die meine Meinung falsch finden, aber schließlich bin ich nie beschuldigt worden, normal zu sein. Es steht einfach so: Ich gegen den Rest der Welt. Und oft genug gewinnt die Welt.

Nur mit Colonel Walt Schob und dem Schonstedt-Gradiometer ausgestattet jagte ich den Mississippi River in Louisiana hinauf und hinunter. Ich hatte ein begrenztes Budget und stellte fest, daß die konföderierten Panzerschiffe *Manassas*, *Louisiana*, und die unbesiegbare *Arkansas* während der Einnahme von New Orleans durch Admiral Farraguts gesunken waren. Letztere war besonders interessant wegen ihrer enormen Leistungen, die den meisten unbekannt sind, abgesehen von begeisterten Fans der Bürgerkriegsmarine.

Der beste Rat, den ich jedem geben kann, der einen historischen Standort in einer kleinen Stadt sucht, lautet, er soll sich direkt an den Sheriff oder an den Polizeipräsidenten wenden. Erklären Sie ihm, was Sie zu erreichen hoffen, und bitten Sie um seine Hilfe und um seinen Segen. Ich habe festgestellt, wenn man direkt und ehrlich ist, hat man selten Probleme, sondern erfährt immer einen herzlichen Willkommensgruß und freundliche Zusammenarbeit. Allzuoft werden Fremde, die im Fluß oder auf den Feldern einer Kleinstadt herumstöbern, von den Einwohnern mit unverhohlenem Mißtrauen beobachtet; aber wenn Sie sagen, der Sheriff stünde hinter Ihrem Projekt, dann werden Sie immer als alter Freund begrüßt.

Nachdem wir bei strömendem Regen von New Orleans heraufgefahren waren, kamen Walter Schob und ich in der Gemeinde von West Baton Rouge Parish an, um den Standort des konföderierten Panzerschiffs *Arkansas* zu suchen. Wir gingen direkt zum Gemeindesheriff (in Louisiana hat man Gemeinde- und keine Stadtverwaltungen). Nach einer kurzen Wartezeit wurden wir in das Büro von Sheriff Bergeron gebeten. Er war ein freundlicher Mann mit einem weichen gedehnten Südstaatenakzent. Warm und humorvoll nach außen, wußte man irgendwie, daß das nicht der Mann ist, von dem man sich wünschen könnte, daß er einem auf einer einsamen Landstraße oder in einem Sumpfgebiet nachjagt.

Nachdem wir unsere Absichten erläutert hatten, lieh uns Sheriff Bergeron freundlicherweise das Suchboot seiner Abteilung, ein gutes Aluminiumschiff, das von einem Gefängnisinsassen entworfen und gebaut worden war. Unsere einzige Verpflichtung bestand darin, einen seiner Mitarbeiter dafür zu bezahlen, daß er das Schiff lenkte.

Ich habe auch bemerkt, daß fast jede kleinere oder größere Stadt, die über oder nahe dem Wasser liegt, ein Boot besitzt, das entweder einem Beamten der Gerichtsbarkeit oder der Feuerwehr gehört. Diese Fahrzeuge werden meist zum Herausziehen von ertrinkenden Opfern verwendet. Am folgenden Morgen versammelten sich eine kleine Menge Zuschauer auf dem Damm, während wir unser Gradiometer vorwärts und rückwärts zogen. Als sie sahen, daß das Kabel über Steuerbord gespannt war, schrien sie uns ständig Fragen über das Wasser zu. »Wer ist ertrunken? Jemand, den wir kennen? Wie viele sind gestorben?« Nicht einer glaubte uns, wenn wir zurückschrien, daß wir nach einem alten Schiffswrack suchten.

Das Schöne beim Suchen in einem Fluß verglichen mit dem offenen Ozean ist, daß man außer Wasser noch etwas anderes zu sehen bekommt. Die Oberfläche ist viel glatter, denn die einzigen Wellen sind die aus dem Kielwasser vorbeikommender Schlepper, eine Reihe von Kähnen hinter sich herziehend. Das uns von Sheriff Bergeron geliehene Fahrzeug hatte eine bequeme kleine Kabine, die Sonne und Regen ausschloß. Eine weitere große Freude, die man bei der Arbeit mit Menschen gewinnt, die in der unmittelbaren Nachbarschaft aufgewachsen sind, ist die, daß sie faszinierende Geschichten erzählen können. Fremde sind perfekte Repositorien für lokale Gerüchte, Geheimnisse und Mythen. Ich bin immer überglücklich zuzuhören, denn ich weiß ja nie, vielleicht würde ich auf eine Handlung für mein nächstes Buch stoßen.

Der von Sheriff Bergeron ernannte stellvertretende Sheriff steuerte unser famoses kleines im Knast produziertes Boot ohne zu klagen den Fluß auf und ab. Er saß während der ganzen Quälerei geduldig vor seinem Steuer; Schob hielt den Blick fest auf seinen Entfernungsmesser geheftet. Nur einmal wandte sich der stellvertretende Sheriff zu mir um: »Was genau suchen wir eigentlich?«

»Ein altes Schiffswrack aus dem Bürgerkrieg«, antwortete ich.

Er sah mich komisch an. »Wofür?«

Ich dachte nicht, daß ihm eine Antwort »Weil es da ist« genügen würde, also erklärte ich ihm genauer: »Weil es das einzige konföderierte Schiff war, das die verdammten Yankees das Fürchten lehrte.«

Seine Augen leuchteten plötzlich. »Hey, das gefällt mir.«

Jetzt reichte er eine Thermoskanne mit Kaffee herum. Eins kann ich über den unten im Süden gebrauten Kaffee mit Zichorie sagen: Wenn du bis dahin Würmer gehabt hast, wirst du sie nie wieder bekommen.

Manchmal wünschte ich mir, ich könnte mich in eine Hängematte legen und träge den Tag genießen, während der Gradiometer leise vor sich hinsurrt, Dom Perignon schlürfen und mir eine Mahlzeit aus kaltem Truthahn und Kaviar munden lassen. Es schadet nie, im großen zu denken. Gewöhnlich muß ich mich mit einem undefinierbaren Sandwich begnügen, das ich mit einer Flasche kalorienreduziertem Fruchtsaft hinunterspüle. Ich sage mir dann, daß ich irgend etwas falsch machen muß.

Wir begannen unsere Suche oberhalb von Free Negro Point am Landesteg bei der Mulatto-Biegung (sie haben ziemlich komische Namen, diese Orte am Fluß), vier Meilen nördlich von Baton Rouge. Die Stelle galt den Aufzeichnungen nach als die Stelle, wo die *Arkansas* auf die Sandbank aufgelaufen war, ehe man sie anzündete. Die Frage blieb nur, wie weit sie abtrieb, bevor sie endgültig sank...

Wie bei den meisten Katastrophen gab es genügend Augenzeugen, aber keiner hatte sich genau gemerkt, wo sie in die Luft ging und sank. Eine faszinierende Geschichte fand sich in einem Buch mit dem Titel: »Tagebuch eines konföderierten Mädchens« von Sarah Morgan Dawson. Sie stand als junges Mädchen auf dem Damm und beobachtete die Rebellenmannschaft, wie sie das Schiff evakuierte und verbrannte. Sie beschrieb die *Arkansas* als ein »klobiges, verrostetes, häßliches Flachboot mit einem großen viereckigen Kasten in der Mitte, während große Kanonen vorne und an den Seiten herausragten. Die Decks waren mit Männern überladen, roh und schmutzig, die schwätzten und ihr Frühstück herunterschlangen. Das war also die große *Arkansas*! Gott segne und behüte sie und die tapferen Männer, die sie trägt.«

Wie es junge Mädchen gern tun, flirteten Sarah und ihre Schwester Miriam sowie zwei Freundinnen mit den jungen Männern von der Mannschaft des Panzerschiffs, nachdem diese ihr Schiff verlassen hatten. Besonders fasziniert war sie von Charles Read, der dem Tod ins Gesicht lachte, aber scheu errötete, wenn er mit der jungen, lebendigen Sarah sprach. Nach ihrer Erzählung lag das Panzerschiff genau auf dem Westufer an der Biegung des Flusses, als die Mannschaft es anzündete.

Ich akzeptierte ihre Version wie die Heilige Schrift, während ich den alten Bericht der Marinefregatte *Mississippi* verwarf, der auf dem Gelände der Kiesfirma gefunden wurde, denn zeitgenössische Berichte behaupteten nachdrücklich, die *Mississippi* habe sich selbst hochgehen lassen und sei weiter nördlich untergegangen, viel weiter nördlich des Zentrums von Baton Rouge.

Eine der Dampferfregatten, die *Mississippi*, lief auf Grund und verbrannte, als sie versuchte, die Geschütze des konföderierten Forts flußaufwärts von Port Hudson, gute fünfzehn Meilen vom endgültigen Ruheplatz der *Arkansas* entfernt, auszuschalten. George Dewey, berühmt für die Schlacht von Manila Beach während des spanisch-amerikanischen Krieges, war nicht der Kapitän, sondern der leitende Offizier des Schiffs. Nachdem sie von ihrer Mannschaft verlassen worden war, trieb die Fregatte brennend flußabwärts, bis ihr Pulvermagazin explodierte und sie auf den Flußboden sank, von dem sie ihren Namen hat.

Für mich wurde offenbar, daß der Bericht der Arbeiter, die ein Bürgerkriegsschiff in der Kiesgrube der Firma Thompson gefunden hatten, von der *Arkansas* und ganz gewiß nicht von der *Mississippi* sprach, denn diese konnte keinesfalls so weit gekommen sein. Ihr zertrümmerter Rumpf liegt noch immer tief unter einem riesigen Sumpfgebiet, wo der Fluß einmal direkt unter Prophet's Island floß. Die gefundenen Granaten stammten offenbar von den Panzerschiffkanonen. Die menschlichen Skelette waren ein Mysterium, da keine Leichen an Bord der *Arkansas* gelassen worden waren und bekannt ist, daß die Mannschaft der *Mississippi* entkommen war.

Das Problem war, die vagen Gerüchte von den Fakten zu trennen. Nach einem Bericht soll die *Arkansas* eine Stunde oder länger stromabwärts getrieben sein, ehe sie explodierte. Eine maximale Flußströmung von vier Knoten vorausgesetzt. Wir wollten nicht riskieren, unser Ziel zu verfehlen, und so verlängerten wir unsere Suchrinnen eine Meile über den Punkt, wo bekanntlich die *Arkansas* auf das Westufer gelaufen war, bis zu einem Punkt vier Meilen unterhalb von Baton Rouge.

Mein eigenes Gefühl sagte mir, daß die Zeit-Treib-Schätzung die Pause zwischen dem Angriff umfaßte, in dem Leutnant Stevens das brennende Schiff verließ, bis zu dem Augenblick, als das Steuerbord, nachdem man das Bodenventil geöffnet hatte, schwer von hereinbrandendem Wasser ein paar Fuß sank und den Bug vom Ufer hochhob. Erst dann schwamm sie frei und ließ sich von der Strömung um die Biegung und hinunter in Richtung Baton Rouge treiben.

Falsch oder richtig, ich hatte immer die verrückte Neigung, meine Suchbahnen vom weitesten Punkt aus beginnen zu lassen und mich auf mein primäres Zielgebiet zuzuarbeiten. Die meisten Wracksucher werden ungeduldig und fangen ihre Suche in der Mitte an, von wo sie sich nach außen vorarbeiten. Wer kann schon sagen, was richtig ist? Wie das Gold sind Schiffswracks immer da, wo man sie findet.

Eine Meile oberhalb von Free Negro Point beginnend arbeiteten wir uns um die Biegung herum und fuhren fast fünf Meilen nach Süden, ehe wir um 180 Grad wendeten und mit der Rasterbahn flußaufwärts begannen. So blieb kein Stein, der nicht umgedreht wurde, und wir riskierten nicht, zufällig unseren Wrackstandort zu verfehlen. Also begannen wir mit unseren Rasterbahnen auf dem östlichen Ufer und arbeiteten uns nach Westen auf den vielversprechenden Platz zu. Außer wenn wir eine gelegentliche Öl- oder Gasleitung überkreuzten, waren die magnetischen Aufzeichnungen meist bedeutungslos. Das Wetter war mild, und der Fluß floß träge dahin. Der einzige Verkehr bestand aus sechsstöckigen Schleppern, die riesige Kähne schoben. Ich pflegte sie zu beobachten, wie sie sich zwischen den Stützen einfädelten, die den Fluß überspannten, und hoffte, sie würden sich einmal die Seiten aufkratzen. Aber sie kamen nie zu nahe.

Natürlich stießen wir auf die einzige Veränderung, die den Gradiometer aus der Skala brachte, auf der letzten Bahn entlang des Westufers. Dumm? Vielleicht. Wir hatten unser Ziel nicht gefunden, wußten aber zumindest, wo wir nicht noch einmal suchen mußten. Das nennt man nicht wissen, wo es ist, aber wissen, wo es nicht ist.

Die *Arkansas* liegt unter einem großen Felsdamm. Schob ging das ganze Gebiet ab und stellte Plastikflaschen auf, wo sein Magnetometer Eisen festgestellt hatte. Die Markierungen wiesen auf eine große Masse hin. Als Walt fertig war, hatte er fast einen perfekten Umriß des alten Panzerschiffs – 165 Fuß mal 35 Fuß. Nicht genug Beweismaterial für eine positive Identifikation, aber der letzte Beweis kam später.

Kurz nachdem wir unsere Ergebnisse an die staatlichen Archäologen von Louisiana weitergegeben hatten, kam ein berühmter Historiker mit großem Interesse an der *Arkansas*, der berühmte Anwalt aus Baton Rouge, Fred Benton, und führte einen älteren Minister und langjährigen Einwohner von Baton Rouge auf die Plattform des höchsten Gebäudes.

»Reverend«, fragte Benton, »können Sie mir zeigen, wo die Thompson-Kiesgesellschaft einst ihre Kiesgrube hatte?«

Der Reverend nickte und hob die Hand. »Direkt da drüben, am Westufer des Flusses.«

Benton sah, daß der Finger des Pfarrers genau auf die Stelle zeigte, wo Walt Schob und ich die einzige große Abweichung auf sieben Meilen entlang des Flusses gefunden hatten.

Walt und ich ließen unseren Fall ruhen.

Teil 5

U. S. S. *Carondelet*

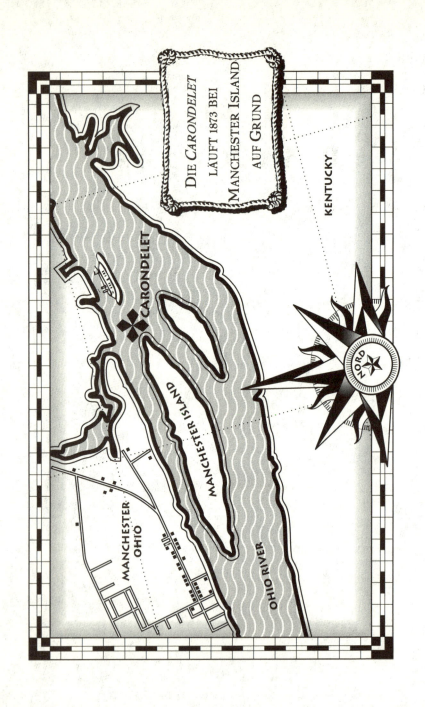

I
Der Flußkrieg
Februar 1862

»Kanonen, fertig zum Feuern«, rief Kommandant Henry Walke den Offizieren zu, die die Kanonenbatterien an Bord der U. S. S. *Carondelet* befehligten. Walke beobachtete aufmerksam, wie sich sein gepanzertes Kanonenboot eine Meile unterhalb der Befestigungsanlagen der Konföderierten in Fort Donelson positionierte. Die *Carondelet* legte die Entfernung allein zurück. Die anderen Kanonenboote des Mississippi-River-Geschwaders der Union, die von Commodore Porter herbeizitiert worden waren, um den Angriff auf das Fort zu unterstützen, befanden sich noch immer Meilen flußabwärts. Walke gab den Befehl, das Feuer zu eröffnen, und die drei Achtzollgeschütze vorn auf der gepanzerten Kasematte spien einen Hagel Eisenkugeln über den Fluß. Bald wurden sie auf der Steuerbordseite von den Zweiunddreißig- und Zweiundvierzigpfündern begleitet. Zwei Stunden lang hielt das Schiff ein ständiges Sperrfeuer aufrecht und feuerte 140 Granaten gegen die Mauern des konföderierten Forts.

In einer idealen Verteidigungsposition gelegen, war Donelson auf einem Felsen einige 100 Fuß über dem Westufer des Wassers erbaut worden. Es beherrschte mit einer perfekten Feuerlinie von 180 Grad den Cumberland River in Tennessee. Drei schwere Geschützbatterien hielten ihre Mündungen auf das Wasser, eine zum Kamm hin, die zweite fünfzig Fuß darunter und eine nur zwanzig Fuß oberhalb der Küstenlinie. Sechzehn Kanonen insgesamt, und jede einzelne gab ihre Schüsse auf die *Carondelet* ab.

Lange Zeit schien das Panzerschiff der Union immun gegen die Geschosse, die im Wasser rundherum explodierten. Dann wurde der zweieinhalb Zoll dicke Panzer schließlich, von dem Sperrfeuer des Forts völlig durchlöchert, eingedrückt. Ein gewaltiges Dröhnen kam von dem Fort, als eine 128-Pfund-Granate durch die Luft wirbelte und über der Kasematte in den Maschinenraum krachte.

Durch die Erschütterung der Explosion im Kesselbereich stürzte der Heizer Albert Floyd zu Boden. Er kämpfte sich auf die Knie und starrte verwirrt seinen Partner, William Jeppsen, an, der mit dem Gesicht nach unten auf dem Deck nahe bei ihm lag.

»Um Gottes willen, Billy. Ich könnte schwören, daß die Granate hinter unserer Kesselmannschaft her war.«

Von Jeppsen kam kein einziger Ton.

Floyd hob die Stimme in der Angst, das Zischen des entweichenden Dampfes aus dem beschädigten Rohr hätte seine Worte untergehen lassen. »Billy, hast du mich gehört? Es war, als ob die Granate hinter unseren Jungs her sei.«

Noch immer keine Antwort.

Floyd langte hinüber zu seinem Partner und Freund, um ihn zu schütteln, und da er keinen Widerstand spürte, rollte er Jeppsen auf den Rücken.

Jeppsen hatte den größten Teil seiner Brust verloren. Sein Magen war aufgerissen wie eine Büchse Würmer, und die Organe quollen heraus. Seine Gesichtszüge waren entsetzlich verzerrt. Holzsplitter steckten in seiner Haut wie die Stacheln in einem Stachelschwein. Für Floyd sah sein Freund aus wie eine groteske, blutige Vogelscheuche.

Er stolperte erschreckt und entsetzt zur nächsten Leiter, übergab sich und floh schreiend aus dem Maschinenraum.

»Fahrt sie zurück!« brüllte Walke dem Cheflotsen William Hoel zu, als der hysterische Heizer schreiend über das Kanonendeck rannte.

Hoel wirbelte das Rad herum und steuerte das Schiff vom Fort weg. Mit zu wenig Dampf aus der gesprungenen Leitung trieb das mittlere Schaufelrad das Panzerschiff kaum über die Oberfläche des Flusses. Eine zweite 128-Pfund-Granate aus der großen Kanone auf den Klippen beschädigte den Riesenanker der *Carondelet*, knickte ihn um wie einen Zweig. Dann sprang die Granate über das vordere Lotsenhaus und zertrümmerte einen Teil des Schornsteins, bevor sie in den Fluß fiel. Erstickende Dämpfe begannen auf das Geschützdeck auszuströmen, so daß die Mannschaft an die Scharten rannte, um frische Luft zu atmen.

Als sich das Kanonenboot zurückzog, ging das Sperrfeuer ohne Unterlaß weiter. Das gesamte Kontingent an Rettungsbooten wurde aus den Davits geworfen. Ganze Abschnitte der Panzerung an der Wasserlinie wurden vollständig durchlöchert. Wasser lief durch mehrere Löcher in den Laderaum. Die Eisenplatten sahen so aus, als wären sie von einem riesigen Meißel aufgerissen worden.

»Die Granaten flogen über das Wasser wie hüpfende Steine«, erinnerte sich Walke später. Er befahl, allen verfügbaren Dampf einzusetzen, was nicht viel war.

Während sie langsam aus der Reichweite des Forts abzogen, explodierte eine der Kanonen an Backbord und verwundete zwölf Männer der Besatzung. Rotglühende Stücke der zerschossenen Kanone flogen durch die Luft, stießen durch das Holzdeck, so daß ein Feuer entstand.

Simon Grange, ein Seemann, der beauftragt war, die Kanone zu laden, war von der Explosion nur geringfügig verwundet worden. Er rannte sofort zur Wasserpumpe, um das Feuer zu löschen. Grange war nur ein paar Monate älter als siebzehn. Sein Haar war sandfarben, und sein Versuch, sich einen Bart wachsen zu lassen, um wie ein richtiger Seemann auszusehen, scheiterte stets kläglich. Er hatte ein energisches Kinn und ein verschmitztes Lächeln, und seine Augen besaßen noch immer die Unschuld der Jugend.

Grange arbeitete wie besessen an dem Stahlgriff der Feuerlöschpumpe, als ein letzter konföderierter Schuß das offene Kanonenrohr durchdrang. Mit Entsetzen sah er drei Körper seiner Schiffskameraden in seine Richtung fliegen. Ihre Köpfe waren durch die Explosion zerborsten. Sie landeten zu seinen Füßen in einem riesigen, blutigen Haufen.

Das Geschützdeck der *Carondelet* nahm plötzlich das Aussehen eines Schlachthauses an. Metallteile, von der Kasematte geblasenes Holz und verstümmelte Körper, alles auf engstem Raum. Grange starrte voller Entsetzen auf den sich ausbreitenden Blutstrom, der sich mit dem Wasser der Feuerlöschpumpe vermischte, bevor er in den Ritzen zwischen den Deckplanken verschwand. Bis er das Feuer gelöscht hatte und den Verwundeten helfen konnte, waren seine Augen hart und kalt geworden.

In jener Nacht wurden die Toten und Verwundeten der *Carondelet* vom Schiff entfernt und eilig provisorische Reparaturen durchgeführt. Am nächsten Morgen war der Rest der Flotte zu ihr gestoßen. Die Panzerschiffe *St. Louis, Pittsburgh* und *Louisville* begleiteten sie zurück den Fluß hinauf nach Port Donelson. Ihnen folgten die hölzernen Kanonenboote *Tyler* und *Conestoga*. Kapitän auf dem letzteren war Leutnant Thomas Selfridge, früher Zweiter Offizier der unseligen *Cumberland*, die von der *Merrimack* versenkt worden war.

Bei Morgengrauen fing die Schlacht von neuem an. Admiral Andrew Foote, Kommandant des Geschwaders, befahl seinen Schiffen zum Fort hinaufzuschießen. Es war eine schwere Fehlkalkulation, die unnötige Zerstörungen verursachen sollte.

Da die Schiffe unterhalb der konföderierten Kanonen in Stellung lagen, mußten die feindlichen Granaten keinen Bogen mehr machen, um ihre Ziele zu treffen. Statt dessen fielen sie direkt herunter, und mit der zusätzlichen Macht der Schwerkraft schlugen sie durch die schwachgepanzerten Dächer der unierten Flotte.

Die *St. Louis*, Footes Flaggschiff, wurde von einer Granate getroffen, die den Lotsen sofort tötete – ein speerartiger Splitter drang in seine Brust. Dann wurde das Rad weggeschossen und der Admiral durch einen Knöchelbruch verletzt. Die *St. Louis* trieb flußabwärts, manövrierunfähig, außer Gefecht.

Fast im gleichen Augenblick wurden die Ruderleinen der *Pittsburgh* vom Küstenfeuer schwer beschädigt. Ebenfalls außer Kontrolle trieb sie mit der Strömung so lange mit, bis sie außer Reichweite der Küstenbatterien war. Die *Louisville* bekam einen gut gezielten Schuß der Konföderierten unter der Wasserlinie ab, so daß sie sofort in der Mitte des Flusses zu sinken begann. Nur ein paar wasserfeste Kajüten hielten sie noch oben; ihre Flucht wurde durch das Gewicht des Wassers behindert, das vom Fluß her in den Rumpf drang.

Beim Anblick des heftigen, einseitigen Gefechts, dampften die unbewaffnete *Tyler* und die *Conestoga* schnell davon und ließen die *Carondelet* aufs neue allein, der vollen Auswirkung der Feuerkraft des Forts ausgesetzt.

»Behalten Sie den Kurs bei«, rief Walke vom Geschützdeck hinauf zum Lotsenhaus.

Der Rauch aus den Kanonen der *Carondelet* verpestete die Luft und verhüllte sie vor den Blicken von der Küste aus, und doch hielt das Schiff sein Feuer aufrecht. Aber bald war der Tribut an den Krieg wieder fällig. Eine Granate im vorderen Backbordgeschütz wurde falsch abgefeuert, so daß das Ende des Geschützlaufes aufgerollt wurde wie eine Bananenschale; die gesamte Geschützmannschaft wurde getötet und die Panzerung in der unmittelbaren Umgebung nach außen getrieben, als ob sich eine Eiterbeule an der Kasematte gebildet hätte.

Durch den Qualm pfeifend spritzte von den Granaten der konföderierten Kanoniere das Wasser um die gesamte *Carondelet* auf. Schließlich klärte eine leichte Brise die Luft genügend, so daß sie das Feuer auf ihr Ziel richten konnten. Projektile regneten jetzt mit großer Präzision auf das Schiff nieder.

Eins traf das Lotsenhaus und tötete den Lotsen, der Hoel abgelöst hatte. Der eiserne Sturm hieb die Unionsflagge weg und splitterte die Panzerung, wie eine Axt eine Baumrinde, von der Kasematte herunter. Nachdem eine weitere Stunde vergangen war, in der er sein Boot ein zweitesmal zu Brei geschlagen sah, ohne daß ein einziges Zeichen von Schaden beim Feind zu sehen war, gab Walke widerstrebend Befehl, außer Reichweite zu dampfen.

Im Laufe der letzen zwei Tage hatte sein Schiff vierundfünfzig direkte Treffer abbekommen, vierzig Leute aus seiner Mannschaft waren entweder tot oder verwundet, und die Überlebenden bluteten vom Dröhnen der ständigen Einschläge aus den Ohren.

Walke kam an einem verwundeten Seemann vorbei, der unter Decken zusammengekrochen in einem Loch, das in die Kasematte geschlagen war, neben seiner Geschützstation hockte. »Wie geht's, mein Sohn?« fragte er sanft.

»Mir ist ein wenig kalt, Sir.«

»Geh hinunter zu den Kesseln und wärm dich ein wenig auf.«

»Ich kann meine Geschützstation nicht verlassen, Sir«, murmelte der junge Seemann.

»Du kannst, wenn ich es befehle«, sagte Walke lächelnd. »Geh.«

Der Seemann brauchte keine weitere Aufforderung. Er hinkte in Richtung Maschinenraum davon.

Henry Walke sah nicht gerade wie ein hartgesottener Marineheld aus. Er war großgewachsen, schlank und geschmeidig, in seinen dunklen Augen lag ein verlorener, leerer Blick. Sein Haar war schwarz wie Ebenholz, dicht und seltsam in gerader Linie von seiner Stirn zurückweichend. Er trug einen Spitzbart und hätte der jüngere Bruder von Benjamin Disraeli, Großbritanniens Premierminister, sein können.

Walke schloß seine Inspektion des Schadens ab und kletterte in das zerschossene Lotsenhaus, wo er mit dem Lotsen William Hoel sprach. »Legen Sie am Hauptdock in Cairo an, ich möchte die Verwundeten an Land und ins Krankenhaus bringen. Wenn sie weggebracht worden sind, werden wir das Schiff flußaufwärts in den Bootshafen von Mound City, Illinois, bringen.«

»Sie ist ziemlich schlimm zugerichtet, Kapitän«, meinte Hoel. »Ist noch genug für die Zimmerleute zum Zusammenflicken da?«

»Sie läßt sich zusammenflicken«, antwortete Walke fest, als er auf sein von der Schlacht verwüstetes Kanonenboot herabstarrte.

Er war stolz auf seine Besatzung. Die *Carondelet* war stets die erste in der Schlacht und die letzte, die den Ort der Schlacht verließ. Sie hatte schlimme Narben, aber sie würde weiterleben und weiterkämpfen.

Ein paar Tage später ergab sich der Komandant von Fort Donelson General Ulysses S. Grant, der gern zugab, daß er dem Kanonenboot etwas schuldig war, sobald er sah, wie erheblich reduziert die Verteidigungskräfte nach dem heroischen Kampf der *Carondelet* waren.

Malcolm Chesley hatte vor dem Krieg als Schiffsbauer in den Schiffswerften in Liverpool, England, gearbeitet. Er war 1860 nach Chicago ausgewandert und hatte als Tischler Arbeit gesucht. Als der Krieg ausbrach und klar wurde, daß die Union ausgebildete Zimmerleute im Schiffshafen von Mound City brauchen würde, meldete er sich freiwillig.

Er stand auf den Docks neben der schweren Kirschholzkiste, die seine wertvollsten Werkzeuge enthielt. Manche waren fast hundert Jahre alt und ihm von seinem Großvater vermacht worden. Während er auf Hilfe wartete, um sie an Bord zu bringen, starrte er auf das seltsam aussehende Schiff, dem er zur Reparatur zugewiesen worden war.

Die *Carondelet* war eines der sieben Panzerschiffe, die von einem brillanten Bauingenieur namens James B. Eads für den Flußkrieg gebaut worden waren. Er war es auch, der im Jahre 1874 die erste dreibögige Stahlbrücke über den Mississippi gebaut hatte, die noch heute für den Autoverkehr genutzt wird.

Als die Kriegswolken drohend aufzogen, schlug Eads vor, eine Flotte von gepanzerten, dampfgetriebenen Kriegsschiffen zusammenzustellen, um gegen die Opposition der Südstaaten auf den westlichen Flüssen zu kämpfen. Die Regierung der Vereinigten Staaten genehmigte schließlich seinen Vorschlag, und Eads vervollständigte das riesige Projekt in Rekordzeit. Er ließ viertausend Männer in Schichten rund um die Uhr arbeiten und stellte die neuartigen Schiffe in hundert Tagen fertig, mehrere Monate vor dem Duell der *Monitor* und *Merrimack* in den Hampton Roads. Die *Carondelet* und ihre sechs Schwestern wurden zur ersten Panzerschiffsflotte der Welt, die in den Kampf mit feindlichen Kriegsschiffen und Landfestungen eintrat.

Ihr lyrischer Name kam nicht von einem exotischen Ort, sondern von Baron de *Carondelet*, dem letzten spanischen Gouverneur von Louisiana. Sein Name war dem kleinen Ort gegeben worden, wo Eads das Schiff gebaut hatte, das nun seinerseits seinen Namen von ihm hatte.

Nicht hübsch, aber stark und außerordentlich leistungsfähig, bildeten die Panzerschiffe von Eads, oder die »Buckelschildkröten«, wie sie wegen ihrer abfallenden Seiten manchmal genannt wurden, die Speerspitze von General Ulysssus Grants Offensiven von Fort Donelson bis Vicksburg. Sie kämpften den Mississippi herauf und herunter und auf jedem Fluß von Tennessee bis Texas. Als ob sie sich im Dienstbericht um einen goldenen Stern bewarb, nahm die *Carondelet* fast an jeder Kampfhandlung von 1862 bis Ende 1864 teil.

Chesley meinte, einem Schiff wie diesem nie begegnet zu sein. Der Rumpf war an beiden Seiten abgerundet, 175 Fuß in der

Länge und 50 Fuß in der Breite. Die Wasserverdrängung betrug 512 Tonnen, und um sie in den flachen Gewässern zu manövrieren, zog das Schiff nur sechs Fuß Wasser. Auf dem platten Rumpf saß eine längliche Kasematte. Winkelförmig mit fünfunddreißig Grad an den Seiten und fünfundvierzig Grad am Bug und an Steuerbord, war sie mit einem flachen Dach versehen. Nahe der Vorderseite des Schiffs befand sich ein achteckiges Lotsenhaus – mit Eisenplatten beschlagen. Winzige, quadratische Löcher waren als Durchgucke in das Eisen geschnitten worden.

Achtern vom Lotsenhaus zogen Doppelschornsteine den Rauch aus den sechs Kesseln ab, die zwei horizontale Hochdruckmaschinen antrieben. Unter den Schornsteinen, zum Heck hin, befand sich ein rechteckiges Bauwerk mit einem abgerundeten Oberteil, in dem die doppelten Innenschaufelräder untergebracht waren. In den Davits hingen vier Boote, zwei auf jeder Seite. Zur Verbesserung der Reaktionsfähigkeit waren Doppelruder eingehängt.

Die geneigte, gepanzerte Kasematte hatte Geschützscharten mit Schutzabschirmungen, die man öffnen und schließen konnte. Durch die Öffnungen starrten dreizehn Kanonen, drei davon im Bug, vier auf jeder Seite und zwei im Heck.

Chesley prüfte den schweren Schaden an dem Schiff, den ihm die Kanonen von Fort Donelson beigebracht hatten. Es war ein verdammtes Wunder, dachte er, daß sie noch immer schwamm.

Ein junger Zimmermann ging über die Bordrampe zum Vorderdeck, und Chesley rief ihm zu: »Hilf mir mit den Werkzeugen, Kamerad, ja?«

Der Mann ging zurück und hob eine Seite der schweren Kiste hoch. Er deutete auf die gezackten Ränder in der Panzerung. »Das hier sollte uns bis nächstes Weihnachten beschäftigen, meinst du nicht?«

»Vielleicht sogar bis Ostern«, brummte Chesley und hob sein Ende der Kiste an.

Zehn Tage später stieß die *Carondelet* wieder zur Flotte.

Henry Walke langte in seine Hosentasche und zog eine abgenutzte alte Pfeife heraus. Er füllte sie aus einem Seehundshautbeutel, mit seinem Lieblingstabak »Ohio Valley«. Dann begann seine Inspektionstour des Maschinenraums. Nachdem er alles in tadelloser Ordnung vorgefunden hatte, wandte er sich seinem Chefingenieur zu. »Sind die Reparaturen an den Dampfheizkesseln zu Ihrer Zufriedenheit ausgefallen?«

»Sie scheinen in Ordnung, Sir. Wenn die anderen Kessel beheizt sind, werde ich die Spundlöcher öffnen, und dann sollte das Schiff anfangen, sich zu erwärmen.«

Die Glocke im Maschinenraum läutete laut. »Das ist der Lotse«, sagte Walke. »Wir haben vom Dock abgelegt.«

Der Ingenieur nickte. »Ein Viertel zurück«, befahl er einem der Leute aus der Mannschaft, der sofort einen Messinghebel packte und ihn herunterdrückte.

»Informieren Sie mich, wenn Sie auf Probleme stoßen«, sagte Walke.

»Das werde ich, Kapitän«, sagte der Maschinenraum-Offizier lächelnd. »Sie werden der erste sein, bei dem ich mich beschwere.«

Walke nickte schweigend und zündete sich die Pfeife an.

»Darf ich fragen, wohin wir fahren?« wollte der Ingenieur wissen.

»Insel Nummer zehn«, antwortete Walke über die Schulter. »Dort werden wir dem Teufel ins Auge schauen.«

Die Befestigung der Konföderierten auf Insel zehn war der Schlüssel zum oberen Mississippi. Die Grenzen zwischen Kentucky und Tennessee änderten sich ständig. Die Linie auf den Karten unterlag den Launen eines Flusses, der sich nicht an staatlich verordnete Grenzen hielt. Zur Zeit der Schlacht um die Vorherrschaft über den Fluß lag Insel zehn gerade noch innerhalb von Tennessee.

Die Inselfestung war wie ein Felsen in die Mitte des Mississippi ins Wasser gesetzt worden und versperrte der Marine der Union die ungehinderte Durchfahrt. Bei Kriegsausbruch hatten die Konföderierten in ihrer Klugheit einen Komplex von Forts auf der Insel errichtet, insgesamt elf Stück. Mehrfach-Batterien enthielten beinahe sechzig Kanonen.

Darüber hinaus befand sich eine sechzehn Kanonen umfassende künstliche Batterie über den Befestigungsanlagen, versehen mit Pumpen, um die Plattform zu heben und zu senken. Diese mächtigen Batterien, zusammen mit einer Besatzung von fast siebenhundert Soldaten auf dem östlichen Ufer, erlaubte den Konföderierten, den oberen Flußlauf mit tödlicher Macht zu kontrollieren.

Um den Flußkrieg zu gewinnen, war die Einnahme der Insel zehn durch die Unionskräfte eine absolute Notwendigkeit.

Unter den Befestigungsanlagen war eine lange Linie von Mörserschiffen der Union den Fluß heraufgezogen und am Ufer entlang in den Bäumen direkt am Wasser versteckt worden. Ein Mörserschiff war wenig mehr als ein schwimmendes Floß mit abfallenden Seiten und einem riesigen Mörser in der Mitte des Decks. Auf allen Seiten aufgeschichtet befanden sich Kugeln und Fässer mit Pulver. Eine kleine Winde hob das riesige Projektil in das kurze, stämmige Geschoßrohr.

Die ihnen zugeteilte Mannschaft mußte sodann die massiven Granaten laden, Feuer an den Zünder legen und danach aus einer Tür rennen und sich hinter einer Wand an Deck zusammenkauern. Die Münder offen, damit ihre Trommelfelle von dem Schlag nicht platzten, und die Hände über die Ohren haltend, erwarteten sie die Explosion. Trotz dieser Vorkehrungen wurden die meisten Besatzungen der Mörserschiffe taub.

Bei Sonnenaufgang eröffnete die gesamte Streitkraft der Union das Feuer auf die Inselbatterien.

Tage vergingen, und der Angriff wurde von Land und Fluß aus gleichzeitig fortgesetzt. Die Konföderierten, von denen die Union meinte, sie würden sich ergeben, wenn die Kanonenboote ankämen, hielten mit Leichtigkeit aus und erwiderten das Feuer, sobald sie irgendwo ein Ziel sahen.

Generalmajor John Pope von der Union, Befehlshaber einer Armee von zwölftausend Männern, war in seinem Lager auf der Westseite des Flusses unterhalb der Insel. Er dachte, wenn er seine Truppen über den Fluß setzen und die Insel vom Süden her angreifen könnte, würden die Konföderierten abgeschnitten sein und keine Wahl haben, als zurückzuweichen und die Kontrolle über den Fluß den Unionssoldaten überlassen. Es war ein solider Plan, aber er bedurfte eines Kanonenbootes, das an der riesigen Menge von Kanonen auf der Insel vorbeifahren und alle Feldartillerien, die die Überquerung aufhalten könnten, zum Schweigen bringen mußte.

Konteradmiral Foote, Kommandant der Kanonenboot-Flottille der Union, stand der Idee entschieden entgegen. Er glaubte, die konföderierten Kanonen würden alle seine Schiffe in Stücke reißen, wenn sie versuchen würden, um die Inselforts herumzufahren.

Nur ein einziger Kanonenboot-Kapitän war nicht mit Footes Vorhersage des Untergangs einverstanden.

Unter einem Leinwand-Armeezelt neben dem Fluß kam es zu einer hitzigen Diskussion.

»Wir müssen einen anderen Ausweg finden«, argumentierte Admiral Foote.

»Das Mörsersperrfeuer hat wenig oder keine Wirkung, Admiral.« General Pope sagte die Wahrheit. Er saß auf einem Feldhocker und rieb die Sohlen seiner schwarzen Lederstiefel aneinander, um den schwarzen Schlamm loszuwerden, während er über seinen dichten Bart strich und aus einer Zinntasse seinen Lieblingstee schlürfte. »Wir brauchen Unterstützung von der Marine. Nur dann können meine Truppen die Insel einnehmen.«

»Wenn ich eines meiner Schiffe dadurch verliere, daß es Ihnen nicht gelingt, an sechzig Kanonen vorbeizukommen, welche Hilfe habe ich dann bekommen?« Sein in der Schlacht von Fort Donelson gebrochener Knöchel verursachte Foote große Schmerzen, und seine Gesundheit insgesamt litt stark unter den Anstrengungen seines Kommandos.

Mehrere seiner Kanonenboot-Kapitäne hörten aufmerksam, aber kommentarlos zu.

Walke saß ebenfalls da, hörte zu und starrte gedankenverloren auf den Boden. Dann blickte er plötzlich auf und sprach leise und konzentriert. »Ich bin sicher, daß ich die *Carondelet* um die Insel zehn herumbringe, Admiral. Meine Mannschaft ist die erfahrenste in der Flotte. Feindliches Feuer ist ihnen nicht fremd. Wenn wir es in tiefster Nacht versuchen, haben wir eine gute Erfolgschance.«

»Wenigstens einer in der Marine hat ein bißchen Kampfgeist«, sagte Pope säuerlich.

Konteradmiral Foote ignorierte die Bemerkung und starrte Walke an. Foote war ein freundlich dreinschauender Mann mit sanften, braunen Augen. Er hatte sich vom Flaggenoffizier durch Erfahrung und kluge Entscheidungen nach oben gearbeitet. Er war bei seinen Offizierskameraden und Vorgesetzten gut gelitten. Sein Haar blieb dunkel und natürlich, aber sein stacheliger Bart war grau geworden. Der Krieg, der kaum ein Jahr gedauert hatte, lastete auf ihm.

Er lehnte sich vor und schlang die Hände ineinander. »Ihre Offizierskameraden glauben nicht, daß es möglich ist. Warum sollte ich riskieren, Sie und Ihre Mannschaft zu verlieren?«

»Die *Carondelet* ist ein Glücksschiff, Admiral. Sie hat in jeder Flußschlacht von hier bis Belmont gekämpft und überlebt. Wenn je ein Schiff es kann, dann sie. Ich garantiere, wenn dieser Krieg gewonnen ist, wird sie immer noch schwimmen. Ich schwöre Ihnen, wenn Sie mir erlauben, die Fahrt zu machen, komme ich durch.«

Foote starrte Walke lange an und sagte dann ruhig: »Wenn ich etwas in meinen vielen Jahren bei der Marine gelernt habe, dann ist es das, daß man seine Kommandanten nicht kritisiert. Wenn Sie meinen, daß Ihr Schiff es schaffen wird, wenn alle anderen Offiziere hier glauben, es sei eine Verrücktheit, dann ist es eine Verrücktheit, die ich teile. Aber ich glaube, daß Sie es ernst meinen, Henry, und ich glaube an Ihre Tapferkeit. Sie werden Ihr Schiff sicher an der verdammten Insel vorbeibringen, verstanden?«

»Ja, Sir. Sie können sich auf mich verlassen.«

»Gut«, brummte Foote. »Macht ihnen die Hölle heiß.«

»Amen«, seufzte General Pope. »Amen.«

Bis zum vierten April waren die Vorbereitungen abgeschlossen. Zusätzlich zu der verstärkten Kasematte wurde ein riesiger Kran, beladen mit Kohle und Baumwollballen an Backbordseite als Schutzschild gegen die Kanonen auf der Insel festgezurrt. Die *Carondelet*, die schon von der Konstruktion her häßlich genug war, sah jetzt aus wie ein schwimmendes Wrack.

»Geben Sie Pistolen, Gewehre und Entermesser an die Männer aus, um Angriffe abzuwehren«, befahl Walke seinem Ersten Offizier, Charles Murphy. »Und sehen Sie nach, ob die Schläuche von den Kesseln an Ort und Stelle sind.«

Walke hatte die Schiffsbauer angewiesen, Leinen direkt von den Dampfkesseln zu den Oberdecks zu spannen. Sollte das Schiff manövrierunfähig werden und die Konföderierten versuchen, an Bord zu gehen und das Schiff im Handstreich zu nehmen, würden sie mit Strömen kochenden Wassers überschüttet.

Überzeugt, daß er nicht mehr tun konnte, gab Walke den Befehl, die an den Bäumen am Ufer festgemachten Leinen zu kappen.

Um zehn Uhr jener Nacht war der Mond bereits untergegangen, und der Fluß lag pechschwarz vor ihnen. Die Sterne waren von dicken Wolken verdeckt. Ein massives Frühlingsgewitter mit Regentropfen so groß wie Kinderfäuste platschte auf die Decks des Schiffs, als es sich von der Küste löste.

Wie ein böses Omen beleuchtete ein heftiges Gewitter den Himmel. Blitze schossen als gezackte Pfeile über den schwarzen Himmel, erst blau, dann gelb, dann weiß. Für die Beobachter der Union an Land tauchte die *Carondelet* wie eine Geistererscheinung auf und verschwand wieder, wesen- und körperlos.

Auf dem offenen Oberdeck versammelte sich die Mannschaft um ihren Kapitän, der mit der Bibel in der Hand vor ihnen stand und sie im Gebet anführte. Er erschien wie ein Gespenst, als er kurz von einem Blitz erleuchtet wurde.

»Sie fährt los«, rief Foote aufgeregt durch sein Megaphon zu den neben seinem Flaggschiff festgemachten Booten.

Als die Nachricht durch die Flotte ging, ließen die Mörserschiffe einen Schauer von Granaten los, um das Geräusch der Dampfmaschinen auf der *Carondelet* zu übertönen. Das einzige Licht im Inneren des Kanonenbootes, als es auf dem dunklen Fluß an Geschwindigkeit gewann, war eine einzelne Laterne tief im Maschinenraum. Der Rest des Schiffs war so schwarz wie ein Grab, als es seinem Schicksal entgegendampfte, das für viele mit ihrem sicheren Untergang gleichbedeutend war.

»Wir kommen näher«, sagte Walke zum Ersten Meisterlotsen, Hoel, der am Ruder stand und all seine Erfahrung einsetzen mußte, um das Schiff im tiefen Wasser und von den Untiefen fernzuhalten. In der Schwärze der Nacht war das eine fast unmögliche Aufgabe, und der Lotse war für die gelegentlichen Blitze dankbar, die ihm die Flußufer zeigten.

»Ungefähr jetzt werden wir längsseits an der Nordspitze der Insel vorbeikommen«, sagte Hoel.

Das Dampfrohr, das den Staub in den Schornsteinen feucht hielt, war in die Gehäuse der Schaufelräder abgeleitet worden, um das laute Zischen zu dämpfen. Als die *Carondelet* an der schwimmenden Batterie der Konföderierten vorbeikam, schossen aus den trockenen Schornsteinen plötzlich Flammen und Funken.

»Männer an die Pumpen und Feuer löschen!« schrie Walke.

Vom Feuer, das aus den doppelten Schornsteinen aufstieg wie ein ausbrechender Vulkan, und von den Blitzen erleuchtet, dampfte das Schiff in Reichweite der mächtigen konföderierten Geschützbatterien. Und noch immer gab es kein Anzeichen, daß man die *Carondelet* entdeckt hatte. Kein Aufleuchten von Kanonenfeuer schlug durch die Nacht.

Hoel schrie plötzlich »Hart nach Backbord!« und drehte wütend das Rad. Nur noch drei Fuß und er hätte das Schiff nicht vor dem Aufgrundlaufen auf ein Hindernis retten können, das die Rebellen insgeheim im Flußkanal errichtet hatten. Aber dadurch hatte er die *Carondelet* direkt Seite an Seite zur Insel gebracht, gerade als sie durch einen nahen Blitzschlag vollständig sichtbar war. Als sie das Kanonenboot der Union plötzlich aus der Dunkelheit auftauchen sahen, rannten die Konföderierten an ihre Geschütze.

Ein Sturm von Kugeln und Granaten ging unmittelbar über dem Wasser los und zielte auf den schützenden Kohlenkahn, den die Konföderierten für eine Seite des Unionsschiffes hielten. Das Sperrfeuer hatte keine Wirkung. Nicht ein Stück Eisen traf die Kasematte des Kanonenboots.

Funken noch immer aus den Schornsteinen stiebend, peitschten die Schaufelräder das Wasser wie verrückt, und ein triumphierender Walke zog mit einer trotzigen Geste heftig an der Kette der Dampfpfeife. So dampfte die *Carondelet* um eine Biegung ins Freie und verschwand in der Nacht.

Ein paar Meilen unterhalb der Insel zehn glitt das Kanonenboot unter den Jubelrufen der Unionstruppen gemächlich an der Küste entlang, in gehobener Stimmung, weil seine großen Geschütze bald ihren Angriff auf die konföderierten Anlagen unterstützen würden.

Zwei Nächte später, vom Erfolg Walkes und der *Carondelet* ermutigt, unternahm ein zweites Kanonenboot, die *Pittsburgh*, die gefährliche Passage. Bald wurden die Truppen von General Pope auf Fähren über den Fluß gebracht, um die Rebellen durch ihre eigene Hintertür anzugreifen. Am 7. April, eingekesselt von übermächtigen See- und Landstreitkräften, ergab sich die Insel zehn.

Drei Monate später wurde Kommandant Walke an Bord des Flaggschiffs von Admiral Farragut, der *Hartford*, beordert. Er war kürzlich erst angekommen, nachdem er seine Flotte flußaufwärts von New Orleans aus an den konföderierten Einrichtungen in Port Hudson vorbeigefahren hatte.

Nachdem er ihm ein Glas Portwein angeboten hatte, sagte Farragut: »Kommandant Walke, unsere Spione berichten uns, daß die Ramme, die die Konföderierten oben am Yazoo River gebaut haben, fast fertig ist. Ich habe erfahren, daß sie mit dem Eisen der Eisenbahn gepanzert ist. Ich möchte, daß Sie Ihr Schiff den Yazoo hinauffahren und das untersuchen.«

»Soll ich sie angreifen?« fragte Walke.

»Vernichten Sie sie, wenn Sie können.«

»Kaum zu glauben, daß die Rebellen genügend Material gefunden haben, um ein Kriegsschiff zu bauen.«

»Die *Queen of the West* und die *Tyler* werden Sie begleiten«, fuhr Farragut fort. Ein kleines Grinsen schien ständig auf seinen sympathischen Zügen zu liegen. David Farragut war das Idol aller Marineoffiziere. Er sah außerdem aus wie jedermanns Großvater.

»Wie nennen die Rebellen ihre Ramme?«

»Man sagt, sie heißt *Arkansas*.«

»Gibt es Informationen darüber, wer ihr Kommandant sein könnte?« fragte Walke.

Farragut nickte. »Ein ehemaliger Marineoffizier der Vereinigten Staaten, Leutnant Isaac Brown. Ich habe gehört, er ist ein alter Freund von Ihnen.«

»Isaac Brown ist kein Fremder für mich. Wir standen uns vor dem Krieg sehr nahe.«

»Wenn Sie die *Arkansas* nicht versenken können, geben Sie mir eine Warnung, damit ich die Flotte vorbereiten kann, um sie zu treffen, wenn sie versuchen sollte, Vicksburg zu erreichen.«

»Sie können sich auf die *Carondelet* verlassen, Admiral.«

Farragut schüttelte Walkes Hand. »Viel Glück für Sie, Kommandant.«

Als Walke zu seinem Kanonenboot zurückgerudert wurde, konnte er sich nicht vorstellen, wie furchtbar dieses Schiff sein würde.

»Bugkanonen feuern«, befahl Walke seinem Artillerieoffizier vom Lotsenhaus aus. Er starrte durch die Sichtschlitze in der Panzerung auf die plötzlich erschienene *Arkansas*. Das Panzerschiff der Rebellen hatte die ferne Biegung umrundet und dampfte jetzt direkt auf die *Carondelet* zu.

»Sie sieht aus wie ein Werk verzweifelter Männer«, murmelte Walke in Richtung auf den heillosen Anblick des Kanonenbootes seines ehemaligen Freundes. »Das sieht dem alten Isaac Brown ähnlich, sein Schiff braun anzustreichen.«

»Braun oder grau, jedenfalls gibt sie uns was zu tun«, sagte Lotse Hoel am Ruder.

»Ist im Fluß genügend Platz, um vorbeizufahren, damit sie zwischen uns und der *Tyler* ins Kreuzfeuer gerät?« fragte Walke.

»Die Breite des Flusses ist nicht das Problem, Sir«, meinte sein Lotse. »Aber wenn wir es versuchen, wird sie uns ganz sicher rammen.«

Walke drehte sich um und sah, daß die *Queen of the West* bereits abgedreht hatte und den Yazoo River hinunter zum Mississippi fuhr. »Es scheint, als hätten wir keine andere Wahl, als den Rebellen unser Heck zu zeigen und eine Rückzugsschlacht zu schlagen.«

Nachdem seine Absichten zu Kapitän Leywin von der *Tyler* hinübergerufen worden waren und die zwei Kanonenboote Umkehrwendungen vollzogen hatten, wies Walke seine Steuerbordgeschütze an, das Feuer zu eröffnen. Innerhalb von Sekunden eröffneten die zwei Zweiunddreißigpfünder am hinteren Ende der Kasematte das Feuer auf das sich schnell nähernde Panzerschiff der Konföderierten.

»Das sollte den alten Isaac aufrütteln«, rief Walke aufgeregt, als ein Schuß von der *Carondelet* in das Lotsenhaus der *Arkansas* schlug.

»Unsere Kanonen stehen genau richtig«, sagte Hoel, als eine zweite Unionsgranate in das Lotsenhaus des Rebellenschiffes donnerte.

Auf dem Steuerbord-Geschützdeck der *Carondelet* feuerten die Kanoniere ihre Kanone so schnell ab, wie sie nachladen und den Zünder in Brand setzen konnten. Die *Arkansas* war so nahe herangekommen, daß man sie nicht verfehlen konnte, aber das Panzerschiff fuhr unbeirrt weiter, nahm Einschläge hin, ohne großen Schaden davonzutragen.

»Backbord-Geschütze bereit machen zum Feuern«, rief Walke hinunter auf das Geschützdeck, als er sah, wie die größere Geschwindigkeit der *Arkansas* die Entfernung zwischen ihnen immer mehr verringerte. »Können Sie uns mehr Geschwindigkeit geben?« rief er durch das Sprachrohr seinem Chefingenieur Samuel Garrett zu.

»Der Dampfdruck ist jetzt im roten Bereich«, kam Garretts Stimme durch das Rohr.

Verhängnisvollerweise zog die *Arkansas* längsseits, und nun schossen sie pausenlos aufeinander ein, von Rumpf auf Rumpf. Die beiden Panzerschiffe befanden sich so nah beieinander, daß Walke dachte, er hätte kurz Isaac Brown ausgemacht. Sein alter Freund schien neben einem von einer Granate gerissenen Loch auf der Seite seines Lotsenhauses zu stehen und die Schlacht zu leiten. Er meinte, einen Verband um seinen Kopf gesehen zu haben.

Donnernder Lärm schallte über den schmalen Zwischenraum, als die *Arkansas* einen Schwall solider Kugeln in die Kasematte der *Carondelet* schickte.

»Ich habe das Ruder verloren!« schrie Hoel. »Es reagiert nicht.« Ein Mittschiffmann kam in das Lotsenhaus gerannt, sein Gesicht weiß wie ein Handtuch. »Kapitän, sie haben die Kessel getroffen!« keuchte er atemlos. »Ein paar von den neuen Dampfrohren sind zerstört! Der Chefingenieur sagt, unser Dampf fällt schnell ab!«

»Lauf zurück zum Geschützdeck und erstatte Leutnant Donaldson Bericht«, sagte Walke ruhig. »Sag ihm, die Ruderanlage sei manövrierunfähig, und ich brauche ihn, damit er die Ruder an Backbord festbindet. Wir werden dann das Schiff aufs Ufer laufen lassen.«

Hilflos danebenstehend, während sein Kanonenboot gnadenlos von der schweren konföderierten Kanone zertrümmert wurde, wartete Walke geduldig, bis seine Befehle ausgeführt waren. Schon jetzt sah die Kasematte aus, als wäre sie von einem riesigen Büchsenöffner bearbeitet worden.

»Sie kommt herum«, kündigte Hoel an.

»Schicken Sie den Bug quer in den Schlamm, Mr. Hoel. Unsere Anker sind weggeschossen worden.«

Als die *Arkansas* vorwärts fuhr, sah Walke Isaac Brown auf dem Dach seiner Kasematte stehen, die Hände zum Trichter geformt und über das Wasser rufend. »Nächstes Mal mehr Glück, Henry!«

Der Bastard hat Nerven, dachte Walke. Er wollte gerade eine Antwort hinüberschreien, duckte sich aber instinktiv, als eine Breitseite von der *Arkansas* in die *Carondelet* einschlug und sie in einem Zwanziggradwinkel herumrollte, so daß Wasser durch die Geschützöffnungen auf das Deck schäumen konnte. Gleichzeitig schob sich das Kanonenboot ans Ufer und kam zum Halten, als der Schlamm seinen Rumpf packte. Walke wurde gegen die Wand des Lotsenhauses geschleudert und verletzte sich schwer an der Schulter.

Nachdem er wieder auf die Füße gekommen war und aus dem Lotsenhaus trat, um Brown eine Antwort zu geben, war es zu spät. Die *Arkansas* machte sich davon und war in einen Kampf mit der kleinen *Tyler* verwickelt. Walke konnte nur noch wütend die Hände zu Fäusten ballen.

Carondelets berühmter Kampf mit der *Arkansas* war vorüber, und sie hatte das meiste abbekommen.

Die *Carondelet*, erinnerte sich Konteradmiral Henry Walke viele Jahre später, »war ein sehr erfolgreiches Schiff.« Unter sieben verschiedenen Kapitänen kämpfte die U. S. S. *Carondelet* während des gesamten Krieges in mehr Schlachten gegen den Feind (über fünfzehn Begegnungen) und geriet unter mehr Feuer als jedes andere Schiff in der Marine der Union. Von Fort Henry bis zu den Schlägen, die sie in Fort Donelson bezog, geht ihr unglaublicher Weg über Insel zehn bis zur Belagerung von Vicksburg und dem Kampf mit der widerstandsfähigen *Arkansas* bis zur Schlacht von Memphis, der Verteidigung von Nashville und den Unionsfeldzug oben am Red River. Die *Carondelet* hatte einen Gefechtsrekord aufzuweisen, der erst im Zweiten Weltkrieg wieder gebrochen werden sollte.

Während ihres ständigen Einsatzes von Anfang 1862 bis zum Ende des Krieges wurde sie über dreihundertmal von feindlichen Geschossen getroffen. Siebenunddreißig Männer ihrer Besatzung wurden getötet und dreiundsechzig verwundet. Allein ihre Niederlage durch die *Arkansas* bescherte ihr fünfunddreißig Verwundete.

Eine Woche nach dem Ende des Krieges legte die *Carondelet* zu ihrer letzten Reise ab und dampfte den Mississippi hinauf nach Mound City, Illinois, wo sie außer Dienst gestellt wurde. Ein paar Tage später wurden alle ihre Kanonen und Vorräte entfernt, ihre Mannschaft wurde ausgezahlt und ihre Offiziere zu anderen Kommandos versetzt. Die Karriere der großen alten Kriegsdame der Flüsse war beendet. Im November 1865 wurde sie für 3600 Dollar an Daniel Jacobs aus *St. Louis* versteigert.

Die nächsten Jahre blieb das Schicksal der *Carondelet* ein Geheimnis. Man nahm an, sie sei von Jacobs verkauft und nach Cincinatti gebracht worden, wo das Gerücht umging, daß sie zu Schrott verarbeitet worden sei. Aber aus irgendeinem Grund gelang es ihr, die Zeit zu überstehen, obwohl ihr Aufenthaltsort von 1865 bis 1872 unbekannt ist.

Erst Ende 1872 erkannte sie jemand als Güterlöschboot in Gallipolis, Ohio. Ihr Eigentümer war ein gewisser Kapitän John Hamilton. Ein Foto aus der Zeit zeigt sie stark verändert, aber noch immer im Wasser.

In Gallipolis verkam das alte Kanonenboot, bis Hamilton beschloß, sie zu verbrennen und als Schrott zu verkaufen, was an Eisen in ihrem Rumpf noch übrig war und was auf 3000 Dollar geschätzt wurde. Aber ehe er sie auseinandernehmen konnte, zerriß die Frühjahrsflut von 1873 ihre Leinen und spülte sie 130 Meilen den Ohio River hinunter. Die *Carondelet* kam schließlich am äußersten Ende von Manchester Island zur Ruhe, wo sie im weichen Schlick verschwand.

Nach zwölf Jahren schwerem Dienst und unsterblichem Ruhm, existierte die *Carondelet* nicht mehr.

II
Manchmal hat man einfach kein Glück

April 1982

Ein kluger Mensch hat einmal geschrieben: »Ein verlorener und verborgener Gegenstand wartet und flüstert.« Ich kann mich leider an den Namen des Autors nicht erinnern. Ich hoffe, er oder sie wird mir vergeben, aber der Satz fällt mir ein wegen der vielen verlorenen Schiffswracks, die mir im Laufe der Jahre zugeflüstert haben. Die *Carondelet*, so schien es meinem phantasiereichen Geist, flüsterte am lautesten. Es war, als ob sie durch die Nebel der Zeit schrie, 110 Jahre aus der Vergangenheit, bittend, daß man sie finden möge. Leider, wie die Kavallerietruppen, die ankommen, nachdem der Zugwaggon bereits von marodierenden Indianern verbrannt worden ist, kam auch ich zu spät angeritten.

Ich hatte immer eine Schwäche für Panzerschiffe aus dem Bürgerkrieg, denn ihre Bauweise war so radikal verschieden von derjenigen aller vorher und nachher dagewesenen Schiffe. Die rauhen, oft klobigen Schiffe, die die Marine des Südens baute, waren wahre Wunder an Nützlichkeit und Improvisionskunst. Manche waren in Eisenhüttenwerken gebaut, manche in Kornfeldern zusammengeschustert worden. Ihr Markenzeichen, die abfallenden Seiten, waren notwendig, da es keine schwermetallformenden Maschinen gab und wegen des Mangels an Eisen, einer Ware, die hauptsächlich für den Bau von Geschützen für die konföderierte Armee benötigt wurde. Ihre Panzerplatte bestand häufig aus Eisenbahnschienen, die man zusammengeschlagen hatte, um einen Schirm zu bilden.

Die Panzerschiffe der Marine der Vereinigten Staaten beruhten vorwiegend auf dem Monitormodell, revolutionierte Marinekriegsführung mit ihren drehbaren Kanonentürmen, bündigen Decks und vollständigem Mangel an Segeln und Takelagen. So erfolgreich war die Monitorschiffsklasse, daß die U. S. Navy bis 1903 fünfzig Stück baute und in Dienst stellte. Das letzte Panzerschiff wurde erst 1937 aus den Marineregistern gestrichen.

Man kann ruhigen Gewissens sagen, daß die *Monitor* die Großmutter der riesigen Kriegsschiffe war, die in fünf darauffolgenden Kriegen folgten und kämpften.

Als ich erfuhr, daß das berühmte alte Schlachtroß der Flußkriege nach dem Bürgerkrieg verkauft worden und später als Werftboot auf dem Ohio River in Gallipolis genutzt wurde, war für mich die Verfolgung ihres Weges nach der Frühjahrsflut, die sie 130 Meilen flußabwärts nach Manchester getragen hatte, eine einfache Sache. Selbst wenn ihr Eigentümer, John Hamilton, die Reste auf Manchester Island um des Eisens willen, das noch an ihren Knochen klebte, verbrannt hatte, lehrte mich die Erfahrung, daß eine erhebliche Menge des unteren Rumpfes und der Hölzer noch intakt sein könnte.

In dem Fluß außerhalb der Stadt Manchester gibt es zwei Inseln. Die kleinste heißt Manchester Island Nummer eins, die größte Nummer zwei. Wo liegt das Dilemma? An welcher Küste liegt die *Carondelet* auf Grund? Die Lösung wurde mit dem Forscher Bob Fleming gemeinsam gefunden, der mit dem Bleistift eine Skizze aus einem Atlas von Adams County, Ohio, von circa 1875, strichelte. Vor Ende des Jahrhunderts wurde das kleine Stück Land in der Mitte des Flusses Tow Head Island genannt. Manchester Island, die die Reste der *Carondelet* verbarg, hieß jetzt Nummer zwei.

Als ich die Fleming-Skizze auf den gleichen Maßstab vergrößerte wie die moderne Karte und den alten Auflegetrick anwandte, entschied ich schnell, daß der Kopf von Manchester Island von 1982 jetzt zweihundert Yards flußabwärts lag, von wo sie den Fluß 1873 teilte. Dadurch bekam ich ein Suchraster, nicht viel größer als ein Fußballfeld.

Mit genügend Daten ausgerüstet, die einen Versuch, die *Carondelet* zu finden, rechtfertigten, flogen Walt Schob und ich nach Cincinatti, Ohio, zusammen mit unserem Schonstedt-Gradiometer. Wir mieteten ein Auto und fuhren am Ufer des Ohio gegenüber von Kentucky hinunter. Das während Millionen von Jahren durch Überschwemmungen herausgewaschene Tal ist landschaftlich sehr schön. Dichtbewaldete Hügelketten fallen zu malerischen Bauernhöfen ab, die zumeist Tabak anbauen.

Plötzlich rief ich Schob, der am Steuerrad war, zu: »Halt an und wende.«

Er sah mich fragend an. »Warum, habe ich etwas überfahren?«

»Nein«, rief ich aufgeregt. »Da ist eine Scheune da hinten die Straße rauf. Die muß ich mir ansehen.«

»Eine Scheune?«

»Eine Scheune.«

Walt machte pflichtschuldigst eine Kehrtwende und folgte meinen Anweisungen, bis ich ihm zuwinkte anzuhalten.

Mit dem Gefühl, als sei ich in der Zeit zurückgereist, ging ich etwa fünfzig Yards eine kleine, staubige Straße hinunter, bis ich neben einem großen Heuschober stand, der graue, verwitterte Mauern hatte. Ein Mann stand auf der Leiter und malte ein großes Zeichen über die vertikal verlegten Bretter.

»Gut gemacht«, sagte ich zu ihm. »Sie haben da schöne Arbeit geleistet.«

Er drehte sich um, starrte mich an und grinste. »Ich mache das seit vierzig Jahren, ich hab's also sozusagen raus.«

Ich betrachtete mir die handwerkliche Arbeit. »Ich hätte nicht gedacht, daß man noch immer Hinweise auf Mail-Pouch-Tabak an die Seiten von Scheunen malt. Ich dachte, Mail-Pouch-Werbung im Außenbereich sei den gleichen Weg gegangen wie die Autobahn-Reklame für Burma-Rasiercreme.«

»Nee, die sind immer noch im Geschäft, und ich bin einer von einem Dutzend Jungs, die weiterhin malen.«

Nach einem kurzen Gespräch ging ich zum Auto zurück.

»Worum ging es denn da?« fragte Walt.

»Als ich ein Kind war, habe ich immer die Mail-Pouch-Schilder auf den Scheunen gezählt, wenn mein Vater die Familie auf einen Ausflug mitnahm. Ich dachte, sie sind ausgestorben.«

»Raucht man Mail Pouch?«

»Nein, man kaut ihn.«

Walt zog eine Grimasse. »Scheußliche Gewohnheit. Macht deine Zähne kaputt.«

Armer Walt, er hatte einfach keinen Sinn für Romantik.

Als wir am späten Nachmittag die Stadt Manchester erreichten, hielten wir am Büro des Sheriffs und baten darum, ihn zu sprechen. Ein großer, freundlicher Mann stellte sich als Louis Fulton vor. Obwohl seine Abteilung kein Such- und Rettungsboot besaß, das auf dem Feld hätte arbeiten können, gehörte doch der örtlichen Feuerwehr ein hübscher Glasfaser-Außenborder für diesen Zweck. Natürlich war der Feuerwehrchef Frank Tolle ein guter Angelfreund unseres Sheriffs, und kaum daß man den Satz »Es zahlt sich aus, Leute von Einfluß zu kennen« ausgesprochen hatte, besaßen wir bereits ein Suchboot. Frühzeitig am nächsten Morgen kreuzten wir auf dem schönen Ohio River. Die »Bootsmannschaft« bestand aus dem Feuerwehrmann Earl Littleton.

Aber alles hatte seinen Preis. Als einen Gefallen für Sheriff Fulton erklärten wir uns dazu bereit, unsere magnetische Suchanlage zu benutzen, um eine Frau zu suchen, die drei Jahre zuvor auf unerklärliche Weise verschwunden war.

Es war das klassische Rätsel unter dem Motto »Ungelöste Kriminalfälle«. Die Geschichte, die uns der Sheriff erzählte, betraf eine Witwe in den Endsechzigern. Eines Nachmittags, während sie ein Hähnchen im Herd grillte, verließ sie ihr Haus und fuhr die eine Meile oder so in die Stadt, um ein paar Lebensmittel einzukaufen. Nachdem sie den Laden verlassen hatte, ward sie nie mehr gesehen, und auch ihr Auto wurde niemals gefunden. Als Kriminalbeamte erfuhren, daß sie verschwunden war, suchten sie sofort das Haus ab. Außer einem total verbrannten Hähnchen fanden sie nichts Außergewöhnliches, noch wurde im Haus etwas vermißt.

Da das Haus der Dame an einer Straße lag, die abwärts zum Fluß führte, hatten die Beamten des Sheriffs überlegt, daß sie eventuell, als sie auf das Haus zufuhr, einen Blackout oder Herzanfall gehabt haben könnte. Ein gemauerter Briefkasten am Anfang der Einfahrt zu ihrem Haus schien beschädigt, was darauf hinwies, daß das Auto dagegen gestoßen war, als sie ohnmächtig wurde. Außer Kontrolle, rollte das Auto die Straße hinunter in den Fluß und versank – so ähnlich lautete die Theorie.

Taucher durchsuchten den Fluß – ohne Erfolg. Die Dame und ihr Auto blieben verschwunden.

Immer auf ein gutes Puzzle aus, bot ich freudig unsere Hilfe bei der Suche an, bevor ich anfing, Jagd auf die *Carondelet* zu machen. Mit dem Sheriff und zwei seiner Stellvertreter an Bord, die neugierig waren zu sehen, wie wir unsere Suche nach einem versunkenen Gegenstand organisierten, begannen Walt und ich Suchgräben vorwärts und rückwärts am Ende der Straße anzulegen. Nachdem wir einhundert Meter stromabwärts geschafft hatten und fast dreißig Meter hinaus in den Kanal, kamen wir mit leeren Händen hoch. Wir stießen auf keine magnetischen Veranderungen, die auf die Masse eines Automobils hinwiesen.

Ich habe eine starke Antipathie gegen das Suchen nach einem Gegenstand, wenn ich völlig unvorbereitet bin. Ich schlug vor, daß wir zum Bootssteg zurückfuhren und erst mal eine Frühstückspause einlegen. Das gab mir Zeit, ein paar Details auszukundschaften. Ich ging auf der Autostraße hinunter, an dem früheren Haus der Dame vorbei und den Hügel hinunter bis zum Flußufer. Dann fragte ich den Sheriff, in welchem Monat die Dame verschwunden war.

»Anfang Dezember«, gab er zur Antwort.

Ich sah ihn an. »Es muß sehr kalt gewesen sein.«

»Zu der Zeit des Jahres fällt die Temperatur hier unter die Frostgrenze.«

»Dann ist anzunehmen, daß sie die Fenster geschlossen hatte.«

Er nickte. »Klingt logisch.«

»Was glauben Sie, wie groß die Geschwindigkeit der Flußströmung war?« fragte ich.

»Etwa zwei bis drei Meilen pro Stunde, bis die Frühlingsströmung kommt. Dann können es vier bis fünf werden.«

»Fast wie die Geschwindigkeit eines laufenden Menschen.«

»Nehme ich an.«

Ich deutete auf die Straße hinauf am Haus vorbei. »Die Steigung beträgt gute zehn Prozent. Ein ziemlich steiler Abhang. Wenn sie ohnmächtig wurde, ehe sie in die Einfahrt wenden konnte, und das Auto weitere achtzig Yards die Straße hinunterfuhr und ihr Fuß noch immer auf dem Gaspedal war, könnte sie mit mehr als dreißig Meilen pro Stunde in den Fluß gefahren sein.«

»Das ist eine gute Schätzung«, stimmte mir der Sheriff zu.

»Eigentlich waren unsere Schätzungen mehr bei fünfunddreißig.«

»Alles in allem genommen«, sagte ich, »suchen wir an der falschen Stelle.«

»Glauben Sie, sie liegt nicht nahe dem Ende der Straße?« fragte er.

Ich schüttelte den Kopf. »Die Triebkraft und die Geschwindigkeit hätten sie fast in die Mitte des Kanals geworfen. Und weil sie ihre Fenster gegen die Kälte geschlossen haben mußte, hätte es mehrere Minuten gedauert, bis das Wasser eingedrungen wäre, um das Auto zu füllen und zu versenken. Genügend Zeit für die Strömung, das Auto gute hundert Yards den Fluß hinunterzutreiben.«

»Es ist drei Jahre her«, sagte der Sheriff. »Ich kann mich nicht genau erinnern, ob wir so weit gesucht haben. Was ich weiß, ist, daß die Taucher es schwer hatten, gegen die Strömung anzukämpfen und nur den Hauptbereich um das Ende der Straße herum durchsuchten.«

Dies war eine Situation ähnlich dem Ertrinken der beiden Jungen von Susan Smith in Union, South Carolina. Obwohl diese Tragödie in einem See stattfand und nicht in einem Fluß, war die Sicht so schlecht, daß die Taucher das Auto zuerst übersahen. Bei einem zweiten Versuch wurden die Jungs weiter draußen und tiefer im See gefunden.

Unterwassersuche ist selten eine eindeutige Sache.

»Was empfehlen Sie?« fragte Sheriff Fulton.

»Ich schlage vor, wir dehnen unsere Suche weiter vom Ufer weg und flußabwärts aus.«

Eine halbe Stunde später zog der Gradiometer hinter dem Boot zehn Fuß unter der Wasseroberfläche an. Während Walt aufmerksam die Instrumentenanzeigen verfolgte, band ich einen Schwimmer an das Ende des Seils. Als nächstes zog ich ein paar Arbeitshandschuhe an, die ich meistens auf Expeditionen mitnehme und zog einen Greifhaken über das Flußbett. Wenn wir Glück hatten und er schlug in den Teil eines Autos, würden die Handschuhe mich davor bewahren, meine Handflächen bis aufs rohe Fleisch aufzureiben, und der Schwimmer würde die Stelle markieren.

Fast zweihundert Yards von der Straße entfernt, stieß Walt auf ein Ziel mit großer magnetischer Masse. Er fuhr mehrmals darüber hin und her und bekam immer die gleiche hohe Anzeige. Aber der Enterhaken weigerte sich, seine Klauen in irgend etwas anderes als den Flußschlick zu hauen.

»Was immer da unten auch ist, es ist groß und vergraben«, sagte ich.

Der Sheriff sah den Fluß hinauf. »Das ist ja wirklich ein weiter Weg.«

Ich zuckte mit den Schultern. »Vielleicht, aber es ist das einzig glaubhafte Ziel, das wir zwischen hier und dem Ende der Straße gefunden haben.«

»Und Sie konnten nichts mit Ihrem Haken zu fassen kriegen?«

»Nach acht erfolglosen Versuchen an der Fundstelle glaube ich mit Sicherheit sagen zu können, daß das Auto bis über sein Dach im Schlick steckt.«

Der Sheriff sah nachdenklich vor sich hin. »Dann muß ich wohl ein paar Taucher beschaffen und einen Schlepper herholen, dann werden wir sehen, was wir da haben.«

Walt und ich fuhren am nächsten Tag nach Hause. Wir haben nie erfahren, ob die verschwundene Dame und ihr Auto an unserer Zielstelle gefunden wurden.

Da wir noch fünf Stunden Tageslicht vor uns hatten, setzten wir den Sheriff und seine Stellvertreter an der Bootsrampe ab und fuhren flußaufwärts, wo ich vermutete, daß die *Carondelet* liegen könnte. Als wir das Ende von Manchester Island umrundeten, kreiste der größte Schleppkahn, den ich je gesehen hatte, über den Fluß. Er hatte das Aussehen eines massiven, rechtwinkligen Gebäudes mit Wellblechwänden und einer scheinbar endlosen Reihe großer Stahleimer mit zerklüfteten Zähnen, die in das Wasser fuhren und wieder herauskamen, gefüllt mit Tonnen von Schlick aus dem Flußbett. Mir war, als ob ich im Begriff sei, einen Jackpotgewinn wegen einer technischen Finesse zu verlieren, als ich schätzte, daß der Bagger nicht mehr als hundert Yards von meinem ursprünglichen Suchnetz entfernt arbeitete. Ohne uns die Mühe zu machen, den Gradiometer ins Wasser zu lassen, fuhren wir direkt zu dem Bagger und hielten neben ihm an. Der Leiter trat aus seinem Büro und lud uns ein, an Bord zu kommen. Ein hochgewachsener Mann mit hochrotem Gesicht und den Maßen einer Telefonzelle hielt eine fleischige Hand zum Gruß hin. Er ergriff meine Hand und ich hörte, wie meine Knöchel knackten.

»Was kann ich für Sie tun?« fragte er mit breitem Lächeln.

Ich erklärte, daß wir eine Untersuchung nach einem versunkenen Kanonenboot durchführten, und fragte ihn, ob er im Begriff sei, sich flußabwärts weiterzuarbeiten. Wenn ja, wollte ich nämlich seinen unersättlichen Bagger stoppen, ehe er mir die Reste der *Carondelet* auffraß.

Das Lächeln verschwand. »Wir arbeiten nicht flußabwärts«, sagte er. »Wir arbeiten flußaufwärts.«

Cusslers kleine Welt zitterte an Fäden über dem Abgrund. Es gab noch immer eine Chance, daß der von den großen Eimern ausgehobene Graben an dem Wrack vorbeiging. Ich deutete auf meine primäre Suchstelle. »Haben Sie drüben in dem Bereich gebaggert?« fragte ich ihn.

Der Superintendent nickte. »Wir haben dort vor nicht mehr als vier Stunden gebaggert.«

»Wissen Sie, ob Sie irgendwelches Holz hochgebracht haben?«

»Aber gewiß doch. Wir haben sogar ein paar Stücke aufgehoben. Möchten Sie sie sehen?«

Ohne auf Antwort zu warten verschwand er in der Tür des Führerhauses auf dem Bagger und kam nach einer Minute zurück, die Reste eines Holzbalkens tragend, der ganz mit Schleim überzogen war nach den langen Jahren, in denen er im Wasser gelegen hatte. Ein Feuerschein, der aus einer Dampfmaschine stammen konnte und mehrere Stücke schweren, verrosteten Eisens, einschließlich einer Stutzplatte, langer Eisenspitzen und Fragmente einer Dampfpfeife.

Walt und ich tauschten verzweifelte Blicke.

»Was für eine Art Schiff war das, sagten Sie?« fragte der Superintendent.

»Eines der berühmtesten Kriegsschiffe des Bürgerkriegs«, antwortete ich.

»Ohne Witz? Meine Jungs und ich dachten, wir hätten einen alten Kahn ausgegraben.«

Um bestätigt zu bekommen, daß der Bagger tatsächlich den Rumpf der *Carondelet* pulverisiert hatte, stellten Walt und ich unser Suchraster mit Bojen auf und zogen den Gradiometer von einem Ende zum anderen. Kurz vor Anbruch der Dunkelheit wurden wir fertig. Wir dehnten unsere Suchrinnen weit über Manchester Island hinaus aus, um ganz sicherzugehen. Die einzige Veränderung, die wir fanden, kam genau an der gleichen Stelle zum Vorschein, die uns vom Superintendent des Baggerschiffs als der Ort genannt wurde, wo er die Trümmer herausgezogen hatte. Wir bekamen eine Anzahl kleiner magnetischer Anzeigen in einer Tiefe von achtzehn Fuß. Einige Tauchgänge enthüllten die herumliegenden Reste eines großen Wracks. Die Grabungseimer hatten noch nicht alles hochgezogen. Der herumliegende untere Rumpf und Kiel der *Carondelet* schienen noch unter dem Treibsand zu liegen.

Da wir hier nichts mehr tun konnten, fuhren Walt Schob und ich zurück nach Cincinnati, meldeten uns in einem Hotel an und buchten am nächsten Morgen ein Flugzeug in unsere verschiedenen Heimatstädte.

Seither habe ich viele Nächte wachgelegen, an die Decke gestarrt und mir gewünscht, wir wären direkt zu der ausgewählten Suchstelle gefahren, statt mehrere Stunden auf der Jagd nach einer verlorengegangenen Dame und ihrem Auto zu verschwenden. Ich bin fast sicher, wir wären rechtzeitig angekommen, um die Reste des alten Kanonenboots davor zu bewahren, von einem schiffsfressenden Bagger zermalmt zu werden.

Furchtbar schade, daß wir versagt haben. Es scheint unglaublich, daß nach fast 110 Jahren unser Versuch, die historischen Reste der *Carondelet* zu retten, im wahrsten Sinne des Wortes nur um ein paar Stunden verfehlt wurde. Walt und ich waren dort, nicht mehr als eine Meile davon entfernt, als sie vernichtet wurde.

Ich werde immer bedauern, daß ich das Flüstern der *Carondelet* zu spät beantwortet habe.

Teil 6

Hunley, das Unterseeboot der Konföderierten

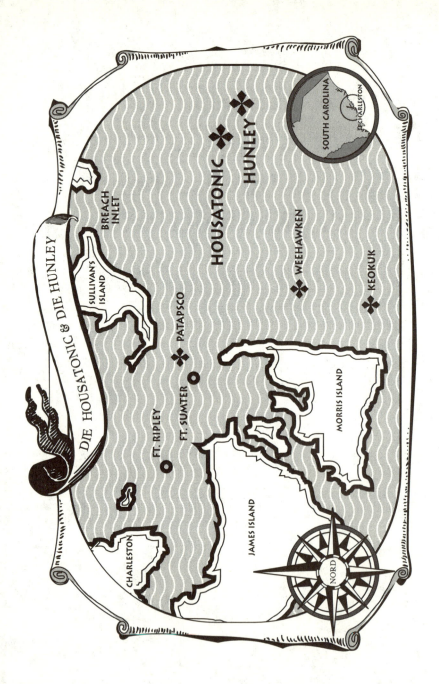

I
Das kleine Unterseeboot konnte... und schaffte es
Februar 1864

Eine Sandkrabbe kroch am Strand entlang und verschwand in einem Loch. Ein Mann in der Offiziersuniform der Konföderierten Staaten blickte kurz auf die Krabbe, stand auf und bürstete den feuchten Sand von den Knien seiner Uniformhose. Sein Haar hatte die Farbe gefallener Herbstblätter, die Augen waren hellblau und standen in einem knabenhaften Gesicht, eingerahmt von großen Ohren. Er prüfte die Richtung auf einem Handkompaß und notierte die angezeigten Daten auf einem Stück Papier.

»Sie haben für die Nacht geankert«, meinte ein blonder Mann in seiner Nähe.

Leutnant George Dixon faltete sorgfältig das Papier zusammen und steckte es in seine Hosentasche. »Ich glaube, Sie haben recht, Mr. Wicks.«

Sie starrten beide über das Meer auf das Schiff, das mit den hohen Wellen der spätnachmittäglichen Flut stieg und fiel. Aus 4 ½ Meilen Entfernung sah das Schiff aus wie ein kleines, dunkles Spielzeug, das gegen einen Vorhang aus Wedgwood-Blau schaukelte. Die Segel auf seinen Topsegelrahen waren zusammengerollt, und aus seinem Schornstein stieg eine kleine Rauchfahne auf, was darauf hindeutete, daß die Brennöfen gut durchgestochert und be-

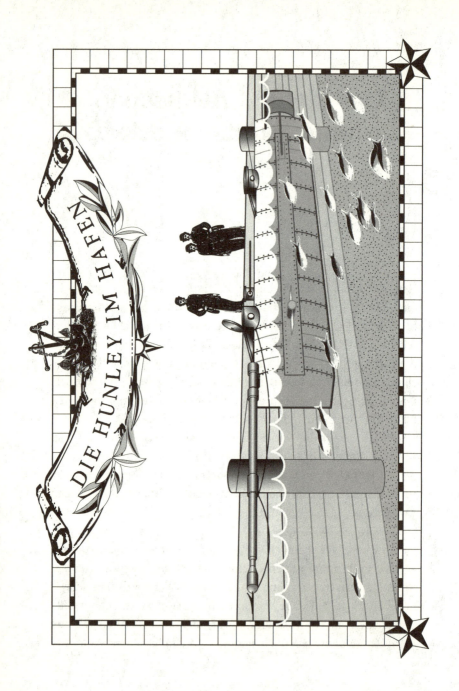

feuert wurden, so daß es sich schnell fortbewegen konnte, sollten die Leute im Ausguck einen Blockadebrecher ausmachen, der versuchte, sich in den Hafen von Charleston zu stehlen.

»Was für ein Schiff ist es, Sir?« fragte Wicks.

»Die *Housatonic*«, antwortete Dixon. »Ein Prachtexemplar von einer brandneuen Yankee-Schaluppe, frisch von einer Unionsreederei. Ein schnelles Schiff, vielleicht besser als jedes Handelsschiff, das ich kenne.«

»Nicht mehr lange«, erwiderte Wicks feierlich.

Dixon lächelte und nickte. »So Gott will, ist heute die Nacht der Nächte.«

Eine Stunde nach Sonnenuntergang marschierten die neun Mann Besatzung des Unterseeboots *Horace L. Hunley* der Konföderierten Staaten auf das hölzerne Dock im Kanal hinter Sullivan's Island. Ein Pelikan saß oben auf der Spundwand und starrte sie aus seinen Knopfaugen an, bevor er seine Flügel ausstreckte und mit lautem Geräusch über die Bucht dahinflog. Der eiserne Buckel des Unterseeboots mit den beiden Lukentürmen und einem Zwanzigfußrohr, das über ihren Bug herausragte, war alles, was über dem Wasser zu sehen war. Sie wirkte wie ein prähistorisches Ungeheuer, das schlafend in einem Teich des Mesozoikums lag.

Zwei Männer der Mannschaft befestigten den Torpedo am Ende der zwei Eisenrohre und prüften dann die an einer Rolle befestigten Leinen, bereit, den Auslöser für die Detonation zu ziehen. Ein schwerer Stacheldraht, an einem Kupferkanister befestigt, der hundert Pfund schwarzen Pulvers enthielt, wurde wie ein Fingerhut über das Rohrende gezogen. Nachdem der Stacheldraht unter dem Rumpf des feindlichen Schiffes eingezogen war, würde die *Hunley* theoretisch mindestens 150 Yards zurückfahren, bevor die Leine das Ende der Rolle erreichte und die Ladung detonieren lassen würde. Aber der Mechanismus mußte erst noch voll ausgetestet werden.

Wasserkanister, ein kleiner Lebensmittelbehälter und eine Laterne mit einer blauen Linse wurden zu den sich bereits in dem Unterseeboot befindlichen Männern geschoben. Dies war eine Nachtmission, die von Sonnenuntergang bis Sonnenaufgang dauern konnte. Die Mannschaft der *Hunley* war auf das Aushalten feuchter Kälte, eine klaustrophobische Existenz und physische Belastung vorbereitet, die ihr Muskelkater und völlige Erschöpfung bereiten würde.

Die physische Belastung der Männer war in den letzten Wochen riesig gewesen. Fünf Nächte pro Woche fuhren sie in einem sinnlosen Versuch, feindliche Kriegsschiffe zu versenken, hinaus, oft um ein Haar der Gefangennahme durch Enterboote der Union entkommen oder von feindlichen Strömungen hinaus aufs Meer getragen. Die Gelegenheiten zu sterben waren zahlreicher, als die zu leben. Nachdem sie dem Tod so oft von der Schippe gesprungen war, fing die Mannschaft an, sich selbst für unsterblich zu halten. Sie waren stolz darauf, bei der Geburt einer neuen Technologie dabei sein zu dürfen, auf dem ersten Unterseeboot zu fahren, von dem sie wußten, daß es eines Nachts ein feindliches Schiff versenken würde.

Seemann Frederick Collins ging zurück zum Dock der Breech-Einfahrt, dem Kanal, der die Isle of Palms von Sullivan's Island trennte. Er hatte einen Zypressenzweig in den Strom geworfen und beobachtete, wie er schnell hinaus in die See getragen wurde. Er näherte sich Dixon und salutierte.

»Die Flut hat gedreht und ist jetzt sehr stark, Sir.«

Dixon erwiderte den Gruß. »Danke, Mr. Collins. Nehmen Sie bitte Ihren Platz an Bord ein.«

Leise folgte Collins seinen Schiffskameraden in die engen Doppelluken, die sich über dem eisernen Kamm der *Hunley* erhoben. Sie nahmen ihre Plätze ein und legten die schwieligen Hände auf die Metallverkleidungen der Kurbelgriffe. Erst nachdem Seemann Wicks eingetreten war und seinen Platz nahe dem rückwärtigen

Ballasttank eingenommen hatte, schlüpfte Dixon durch die vordere Luke. Er stellte sich hinter dem Steuerrad des Schiffs, bei der Quecksilber-Tauchanzeige und dem Kompaß auf.

»Hat sich jeder gemeldet?« fragte Dixon.

»Alle sind an ihren Plätzen«, berichtete Wick vom Heck her.

Dixon machte eine Handbewegung zu den Wachen hin, die am Dock standen. »Bereit zum Ablegen.« Dann gab er Wicks ein Zeichen, der hinter ihm stand. Beide Männer warfen die Hanfleinen ab, die um die Lukentürme geschlungen waren. Die Wachposten zogen die Leinen ein und stießen das Unterseeboot mit ihren Füßen vom Dock ab. Die *Hunley* schwankte im Wasser hin und her, bis Dixon Befehl gab, sie vorwärtszubringen. Dann fingen die acht Männer hinter ihm an, die Kurbel zu drehen, die mit der Schraube am Heck verbunden war, und die *Hunley* bewegte sich langsam auf das Ende von Sullivan's Island zu, wo sie mit der Flut durch die Breech-Einfahrt in das Meer dahinter vorwärtsschoß.

Wochenlang hatten sie sich beeilt, zur Unions-Flotte zu gelangen, nur um, vom Pech verfolgt, immer wieder zurückzufallen. Mehr als einmal hatten sie sich so nahe an die feindlichen Patrouillenboote herangepirscht, daß sie, immer wenn Dixon die Luke hob, um frische Luft hereinzulassen, die Yankee-Seeleute in der Dunkelheit singen und sprechen hören konnten. Jetzt zündeten sie wieder Kerzen an, um ihren sargähnlichen Behälter zu beleuchten und steckten sie in Kerzenhalter, die mit Bolzen an der Eisenwand befestigt waren.

Klaglos hatten sie ein monatelanges Training hinter sich gebracht. Jetzt war Dixons Mannschaft widerstandsfähig und zuverlässig, durch geteiltes Ungemach fest miteinander verbunden, und weil sie Nacht für Nacht gemeinsam dem Tod in die Augen geblickt hatten. Die heutige Nacht sollte ihre Nacht werden.

Sie hatten zunehmenden Mond, und das Meer war ruhig. Einen langsamen Rhythmus einhaltend kurbelten sie die Schraube an und machten sich die ausgehende Flut zunutze, um schon auf der ersten Meile fast vier Knoten zu erreichen. Glücklicherweise wurde der kalte Innenraum durch ihre Körperwärme bald genügend erwärmt, und von den Wänden tropfte das Kondenswasser ihres Atems. Dixon, der die Vorderluke wegen der ruhigen See offenlassen konnte, starrte über den Rand, während er das U-Boot auf die Leuchtfeuer der *Housatonic* zusteuerte.

»Sehr schade, daß wir statt des lächerlichen Wasserbehälters keinen Kasten Bier mitnehmen konnten«, murmelte Collins.

»Gute Idee«, antwortete der Rekrut Augustus Miller, ein neu hinzugekommener Freiwilliger einer Artilleriekompanie aus South Carolina, der zusammen mit dem Gefreiten Charles Carlson zur Mannschaft gestoßen war. Außer Dixon waren sie die einzigen Nichtseeleute bei der Besatzung des Unterseebootes.

»Die Welle fühlt sich steif an«, meinte Seemann Arnold Becker zu Wicks.

Ohne zu antworten griff Wicks in einen Metalleimer mit Tierfett und rieb die Welle ein, wo sie in die Stopfbuchsen eintrat, die dafür sorgten, daß die undichten Stellen so gering wie möglich blieben. Beckers Beschwerde war reine Routine. Er war der einzige, der sich jemals über eine klemmende Schraubenwelle beklagt hatte.

Die Zeit kroch dahin, während die Männer an ihren Kurbelgriffen zerrten und stießen. Sie arbeiteten jetzt in Zwanzigminutenschichten, vier Mann im Dienst, vier Mann frei, um Kräfte für den entscheidenden Angriff auf den Feind zu sparen und für den langen Transport zurück zur Breech-Einfahrt. Dank der Strömung konnten sie das Fahrzeug bei gemächlichen 2 ½ Knoten durch die glasklare See treiben lassen.

Dixon ließ die Vorderluke offen und navigierte zumeist nach Sichtregeln. Das schwache Mondlicht erlaubte es ihm, das Meer hundert Meter vor sich vom Bug aus zu erkennen. Dadurch hatte er ausreichend Zeit, seine Luke zu schließen, falls eine Welle angerollt käme, die hoch genug wäre, sein exponiertes Schiff zu überschwemmen. Der dunkle Rumpf der *Housatonic* wurde mit nervenaufreibender Langsamkeit immer größer. Die Batterieantriebstechnik steckte noch in den Kinderschuhen. Und in Augenblicken wie diesem wünschte sich Dixon, er hätte eine mechanische Antriebsanlage konstruieren können, die unter Wasser funktionieren würde, ohne Luft zu benötigen.

Zusammengekauert machte er jetzt von seinem Aussichtspunkt ein paar Männer aus, die auf den Decks der Kriegsschaluppe der Union umhergingen. Er hielt sie für Wachen, die nach einem Angriff der Konföderierten mit ihrer höllischen Unterwassermaschine Ausschau hielten. Er ließ sich hinab und schloß die Luke. Dann wandte er sich an seine Mannschaft, die sich wie Geister im flackernden Kerzenschein bewegten.

»Wir sind nur dreihundert Yards entfernt. Ruht euch einen Augenblick aus, und dann muß jeder Mann an die Kurbel.«

»Ein Schiff«, murmelte der Seemann Joseph Ridgeway. »Wollen wir wirklich ein Yankee-Schiff angreifen?«

Sie alle sahen Dixons Zähne blitzen, als er seine Lippen zu einem Lächeln öffnete. »Wir werden diese Nacht nicht wieder mit leeren Händen heimkommen.«

»Rum und Ehre für die Konföderation«, sagte Seemann Collins.

»Ruhm und Ehre für uns alle«, fügte Wicks hinzu. »Wir schicken den elenden Yankee auf den Meeresboden, und wir werden uns alle das Preisgeld teilen.«

»Ich rechne mit ungefähr fünftausend das Stück«, sagte Ridgeway.

»Gib es nicht zu schnell aus«, warnte Dixon. »Wir müssen es uns erst noch verdienen.« Er wischte sorgfältig die drei kleinen Gläser der Gucklöcher im Lukenturm sauber, die von der Feuchtigkeit, vom Atmen und Schwitzen der Männer im Inneren beschlagen waren. Durch die Backbord-Öffnung betrachtete er die *Housatonic*.

Das Schiff hatte, mit seinem Bug nach West bis Nordwest zeigend, in Richtung Fort Sumter festgemacht. Dixon bemerkte wenig Bewegung an Deck. Die *Hunley* näherte sich achtern und ein wenig vom Steuerbord-Bereich des Unions-Kriegsschiffes entfernt. Nichts deutete darauf hin, daß das Unterseeboot gesichtet worden war.

Als er die schwimmenden Bojen bemerkte, die das äußere Netz um das Schiff herum stützten, traf Dixon eine wichtige Entscheidung. Er rief einen Befehl über die Schulter. »Mr. Wicks, füllen Sie Ihren Ballasttank bis zur Viertelmarke.«

Alle wurden still und starrten einander fragend an. Jeder erwartete, daß der Leutnant um zwei Drittel Ballast bat, genug, um die *Hunley* unter die Oberfläche tauchen zu lassen und vor den Blicken der Ausgucks an Bord der *Housatonic* zu verstecken. »Verzeihung, Sir«, sagte Wicks. »Werden wir nicht unter Wasser angreifen?«

»Wir sind zu weit gekommen, um sie dann im tintenschwarzen Wasser zu verfehlen, Mr. Wicks. Außerdem hat sie ein Schutznetz um ihren Rumpf gesenkt. Wir werden über das Netz hineinfahren, nur mit unseren Lukentürmen über Wasser und die Ladung direkt unter ihrer Wasserlinie anbringen. Wenn wir diese Gelegenheit versäumen, werden sie uns keine zweite Chance geben.«

In weniger als einer Minute wurde die richtige Menge Wasser in den vorderen und in den hinteren Ballasttank gepumpt. Das Unterseeboot sank unter die Oberfläche, bis nur noch ein schmaler Streif des oberen Rumpfes und die beiden Lukentürme zu sehen waren. Kein Gedanke an Umkehr, kein Zögern. Die Männer im Inneren der *Hunley* spürten keine Angst, nahmen ihr Schicksal aber auch nicht stoisch hin. Sie ließen in ihren Anstrengungen nicht nach und zwangen sich bis an den Rand ihrer Belastungsfähigkeit. Wahrscheinlich hatten sie nicht erkannt, daß unsterblicher Ruhm in nächster Nähe lauerte.

»Jetzt!« sage Dixon lauter als beabsichtigt. »Die Kurbel drehen, die Kurbel weiterdrehen wie verrückt. Wir greifen an.«

Die Männer spannten jeden Muskel in ihren Armen und Schultern an, um die Kurbel zu drehen, bis die Schraube das Wasser peitschte, daß es nur so schäumte. Dixon, der im vorderen Lukenturm stand und in die Dunkelheit blinzelte, wartete, bis das feindliche Kriegsschiff das Sichtfenster von 3 Zoll Durchmesser vollständig ausfüllte. Dann preßte er kräftig auf das Ruderrad und schwang das Unterseeboot in weitem Bogen auf die Steuerbordseite der *Housatonic* zu. Er benutzte ihren Besanmast als Führung und steuerte auf den schwarzen Rumpf direkt unter ihr zu.

Kapitän Charles Pickering durchmaß das Deck seines Kommandos, der U. S. S. *Housatonic* zu einer letzten Inspektion, bevor er sich zur Nachtruhe begab. Er hielt an und starrte über das schwarze Wasser draußen vor Charleston hinüber zum Licht der Dampfschaluppe *Canandaigua*. Größer und schwerer bewaffnet als Pickerings Schiff, war die *Canandaigua* eine Meile weiter auf See stationiert: als Teil des Würgegriffs, womit die Handelsschiffe daran gehindert werden sollten, die Konföderation zu versorgen. Pickering wandte sich ab und blickte zufrieden über die Länge seines eigenen Schiffs. Es war auf jede Bedrohung über und unter Wasser vorbereitet.

Als eine der vier neuen Schraubenschaluppen, frisch aus der Schiffswerft von Boston, hatte die *Housatonic* dreizehn Kanonen montiert, eine von ihnen war ein schwerer Hundertpfünder. Sie hatte eine Wasserverdrängung von 1240 Tonnen und maß 205 Fuß in der Länge. Sie war 38 Fuß breit und ihr Tiefgang betrug 16 Fuß und 7 Zoll. In dieser Nacht trennten ihren Kiel von dem weichen Schlick des Meeresgrundes nur 12 Fuß.

Pickering war vor den Gefahren eines möglichen Angriffs durch das Torpedoboot der Konföderierten gewarnt worden. Die gesamte Unionsflotte kannte die Bedrohung dank der Spione und Deserteure, die es beschrieben hatten. Zur Vorsorge befahl Pickering seiner Mannschaft, Netze um das Schiff herum aufzuhängen und mit Kanonenkugeln zu beschweren, die als Schild dienen sollten. Er dachte, irrtümlicherweise, wie sich herausstellen sollte, daß sich das Unterwasserfahrzeug in den Netzen verfangen könnte, wenn es sich zu nah an sein Schiff heranpirschte. Zusätzliche Wachen waren postiert, und die Haubitzen an Deck waren nicht aufs Land, sondern abwärts auf das Wasser gerichtet. Die Ingenieure hatten die Aufgabe, die Boiler die ganze Zeit unter fünfundzwanzig Pfund Dampf zu halten. Die Maschinen waren ebenfalls umgekehrt eingestellt, damit das Schiff seinen Anker fallen lassen und eiligst zurücksetzen konnte, ohne daß es sich in der Kette verfing.

Zufrieden zog sich Kapitän Pickering in seine reichgeschmückte, mit Zedernholz ausgekleidete Kabine zurück, zündete seine Öllampe an und begann Karten der Küste von South Carolina zu studieren. Sein Erster Offizier, Frank Higginson, war Kommandant der Wache. Ein guter Mann, dachte Pickering. Nichts würde seiner Aufmerksamkeit entgehen.

Leutnant Higginson sprach kurz mit dem Wachoffizier, John Crosby, der auf der Brücke stand und durch sein Fernrohr nach verräterischen Funken Ausschau hielt, die aus dem Schornstein eines Blockadebrechers stammen könnten.

»Ich hätte nie gedacht, daß es im Süden so kalt werden könnte«, sagte Higginson und schob seine Hände noch tiefer in die Manteltaschen.

Crosby ließ das Fernrohr sinken und zuckte mit der Schulter. »Vor dem Krieg heiratete mein Bruder ein Mädchen aus Georgia. Sie behauptete, daß es in Atlanta häufig schneit.«

Nach der kurzen Unterhaltung sprang Higginson unter Deck zu einer kurzen Inspektion des Maschinenraums. Kaum hatte er sich dem Zweiten Ingenieur, Cyrus Houlihan, genähert, als er von oben eine heftige Bewegung verspürte.

Um 21 Uhr 45 sah Leutnant Crosby etwas im Wasser, das er zuerst für einen Delphin hielt. Er winkte dem am nächsten stehenden Ausguck zu, der auf der Takelage über ihm Dienst tat. »Sehen Sie etwas im Wasser etwa hundert Meter vor Steuerbord?«

»Nein, Sir, nur ein leichtes Kräuseln auf dem Wasser.«

»Sehen Sie noch mal nach!« rief Crosby. »Ich sehe etwas sehr schnell auf uns zukommen.«

»Jetzt sehe ich es auch«, antwortete der Wachposten. »Da kommen zwei Knöpfe auf der Oberfläche heraus.«

Crosby schüttelte einen Trommlerjungen wach. »Trommle die Mannschaft auf ihre Posten« Dann gab er Befehl, die Ankerkette zu lichten und rief dem Maschinenraum zu, das Schiff zurückzubewegen. Seine Befehle wurden in weniger als zwanzig Sekunden ausgeführt. Die Schraube drehte sich bereits, als Higginson zurück an Deck eilte. »Ist es ein Blockadebrecher?« fragte er Crosby.

Der Wachoffizier schüttelte den Kopf und deutete über die Seite. »Da ist es. Es sieht aus wie dieses verdammte Torpedoboot.«

»Ich habe es«, bestätigte Higginson. »Es sieht aus wie eine Planke mit einem scharfen Ende. Sehen Sie, ein Lichtschein dringt durch das Oberteil.«

Kapitän Pickering kam aus seinem Quartier gerannt und hielt ein doppelläufiges Gewehr. Er fragte nach der Ursache des Alarms.

Als ihm das näher kommende Torpedoboot gezeigt wurde, wiederholte er Crosbys Befehle, den Anker zu lichten und nach Achtern zurückzusetzen. Für Pickering war das Torpedoboot wie ein großer umgedrehter Walfisch geformt, mit zwei hervorstehenden Auslegern, die ein Drittel des Weges von jedem Ende entfernt waren. Dann hob er sein Gewehr, fing an, auf das seltsame Gefährt im Wasser zu schießen und schrie beim Betätigen des Abzugs: »Schneller nach Achtern!«

Higginson packte sich ein Gewehr von einem der Wachleute und eröffnete ebenfalls das Feuer. Andere taten es ihm bald gleich, einschließlich dem Leutnant zur See, Charles Craven, der aus seinem Revolver mühselig zwei Schüsse abgab. Das angreifende Fahrzeug war jetzt so nahe, daß Craven sich über die Seite hinausbeugen mußte, um einen dritten Schuß abzufeuern.

Craven sah, daß Schüsse aus kleinen Waffen sinnlos waren, rannte zur nächsten Zweiunddreißigpfundkanone und versuchte sie auf das Objekt im Wasser zu richten, das sich jetzt von der *Housatonic* wegbewegte. Er war gerade dabei, die Abzugsleine zu ziehen, als sich das Deck plötzlich unter seinen Füßen hob.

In dem Augenblick, in dem der Widerhaken am Ende des langen Sparren, an dem der Kanister mit den hundert Pfund Schwarzpulver befestigt war, durch die Kupferwand des Rumpfes gerammt wurde, rief Dixon: »Dreht die Kurbel rückwärts, schnell!«

Die Männer im Inneren des Unterseebootes drehten in höchster Eile die Kurbel in die entgegengesetzte Richtung, und das kleine Fahrzeug entfernte sich langsam von seinem Gegner. Als der Abstand größer wurde, konnte Dixon durch das Beobachtungsfenster hinaussehen und beobachten, wie Männer über die Reling der *Housatonic* schossen. Er hörte, wie die kleinen Schußwaffen harmlos die *Hunley* streiften und auf dem Wasser aufprallten. Er war sich sicher, daß der Widerhaken mit der Ladung eingedrungen und den Rumpf aufgerissen hatte. Jetzt mußten sie Abstand gewinnen und die Ladung detonieren lassen.

Dann erspähte Dixon eine Kanone auf der *Hunley*, den Zweiunddreißigpfünder, der vom Ersten Offizier Craven besetzt war. Das Unterseeboot war jetzt fünfzig Meter entfernt, lange nicht weit genug, um die Explosion sicher zu überstehen. Voller Verzweiflung erkannte Dixon, daß ihnen nur Sekunden blieben, bis sie aus dem Wasser katapultiert würden. Er sah keine andere Wahl, als auf sein Glück zu setzen und zu hoffen, daß es ihm geneigt war. Er hatte die Absicht, die Lukenabdeckung aufzubrechen, darunter eine Waffe durchzuschieben, die Detonationsleine mit der Hand zu packen und die Explosion selbst auszulösen.

Noch bevor er handeln konnte, traf ein Schuß aus Cravens Revolver die Rolle und drückte sie gegen die Spindel. Die Leine straffte sich, spannte und betätigte den Zünder.

Der Widerhaken am Sparrenende der *Hunley* drang in den Rumpf der *Housatonic* ein, wo sie innen in der Nähe des Ruders und der Schraube endete. Das Schwarzpulver detonierte tief unter dem Schiff. Den Hauptschlag bekam der Steuerbordteil des Rumpfes ab. Es gab keinen Explosionsdonner, keine Wassersäule, keinen Rauch, keine Flammen. Für die Männer an Bord des Schiffs wirkte die Erschütterung eher wie ein Zusammenstoß mit einem anderen Schiff. Einer von ihnen sagte, daß die Explosion wie ein fernes Geschützfeuer aus einer Haubitze geklungen habe, gefolgt von einer Erschütterung. Ein anderer berichtete von Schiffsteilen, die durch die Nachtluft flogen.

Durch eine riesige Öffnung drang Wasser in die *Housatonic*, zerdrückte Holzteile und schlug durch die Bullaugen. Die Maschine raste, während die Propellerwelle in Stücke barst. Der größte Teil des Steuerbords hinter dem Kreuzmast wurde weggeblasen. Das Schiff fing sofort von Steuerbord an zu sinken. Wie ein sterbendes Tier schwankte es plötzlich in Richtung Steuerbord, senkte sich und das schwarze Wasser versetzte dem Rumpf einen Todesstoß. In weniger als fünf Minuten nach der Explosion blieb außer den Masten und den Aufbauten über der Oberfläche nichts von der *Housatonic* übrig.

In dem plötzlich entstandenen Chaos schrie der Erste Offizier, Joseph Congdon, man solle die Rettungsboote aussetzen. Nur zwei der sechs Boote, die in ihren Davits hingen, wurden weit genug von dem sinkenden Schiff ins Wasser gesetzt. Sie nahmen die über Bord gegangenen Männer schleunigst auf, während die Offiziere den Rest der Mannschaft in die Takelage trieben, um sich dort zu retten, denn nur wenige von ihnen konnten schwimmen.

Stark angeschlagen rief Kapitän Pickering den Männern in den Booten zu: »Rudert zur *Canandaigua* und fordert Hilfe an!«

Erst am folgenden Tag sollte die Musterung ergeben, daß fünf Männer der *Housatonic*-Besatzung nach dem Unglück vermißt wurden und wahrscheinlich ertrunken waren.

Die Schockwelle der Explosion schadete den Männern im Innern der *Hunley* weit mehr, als der Besatzung der *Housatonic*. Die Erschütterung verschlug ihnen den Atem. Sie wurden gegen die Kurbel und die Wände des Unterseeboots geworfen. Dixon war vorübergehend völlig bewegungsunfähig und starrte wie versteinert auf eine von der Explosion hochgeschleuderte Welle, die über die *Hunley* hinwegschäumte, sie nach der Seite drehte, hochhob und wieder herunterwarf wie ein Floß durch Stromschnellen. Bis jetzt konnte er nicht wissen, welche Auswirkungen eine Unterwasserexplosion aus kurzer Entfernung auf ein Unterseeboot haben würde. Es gab, soviel er wußte, keine Versuche, mit denen so etwas simuliert worden war.

Seemann Wicks wurde auf Arnold Becker, den ihm an der Kurbel am nächsten stehenden Mann geworfen, und seine Nase blutete. In der Mitte des Unterseebootes wurde Seemann Simpkins Kopf nach hinten gegen die Innenseite des Rumpfs geschleudert, dann wieder nach vorne gegen den Kurbelgriff, so daß er sofort ohnmächtig wurde. Frederick Collins brach sich das Kinn, während der Mann, der ihm am nächsten gestanden hatte, Gefreiter Charles Carlson, mit verstauchtem Rücken dalag.

Artillerist Augustus Miller fiel ebenfalls beim Rückprall gegen die Kurbel. Dabei brach einer seiner Vorderzähne mitten in der Hälfte durch. »Verdammt!« murmelte er durch seine blutenden Lippen. »Mein Zahn ist weg. Helft mir, meinen Zahn zu finden.«

Jeder litt unter Ohrensausen, und fast alle hatten Blessuren davongetragen. Es entstand aber keine Panik oder Chaos innerhalb des Unterseebootes. Sie saßen einfach im Schockzustand ein paar Minuten bewegungslos da, bis ihnen allmählich der Triumph ihres Sieges dämmerte. Dixon schüttelte sich, um die Benommenheit loszuwerden und spähte durch die Aussichtsluke. Bereits jetzt hatte die Flut die *Hunley* weitere fünfzig Meter nach Südosten von dem sinkenden Schiff abgetrieben. Aber er konnte erkennen, daß die *Housatonic* schnell auf Grund lief.

»Ist irgend jemand schwer verletzt?« fragte er.

»Simpkins ist ohnmächtig«, berichtete Wicks.

»Ich glaube, ich habe meine Nase gebrochen«, sagte Collins.

»Ich habe einen Zahn verloren«, murrte Miller.

»Was ist passiert, Leutnant?« fragte Wicks ängstlich. »Haben wir sie getroffen?«

»Schauen Sie durch das rückwärtige Lukenfenster«, antwortete Dixon, dessen Versteinerung nach dem Schock jetzt der Aufregung gewichen war. »Wir haben den verdammten Yankee versenkt.«

Die Spannung ließ plötzlich nach. Beinahe als wären sie zu neuem Leben erwacht, schüttelte jeder der Männer jetzt seine Lethargie ab und begann zu jubeln. Nach unglaublichen Beschwernissen hatten sie ihr Leben gewagt und gewonnen. Die *Hunley* hatte sich bewährt. Sie hatte schließlich das geleistet, wofür sie auserkoren war.

»Wir sind noch nicht aus dem Gröbsten raus«, warnte Dixon. »Nehmt die Kurbel auf, ich möchte noch weitere dreihundert Yards zwischen uns und die *Housatonic* bringen, bevor die Unionsflotte ihre Versenkung mitbekommen hat.«

In ihrer Hochstimmung bewegten sieben Männer das Fahrzeug vorwärts, als ob ihre Schmerzen und ihre Müdigkeit nicht existierten. Simpkins kam allmählich zu sich, aber er war noch zu benommen, um die Pflichten an der Kurbel zu übernehmen. Dixon drehte das Rad herum und steuerte einen Kurs eine Viertelmeile nach Osten, bevor er den Bug auf die Breech-Einfahrt hinlenkte. Sobald er das Gefühl hatte, daß sie in sicherer Entfernung waren, befahl er seiner Mannschaft zu halten und sich auszuruhen.

»Drei von euch müssen in Schichten arbeiten, damit wir auf Position bleiben, bis die Flut sich dreht und wir in den Hafen zurücksteuern können. Ich werde die Kurbel für Simpkins übernehmen, bis er auf den Kiel zurückkommt.«

»Verzeihung, Leutnant«, sagte Wicks. »Aber anstatt nach Battery Marshall zurückzukehren, meine ich, wir sollten nach Charleston hineinfahren und dem alten General Beauregard sagen, was wir getan haben, sozusagen persönlich.«

»Ich bin einverstanden«, lächelte Dixon. »Aber das würde bedeuten, an der halben Flotte der Union vorbeizufahren. Am besten kehren wir durch die Breech-Einfahrt zurück und fahren durch die hintere Bucht nach Charleston weiter.«

Sie wechselten sich beim Drehen des Propellers ab, gerade genug, um die *Hunley* davor zu bewahren, daß sie weiter hinaus auf die See getrieben wurde, bevor sich die Flut drehte. Dann holten die Männer den Wasserbehälter heraus und entspannten sich bei einem Rübengericht und getrocknetem Fleisch. Dixon und Wicks öffneten die Lukendeckel, um frische Luft hereinzulassen.

Dann stand Dixon auf, hob seinen Arm durch den Lukenturm und winkte mit einem blauen Licht, dem Signal für die Wachen in Battery Marshall, um ein Freudenfeuer anzuzünden, das als Leuchtfeuer die *Hunley* nach Hause geleiten sollte.

Um 21 Uhr 20 wurde auf dem Kriegsschiff der Union *Canandaigua* Kapitän Joseph Green von seinem Wachoffizier mit der Meldung an Deck gerufen, daß ein Boot längsseits käme. Green machte sich sofort auf den Weg zur Reling und rief über die Seite. »Was seid ihr für ein Boot?«

»Wir sind von der *Housatonic*«, antwortete Seemann Fleming. »Wir wurden von einem Rebellentorpedo versenkt. Was von unserer Mannschaft übrig ist, klammert sich an die Takelage.«

Da sie keine Explosion gehört hatten, waren Green und seine Offiziere von der Nachricht überrascht. Der Kapitän zog sofort Notsignale auf und schickte drei Raketen in die Luft, um die restliche Flotte zu alarmieren. Dann warf die *Canandaigua* ihre Ankerkette und kam sofort der *Housatonic* zu Hilfe. Unterwegs nahmen sie das zweite Boot mit dem unglückseligen Kapitän Pickering an Bord.

Sie erreichten das versunkene Schiff um 21 Uhr 35, brachten

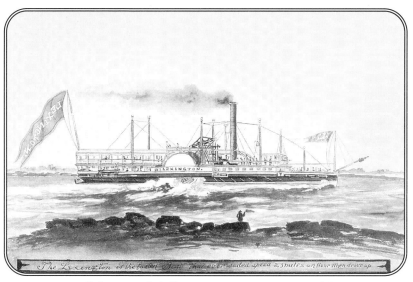

1   Aquarell des Dampfschiffes *Lexington* vor Long Island (kurz nach dem Stapellauf), von Bard.

2   Lithographie der brennenden *Lexington* von Currier.

3   Bohrung in Galveston, Texas, nach der *Zavala* unter dem Parkplatz.

4   Modell des Autors von dem Kriegsschiff der Marine der Republik Texas, *Zavala*.

5   U.S.S. *Cumberland* auf der Schiffswerft von Portsmouth, um 1860.

6   U.S.S. *Cumberland* nachdem es von der C.S.S. *Virginia (Merrimack)* gerammt wurde.

7   Das berühmte Kaperschiff der Konföderation, die C.S.S. *Florida*.

8   Autor mit Artefakten, die aus der U.S.S. *Cumberland* und aus der C.S.S. *Florida* geborgen wurden.

9   Modell des Autors von dem konföderierten Panzerschiff C.S.S. *Arkansas*.

10   Schlacht zwischen dem Panzerschiff der Union, der U.S.S. *Carondelet*, und der C.S.S. *Arkansas*.

11   Berühmtes Flußkriegs-Panzerschiff, die U.S.S. *Carondelet*.

12   Historisches konföderiertes Unterseeboot *Horace L. Hunley*, auf dem Dock in Charleston, 1863.

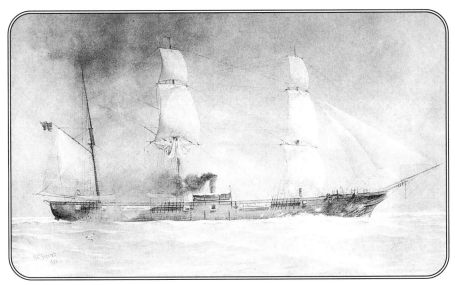

13 Kriegsschaluppe der Union, die *Housatonic*, von dem konföderierten Unterseeboot *Hunley* am 17. Februar 1864 versenkt.

14 Das konföderierte Unterseeboot C.S.S. *Hunley* torpediert ein Kriegsschiff der Union, die U.S.S. *Housatonic*.

15   Der hochgeschätzte Erfinder, Dr. Harold Edgerton, mit dem Autor während der ersten Suche nach der *Hunley* 1980.

16   Peter Throckmorton, Amerikas Dekan der Marinearchäologie, mit dem Autor während der Suche nach der *Hunley*.

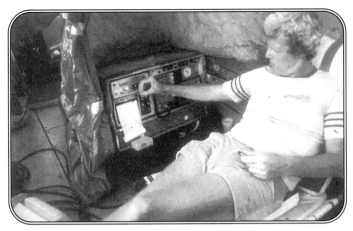

17 Bill Shea führt aufregende Suchtechniken mit dem Magnetometer vor.

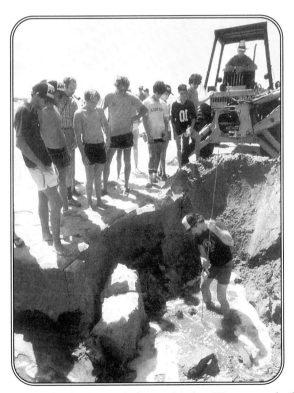

18 Cussler beobachtet Cal, den städtischen Wartungstechniker, wie er den Blockadebrecher der Konföderation, *Stonewall Jackson*, auf dem Strand der Isle of Palms, South Carolina, ausgräbt.

19 Von links nach rechts: Walt Schob, Autor, und Bill Shea bei der Kennzeichnung von Suchrastern für die *Hunley*.

20 Die Männer, die nach 131 Jahren zum ersten Mal die *Hunley* berühren. Von links nach rechts: Wes Hall, Ralph Wilbanks und Harry Pecorelli III.

21   Schild, aufgestellt von Craig Dirgo und Dirk Cussler bei der Ankündigung der Entdeckung.

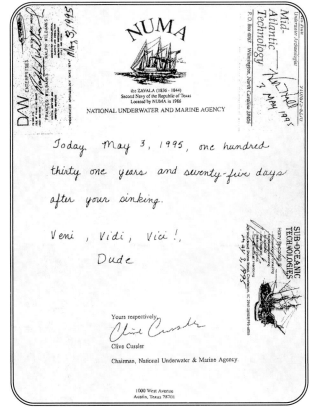

22   Nur damit es keinen Zweifel gibt, wer die Entdeckung gemacht hat. Wasserdichter Umschlag mit der Bescheinigung, der in der vorderen Innenluke der *Hunley* befestigt ist.

23 Eine Baldwin 4-5-0 des gleichen Typs, wie die in Kiowa Creek verlorene Lokomotive.

24 Das erste Wolfsrudel. U-12, U-20 und U-21, die alle 1984 von der NUMA gefunden wurden.

25   Britischer Aufklärungskreuzer H.M.S. *Pathfinder*. Das erste von einem U-Boot versenkte Schiff.

26   Versenken der *Pathfinder* durch die U-21, am 5. September 1914.

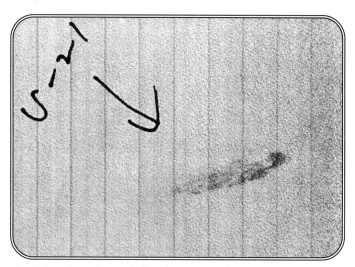

27 Seiten-Scan-Sonar-Aufzeichnung von der U-21 in der Nordsee, in einer Tiefe von 190 Fuß.

28 Belgischer Truppentransporter *Léopoldville*, torpediert am Heiligen Abend 1944 vor Cherbourg.

29 Cussler mit dem hübschesten Mädchen
    von Bridlington, England.

30 Kapitän Flett von der *Arvor III*.

31 Die buntgemischte NUMA-Mannschaft nach ihrem Kartoffel-Angriff auf eine französische Raketen-Fregatte.
Von links nach rechts: John, der erste Maat, Dirk Cussler, Derek Goodwin, Jimmy Flett, Autor, Colin, der Koch, Wayne Gronquist und Bill Shea.

32 Der Autor wird von Bob Hesse anläßlich des Treffens der 66. Infanteriedivision von der Panther-Veteranen-Organisation geehrt.

ihre Boote zu Wasser und fingen an, die Männer herunterzuholen, die sich an die Takelage klammerten. Keiner der Offiziere der *Canandaigua* berichtete über irgend etwas Ungewöhnliches oder Außerordentliches auf ihrem Weg zur Rettung der Überlebenden der *Housatonic*.

Zu spät bemerkte Dixon ein Zittern im Wasser, das durch die eisernen Seiten der *Hunley* drang. Zu spät entdeckte er die Lichter des Schiffs, das den Überlebenden der *Housatonic* zu Hilfe gekommen war. Zu spät wurden die Lukendeckel zugeschlagen und befohlen, das Unterseeboot zu tauchen. Zu spät rief er eine Warnung aus. Acht Männer machten sich verzweifelt an die Kurbel in einem erfolglosen Versuch, die *Hunley* aus dem Weg der *Canandaigua* zu bringen. Die Männer in dem Unterseeboot hatten Zeit verloren.

Dixon stand wie versteinert, als er durch die Aussichtsluke den Bug des Kriegsschiffes undeutlich in der Dunkelheit aufragen sah. Der Schlag ließ die *Hunley* auf die Seite rollen und trieb sie tief in die See. Eisenplatten brachen auseinander, und das Wasser sprudelte ins Innere und füllte den Schiffsleib innerhalb von Sekunden.

Niemand kann ahnen, welches die letzten Bilder waren, die der zum Tode verurteilten Mannschaft der *Hunley* in den Sinn kamen, als sie das letzte Mal in den Wellen untertauchte. Dixons letzter Gedanke galt wahrscheinlich seiner Geliebten, Queenie Bennett, die in Alabama auf ihn wartete. James Wicks hat sich vielleicht seine Frau und vier Töchter vorgestellt, bevor er ins Schwarze sank.

Hunleys eigene Todesziffer betrug jetzt 22.

Mit der Zeit mögen die Knochen Dixons und seiner Mannschaft von dem Schlick konserviert worden sein, der langsam in das Unterseeboot eindrang und den Innenraum ausfüllte. 131 Jahre mußten vergehen, ehe irgend jemand erfuhr, wo und warum sie starben.

Die Aktion des kleinen Unterwasserfahrzeugs, das in die Geschichtsbücher als das erste Unterseeboot einging, das ein Kriegsschiff versenkte, war ein Bravourstück, das erst wiederholt wurde, als die *U-21* den britischen Kreuzer *H. M. S. Pathfinder* im Ersten Weltkrieg torpedierte. Ihre Urahnin und Vorgängerin hieß *Pioneer*. Ein Geistesprodukt des Maschinisten James McClintock und drei Jahre vor der *Hunley* gebaut, war sie ein zigarrenförmiges Gefährt mit konisch zugespitzten Enden, dreißig Fuß lang und vier Fuß im Durchmesser. Die *Pioneer* gewann siebzig Jahre Vorsprung vor Howard Hughes schnellem Flugzeug. Sie hatte versenkte Nieten, mit denen ein Viertelzoll dicke Eisenplatten mit dem Innenrahmen verbunden wurden, wodurch die Reibung bei der Fahrt unter Wasser reduziert wurde. In Berichten heißt es, sie habe erstaunlich gut funktioniert, wenn sie von ihrer Dreimannbesatzung bedient wurde, die während eines Testlaufs tatsächlich einen Schoner auf dem Pontchartrain-See in die Luft jagte.

Zwei der Finanziers der *Pioneer*, Horace L. Hunley und Baxter Watson, waren hell begeistert von der Aussicht, sie in ein Privatschiff zu verwandeln. Also beantragten sie die notwendigen Patente, um sie als Privatschiff zu betreiben. Leider hatte der Admiral der Union, David Farragut, andere Vorstellungen. Er fuhr mit seiner Flotte an den Forts auf dem unteren Mississippi vorbei und eroberte New Orleans, noch ehe die *Pioneer* fertiggestellt war.

Hunley befahl, die *Pioneer* zu versenken, um zu vermeiden, daß sie in die Hände der Yankees fiel. Viele Jahre später wurde ein Unterseeboot, das angeblich das McClintock-Gefährt sein sollte, aus einem Kanal geholt und steht jetzt in Jackson Square. Aber Größe und Form stimmen nicht genau mit den zeitgenössischen Aussagen der Augenzeugen der *Pioneer* überein. Forscher behaupten auch, daß Hunleys und McClintocks Unterseeboot gehoben wurde und mehrere Jahre nach dem Krieg als Schrott zur Auktion freigegeben worden sei.

Hunley, McClintock und Watson flohen nach Mobile, Alabama,

und begannen schnell in einer Maschinenwerkstatt ein zweites Unterseeboot zusammenzubauen, die Thomas W. Park und Thomas B. Lyons gehörte. Sie wurden tatkräftig von zwei Ingenieur-Offizieren aus dem 21. Alabama-Regiment unterstützt, Leutnant William Alexander und Leutnant George E. Dixon.

Schlicht als *Pioneer II* bezeichnet und gelegentlich *American Diver* genannt, war das neue Gefährt größer und für die Unterwasserfahrt geeigneter konstruiert als ihr Vorgänger. Sie bewährte sich und war nicht mit allzu großer Mühe zu beherrschen. Ihre Probefahrten gingen glatt vonstatten, aber als sie ihre erste Mission antrat, um ein Blockadeschiff der Union zu versenken, trieb eine plötzliche Sturmbö von der See herein. Als sie von einem Schlepper über die Mobile Bay gezogen wurde, schlugen die Wellen über der *Pioneer II* in die offenen Luken. Das Ausschöpfen erwies sich als undurchführbar, und die Besatzung verließ das Unterseeboot, bevor es außerhalb von Fort Morgan ins Meer gleiten konnte.

Mit mehr Mut als Weitsicht kratzte Hunley die Gelder zusammen, um ein drittes Unterseeboot anzufangen. McClintock fungierte als Berater bei diesem Projekt, während Leutnant Alexander die Konstruktionsarbeiten übernahm und beaufsichtigte. Es trat ins Leben mit etwas, was man für einen alten Lokomotivkessel halten konnte, der horizontal aufgeschnitten und von einem ein Fuß breiten zwischen die beiden Hälften genieteten Eisenstreifen höher gelegt worden war. Ein solider, keilförmiger gußeiserner Bug kam hinzu, während der Rumpf drei Fuß tief mit Schotten versehen war, wo sie Wasserballasttanks bildeten.

Das Schiff, das als *Hunley*-Torpedoboot berühmt wurde, war für seine Zeit erstaunlich weit entwickelt. Seine Rumpfanordnung ähnelte sehr stark der viel späteren *Nautilus* der Atom-U-Boot-Serie. Es besaß Tauchflügel, die an jeder Seite des Rumpfes angebracht waren, manuelle Pumpen, um den Wasserballast zu verstärken oder zu verringern, eine einzelne Schraube und ein Ruder, das aus der Mitte des Hecks herausragte und wiederum einem modernen Atom-U-Boot sehr ähnlich sah. Eisengewichte konnte man mit einer Schraubenschlüsseldrehung am Kiel herablassen, um in Notfällen Ballast abzuwerfen. Zwei kleine vorstehende Öffnungen mit Aussichtslöchern dienten als Eingangs- und Ausgangslukentürme. Sie waren kaum breit genug für einen Mann, sich durchzuzwängen, wenn er die Arme über den Kopf hielt. Es gab sogar ein rudimentäres Schnorchelsystem, als »Luftkasten« bezeichnet, mit Rohren, die vertikal schwingen konnten, die Enden über der Wasseroberfläche. Es war fast, als hätte Henry Ford bei seinem ersten Versuch eines pferdelosen Wagens ein 1929er Modell einer Luxuslimousine der Klasse A gebaut.

Der einzige Mangel der *Hunley* war ihr primitives Antriebssystem. Elektrische Batteriekraft und Dieselmotoren lagen noch in ferner Zukunft. Sie mußten sich auf acht starke Männer verlassen, die die Kurbel drehten, mit der die Schraube betrieben wurde.

Die Gesamtlänge der *Hunley* erstreckte sich auf circa fünfunddreißig Fuß, während ihr Rumpf fünf Fuß hoch und vier Fuß breit im Wasser lag. Das Ruder wurde von einem Rad gesteuert und vom Kapitän bedient, der durch die Aussichtslöcher im vorderen Lukenturm spähend navigierte. Sie trug ein zwanzig Fuß langes Eisenrohr als Sparren von ihrem Bug herab. Wie ein Ärmel über das Ende gezogen, war ein Widerhaken mit Sägezähnen an einem runden Kupferkanister befestigt, der eine Ladung Schwarzpulver enthielt. Der Zweck war, daß die Mannschaft den Propeller so schnell sie konnte drehen und den Widerhaken in dem Rumpf des Ziels treiben sollte. Dann, wenn sie rückwärts fuhr, würde der Sparren vom Widerhaken und vom Kanister gleiten, während eine Abzugsleine zum Feuern von einer Rolle neben der vorderen Luke betätigt wurde. Bei 150 Yards würde die Leine den Schießmechanismus auslösen und die Ladung detonieren lassen, während die *Hunley* sich in sicherer Entfernung befand.

Sie wurde in der ausschmückenden Journalistensprache der Zeit als »Höllenmaschine« bezeichnet, besser noch als »peripatetischer oder umherziehender Sarg«. Für Zeitungsleute im Norden, nachdem Nachrichten über ihre Konstruktion dank der Spione durchgesickert waren, galt sie als »Geheimwaffe des Südens«.

Die bewegten Wasser von Mobile Bay erwiesen sich als zu rauh für das Unterseeboot, und die Unionsschiffe blieben zu weit außer Reichweite für einen einzelnen Versuch in der Nacht. Also fingen Hunley und seine Mitarbeiter an, alle Hoffnungen auf lukrative Privatunternehmungen aufzugeben. Dann kam ein Angebot, dem sie nicht widerstehen konnten.

General Pierre Beauregard, Kommandant der Verteidigungskräfte von Charleston, South Carolina, forderte den Transport des Unterseeboots in seinen Bezirk an, um die Unionsflotten-Blockade des Hafens auszuschalten. Horace Hunley und sein Miterbauer ergriffen die Gelegenheit, besonders seit ein reicher Kaufmann und Eigentümer mehrerer Blockadebrecher, John Fraser, einen Preis von 100 000 Dollar für jedes Schiff geboten hatte, das das Flaggschiff der Union, die *New Ironside*, zerstören konnte, oder 50 000 Dollar für jedes Beobachtungsschiff oder andere bewaffnete Kriegsschiff, das versenkt wurde.

Das Unterseeboot wurde rasch auf zwei Eisenbahn-Güterwagen gestellt, festgezurrt und durch die bewaldete Landschaft des Südens zur Brutstätte der Sezession geschleppt. Sie muß ein erhebender Anblick für die ungebildeten Anwohner der Städte und Dörfer entlang des Weges gewesen sein. Die *Hunley* war kein Riesenkorken, und die Güterwagen stöhnten unter der Eisenmasse. Nach Schätzungen betrug ihr Bruttogewicht zwischen vier und zehn Tonnen.

Horace Hunley übergab McClintock das Kommando über das Unterseeboot. Die Operation begann mit einem alles andere als günstigen Start. McClintock und seine zivile Mannschaft versuchten mehrmals, den Hafen zu verlassen und die Unionsflotte anzugreifen. Es gelang ihnen aber nicht, weil sie mechanische Probleme und mit der rauhen See zu kämpfen hatten.

Die Militärs waren nicht beeindruckt. Als sie ernsthaft empfahlen, einen Marineoffizier als Beobachter mitzuschicken, wies sie McClintock kaltlächelnd zurück. Das war kein kluger Zug. Die *Hunley* wurde prompt im Namen der Konföderation requiriert. McClintock erhielt seine Papiere, und eine neue Mannschaft aus Marineleuten von der gepanzerten Flotte im Hafen unter dem Kommando von Leutnant John Payne kam an Bord, um ihr Glück zu versuchen.

Auch sie hatten schlechte Karten.

Kurze Zeit darauf setzte Payne aus Unerfahrenheit den Tauchgang des Schiffs in Betrieb, während er in einem Seil verwickelt im Lukenturm gefangen lag. Die offenen Luken kippten unter Wasser, und das Unterseeboot sank. Payne kam frei, sprang heraus und rief seinen Männern zu, das Schiff zu verlassen. Das war für ihn leicht gesagt. Er stand bereits halbwegs aus dem vorderen Lukenturm herausragend. Die armen Seelen im Innenraum hinter ihm hatten größere Chancen, den Ärmelkanal in Handschellen zu durchschwimmen, als ihrem eisernen Sarg zu entfliehen.

Leutnant Charles Hasker, der im hinteren Lukenturm stand und die Ballastpumpe bediente, wurde zu Boden gerissen, als der Sog des Wassers den Deckel zuzog, sein Bein einzwängte und brach. Während das Unterseeboot sich mit Wasser füllte, glich der Innendruck sich aus, und Hasker bekam sein gebrochenes Bein frei. Er schwamm in großen Stößen an die zweiundvierzig Fuß entfernte Oberfläche, wunderbarerweise erreichte er die Luft und die Sonne, ohne zu ertrinken oder an Embolie zu sterben. Nach dem Bürgerkrieg gefiel es Hasker, damit anzugeben, daß er der einzige Mann war, der mit der *Hunley* untergegangen war und überlebt hatte.

Fünf Männer ertranken. Die *Hunley* konnte ihre ersten Opfer verzeichnen.

Sie wurde gehoben, die Leichen wurden entfernt und das Innere trockengelegt. Horace Hunley bot freiwillig den Dienst des Teams an, das sie geschaffen hatte, einschließlich Thomas Park, in dessen Werkstatt das Gefährt gebaut worden war, und Leutnant Dixon. Beauregard akzeptierte. Hunley und seine Leute kamen an und machten das Unterseeboot umgehend wieder tauchbereit.

Übungsmanöver begannen in den Flüssen Ashley und Cooper und erwiesen sich als ziemlich beeindruckend. Mehrfach gelang es der *Hunley* und ihrer Mannschaft, unter einem einhundert Meter entfernt vor Anker liegenden Schiff wegzutauchen und innerhalb von zehn oder fünfzehn Minuten in der gleichen Entfernung auf der anderen Seite wieder hochzukommen.

Am 15. Oktober 1863 war die Sonne von einem dichten Morgennebel verdunkelt. Dixon, der normalerweise das Unterseeboot kommandierte, war an diesem Tag nicht anwesend, und Hunley nahm das Ruder zu einer Tauchübung. Aus irgendeinem unbekannten Grund fehlte dem Schiff noch ein weiteres Mitglied der Mannschaft, die jetzt aus acht Personen bestand.

Die Männer traten von der Pier auf die schmalen Planken, die zu den offenen Lukentürmen der *Hunley* führten. Sie zwängten sich durch die engen Öffnungen und nahmen ihre Plätze an der Schraubenkurbel ein. Sie saßen in versetzten Reihen, und der Innenraum war überbelegt. Dann trat Thomas Park durch die rückwärtige Luke ein und versiegelte sie, während Hunley das gleiche vorne tat.

Hunley steuerte auf die *Indian Chief* zu, einem stillgelegten Schiff, das die konföderierte Marine benutzte, um die Hafenverminungsoperationen zu unterstützen. Der Kommandeur des Unterseeboots hatte zwei Möglichkeiten für Unterwasserfahrten. Er konnte die Ballasttanks fluten, bis die Lukentürme kaum über dem Wasser standen und sie dann dadurch hinunterlassen, daß er die Tauchflügel kippte und somit den Winkel für die gewünschte Tiefe kontrollieren konnte. Seine zweite Möglichkeit und die leichteste für sein menschliches Antriebssystem war, die Tanks zu fluten, bis er neutrale Antriebskraft in der richtigen Tiefe erreicht hatte, die gleiche grundlegende Methode, die man auch bei allen modernen Unterseebooten anwendet. Die Gleichgewichtslage wurde von Park stabilisiert, der an den Ventilen und an der Pumpe für den Backbordballasttank arbeitete. Als Hunley bereit war aufzutauchen, pumpten er und Park den Wasserballast gleichzeitig aus den Tanks, und das Unterseeboot stieg an die Oberfläche, vorausgesetzt alles war glatt gegangen.

Aber an diesem Tag ging irgend etwas furchtbar schief.

Zeugen erinnern sich, daß sie das Unterseeboot unter die Oberfläche tauchen sahen und dann umsonst darauf warteten, daß es wieder hochkam. Nach ein paar Stunden wurde klar, daß Horace Hunley zusammen mit seiner Mannschaft im Inneren der »Höllenmaschine« verloren war.

Wieder so ein Fall menschlichen Irrtums. Hunley hatte seinen Abstiegswinkel falsch eingeschätzt und zugelassen, daß der vordere Ballasttank geflutet wurde. Das Unterseeboot verlor an Trimmlage und rammte seine Nase tief in den Schlamm am Boden. Sein Heck hob sich leicht in Richtung Oberfläche, 145 Fuß entfernt. Jetzt machte sich einer der technischen Mängel bemerkbar. Das Schott für die Ballasttanks dehnte sich nicht bis an den oberen Rand des Rumpfdachs aus, und der vordere Tank fing an überzulaufen, so daß das Wasser in das Hauptabteil floß.

Verzweifelt schlug Hunley den Pumpengriff vorwärts und rückwärts und befahl Park, den Achterntank hochgehen zu lassen in einem verzweifelten Versuch, die Schwimmkraft zu vergrößern. Park verlor nicht den Kopf und das Schiff hob sich am Heck, bis es im steilen Winkel von 30 Grad aufgestiegen war. Hunley geriet leider in Panik und vergaß, sein Ventil zu schließen, und trotz seiner Bemühungen an der Pumpe floß das Wasser weiter herein.

Er rief der Mannschaft zu, die eisernen Ballastplatten am Kiel fallen zu lassen. Im Ungleichgewicht arbeitend bemühten sie sich, die verrosteten Bolzen zu drehen, aber es gelang ihnen nur zur Hälfte, dann kroch der unbarmherzige Wasserstrom über ihre

Köpfe hinweg. In einem letzten Versuch, sich zu retten, bemühten sich die Männer, durch die Luken zu entfliehen und an die Oberfläche zu schwimmen. Die Deckel bewegten sich jedoch nicht, sondern waren vom Wasserdruck fest versiegelt. Als man ihre Körper entdeckte, hielten die meisten noch immer mit ihren Händen Kerzen fest umklammert.

Die Punktzahl lautete jetzt: *Hunley* 13, Konföderation 0.

Ein Spruch ging in der ganzen Stadt herum: »Die *Hunley* sinkt innerhalb eines Augenblicks nach der Warnung und manchmal auch ohne Vorwarnung.« Die konföderierte Marine nahm den Standpunkt ein: »Ich habe euch gewarnt« und wusch ihre Hände in der Unterseeboot-Affäre in Unschuld. Trotz seiner Vorbehalte befahl Beauregard, die *Hunley* zu bergen. Taucher, angeführt von Kapitän Angus Smith, wurden beauftragt, das Unterseeboot ein zweites Mal hochzuholen. Hunley fand man mit dem Kopf im vorderen Lukenturm eingezwängt, einen Arm erhoben, als ob er gegen den Deckel drücken wollte. Thomas Park wurde in der gleichen Position im hinteren Lukenturm gefunden. Beide waren erstickt. Die anderen sechs Männer waren ertrunken.

Diejenigen, die ihre schwarzen und entstellten Gesichter sahen, vergaßen den schauderhaften Anblick nie. Das Blut und die zerfetzten Körperteile auf dem Schlachtfeld waren ein Schreckensbild, das man akzeptieren, sogar verstehen konnte. Aber der Tod in einer eisernen Kiste unter der Meeresoberfläche erfüllte sie mit einer Abscheu, viel schlimmer, als es ein Alptraum vermocht hätte.

Die Beerdigung fand am darauffolgenden Sonntag statt. Der Leichnam Hunleys wurde von zwei Kompanien Soldaten und von einer Kapelle zum Magnolia-Friedhof in Charleston begleitet. Nach einer feierlichen Zeremonie wurde er zur Ruhe gebettet, unmittelbar gefolgt von seiner unglückseligen Mannschaft.

Das Unterseeboot wurde auf ein Dock gehoben, bis Beauregard sich entscheiden konnte, was er mit ihm tun wollte. Ein Künstler aus dem Süden, Conrad Wise Chapman, kam vorbei, zeichnete das

Torpedoboot und malte später ein kleines Bild davon, das jetzt im Konföderationsmuseum von Richmond hängt. Primitiv in seiner Konstruktion, erstaunlich modern in der Form, sitzt es da wie der sprichwörtliche Fisch außerhalb des Wassers, sein Torpedosparren unbestimmt über das Wasser auf die feindliche Flotte zielend.

Die *Hunley* wurde als ein Jonas verdammt, und die Mehrheit derjenigen, die Kritik äußerten, forderten, daß sie jetzt, wo ihre Besatzung heraufgeholt worden war, zurück auf den Meeresboden geworfen und dort liegengelassen werde. Beauregard ließ alle weiteren Unterwasseroperationen stoppen, denn er sah keinen Grund, warum er weitere Leben an eine verrückte Erfindung verschwenden sollte. Nur zwei Personen widersprachen seinem Entschluß.

Leutnant George Dixon und William Alexander, die geholfen hatten, die *Pioneer II* zu konstruieren, eilten, nachdem sie von der Tragödie von Mobile gehört hatten, nach Charleston. Beide weigerten sich, die Niederlage zu akzeptieren.

Gemeinsam überzeugten sie den widerstrebenden Beauregard, daß es doch eine schreckliche Verschwendung sei, die heroischen Bemühungen der Toten zu vergessen und die mögliche Bedrohung durch das Unterseeboot für die Union und ihre Blockadeflotte zu ignorieren. Alles andere als enthusiastisch gab Beauregard schließlich nach, aber nur unter der Bedingung, daß eventuelle Attacken gegen den Feind über und nicht unter Wasser stattfinden müßten.

Die beiden jungen Ingenieur-Offiziere überholten das Schiff schnell und, was am unglaublichsten ist, versammelten eine neue Mannschaft aus einer riesigen Menge Freiwilliger, noch bevor sich der Boden über Hunley und den Gräbern seiner Kameraden gesenkt hatte. Vielleicht siegte das verführerische Angebot, das noch immer galt, von 100 000 Dollar für den, der die *New Ironside* versenkte, über die ständige Bedrohung durch einen schrecklichen Tod. Es wurde nie mit Gewißheit bekannt, ob die Belohnung in Gold oder in der Währung der Konföderation ausgezahlt werden sollte.

Das Schiff wurde offiziell umbenannt in *Horace L. Hunley* mit Dixon als ihrem Kommandeur. Jetzt kam es unter die Fittiche der Armee, und die Marine war zur Unterstützung bereit. Dixon und Alexander hatten das Schiff im Haffwasserkanal hinter Battery Marshall auf Sullivan's Island festgemacht und sich in Mount Pleasant niedergelassen, um dort eine Unterseebootsführer-Schule zu eröffnen, die als erste der Welt gelten sollte. Die Mannschaften wurden in den Grundlagen des Unterwasserbetriebs mit Hilfe von Diagrammen unterwiesen, die in den feuchten Strandsand gezeichnet wurden. Es wurde ihnen auch aufgetragen, die Freiübungen des neunzehnten Jahrhunderts auszuführen. Wenn wir nur Videoaufnahmen davon hätten. Die Nachmittage waren den Tauchübungen und dem Langlauf gewidmet. In den letzten Strahlen des Tageslichts pflegten die zwei jungen Offiziere am Strand zu liegen und die Entfernungen zu den Unionsschiffen, die am Anker hin und her schwankten, mit dem Kompaß zu schätzen. Wenn sie den Eindruck hatten, das Unterseeboot und die Mannschaft seien dazu bereit, fingen sie an, nachts gegen die feindliche Flotte auszulaufen. Sie liefen mit der Ebbe aus und kehrten mit der hereinkommenden Flut zurück.

Admiral John Dahlgren, Unions-Kommandant der Südatlantik-Blockadeflotte, wurde über den Fortschritt der *Hunley* von konföderierten Deserteuren ständig auf dem laufenden gehalten. Er wies seine Schiffskapitäne an, sie gut im Auge zu behalten, wenn sie nachts ankerte. Schwimmende Großbäume mit herabhängenden Ketten um die Schiffe wurden als primitive Art von Anti-Torpedo-Netzen plaziert. Helle Karbidlichter wurden zündfertig gemacht, bereit zum Aufflammen, und bemannte Patrouillenboote bewegten sich ständig um die Anlegestellen. Dahlgren befahl auch seinen eisenbewehrten Beobachtungsschiffen, in seichtem Wasser zu ankern, damit für die *Hunley* kein Platz wäre, von unten herauf zu manövrieren.

Nacht für Nacht wagten sich das unbeholfene Unterseeboot und seine abgehärtete Mannschaft hinaus in das Meer außerhalb von Charleston, um ein Yankee-Schiff zu versenken. Und jedesmal kamen sie mit leeren Händen zurück, denn im Morgengrauen eilten sie davon, um der Entdeckung zu entgehen, geschunden vom aufgewühlten Wasser, den wilden Strömungen und starken Winden, die Arme oft zu müde, um die Schraubkurbel auch nur noch ein einziges Mal zu betätigen.

Der Winter brachte Kälte, elendes Wetter, und die Raubzüge der *Hunley* gestalteten sich immer schwieriger. Mehr als einmal wurden sie von Gegenströmungen beinahe hinaus aufs Meer geschwemmt. Bei anderen Gelegenheiten befanden sie sich noch immer in Reichweite der Unionskanonen, als die Sonne aufging. Ein todmüder Dixon beschloß, seiner Mannschaft eine Ruhepause zu gönnen, während er in den ruhigen Gewässern hinter Sullivan's Island weitere Unterwasserexperimente durchführte. Eines dieser Experimente, das ihn faszinierte, betraf das Ausdauertauchen.

Wenn sie von einem Patrouillenboot entdeckt würden oder von einem Blockadeschiff unter Feuer gerieten, gab es keine andere Möglichkeit zu fliehen, als das Tauchen und Warten am Boden. Ihr Leben hing vielleicht davon ab, daß sie wußten, wie lange sie unten bleiben konnten, um die Patrouillenboote der Union von ihrer Spur abzubringen.

Nachdem sie sich auf einen gemeinsamen Plan geeinigt hatten, winkten Dixon und Alexander den Soldaten zu, das Dock in Battery Marshall zu umstellen. Dann verriegelten sie die vorderen und hinteren Lukendeckel und prüften auf ihren Taschenuhren die Uhrzeit. Die Ballasttanks wurden geflutet, und das Unterseeboot senkte sich langsam in den Schlamm des Haffwasserkanals. Um derzeitige Auslaufbedingungen zu simulieren, drehten die Männer langsam den Propeller, jeder strengte sich an, damit er nicht der erste war, der »Auftauchen« rufen würde.

Fünfundzwanzig Minuten später weigerten sich die Kerzen weiterzubrennen. Jede Sekunde verging wie eine Ewigkeit. Die

Feuchtigkeit aus ihrer Atemluft erhöhte die Feuchtigkeit im Inneren bis zur Unerträglichkeit. Schwärze lag wie eine erstickende Decke über ihnen. Die übliche scherzhafte Unterhaltung erstarb, das Schweigen wurde nur durchbrochen von einem gelegentlichen »Na, wie ist es?« gefolgt von »In Ordnung«. Innen wurde es drückend von der verbrauchten Luft, gemischt mit dem Geruch von Schweiß. Niemals in der Geschichte hatten Menschen so lange unter Wasser durchgehalten. Und doch bat keiner, erlöst zu werden.

Sie übertrafen bei weitem jede von ihnen geforderte Grenze. Schließlich, wie auf Befehl, keuchten alle neun Männer im Chor: »Auftauchen!«

Schnell pumpte Dixon das Wasser aus dem vorderen Ballast. Aber Alexanders hintere Pumpe funktionierte nicht. Mit unglaublicher Geistesgegenwart analysierte er das Problem. Nach dem Gefühl gehend, schraubte er die Kappe auf der Pumpe auf, drehte das Ventil auf und zog einen Klumpen Seegras heraus, der den Eingang verstopft hatte.

Doch jetzt war der Bug hochgegangen und das Heck war fest im Schlamm steckengeblieben. Die anderen kämpften gegen die aufsteigende Panik, während fürchterliche Visionen von Hunley und Park und den letzten Augenblicken ihrer Mannschaft in ihrer Vorstellung Wirklichkeit wurden. Der Tod starrte ihnen geradewegs in die Augen, und doch blinzelte keiner.

Ohnmacht ergriff Alexanders Geist, als er die Pumpe neu zusammensetzte und wie verrückt an dem Hebel arbeitete. Einen schrecklichen Augenblick lang weigerte sich der Bodenschlamm, seinen Griff zu lösen. Dann plötzlich kam das Heck frei, und die *Hunley* stellte sich genau in dem Augenblick gerade, als die Lukentürme durch die Oberfläche brachen. Die Deckel wurden entriegelt und zurückgeworfen. Bis zum letzten Mann fiel die Besatzung erschöpft zurück, und alle fühlten die enorme Erleichterung, als sie die kühle, frische Luft einatmeten.

Die Sonne hatte geschienen, als sie den Test begannen, und jetzt war es dunkel. Nur ein einzelner Soldat war auf dem Dock zurückgeblieben. Der Rest hatte sich verteilt in der festen Annahme, die *Hunley* habe wieder mit ihren alten Tricks angefangen. Er schrie vor Erleichterung laut auf, als ihm klarwurde, daß sie glücklich wieder aufgestiegen waren. Da rief Alexander ihm zu, er solle die Mooring-Leine aufnehmen.

Ein Streichholz wurde angezündet, und die Uhren wurden verglichen. Sie waren zwei Stunden und fünfunddreißig Minuten unter Wasser geblieben. Eine erstaunliche Leistung, wenn man die geringe Kubikverdrängung im Innenraum des Unterseebootes berücksichtigte. Die *Hunley* war wahrhaftig ein Pfadfinder in den Unterseebootskonflikten, die in Zukunft noch auftreten sollten. Beauregard war ehrlich von der Leistung beeindruckt und befahl, dem Unterseeboot und seiner Mannschaft jede Hilfe zu gewähren, die die Armee und die Marine zu bieten hatten. In Anbetracht der erneuten Unterstützung führte Dixon das Fahrzeug hinaus, wann immer das Wetter es zuließ, nahm immer größere Risiken auf sich in seinen scheinbar aussichtslosen Bemühungen, ein realistisches Ziel zu erreichen.

Dann, Anfang Februar 1864, wurde Alexander ganz unerwartet nach Charleston zu Mobile gerufen, um eine Hinterlader-Repetierkanone zu entwerfen und zu konstruieren. Er selbst meinte dazu: »Das war ein schrecklicher Schlag, sowohl für Dixon als auch für mich, nachdem wir soviel zusammen durchgestanden haben.«

Seine Anträge, bei der *Hunley* bleiben zu dürfen, wurden abgelehnt. Die Notwendigkeiten der Streitkräfte zwangen dazu, Alexander dorthin zu schicken, wo seine Talente am meisten gebraucht wurden. Er wurde durch einen Freiwilligen aus einer Artillerieeinheit ersetzt, die in einem der vielen Forts der Stadt stationiert war.

Dixon machte allein weiter, bis er in jener Schicksalsnacht des 17. Februar 1864 unterging.

II
Der schwerste Fund von allen

Juli 1980

Im Laufe der Jahrhunderte sind Seeleute auf dem Meer immer wieder von abergläubischen Vorstellungen besessen gewesen. Eine Frau auf einem Schiff wurde einst für unglückbringend gehalten. Schiffe mit männlichen statt weiblichen Namen hatten ein tragisches Schicksal zu erwarten. Kein Seemann würde je einen Sturmvogel töten, ein Tabu seit den Zeiten der Seeleute in der Antike. Im Lichte moderner Technologien und fortschrittlichen Denkens wurde der Aberglaube der Seeleute über Bord geworfen und vergessen. Eine Tradition jedoch hat noch immer ihre erkleckliche Zahl Anhänger. Sie sind fest davon überzeugt, daß es einem Schiff Unglück bringt, wenn es an einem Freitag aus dem Hafen segelt. Bis zur Jahrhundertwende haben Versicherungsgesellschaften eine Sonderprämie für jedes Schiff berechnet, das an einem Freitag zu einer Überseereise aufbrach.

Im Jahre 1894 wurde ein schottischer Kaufmann und Schiffseigner in Liverpool fast verrückt, weil er seine Kapitäne und Mannschaften bis Samstag bezahlen mußte, ohne daß sie arbeiteten. Auch war er nicht von der Aussicht begeistert, unerhörte Prämien an gierige Versicherungsgesellschaften bezahlen zu müssen. Er beschloß die Altweibergeschichten ein für allemal abzuschaffen.

Er gab ein Schiff in Auftrag. Der Kiel wurde am Freitag gelegt, das Schiff wurde an einem Freitag vom Stapel gelassen und *Freitag* getauft. Man fand sogar einen Kapitän, dessen Name Freitag war. Dann, nachdem man die teure Fracht an Bord geladen hatte und sich weigerte, sie zu versichern, winkte der schottische Kaufmann Lebewohl, als das gute Schiff *Freitag* mit Kapitän Freitag am Steuer, an einem Freitag in Richtung New York losfuhr.

Von dem guten Schiff *Freitag* und seiner furchtlosen Mannschaft wurde nie wieder etwas gesehen oder gehört.

Es gibt einige dieser unglücklichen Schiffe, aber das konföderierte Unterseeboot *Hunley* muß irgendeine Art Rekord gehalten haben. Dreimal sank sie, zweimal wurde sie gehoben. Mehr als zwanzig Männer starben innerhalb ihrer eisernen Wände, neun liegen noch immer in ihr begraben.

Für jemanden wie mich, der nach den Geheimnissen des Meeres süchtig ist, wirkte die *Hunley* wie ein Zauber, der mich verhexte und den ich so unwiderstehlich fand, wie eine verhungerte Katze ein fettes Nagetier betrachten würde, das auf einer Tretmühle trainiert.

Über die Jahrzehnte, nachdem sie triumphiert hatte und in Vergessenheit geraten war, haben viele versucht, das kleine Unterseeboot zu finden, und alle versagten. Es wurden Behauptungen über eine Entdeckung aufgestellt, aber nie bewiesen. Niemals wurde ein Foto oder ein Nachweis vorgelegt. Alles, was man genau wußte, war, daß sie niemals wieder gesehen ward.

Theorien über das Schicksal des Schiffes gab es in Massen. Sie waren so zahlreich, daß man eine Nummer ziehen mußte, bevor man die nächste vorbrachte. War sie bei der Explosion zerstört worden, oder wurde sie in das Loch gezogen, das in die *Housatonic* geschlagen worden war, wie mehrere Forscher vermuteten? Litt ihre Mannschaft unter den Auswirkungen des Aufpralls und trieb hinaus auf See, ohnmächtig oder tot, bevor das Unterseeboot sank? Hatte die Explosion ihre Platten und Nieten gesprengt, so daß sie sank, ehe sie ihre Rückreise nach Breech Inlet vollenden konnte? Angenommen ihre Besatzung, voller Freude nach dem Triumph, wäre in den Hafen von Charleston eingelaufen, um der Bevölkerung und dem Kommandanten der Stadt, General Pierre Beauregard, persönlich Bericht zu erstatten, und wurde von einem der vielen konföderierten Hafentransporte überrannt? Was, wenn sie den ganzen Weg nach Hause geschafft hätte und an ihrem Dock versenkt worden wäre?

Hier war ein Geheimnis mit tausend Hinweisen, aber keinem schlüssigen.

Ich habe ihr Schicksal nie als mit dem der *Housatonic* verbunden akzeptiert. Der Bergungschiffseigner, Benjamin Mallifert, war kein Narr. Er barg die Kriegsschaluppe der Union unter großem Aufwand und schrieb überzeugend in seinem Tagebuch, daß er keine Spur der *Hunley* gefunden habe. Leutnant Churchill, an Bord des Bergungsschoners *G. W. Blunt*, suchte den Boden fünfhundert Yards um die *Housatonic* ab, fand aber nichts von dem Torpedoboot.

Nach dem Krieg suchten Angus Smith und sein Bruder fünf Hektar um das Wrack ab und hofften, die Belohnung von P. T. Barnum von 100 000 Dollar zu kassieren, die Belohnung für das berühmte Unterseeboot. In einem Brief, datiert Ende 1876, schrieb Smith, er habe auf dem Fischer-Torpedoboot gesessen, das neben der *Housatonic* lag, und hätte sie jederzeit bergen können. Aber wie so viele, die ihre Ansprüche auf Entdeckung danach vorbrachten, konnte Smith nie den Zipfel eines Beweises beibringen.

Im Jahre 1908 erhielt der Taucher William Virden einen Auftrag vom Armee-Ingenieurcorps, das Wrack abzusenken, denn es war zu einer Gefahr für die Schiffahrt geworden. Nachdem er vier Tonnen alten Eisens hochgeholt und die Reste der *Housatonic* in Atome zerschlagen hatte, erhielt er 3240 Dollar und gab an, er habe von dem Unterseeboot keine Spur gesehen.

Die Theorie, daß das Unterseeboot entkommen sei, nachdem es

ein Loch in das Heck des Feindes geschossen hatte, war bewiesen, als der Forscher Bob Fleming das Wachssiegel erbrach und 115 handschriftliche Zeugenaussagen zu dem Versenken in dem Untersuchungsverfahren vor einem Marinegericht erblickte. In den Archiven in Suitland, Maryland, aufbewahrt und 120 Jahre lang ungeöffnet, ergaben die Zeugenaussagen der Besatzungsmitglieder der *Housatonic*, daß das Torpedoboot vor der Explosion fast fünfzig Yards zurückgestoßen sei. Ein Besatzungsmann des Schiffes, Seemann Fleming (nicht mit unserem Forscher verwandt) berichtete, daß nachdem das Schiff unter ihm gesunken war, er vor dem steigenden Wasser auf die Takelage geklettert war. Bei weiterer Befragung gab er an: »Als die *Canandaigua* (das Schiff, das den Überlebenden zu Hilfe kam) auf achtern zu und quer zur *Housatonic* zu liegen kam (weder im Uhrzeigersinn noch parallel, aber in einem Winkel), etwa vier Schiffslängen entfernt, als ich in der vorderen Takelage lag, sah ich ein blaues Licht in dem Wasser gerade vor der *Canandaigua* und auf dem Steuerbordteil der *Housatonic*.«

Das genügte mir, um glauben zu können, daß die *Hunley* den Ort des Sinkens verlassen hatte. Da war auch eine Mitteilung am Anschlagbrett, in der Ruheplatz und Schicksal des Unterseeboots angegeben waren, aber ich habe die Bedeutung nicht erfaßt.

Es gab auch den Bericht eines Colonel O. M. Dantzler, kommandierender Batterie Marshall von Breech Inlet, wo sich das Dock der *Hunley* befand: »Ich habe die Ehre zu berichten, daß das Torpedoboot, das hier stationiert war, in der Nacht vom 17. auslief und nicht zurückkam. Die verabredeten Signale, falls das Schiff wünschte, daß das Licht an dieser Stelle als Führung für seine Rückkehr positioniert war, wurden beobachtet und beantwortet. Ein Bericht wäre schon früher über diese Angelegenheit ergangen, aber der diensthabende Offizier des gestrigen Tages glaubte, daß das Schiff zurückgekommen sei, und teilte mir dies mit. Sobald ich Kenntnis von der Tatsache hatte, sandte ich ein Telegramm an Kapitän Nance, assistierender Generaladjutant, und teilte ihm das mit.«

Es gab Leute, die diesen Bericht skeptisch betrachteten, besonders wegen des Teils, in dem es hieß, die Signale der *Hunley* »wurden beobachtet und beantwortet«. Sie dachten vielleicht, Colonel Dantzler sei zu lasch gewesen, hatte versäumt zur Kenntnis zu nehmen, daß das Unterseeboot nicht zurückgekehrt war, und sich aus der Affäre zog, indem er seinen diensthabenden Offizier verantwortlich machte. Ich war nicht einverstanden und nahm den Bericht anfangs als wahr an, und so legte ich ursprünglich unser Suchraster nahe an der Küste aus, weil ich annahm, daß ein blaues Licht, das an der Oberfläche des Wassers stand, nicht viel mehr als eine Meile zu sehen sein würde. Sich auf Colonel Dantzler zu verlassen war eine Fehlentscheidung, was ich später bedauerte.

Ich fing an Vorbereitungen zu treffen für meinen ersten Versuch, die *Hunley* zu finden, indem ich eine Genehmigung der Universität von »South Carolina Institute of Archaeology and Anthropology« (SCIAA) beantragte. Alan Albright, der führende Archäologe des Instituts, war höchst kooperativ, trotz einiger Vorbehalte gegen aufstrebende Organisationen, die sich als gemeinnützige Stiftungen ausgeben und behaupten, keinen Schatz zu suchen.

Verdacht hegend gegen jedermann, der behauptete, er wolle keine Kunstgegenstände des Gewinns wegen sammeln, starrte Albright mich an wie ein Fuchs, der bei wechselndem Wind einen Wolf wittert. »Wenn Sie die *Hunley* finden, was dann?«

Ich lächelte vorsichtig und antwortete: »Das ist Ihr Problem.«

Allmählich war das ganze NUMA-Team in Charleston eingetroffen und fuhr über die Bucht zur Isle of Palms, wo mein Vorausmann, Walt Schob, dafür gesorgt hatte, daß alle in einem verlotterten alten Motel wohnen konnten, in dessen kleinen Stuckbungalows sich die Schmuggler der Prohibition hätten treffen können. Bill Shea stellte sich vor, wie vielleicht »Puff the Magic Dragon« dort herumgekrochen und später gestorben war, nachdem er sich im Herbstnebel vergnügt hatte. Ich hatte selten getrennte Schlafzimmer mit einem gemeinsamen Bad in der Mitte gesehen. Es ergaben sich einige wilde und verrückte Konfrontationen.

Wir waren schon eine ungleiche Besatzung. Doc Harold Edgerton erschien mit seinem Seiten-Sonar-Gerät, »Unterboden-Penetrator«, wie er es nannte. Peter Trockmorton, der im Mittelmeer die antike Schiffswrack-Archäologie eingeführt hatte, kam. Dan Koski-Karell, der Archäologe, auf den unsere staatliche Genehmigung ausgestellt war, war auch da, ebenso Bill Shea, Dirk Cussler, Walt Schob, Wayne Gronquist und Admiral Bill Thompson, die treibende Kraft hinter dem Navy Memorial in Washington, D. C.; Dana Larson war wie immer zur Hand, um Hilfestellung zu leisten, und unser ständiger Psychiater von der Duke-Universität, Karen Getsla, schien unsere zauberhafte Abteilung anführen zu wollen.

Zur Verschönerung unserer Galafeierlichkeiten zeigte sich auch eines jeden Ehefrau und Freundin, die Freundinnen der Junggesellen meine ich natürlich. Ich erinnere mich nicht, ob sie eingeladen waren, aber sie erschienen alle. Wunderbarerweise kamen alle miteinander aus und hatten viel Spaß.

Der einzige brenzlige Moment kam, als Throckmorton ankündigte, daß er für alle seine berühmten »Sautierten Krabben in einer Spezialsauce« zubereiten wolle. Das Rezept hatte er in der Türkei abgekupfert. Er besetzte die Motelküche und stellte die Frauen und Freundinnen ein, die er herumscheuchte und befehligte, als wäre er Kapitän Blight als Kommandant einer segelnden Kochschule. Seine Befehle kamen bei den Damen nicht gut an. Während Peter seine Seele in die exotische Sauce für die Krabben legte, meuterten seine Küchengehilfinnen hinter seinem Rücken.

Eine der Damen fand ein Paar alte Socken in einer Mülltonne hinter dem Motel. Während Peters Feinschmecker-Krabbensauce auf dem Herd köchelte, wurde die Socke hineingelegt und im Topf umgerührt. Die Damen der Küche zeigten große Selbstdisziplin, als sie nicht ein Wort sagten, sondern die Schüssel einfach mit der

Sauce auf die Anrichte stellten, zusammen mit dem übrigen Entree. Ich glaube, Walt Schob und Bill Shea waren die ersten in der Schlange, und als sie den Schöpflöffel hoben, um die Sauce auf ihre Krabben und den Reis zu gießen, verwandelte sich der Ausdruck freudiger Erwartung langsam in einen der Überraschung. Ohne ein Wort schütteteten sie die Sauce zurück und rückten weiter in der Schlange. Die Vorstellung wurde von allen Männern wiederholt, die nicht sicher waren, ob die Socke der Würze dienen oder ein Scherz sein sollte. Die Damen mußten natürlich so sehr gegen einen Lachkrampf ankämpfen, daß ihnen die Wimperntusche mit den Tränen über die Wangen lief.

Schließlich kam der Augenblick, auf den alle Welt gewartet hatte. Als Throcko durch die Schlange der Anstehenden an das Buffet trat und mit dem Schöpflöffel eine Socke herauszog, erstarrte er vor Entsetzen. Es war, als hätte er soeben einen völligen Persönlichkeitswandel durchgemacht. Da stand er und sah aus wie ein Mann, dessen Frau gerade mit einem Handelsvertreter durchgegangen war. Dann hob er langsam den Topf an beiden Griffen hoch, ging zur Tür und warf Sauce, Socke und Topf in einen Oleanderbusch, der dahingeschieden war, als wir unsere Zelte abbrachen und nach Hause fuhren.

Die Eskapaden an Land wurden nur übertroffen von denjenigen auf See. Eine, die eine Tragödie abwandte, ereignete sich zwei Tage später. Die Mannschaft des aufblasbaren Bootes *Zodiac*, das ich gechartert hatte, um Suchbahnen nahe der Küste anzubringen, bestand aus Bill Shea, der das Protonenmagnometer verfolgte, Dan Koski-Karell, der die Navigation leitete, und meinem Sohn Dirk, der den Außenbordmotor des Bootes steuerte und bediente.

In jenen Jahren war das genaueste Navigationssystem, um enge Dreißigmeterbahnen zu führen, der »Motorola Mini Ranger«. Wir fanden, anstatt das Gerät in ein bereits überfülltes Boot einzubauen, wäre es wirksamer, die Suche von einem Minibus an Land aus über Funk zu leiten. Jeden Morgen sollte das Suchteam durch

Breech Inlet fahren, der gleiche Kanal, den 120 Jahre zuvor die *Hunley* verwendet hatte, und dann eine Basisposition nach Anweisungen der Bediener des Mini Ranger einnehmen.

An dem Morgen, an dem Shea, Koski-Karell und Cussler durch die Einfahrt fuhren, bemerkten sie Leute an Land, die vor der *Zodiac* wie verrückt zum Wasser hinschrien und winkten. Erst dann entdeckte das NUMA-Team drei winzig kleine Köpfe im Wasser, die von der starken Ebbe-Flut-Strömung auf die offene See zugetrieben wurden. Cussler lenkte das Boot auf die auf und ab hüpfenden Köpfe zu. Als er längsseits kam, sprangen Shea und Koski-Karell über Bord, packten sich die drei kleinen Jungen, von denen keiner über neun Jahre alt war, und zogen sie ins Boot.

Das war knapp. Noch eine Minute und die Jungen wären ertrunken. Sie befanden sich noch im Anfangsstadium des Schocks und fingen gerade erst an, blau zu werden. Es war nichts weniger als ein Wunder, daß das einzige Schiff weit und breit, das in den flachen und tückischen Gewässern der Einfahrt navigierfähig war, zufällig zur rechten Zeit am rechten Ort war.

Zum Strand zurückgekehrt, wurden die Retter von der hysterischen Mutter und Tante der Jungen aufgehalten, die die Kinder sofort in ein Auto schubsten und davonfuhren, ohne ein Wort des Dankes oder der Anerkennung, nicht einmal einen gewunkenen Gruß gab es.

Als wir im kommenden Jahr zurückkamen, traf ich den örtlichen Sheriff und fragte ihn, ob er jemals etwas über die drei Jungen gehört habe, die von unserem Team aus dem Wasser gefischt worden waren. Er meinte, er sei sich nicht sicher, aber er dachte, einer von ihnen könnte ertrunken sein. Ich berichtete ihm fröhlich, daß alle drei lebendig und strampelnd aus dem Wasser gezogen worden seien.

Ich wunderte mich immer, warum das Schicksal mir ins Ohr flüsterte, nach der *Hunley* zu suchen. Vielleicht bedeutete die Botschaft mehr als nur: »Suche ein Schiffswrack!« Weil unsere

NUMA-Mannschaft an jenem Tage dort gewesen war, sind drei Kinder zu erwachsenen Menschen herangewachsen, und vielleicht spazieren sie jetzt gerade mit ihren Kindern am Strand entlang und erzählen ihnen, wie Papa ertrunken wäre, wenn da nicht drei Fremde in einem Gummiboot vorbeigekommen wären.

Während die *Zodiac* begann, entlang der Küste nach der *Hunley* zu suchen, langsam auf die offene See weiterrückend, erkundete unser zweites Boot den Standort der *Housatonic*. Die Sonden markierten einigermaßen genau die Konturen des verbliebenen Rumpfes und eines Kessels. Kein Hinweis auf ein Unterseeboot. Keine Zeichentrickserie hätte diesem Teil der Expedition gerecht werden können. Das Schiff war ein alter, verfallener Kabinenkreuzer, genannt *Coastal Explorer*, dessen Jugend lange hinter ihm lag. Das Schiff hatte zwei Maschinen, und eine davon litt immer gerade an irgendeiner mechanischen Krankheit. Und obwohl sie jeden Nachmittag zusammenbrach wie ein Uhrwerk, wurde sie immer wieder repariert und brachte uns irgendwie stets nach Hause. Nun, beinahe. Einmal, als wir nach einem langen, mit Erkundungen zugebrachten Tag nach Hause zurückfahren wollten, ging beiden Maschinen hundert Yards vom Dock entfernt der Sprit aus. Zum Glück kamen die Jungen von der *Zodiac* zufällig vorüber und schleppten uns ab.

Eine Reise in der *Coastal Explorer* erinnerte mich immer an einen Ausflug nach Oz.

Das Boot gehörte und wurde geführt von einem wirklich netten Mann, der Robert Johnson hieß. Wir nannten ihn unter uns liebevoll »Skipper Bob«. Seine beiden Besatzungsmitglieder, die Studenten an der berühmten »Charleston Citadel« waren, beeindruckten uns als echte Originale. Diese Kerle ließen »Gilligan« wie ein Muster an Effizienz erscheinen. Was ihnen an Finesse fehlte, machten sie mehr als wett durch Humor. Wenn es langweilig wurde, pflegten sie nach Trommelschlag um das Boot zu marschieren. Ich habe noch nie zuvor jemanden gesehen, der eine

Trommel mit einer Fliegenklatsche bearbeiten konnte. Ihre wirklichen Namen sind vergessen, was wahrscheinlich das beste ist. Wir aber nannten sie Heckle und Jeckle.

Eines Tages war das Meer etwas rauh, und die Kabinentür schwang immerzu auf und lärmend wieder zu. Das Schloß war entweder nicht vorhanden oder zerbrochen.

»Bringt diese verdammte Tür in Ordnung!« befahl Skipper Bob.

Heckle und Jeckle traten in Aktion. Als Doc Edgerton und ich fasziniert zusahen, packte sich Heckle einen riesigen Vorschlaghammer und Jeckle gleichzeitig einen Nagel von der Größe einer Eisenbahn-Radspeiche. Dann, mit einer einzigen geschickten Bewegung, trieben sie die Speiche durch den Boden der Tür und in das hölzerne Deck.

»Die Tür wird nicht mehr schwingen«, verkündete Heckle triumphierend.

Skipper Bob nickte zufrieden, offensichtlich gleichgültig gegenüber dem Schaden an seinem Boot.

»Sie müssen zugeben«, sagte Doc zu mir mit seinem berühmten Grinsen, »ihre Verrücktheit hat Methode.«

»Vielleicht«, sagte ich, meinen Kopf verwundert schüttelnd. »Aber ich bezweifle, daß sie irgendeine Zeitungsredaktion bitten wird, die Kolumne ›Praktische Tips und Hinweise‹ in *Heim und Welt* zu übernehmen.«

Es war eine Freude mit Doc Edgerton zu arbeiten. Er pflegte in einem Liegestuhl zu liegen und auf das Aufzeichnungsgerät seines Unterbodenpenetrators zu starren, der im gleichen Rhythmus schaukelte wie das Boot. Genau an dem Punkt, an dem wir alle hätten schwören mögen, daß er im Begriff stand, über Bord zu gehen, pflegte das Boot in die Gegenrichtung zu rollen, und er wankte unisono zurück.

Die Dummheiten der *Coastal Explorer* folgten Schlag auf Schlag.

Die Besatzung war besonders fasziniert von Karen Getsla, als sie auf dem Bug saß und versuchte, die Lage der *Hunley* auszumachen. Offensichtlich in Trance und ihre Hände hochhaltend, als wären sie Antennen, konnte sie sich die einzelnen Szenen des Sinkens vorstellen. Aber die genaue Lage konnte sie nicht ermitteln.

Ich bin überzeugt, daß psychisch Gestörte Dinge im Geiste sehen können, die weit über das hinausgehen, was ich mir vorstellen kann. Das Problem mit Gestörten beim Orten eines gesunkenen Schiffes ist, daß es auf dem offenen Wasser keine Landmarken gibt. Keine Eisenbahn in der Nähe, Wassertanks, Telefonpfosten oder Flüsse, die die Position markieren könnten. Aber es macht Spaß mit ihnen zu arbeiten, und ich zögere nie, ihnen eine Chance zu geben, um ihre Kräfte auszuprobieren.

Auf der nächsten Reise unseres beherzten Schiffes kam Wayne Groquists Freundin Debbi mit, ein großartiges Geschöpf, die mindestens fünf Fuß maß. Ich habe stets auf unseren Suchbooten Frauen willkommen geheißen. Aber ich werde immer nervös in Anbetracht der Tatsache, daß wir selten Badezimmer an Bord haben, und Frauen sind nicht gerade für ihre soliden Blasen berühmt. Ich kenne das von meiner Frau, die mich an jeder zweiten Tankstelle halten läßt, wenn wir unterwegs sind.

Sobald wir den Hafen verlassen hatten und um eine Zweimeilen-Felsenmole kreisend in die offene See stachen, entblätterte sich Debbi bis auf ihren Bikini und streckte sich auf dem Dach der vorderen Kabine direkt vor der Windschutzscheibe aus, die Sonne aufsaugend und ihre körperliche Schönheit für Glubschaugen in der Kabine zur Schau stellend.

Heckle und Jeckle glotzten begeistert. Es war, als wären sie Zeugen der zweiten Wiederkehr des Messias. Selbst Doc sah beeindruckt aus.

Skipper Bob schaute zu dem Bug weichen weiblichen Fleisches, das seine ganze Windschutzscheibe ausfüllte, wandte sich zu mir um und brummte: »Ich kann nicht um sie herumsehen.«

Ich zuckte mit den Schultern: »Steuern Sie nach Kompaß.«

Es bedarf keiner Erwähnung, daß wir an dem Tag nicht viel erreicht haben.

Selbst die letzte Reise, bevor wir den Vorhang über der Expedition des Jahres herunterließen, ging nicht ohne Zwischenfall ab. Auf dem Hinweg beschloß »Skipper Bob«, drei Meilen zu sparen und versuchte zwanzig Minuten lang eine Abkürzung, indem er bei hoher Flut quer über die Felsmole wollte. Es gibt Zeiten, wo es besser ist sicherzugehen, bevor es einem leid tut. Dies war eine davon. Mit einem dumpfen Schlag prallte der *Coastal Explorer* auf die Felsen der Mole und kam zu einem abrupten Halt.

Ich ließ mich ins Wasser fallen und tauchte unter den Rumpf. Der Kiel schien zwischen den Felsen festzusitzen. Ich merkte, daß ich, wenn ich auf einem Felsen stand und meine Schulter gegen den Bug preßte, das Schiff tatsächlich ein paar Zoll bewegen konnte, während der Kamm einer jeden Welle darunter durchlief. Während ich dabei war, die *Coastal Explorer* noch für einen Tag zu retten, hörte ich ein Spritzen hinter mir und spürte die Anwesenheit von jemandem, der sich an der Bemühung beteiligte, die *Coastal Explorer* zu retten. Ich wandte mich um, und da war Doc in seinen Shorts, und drückte mit aller Kraft.

Ein Zeitungsreporter, der uns an diesem Tag an Bord besuchte und offensichtlich ein guter Katholik war, dachte, das Boot sei verdammt, als Doc und ich über die Seite gingen. Für ihn sah es so aus, als ob wir das zum Tode verurteilte Schiff verließen. Er fing an, seinen Rosenkranz so schnell durch die Finger rollen zu lassen, daß Rauch von ihnen aufstieg.

Dann sah er auf. Die furchtlose Mannschaft lehnte sich über die Reling und sah lässig zu, während sie Pepsi Cola aus Büchsen trank. Doc war siebenundsiebzig, ich war erst fünfzig, und keiner der Beobachter auf dem Trockenen war fünfundzwanzig, aber sie standen alle dabei, als zwei alte Esel stöhnten und schließlich das Schiff in tiefes Wasser schoben.

Die *Coastal Explorer* hatte Löcher abbekommen, und bevor wir das Dock erreicht hatten, standen schon fast zwei Fuß Wasser im Maschinenteil und in der Hauptkabine.

Im folgenden Jahr, als wir zu einem weiteren Versuch, die *Hunley* zu finden, zurückkamen, war ich traurig, die Reste des treuen Schiffs, völlig in Stücke geschlagen einsam auf dem Sumpf hinter Sullivan's Island liegen zu sehen.

Trotz einer kurzen Laufzeit gelang es den NUMA-Irren, ein zwei Meilen langes Raster auszuschließen, das in Breech Inlet begann und sich eine halbe Meile in die See hinaus ausdehnte.

Wir waren jetzt einigermaßen sicher, daß das schwer faßbare kleine Unterseeboot weder in der Nähe der Küste untergegangen war, noch in der Brandung, sondern weiter draußen in Richtung *Housatonic* liegen mußte.

Ich habe diese Expedition immer liebevoll als »Das große Trauma von 1980« bezeichnet.

III
Noch einmal mit Gefühl
Juni 1981

Die meisten der alten Bande kamen zurück, um es im folgenden Sommer noch einmal zu versuchen. Dieses Mal brachte uns Walt in einem großen, komfortablen Haus am Strand auf der Isle of Palms unter. Er engagierte sogar eine Köchin für uns. Sie bereitete köstliche Mahlzeiten zu, gewöhnlich fettriefend. Sie lief durch Crisco schneller als ein Wal durch Plankton schwimmt. Ihr einziger Fehler war, daß sie es ablehnte, Hafergrütze zu kochen, ein Gericht, das ich schon immer gern mochte. Aber da ich der einzige Anwärter auf Hafergrütze war, stand der Rest des Teams dem Problem eher gleichgültig gegenüber.

Ich liebe diese alte Hausmannskost des Südens. Man kann mir Sauce mit roten Fettaugen vorsetzen, Plätzchen, Grütze mit Butter und Zichorie in meinen Kaffee, und schon bin ich bereit, ein Schwert in die Hand zu nehmen und Picketts Angriff auf Cemetry Ridge anzuführen.

Die Genehmigung einzuholen war diesmal lediglich eine Formalität. Alan Albright bot großzügig ein erstklassiges archäologisches Taucherteam an und ein hervorragendes Außenbordmotorboot. Die Mannschaft vergrößerte sich auf siebzehn Leute, als ein halbes Dutzend junger Freiwilliger dazukam: Tim Firmey von der

Küstenwache, zwei Studenten vom »North Carolina Institute of Archaeology«, Bob Browning und Wilson West, mein Schwiegersohn Bob Toft, mein Sohn Dirk und ein junger Mann aus dem Ort, David Farah, der sich als sehr hilfsbereit erwies und dessen Eltern das Suchteam zu einer großartigen Grillparty einluden. Diesmal stießen auch Ralph Wilbanks und Rodney Warren von der Universität zu uns. Bill O'Donell und Dave Graham von Motorola flogen ein, um die Mini-Ranger-Positionier-Anlage zu bedienen.

Diese Expedition lief so glatt wie die rasierten Beine eines Mannequins. Das Gerät tickte vor sich hin, ohne einen einzigen Schlag auszulassen, und das Wetter spielte auch mit. Die See war glatt, und die einzigen Verletzungen, die wir davontrugen, waren glücklicherweise Sonnenbrand, Seekrankheit und Kater. Wir legten Dreißigmeterbahnen an und suchten insgesamt sechzig Quadratmeilen ab, indem wir dort anfingen, wo wir im letzten Jahr aufgehört hatten. Dabei suchten wir den Grund unterhalb und hinter der *Housatonic* ab. Der Erfolg war von Fehlschlägen begleitet. Obwohl wir die *Hunley* nicht fanden, entdeckten wir fünf konföderierte Blockadeschiffe und drei Panzerschiffe der Union.

Walt Schob bediente das Universitätsboot und suchte die Rasterzeilen ab, während Bill Shea, der auf dem ganzen Weg gegen Seekrankheit zu kämpfen hatte, sein Protonenmagnometer bediente. Während der Unterhaltungen über das tragbare Radio sprach Walt von dem Außenborder als *Steakboot*. Er nannte es so, weil er es nicht bekannt werden lassen wollte, daß er mit Staatseigentum assoziiert war. Es gibt Dinge, die man einfach nicht erklären kann.

Dirk und Dave Graham saßen in dem Mietbus von Budget, der im Hinterhof eines Hauses in der Nähe von Breech Inlet geparkt war, und bedienten den Mini Ranger. Als es den Jungs an Land zu langweilig wurde, das *Steakboot* auf Kurs zu halten, amüsierten sie sich ausgiebig bei einem Fliegentotschlag-Wettbewerb. Ihre Treffer markierten sie dadurch, daß sie ihre Opfer mit Tesafilm an die Wand des Kleinbusses klebten.

Die Dame, der das Haus gehörte, war sehr zuvorkommend. Eines Nachmittags bat sie die Mannschaft zum Cocktail herein. Sie war eine sehr liebenswürdige Gastgeberin, bis die Uhr halb sieben schlug. Dann wurde uns mitgeteilt, daß wir gehen müßten, weil sie noch eine Einladung für ihre Freunde und Nachbarn gäbe und meinte, wir hätten mit denen nichts gemeinsam. Ich nehme an, es gibt da einige Idiosynkrasien über Südstaaten-Gastfreundschaft, die wir, die aus dem Norden und Westen kommen, wohl nie ganz verstehen werden.

Als Tauch- und Jagdboot charterten wir ein zuverlässiges Schiff, das Harold Stauber gehörte, einem Mann mit der Geduld eines Elefanten, der das Wasser um Charleston kannte wie sein eigenes Wohnzimmer. Mit diesem Boot, namens *Sweet Sue*, verfolgte unser Team die Ziele, die das *Steakboot* herausgesucht hatte, tauchte zu ihnen hinunter und identifizierte sie entweder als alte Krabbenboot-Wracks oder gesunkene Kähne. Die meisten Objekte erwiesen sich als weggeworfene alte Schiffe. Über einen Zeitraum von dreihundert Jahren haben sich am Boden in und um den Hafen von Charleston genügend Trümmer angesammelt, um einen Schrotthändler drei Generationen lang im Geschäft zu halten.

An ruhigen Tagen, wenn es dem *Steakboot* nicht gelang, auf irgendwelche Veränderungen zu stoßen, die auch nur im entferntesten auf ein Unterseeboot hindeuteten, suchte mein Team auf der *Sweet Sue* nach anderen historischen Schiffswracks aus dem Bürgerkrieg. Im Monat davor war ich auf ein paar interessante Daten gestoßen. Als ich alte Seekarten mit den neuen verglich, stellte ich fest, daß die Längenmeridiane vor dem 20. Jahrhundert ungefähr vierhundert Yards weiter nach Westen verliefen als in späteren Projektionen. Was mir auffiel, war, daß der 52. Meridian auf einer Karte von 1870 sehr viel näher an Fort Sumter zu liegen schien als auf einer Karte von 1980. Diese Erkenntnis überprüfend, entdeckten wir mehrere Wracks vierhundert Yards westlich von dort, wo sie auf zeitgenössischen Karten eingezeichnet waren.

Das erste Schiff, das wir orteten, war die *Keokuk*, ein doppeltürmiges Panzerschiff mit Mittelaufbauten, das unterging, nachdem es zweiundneunzigmal von konföderiertem Kanonenfeuer getroffen worden war. Es liegt außerhalb des verlassenen Leuchtturms von Morris Island unter vier Fuß Schlick. Das Turmschiff *Weehawken* kam als nächstes; ein berühmtes Kriegsschiff der Union, das bei schwerer See gesunken war, und das einzige Panzerschiff, das tatsächlich ein anderes während des Krieges besiegte. Wir fanden es achtzig Fuß unter dem Meeresboden begraben.

Die meisten Leute glauben, daß Schiffswracks stolz und behäbig auf dem Boden sitzen. Ein paar kann man zwar erkennen, aber die meisten, die nahe dem Land untergegangen sind, setzten sich im weichen Schlick ab und wurden im Lauf der Jahre langsam begraben. Eine überraschende Entdeckung war die *Patapsco*, ein Turmschiff der Union, das 1865 auf eine konföderierte Mine lief, außerhalb von Fort Moultrie sank und zweiundsechzig Mitglieder der Besatzung mit in die Tiefe riß. Weil sie im Kanal liegt, der von Strömungen umgeben ist, fanden wir sie beim Tauchen aufrecht auf dem Boden sitzend. Obwohl sie nach dem Krieg ausgiebig abgewrackt wurde, betrachtet die U. S. Navy die Stelle, wo sie lag, noch immer als Begräbnisstätte. Also sahen wir nach, berührten aber nichts.

Immer, wenn wir ein Wrack fanden, lud Ralph Wilbanks die Besatzung der *Sweet Sue* zu einem ländlichen Tänzchen ein. Da er solide gebaut und kein Leichtgewicht war, brachte Ralph das ganze Boot in Erschütterung, wenn er anfing zu stampfen. Nichts ist schöner als freier und ungebundener Humor und Fröhlichkeit, um Eintönigkeit zu überwinden.

Wahrscheinlich der glücklichste Fund, den ich je gemacht habe, war ein konföderiertes Blockadeschiff. Eines Tages, als das Meer nicht zu wild war, um die Rasterbahnen zu legen, dachte ich, wir könnten die verlorene Zeit nutzen, um nach dem Blockadeschiff

Stonewall Jackson zu suchen, das im Frühjahr 1863 bei einem Versuch, nach Charleston hineinzufahren, verlorenging. Es war von einem Blockadekriegsschiff der Unionsflotte beschossen worden, auf der Isle of Palms auf Grund gelaufen und zusammen mit seiner Fracht an Artillerieteilen und vierzigtausend Schuhen vernichtet worden. Im Lauf der Jahre wurde sie durch die Bewegungen der Wellen tief unter dem Sand begraben.

Eine Karte aus dem Jahr 1864, auf der die Gewässer außerhalb des Hafens von Charleston eingezeichnet sind, wies den allgemeinen Standort aus, wo sie an Land gelaufen und verbrannt war. Wenn man eine Folie der 64er-Karte über eine moderne legte, konnte man sehen, daß der Strand sich jetzt eine gute Viertelmeile weiter hinaus in die See erstreckte als während des Bürgerkriegs. Als ich einen Längenunterschied von vierhundert Yards zuließ, legte ich ein rechteckiges Suchraster zum Absuchen für das Team aus. Es umfaßte eine Meile parallel zum Stand mal einer Viertelmeile auf beiden Seiten der Brandungslinie. Das war möglich, weil das Wasser über eine ziemliche Distanz hinweg flach war.

Ein Gebiet dieser Größe kann man leicht bewältigen, wenn man in einem fahrenden Boot sitzt, aber mit einem Metalldetektor am heißen Sandstrand auf und ab zu laufen ist zeitaufwendig und mühsam. An Land kann man sich circa eine halbe Meile pro Stunde vorwärtsbewegen, den Detektor von Seite zu Seite schwingend, während man ein Band bearbeiten muß; in einem Boot aber kann man mit acht Knoten kreuzen.

Mehrere Mitglieder des NUMA-Teams und ich versammelten uns am Strand und markierten die Bahnen, die wir mit unserem Magnetometer abzuschreiten gedachten. Ich trug den Schonstedt-Gradiometer und setzte sein Aufzeichnungsgerät auf den Sand. Dann hakte ich die Batterien an und versuchte, die Einstellungen zu kalibrieren, während ich die Aufzeichnungen auf dem Zifferblatt studierte und dem Geräusch des Lautsprechers lauschte. Wenn er richtig eingestellt ist, sendet der Gradiometer einen leisen Summton aus, der sich zu einem Kreischen steigert, wenn der Sensor in die Nähe von Eisen kommt. Seltsamerweise flogen die Aufzeichnungen immer wieder aus der Skala heraus, und der Lautsprecher schrillte. Ich war irritiert, als es mir nicht gelang, das Instrument in Ruhestellung zu bringen. Was war an dem Ding kaputt? fragte ich mich. Die Batterieverbindungen immer und immer wieder zu prüfen und an den Reglerknöpfen herumzuspielen brachte keine Verbesserung der Situation.

Und dann fiel es mir ein: Ich war nicht nur hinaus auf den Strand gegangen und hatte das Gradiometer quer auf das Wrack der *Stonewell Jackson* gelegt, sondern ich hatte sogar die Aufzeichnung der Metallmasse ihrer begrabenen Maschine und der Kessel abgelesen. Solche Entdeckungen sind ebenso häufig wie das Unglück, von einem Meteoriten am Kopf getroffen zu werden. Und doch lag kein anderes aufgezeichnetes Schiffswrack innerhalb einer guten halben Meile.

Während wir auf einen Wartungstechniker der Straßenmeisterei von der Isle of Palms warteten, ein freundlicher Junge mit Namen Cal, der einen Bagger bringen sollte, schickten Bob Browning, Wilson West und Dirk Cussler Sonden aus rostfreiem Stahl durch den Sand und stießen auf ein großes Stück Metall. Interessanterweise erzeugte der Aufprall der Sonden eine Vibration unter unseren Füßen. Jeder wurde ganz aufgeregt bei dem Verdacht, daß wir im Begriff waren, an den Schiffskesseln herumzukratzen. Sobald sich die Neuigkeit auf dem Strand verbreitet hatte, versammelte sich eine große Menschenmenge, um bei der Ausgrabung zuzusehen.

Der Bagger hob einen Achtfußgraben aus, stieß aber nur auf Salzwasser. Dann schlug Cal vor, zur Wartungswerkstatt der Stadt zurückzulaufen, um eine tragbare Wasserpumpe und ein Stück Plastikrohr zu holen. Die Idee war, Wasser durch das Rohr zu schießen und es im Sand zu versenken, ähnlich wie es die Kinder tun, wenn sie mit einer Düse am Ende eines Gartenschlauchs einen Tunnel im Dreck bauen.

Cal kam schnell zurück, und zehn Minuten später fingen wir an, auf die Vergangenheit zu stoßen. In zehn Metern Tiefe kamen Kohle und wundervolle Stücke Mahagoni sprudelnd herauf. Da die Sonden die Anwesenheit eines Boilers anzeigten, schien die Kohle das zu bestätigen. Wir gruben keine Schuhe aus, aber wir fühlten uns einigermaßen sicher, daß wir auf den Resten der *Stonewell Jackson* standen. Das Holz machte die Entdeckung zusätzlich glaubwürdiger. Eines Tages werden sie hoffentlich weitergraben und sehen, wieviel von ihr unter dem Sand erhalten ist. Angesichts der Kosten und des wachsenden Desinteresses der jungen Leute an unserer Geschichte ist leider anzunehmen, daß so etwas nie geschehen wird. Unser NUMA-Team, alles ausgebuffte Historiker, hatte das Gefühl, einen produktiven Tag hinter sich zu haben, und ging glücklich nach Hause. Daher das Motto der NUMA: »Mach es im großen Stil, mach es richtig, mach es mit Klasse und bring sie zum Lachen.«

Eine Sache geschah während der Expedition, die einige von uns noch immer ins Grübeln bringt.

Spät an einem Nachmittag liefen wir versehentlich über eine große metallische Veränderung, während wir in der *Sweet Sue* zum Dock zurückkehrten. Das Aufzeichnungsgerät des Magnetometers war noch in Betrieb, und einer aus dem Taucherteam sah zufällig hin, als der Stylus einen Augenblick im Zickzack über die Grafik lief. Dem Aussehen nach war es eine Veränderung durch eine große Eisenmasse. Wir kehrten sofort zurück zu der Stelle und ließen ein Raster darüberlaufen, bis wir es wieder hatten. Dann warfen wir eine Boje hinein und ankerten.

Die Archäologiestudenten Bob Browning und Wilson West, zusammen mit dem Mann von der Küstenwache, Tim Firmey, tauchten und suchten die Stelle ab. Innerhalb von Minuten kam West an die Oberfläche und rief: »Wir haben einen Gegenstand über dreißig Fuß lang und circa vier Fuß breit gefunden. Beruft euch nicht auf mich, aber es scheint, als ob man an den Enden herumgespielt hätte.«

Acht Herzen schlugen voller Erwartung. Es war fast sechs Uhr, aber wir hatten noch gute zwei Stunden Tageslicht vor uns. Also eilten wir zum Dock, hoben eine Saugglocke auf das Boot und schleppten es zurück zu unserer Boje. Wir fuhren am *Steakboot* vorbei, das für heute mit der Arbeit aufgehört hatte und zurückfuhr. Schob und Shea starrten uns an, als wir ihnen zuwinkten. Sie verstanden nicht, warum wir so spät am Abend noch hinausfuhren. Ralf Wilbanks und Rodney Warren waren im Wasser und bedienten den Bagger. Die übrigen saßen da und warteten aufgeregt. Während einer Baggeroperation tauchen oft Haie auf, die von den Meerestieren angezogen werden, die in dem Induktionsschlauch gefangen sind. Einer kam neugierig herbeigeschwommen, während die Taucher unten waren. Wir warfen ein paar Pepsi-Büchsen hinaus und schrien ihn an, bis er davonschwamm, um sich leichtere Beute zu suchen. Es war fast dunkel, und als die Taucher an die Oberfläche kamen, brachen wir ab. Ralph zeichnete eine Skizze von dem, was er und Rodney gefunden hatten, nachdem sie ein zwei Fuß tiefes Loch gegraben hatten.

Es schien ein Viertelzoll-Eisenstück zu sein, das über Eck stand und an einer Metallplatte befestigt war, die im Treibsand verschwand. Da sie keine Nieten sahen, die den Gegenstand zusammenhielten, konnte er an die Platte geschweißt sein. Wohl wissend, daß Metallschweißen im Jahre 1860 noch unbekannt war, nahmen wir an, daß das, was wir gefunden hatten, eine versunkene Boje der Küstenwache war.

Die Zeit war abgelaufen. Wir hatten einen großen Teil des Territoriums bearbeitet und mehr als sieben Schiffswracks entdeckt, aber die Suche nach der *Hunley* erwies sich als ebenso unergiebig wie das Adreßbuch eines Einsiedlers. Sie wollte sich noch immer nicht finden lassen. Oder hatte das Unterseeboot uns einen grausamen Streich gespielt?

IV
Wenn es beim ersten Mal nicht klappt
Juli 1994

Ich kann eigentlich nicht erklären, warum es dreizehn Jahre dauerte, bis wir uns noch einmal auf die Suche nach dem Unterseeboot machten. Vielleicht hatte ich eine geistige Blockade, oder ich war einfach nicht in der Stimmung. Aus verschiedenen Gründen kann man einige Schiffswracks niemals orten. Ich hätte nicht geglaubt, daß dies bei der *Hunley* der Fall wäre. Viele sagten, sie sei nicht dort, einfach weil sie jemand geborgen hatte, der davon keine Aufzeichnungen hinterlassen hat. Ich konnte das nicht akzeptieren. Sie mußte irgendwo da draußen außerhalb von Charleston liegen.

Es war alles wie gehabt. Walt kam frühzeitig und sorgte für Boote und Unterbringung. Bill Shea kam mit seiner Fernsehkamera dazu und nahm ein Video von der Expedition auf. Wir freuten uns, die Ergebnisse zu sehen, besonders die Szene, als Bill an die Kamera rannte, seine Gegenstände erneut zurechtlegte und wieder davonraste, ohne an dem Aufzeichnungsknopf zu drehen.

Mit den neuen Leuten am »South Carolina Institute of Archaeology« wurden Gespräche geführt. Anstatt uns eine Genehmigung zu erteilen, fragten sie, ob wir es als Gemeinschaftsarbeit machen könnten. Alter Trottel, der ich bin, stimmte ich zu. Es war keine kluge Entscheidung meinerseits, wie sich herausstellte.

Da der Wirbelsturm Hugo unser altes Modell zerlegt hatte und ebenso das große Haus am Strand (von keinem war auch nur ein Stück Holz geblieben), brachte uns Walt Schob im örtlichen Holiday Inn unter. Wir hatten Eingang in die große Welt gefunden. Auch die Tatsache, daß meine Büchertantiemen im Lauf der Jahre erheblich gestiegen waren, hatte nicht geschadet.

Ich habe mich häufig darüber beschwert, daß ich in bestimmte Städte oder Großstädte zurückkehren muß, um den Versuch, ein Schiffswrack zu finden, noch einmal zu starten, aber ich freue mich immer, nach Charleston zurückzukommen. Es gibt wenige schönere Städte in Carolina, auch in den meisten anderen Staaten nicht. Die Menschen sind höflich und so liebenswürdig wie alte Freunde. Die Stadt ist malerisch und, was für jemand wie mich mit empfindlichen Geschmacksnerven besonders ansprechend ist, ein Eldorado für den Magen. Sie haben großartige Restaurants dort. Obwohl es mitten im Sommer war, begrüßte uns mildes und angenehmes Wetter.

Ich hatte wirklich Glück, daß Walt sich die Dienste von Ralph Wilbanks sichern konnte, der die Universität verlassen hatte und jetzt seine eigene Unterwasserforschungsgesellschaft leitete, »Diversified Wilbanks«. Ralph ist so ruhig und dauerhaft wie die Gesichter am Mount Rushmore. Humorvoll, mit einem schiefen Lächeln, das unter seinem Pancho-Villa-Schnurrbart sitzt, arbeitete er unermüdlich Tag für Tag und kämpfte gegen das unruhige Wasser, um das Boot auf seiner Bahn zu halten. Nie sagte er ein entmutigendes Wort.

Sein Lieblingskommentar, wenn er auf die Magnetometer-Ausdrucke starrte, während hohe Wellen das Boot wie einen Korken hochwarfen, lautete. »Junge, Junge, wir wollen doch jetzt was sehen!«

Sein Partner, der das Suchgerät überwachte, war Wes Hall, Archäologe und Eigentümer des Instituts »Mid-Atlantic Technology«. Er und Ralph arbeiteten häufig zusammen an Unterwassererkundungsaufträgen. Er ist so gutaussehend wie man sich nur vorstellen kann, und die Frauen meinen, er könnte als Double für Mel Gibson durchgehen. Wes ist schweigsam und schwer aus der Ruhe zu bringen. Die Art Mann, der durch einen Hurrikan gehen kann, durch ein Waldfeuer und ein Erdbeben, ohne sein bekanntes kleines Grinsen aufzugeben, dann eine Bar betritt, ein Bier bestellt und den Barmann fragt, wo etwas los sei.

Ihre Ausdauer war wirklich unglaublich. Die Stunden, die man damit verbringt, Suchbahnen zu legen, erscheinen einem ewig, aber sie blieben immer ruhig. Schon um 8 Uhr morgens warteten Ralph und Wes am Dock. Ihr Tag endete nicht eher, als bis sie zum Dock zurückkehrten, das Boot betankten und es über die Rampe auf seinen Trailer zogen. Sie kamen selten vor 8 Uhr abends nach Hause. Gleich, wie schlecht das Wetter und wie rauh die See war, Stunde für Stunde hielten sie durch.

Der Name von Ralphs Boot war *Diversity* und das einzige Mal, daß er etwas irritiert aussah, war, als alle darauf bestanden, es *Perversity* zu nennen, besonders im Radio, damit es alle hören konnten. Böse Gedanken sind schwer in Schach zu halten.

Besucher, die in der Annahme an Bord kamen, sie würden große Sensationen auf unserer Suche erleben, baten unweigerlich nach zwei bis drei Stunden, zum Dock zurückgebracht zu werden. Wenn sie nicht seekrank wurden, dann starben sie fast vor Langeweile. Zerstörte Träume eines Neulings von Aufregung und Abenteuer wurden zur alltäglichen Routine. Die Freizeit kommt erst, wenn man in einem schönen, ruhigen Hafen von Bord geht.

Auf dieser Expedition wurden vom »South Carolina Institute of Archaeology and Anthropology« ein Tauchboot zur Verfügung gestellt und Sporttaucher eingesetzt, die für das Privileg zahlen durften, mit etwas Glück die *Hunley* zu finden und zu ihr hinunterzutauchen. Dieser Teil der Operation erinnerte uns an die Dummheiten an Bord des *Coastal Explorer* vor vierzehn Jahren. Sie verloren die Bojen, die unser Boot über ihren Tauchstellen für sie abgeworfen hatte, und behaupteten einmal, sie wären von Delphinen weggeschleppt worden. Die Ziele zu finden und zu testen war ebenfalls Glückssache. Der Chefprojektforscher der Universität verkündete gern, daß jede Veränderung, aufgrund derer sie tauchten und die sie abtasteten, die gleichen Abmessungen und die gleiche Konfiguration hätte wie die *Hunley*. In eines dieser Ziele hatte er sich besonders verliebt, das sich später als alte Dampfmaschine herausstellte. Bei einer Gelegenheit hatte ein Sporttaucher ein Problem am Meeresboden und wäre beinah ertrunken. Er wäre tatsächlich ertrunken, wäre nicht Harry Pecorelli III zu Hilfe gekommen, ein guter Taucher und Archäologe.

Craig Dirgo und Dirk Cussler taten ihr Bestes, um für Unterhaltung an den langen Tagen auf dem Wasser zu sorgen. Craig ist ein starker Mann, sowohl an Größe als auch an Gewicht, der mehrere Jahre lang das Büro der NUMA geleitet hatte. Wenn sie nebeneinander standen, konnte man sie für Laurel und Hardy halten, denn Dirk war 1,92 m groß und dünn wie ein Gartenschlauch. Einer konnte den anderen ausstechen. Der Gedanke drängte sich mir auf, ob nicht vielleicht Heckle und Jeckle wiedergeboren wären.

Sie erhielten ein kleines Fünfzehnfuß-Außenbordboot und wurden mit einem Gradiometer hinausgeschickt, um in flachen Gebieten Bahnen auszulegen. Das Boot sah aus, als sei es bei der Invasion in der Normandie benutzt worden: verbraucht und verkommen. Den Motor zu starten war eine größere Angelegenheit. Wenigstens dreimal kam ihr Hilferuf über das Radio der *Diversity*. Dann mußten wir mitten in einem Suchgang abbrechen und eine Rettungsaktion in die Wege leiten. Wir fanden sie immer wieder mit abgewürgtem Motor hinaus auf den Ozean in Richtung Portugal treibend.

Schließlich gaben sie ihre Niete auf, und Dirk und Craig kamen an Bord der *Diversity*, wo sie die Mannschaft mit einer Vorstellung ihrer Version von der »Schatzinsel« unterhielten, wobei Craig die

Rolle des Piraten Long John Silver übernahm. Es wurde gelacht, aber die Kritiken waren unterschiedlich.

Craig leistete seinen Beitrag zu unserem Kommunikationsnetz, als wir von Walt Schob auf dem Tauchboot angesprochen wurden. Walt gab übers Radio durch, daß Craigs Stimme zu seinen Hörern unterbrochen wäre. Also nahm Craig einen Lautsprecher, legte ihn vor den Sender, drehte die Lautstärke auf und grüßte das Tauchboot. Wir lachten alle, bis es uns weh tat, als Walts Stimme zurückklang: »Höre euch jetzt laut und deutlich. Die atmosphärischen Bedingungen müssen sich verbessert haben.«

Ich konnte während der langen Stunden an Bord nicht viel beitragen, außer daß ich eine gelegentliche Entscheidung traf, wo wir als nächstes suchen würden. Ich verbrachte die Zeit vor mich hin dösend, lauschte der Musik großer Tanzorchester aus meinem Walkman und ließ Drachen fliegen. Ich habe oft daran gedacht, angeln zu gehen, denn wir fuhren nur circa sechs bis acht Knoten. Dieser Vorschlag stieß aber nie auf genügend Interesse.

Eines Abends, als wir, nachdem wir einen ganzen Tag gesucht hatten, zum Tankdock hinüberkreuzten, rief uns jemand übers Wasser entgegen: »Sind Sie Clive Cussler?«

Geschmeichelt, weil jemand mich aufgrund meiner markanten Züge erkannt hatte, fragte ich: »Woher wußten Sie das?«

»Ich habe Sie an dem orangefarbenen Ziffernblatt auf Ihrer Taucheruhr erkannt«, antwortete er. »Wie die, die Dirk Pitt in Ihren Büchern trägt.«

Ich sah hinunter auf meine große, siebenundzwanzig Jahre alte Doxa-Tauchuhr und war desillusioniert. Er hatte erraten, daß ich es bin; aber wegen meiner Armbanduhr und nicht wegen meines höllisch guten Aussehens. Es gibt nichts Besseres, als eine Dosis Realität, um einen auf den Boden der Tatsachen zurückzuholen. Meine größte Enttäuschung sollte erst noch kommen, und sie hatte nichts mit meinem Ego zu tun.

Nachdem wir weitere zehn Quadratmeilen hinter uns gebracht

und mehrere Veränderungen als alten versunkenen Müll identifiziert hatten, wurde auch unser dritter Versuch, die *Hunley* zu finden, allmählich als weiterer Fehlschlag abgeschrieben. Für mich war das ein schwerer Schlag. Natürlich haben wir nicht bereut, die Anstrengung unternommen zu haben, aber die Nutzlosigkeit, an der falschen Stelle gesucht zu haben, tat weh.

Welche Beweise hatte ich übersehen? Welche Zeichen, die auf den letzten Ruheort des Unterseeboots hindeuteten, nicht wahrgenommen? Hatte ich die Forschungsergebnisse falsch interpretiert?

Bis jetzt hatte ich mich auf den Bericht von Colonel Dantzler verlassen und die Suche auf den Bereich zwischen Breech Inlet und der *Housatonic* konzentriert. Aber die *Hunley* war nicht dort. Der einzige Strohhalm, der uns noch blieb, war die Ausweitung der Suchraster.

Entschlossen, die *Hunley* und ihre Mannschaft zu finden, ehe ich meinen letzten Atemzug tun würde, traf ich eine Entscheidung, die den Erfolg sichern sollte. Ich machte einen Vertrag mit Ralph Wilbanks und Wes Hall, daß sie während ihrer Freizeit weiter suchen würden. Sie waren einverstanden, und ich fuhr in Richtung Heimat nach Colorado zurück, um wieder ein Buch zu schreiben und so für all die Verrücktheiten bezahlen zu können.

Ralph und Wes fuhren bei jedem Wetter hinaus und suchten die Raster ab, die ich ihnen den ganzen Herbst und Winter 1994 per Fax zuschickte, bis hinein ins Frühjahr 1995. Dann, am 4. Mai, bekam ich um sechs Uhr früh einen Anruf von Ralph.

Noch halb schlafend, hörte ich ihn sagen: »Nun, ich glaube, ich werde Ihnen jetzt meine Endabrechnung schicken.«

»Geben Sie auf?« fragte ich, und plötzlich packte mich die Enttäuschung.

»Nein«, meinte Ralph ruhig. »Wir haben sie gefunden.«

Ich kann mich an meine Antwort nicht erinnern, aber ich glaube, ich sagte so etwas Albernes wie »Sind Sie sicher?«

»Das Geschäft ist gelaufen«, sagte Ralph. »Wes, ich und Harry Pecorelli haben durch den Schlick gegraben und kamen in Kontakt mit dem vorderen Lukenturm. Dann gruben wir die Schnorchelkästen und die Backbordtauchflosse aus.«

»Ehe wir den Schleier von der Entdeckung ziehen«, sagte ich, »müssen wir den absoluten Beweis haben. Die Leute behaupten seit 1867, sie hätten die *Hunley* gefunden, aber keiner von ihnen hat jemals einen einzigen Fetzen Beweismaterial vorgelegt. Wir brauchen Fotos.«

»Wir können noch etwas Besseres tun. Wes, Harry und ich werden wieder runtergehen und Videoaufnahmen machen.«

Ich hielt die Luft an und fragte: »Wo habt ihr sie gefunden?«

»Etwa tausend Yards östlich und leicht südlich von der *Housatonic*.«

»Dann hat sie die Explosion überstanden, befand sich aber noch am Beginn ihrer Rückreise nach Breech Inlet.«

»So sieht es aus«, antwortete Ralph.

»Ist das nicht ungefähr da, wo wir 1981 getaucht sind? Das Objekt, von dem wir dachten, es sei eine Boje von der Küstenwache?«

»Die hat mir über vierzehn Jahre Alpträume verursacht«, seufzte Ralph. »Aber ich werde mir nicht einreden, wir hätten sie falsch identifiziert.«

»Es war mein Fehler, daß ich nicht darauf bestanden habe, noch mehr von ihr aufzudecken.«

Die Antwort hatte da unten im Staub der Zeiten gelauert. Ich hatte früher übersehen, daß Seemann Fleming das blaue Licht gesichtet hatte, während er in der Takelage auf Rettung wartete, denn ich sah keinen Grund, warum sich die *Hunley* fast eine Stunde in der Gegend aufhalten und riskieren sollte, erobert zu werden, wenn das Kriegsschiff der Union, die *Canandaigua* kam, um die Überlebenden der *Housatonic* zu retten. Das Problem war meine Fehlkalkulation der Zeit, in der die Flut in Ebbe umschlug und das

Wasser anfing, auf die Küste zuzufegen. Das hatte ich zu früh angesetzt. Aus unerklärlichen Gründen hatte ich angenommen, die Flut habe kurz nach dem Sinken und nicht zwei Stunden später gedreht.

Zu müde, um ihre Schraube gegen die niedrige Strömung zu kurbeln, mußte die Mannschaft der *Hunley* sich von der *Housatonic* entfernt und gewartet haben, bis die Flut sich zu ihrem Vorteil auswirkte und sie nach Hause trug.

Aber das war nicht die Antwort auf die Frage, warum sie versank und verschwand. Wieder produzierte Fleming den Schlüssel, als er angab, er habe das blaue Licht direkt vor der *Canandaigua* gesehen. Das deutete darauf hin, daß die Mannschaft der *Hunley* vielleicht die Lukendeckel aufgeworfen hatte, um die frische Nachtluft einzusaugen, während sie darauf wartete, daß die Flut zurückkäme. Während die *Canandaigua* in Richtung auf die *Housatonic* vorüberdampfte, rollte ihr Kielwasser in die ungeschützten Öffnungen und überschwemmte das Unterseeboot. Oder vielleicht, worauf die geschlossenen Lukendeckel hinweisen, rammte das Kriegsschiff der Union unwissentlich die *Hunley* und schickte sie auf den Meeresboden.

Eines Tages, schon bald, wenn das Unterseeboot gehoben ist, werden wir die endgültige Lösung haben.

Die historische Entdeckung des Teams hatte am Nachmittag des 3. Mai 1995 stattgefunden. Ralph hatte an dem Abend versucht, mich anzurufen, aber ich war nicht zu Hause. Nach der wunderbaren Nachricht ging ich drei Tage wie betäubt umher, bevor ich die Bedeutung unserer Leistung wirklich erfaßt hatte.

Die Entdeckung kam eines Nachmittags, weil Ralph eine Vorahnung hatte. Nach dem Ausschalten eines meiner Raster beschloß er, zum Fundort der *Housatonic* zurückzukehren und sich weiter nach Osten vorzuarbeiten. Nach einer Stunde zeichnete der Magnetometer ein Ziel auf, das der metallischen Masse der *Hunley* entsprach. Harry Pecorelli hatte Wes und Ralph an dem Tag begleitet, und er tauchte zuerst hinunter, um das Ziel zu sondieren. Harry schob den Schlick beiseite, bis er einen großen Eisengegenstand berührte. Er kam nach oben und benachrichtigte Ralph und Wes, daß das wenige, das er sah, kein Unterseeboot zu sein schien, aber er empfahl eine genauere Erkundung.

Wes Hall tauchte und vergrößerte das Loch im Schlick, bis es ungefähr 25 Zoll breit und 24 Zoll tief war. Er identifizierte etwas, was sich später als Gelenk an der Angel einer Lukentür erwies. Zur Oberfläche zurückgekehrt, verkündete er: »Es ist die *Hunley*. Wir sind auf ihren Lukendeckel gestoßen.«

Ralph tauchte sofort hinunter und vergrößerte das Loch, bis der Lukenturm zu achtzig Prozent ausgegraben war. Er bemerkte, daß eine der kleinen Quarzsichtöffnungen fehlte, also schob er seine Hand hinein und entdeckte, daß das Innere des Unterseebootes mit Schlick gefüllt war. Ein Faktor, der die Reste der Besatzung konserviert haben könnte.

Überzeugt, daß sie tatsächlich die *Hunley* gefunden hatten, kehrten sie zum Hafen zurück, fuhren zum Museum in Charleston und starrten längere Zeit auf das Modell des Unterseebootes. »Ist euch klar«, sagte Ralph, »daß wir die einzigen drei Menschen auf der Welt sind, die wissen, welche Teile des Modells falsch sind?«

Dann kauften sie eine Flasche Champagner, gingen hinaus zum Magnolia-Friedhof und feierten mit dem Geist von Horace Hunley.

Kurz nachdem das *Diversity*-Team von den Videoaufnahmen zurückgekehrt war, flogen mein Sohn Dirk, Craig Dirgo, Walt Schob und ich ein, um auf einer Pressekonferenz eine offizielle Erklärung abzugeben. Zuerst versammelten wir uns am Tag zuvor alle auf Ralphs Schiff, um hinauszufahren, und uns die *Hunley* selbst anzusehen. Aber Mutter Natur muß unter einer Wechseljahresstörung gelitten haben: »Was dir gegeben, das sei dir genommen.« Wir wurden von schlechtem Wetter und hoher See heimgesucht. An dem Tag konnte man nicht tauchen. Ich werde einfach warten müssen, bis die *Hunley* eines Tages gehoben wird, bevor ich die Ergebnisse jahrelanger Bemühungen und der Investition von 130 000 Dollar, den ungefähren Kosten aller Forschungsarbeiten und der vier Erkundungen, mit eigenen Augen sehen werde. Meine einzige Erinnerung ist Ralphs Boje, die das Wrack während der letzten Videoaufnahmen markiert hatte.

Am 11. Mai hielten wir eine Pressekonferenz neben dem Modell der *Hunley* vor dem Museum in Charleston, um die Entdeckung zu verkünden. Videobänder wurden an die Fernsehstationen verteilt und Fotos an die Presse.

Dann neigte sich die Waagschale.

Über die Frage des Eigentums entstand ein heftiger Kampf. Der Staat von Alabama, wo die *Hunley* gebaut worden war, wollte sie haben. South Carolina behauptete, sie gehöre ihnen zur zukünftigen Ausstellung in Charleston. Sogar Nachkommen des ursprünglichen Bergers der *Housatonic* stellten einen Anspruch. Die Bundesregierung lehnte alles ab, denn das verlassene konföderierte Eigentum fiel vollständig unter die Rechtsprechung der Bundesverwaltung.

Die Geier saßen auf der Hühnerstange wie Wasserspeier auf einer verlassenen Kathedrale. Wilbanks, Hall und mir wurde die Hölle heißgemacht, denn wir hielten die Daten zurück, bis wir einigermaßen sicher sein konnten, daß das Unterseeboot geborgen und in wissenschaftlicher Art und Weise konserviert werden würde.

Das staatliche Institut für Archäologie forderte, daß wir den Standort zur Prüfung freigaben. Was sollte da noch geprüft werden? Ich saß zwischen zwei Stühlen, bis der Direktor des Instituts meinte, man solle eine Boje über das Wrack setzen, als Warnung für potentielle Diebe. Meiner Ansicht nach war eine Boje nichts anderes als ein Neonlicht, das verkündete: Diebe aller Länder, kommt her, kommt alle. Eine nicht unbegründete Ansicht, wie sich herausstellte, denn nachdem die Gerüchte die Runde gemacht hatten, konnte man erfahren, daß Sammler von Bürgerkriegsstücken 50 000 Dollar für einen Lukendeckel und 100 000 Dollar für die Schraube des Unterseeboots geboten hatten.

NUMA erhob keinen Anspruch. Ich wollte nur nach Hause und mit der Forschungsarbeit für das nächste Wrack beginnen, das ich zu finden hoffte. Und doch wurde ich der Entweihung des Grabes von konföderierten Kriegshelden angeklagt, der Plünderung des Wracks, der Lösegelderpressung des souveränen Staates South Carolina und der Verschwörung, die *Hunley* zu entführen, um sie in meinen Vorgarten in Colorado zu stellen. Die Söhne der konföderierten Veteranen wollten meine Bücher verbrennen. Ich wurde als ruhmsüchtiger Scharlatan bezeichnet, als Betrüger, als Verfasser von Schmutz und Schundliteratur und als Benediktiner Arnold, denn ich hatte die edle Profession der Marine-Archäologie verraten. Rodney Dangerfield wird mehr Respekt gezollt als mir.

Eine Weile dachte ich, sie würden mein Fahrrad beschlagnahmen.

Zum Glück gewann der gesunde Menschenverstand die Oberhand, denn diese Leute erkannten endlich, was das NUMA-Team wirklich vollbracht hatte. Alle meine Expeditionen zusammen hatten 105 Tage gedauert, wir waren 1196 Meilen Erkundungsbahnen auf der Suche nach dem Unterseeboot über rollendes Meer gefahren, ohne dabei an finanzielle Vorteile oder Verehrung durch die Massen zu denken. Wir betrachteten das Projekt als eine Herausforderung, und unser einziger Gewinn war die Befriedigung, daß wir ein lang gesuchtes Ziel erreicht hatten, um das maritime Erbe unseres Landes zu bewahren.

Die guten Leute in der Bundesverwaltung übergaben den Titel an dem Unterseeboot schließlich der U. S. Navy und ihrem historischen und archäologischen Ministerium, geführt von Dr. William Dudley und Dr. Robert Neyland, die sich verschworen hatten, die *Hunley* gehoben und von den fähigsten und erfahrensten Profis in dem Geschäft konserviert zu sehen, die auch die neueste Technologie einsetzten, um die Arbeit richtig zu machen. Der Senator des Staates South Carolina, Glenn McConell, bildete eine Kommission, die mit der Marine bei der Bergung und eventuellen Ausstellung in Charleston zusammenarbeiten sollte, nachdem verabredet war, das historische Schiff dem Staat für immer zu übergeben. Seither haben Wissenschaftler vom »National Park Service's Submerged Cultural Resources Center«, die das Kriegsschiff *Arizona* erkundet und nach der Atomexplosion auf dem Bikini Atoll gesunkene Schiffe untersucht hatten, ungefähr fünfzig Prozent der *Hunley* freigelegt, um ihren Zustand zu bestimmen. Sie fanden, daß das Unterseeboot technisch fortgeschrittener und besser konstruiert war, als man früher dachte. Sie geben zu, daß sie in gutem Zustand ist und bewegt werden kann, wenn man die archäologischen Richtlinien genau befolgt.

Mit den richtigen Mitteln hat man jetzt die Möglichkeit, der Besatzung der *Hunley* eine ordentliche Beerdigung mit allen Ehren zu bieten und das Unterseeboot so auszustellen, wie es auf seiner Reise durch die Geschichte tatsächlich ausgesehen hat. Wir hoffen, daß zu der Zeit, in der Sie dies hier lesen, die *Hunley* aus dem Schlick gehoben sein wird, in dem sie mehr als hundertdreißig Jahre gelegen hat, und in einer Konservierungsanlage in Charleston aufbewahrt werden kann. Dann ist es nur eine Frage der Zeit, bis sie ausgestellt wird, damit auch zukünftige Generationen sie betrachten können.

Vielleicht war Ralph Wilbanks größter Beitrag, außer seiner Entdeckung der *Hunley*, seine Cocktailschöpfung, die er allen im Team angedeihen ließ, und zwar Goslings Black Seal Rum gemischt mit South Carolina Blenheim Bottling Company's starkem Ingwerbier und einer ganzen Zitronenscheibe. Es gibt in der Tat kein besseres Getränk. Drei Gläser, und du bist bereit, am Strand entlangzulaufen und Sand auf Hulk Hogan zu werfen.

Ich hätte einen Schuß davon gebraucht, als mich in einem Fernsehinterview der Reporter fragte: »Mr. Cussler, wenn man die langen Jahre Ihrer Bemühungen und die Verunglimpfungen Ihrer Person bedenkt, die mit Ihrem Fund verbunden waren, glauben Sie tatsächlich, daß die enorme Geldmenge, die Sie ausgegeben haben, die Sache wert war?«

»Wert war?« gab ich schnippisch zurück. »Zum Teufel, ja. Sie war es wert! Es gibt Dinge, die man nicht mit Zeit und Geld messen kann. Die Suche nach der *Hunley* war eins davon. Hätten wir nicht das einzige intakte Kriegsschiff aus dem Bürgerkrieg entdeckt, säße ich noch immer über den Karten und würde Schecks ausschreiben, während Ralph und Wes draußen auf dem Wasser nach ihm Jagd machen würden.«

Manchmal, aber nicht immer, zahlt es sich aus, ein hartnäckiger Optimist zu sein.

Teil 7

Die verlorene Lokomotive von Kiowa Creek

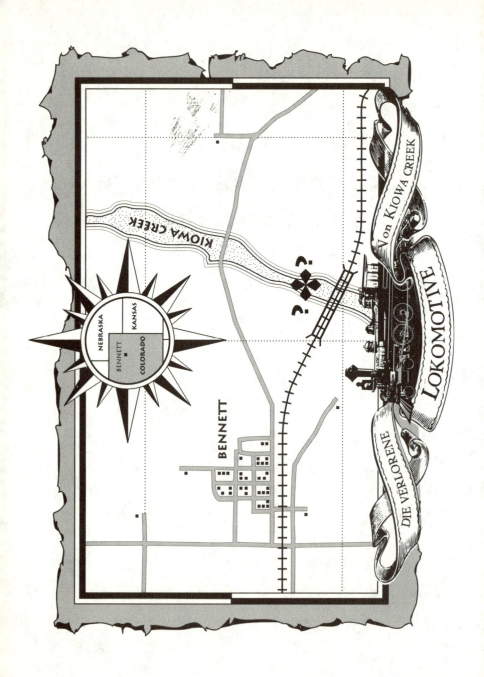

I
Reise nach Nirgendwo
Mai 1878

Angesichts der Geschäftigkeit im Eisenbahnhof der Kansas Pacific Railroad in Denver, Colorado, deutete nichts darauf hin, daß ein Unglück bevorstand. Colorado war zwei Jahre zuvor ein Staat geworden, und Denver wuchs schnell an regionaler Bedeutung. Die Züge vom Osten, beladen mit den Früchten der östlichen Industrie, rollten täglich mehrmals ein. Im Hof wurden sie entladen und manche für die Reise nach Kalifornien auf Züge mit Extra-Lokomotiven für den Anstieg über die Rocky Mountains umgeladen. An diesem Abend, abgesehen von einem Regenguß nach dem Sturm, der nie vorüberzugehen schien, war »Business as usual« angesagt.

Der schwere Regen fiel schon seit Tagen hernieder, und die halbe Stadt wurde überschwemmt, als der Cherry Creek und der Platte River über die Ufer traten. Die rekordverdächtige Sintflut war etwas ungewöhnlich für den Monat Mai, aber Colorados Klima war dafür bekannt, daß Sonnenwärme mit drei Fuß Schnee innerhalb von vierundzwanzig Stunden wechseln konnten. Das einzige, was man also über das Wetter der Rocky-Mountains-Staaten sagen konnte, war, daß Unberechenbarkeit garantiert war.

Der Eisenbahn-Ingenieur der Kansas Pacific Railroad, John Bacon, überquerte von seinem Haus in der 32. Straße kommend die

Brücke über den South Platte River. Der Fluß war vom Regen angeschwollen und schlammig.

Die Strömung hatte die zerschlagenen Reste eines großen Frachtwaggons in den Pfosten der Brücke verkeilt. Er war zur Seite ausgebrochen, und seine Holzspeichenräder drehten sich wie verrückt in der Luft, wie bei einem schwerverletzten Tier, das am Boden liegt und mit den Beinen ausschlägt. Das Bild ist passend, dachte sich Bacon. Frachtwaggons veralteten schnell. Dampfbetriebene Lokomotiven hatten bald die mit Pferden gezogenen Frachtwaggons und Passagierkutschen zu Transportmitteln von gestern werden lassen. Bacon sog die feuchte Abendluft ein. Eine starke Brise trug den Geruch von frischem Schlamm und Kohlenrauch von der Eisenbahn herüber. Weiter über die Brücke gehend, mußte er durch einen schmutzigen Verbindungsweg und dann vier Schienenstränge zum Versandbüro überschreiten.

Er wischte sich an einem Hanfsack den Schlamm von den Stiefeln und ging hinein. Der Boden bestand aus Holzbrettern und war so neu, daß man noch den Geruch von Kiefernharz riechen konnte. Ganz hinten in der Ecke stand ein bauchiger Ofen, auf dem ein blau emaillierter Kaffeetopf dampfte. Dem korpulenten Mann, wie Klosterbruder Tuck bei Robin Hood gebaut, neben seinem Stehpult zunickend, bewegte sich Bacon hinüber zu dem Topf. Er schnappte sich einen Metallbecher vom Nagel an der Wand, wischte mit einem Taschentuch die Staubschicht ab und goß sich den heißen Kaffee ein.

Der korpulente Mann, Fahrdienstleiter Chester Tubbs, stellte gerade einen Eisenbahnfahrplan auf. Dafür benutzte er ein Lineal und einen Bleistift. Tubbs näherte sich dem vierundfünfzigsten Lebensjahr und hatte über dreißig Jahre für die Eisenbahn gearbeitet. »Reicht dir die Nässe, John?« Tubbs sah dabei nicht einmal auf.

»Laß es August werden, dann sind wir froh, wenn es so gießt«, gab Bacon zurück. »Die Bauern draußen in der östlichen Prärie haben gar nichts dagegen.«

Tubbs trat von einem Bein aufs andere, hielt seine Tabelle hoch und zeigte mit dem Bleistift auf eine Stelle. »Du mußt den Zug Nr. 8 nach Kansas City fahren.«

»Welche Fracht?« fragte Bacon.

»Eisenbahn-Schrotteisen.«

»Welche Maschine hast du mir zugeteilt?«

»*Nummer 51*.«

»Baldwin 4-6-0«, sagte Bacon leichthin. »Gute Maschine mit sehr viel Zugkraft.«

»Trotzdem, du mußt sie gut unter Dampf halten bei dieser Belastung«, meinte Tubbs.

»Wie viele Wagen?«

»Fünfundzwanzig und ein Bremswagen«, erwiderte Tubbs.

Bacon schätzte im Geist das ungefähre Gewicht von fünfundzwanzig Frachtwaggons, beladen mit schwerem Eisenbahn-Schrott, gezogen von einer Lokomotive über feuchte Schienen.

»Von hier nach Kansas geht es abwärts. Ich dürfte kein Problem haben, deinen Fahrplan einzuhalten.«

»Nur so lange, wie der Sturm dir nicht über die Prärie folgt.«

»Hast du mir meinen Schwager Frank Seldon zugeteilt?«

Tubbs nickte. »Und deinen Kumpel beim Kartenspiel, George Piatt.«

»Du bist ein guter Kerl«, lachte Bacon fröhlich.

»Man muß doch den Ingenieur bei Laune halten«, gab Tubbs lächelnd zurück.

»Wenn meine Mannschaft ankommt, sag ihnen, ich bin auf *Nr. 51*«, bat ihn Bacon, trank seinen Kaffee aus und hängte die Tasse zurück an den Nagel.

Als er das Einsatzbüro verlassen hatte, ging Bacon an dem Gleis entlang, das zur *Maschine Nr. 51* führte. Er fand sie kalt und schweigend auf einem Seitengleis stehend, zusammengekoppelt mit ihrem Tender. Er hielt inne und blickte in südöstliche Richtung. Weit über die Prärie in Richtung Elbert County entluden sich

Blitze gegen den schwarzen Himmel. Der Donner folgte rasch und grollte bedrohlich. Die Nacht versprach in der Tat sehr ungemütlich zu werden.

Frank Seldon und George Platt entfernten sich gemeinsam auf den Schienen vom Einsatzbüro. Eine Messinglaterne flackerte im Inneren der Kabine von *Maschine Nr. 51*, und Rauchschwaden stiegen spiralförmig aus dem hohen Schornstein mit der Diamantspitze der Lokomotive auf. Als die Männer die Leiter zur Kabine hochkletterten, hörten sie, wie die schwere Kesseltür zugeschlagen wurde.

»Der Herr Ingenieur betätigt sich als Heizer?« grinste Seldon zu Bacon hinüber.

»Irgend jemand muß dem Biest Feuer machen, damit wir unseren Fahrplan einhalten«, meinte Bacon zu seinem Schwager halb im Scherz. »Ist Piatt bei dir?«

Die Antwort kam mit dem Klappern von einem Paar Stiefel Größe dreizehn, die auf dem Eisenboden der Kabine herumtrampelten, als George Piatt hereinkletterte. Piatt war ein muskulöser, aber stark übergewichtiger Mann mit Fettpolstern an den falschen Stellen. Seine Arme waren so dick wie bei den meisten Männern die Beine. Jeder Wagen in dem Zug hatte eine Handbremse, und Piatts Aufgabe war es, die Bremsen zu ziehen, wenn es nötig war. Die Bremsräder ließen sich nicht leicht drehen, aber Piatts Stärke brachte ihm hier einen deutlichen Vorteil.

»Abend«, sagte Piatt in munterem Ton.

»Abend, George«, grüßte ihn Bacon. »Wie war dein freier Tag?«

»Mary brachte mich dazu, mit ihr in den Sloan-Lake-Ballsaal tanzen zu gehen.«

Bacon lächelte. »Irgendwie kann ich mir dich nicht beim Walzertanzen auf dem Tanzboden eines Ballsaals vorstellen.«

Piatt ignorierte die Ironie. »Tubbs sagte, der Zug sei angekoppelt und auf Spur zwölf. Wenn ihr *Nr. 51* herbringen könnt, sobald ihr genug Dampf habt, werde ich auf euch warten und euch anhaken.«

»Wir werden so schnell wir können dort sein«, meinte Bacon, als sich Seldon eine Schaufel schnappte und anfing, das Feuer im Brenner aufzuschütten.

Fünfzehn Minuten später zog Bacon langsam den Drosselzug an einem Stab, der hinauflief zur Dampfkuppel oben auf dem Boiler, wo die Drosselventile saßen. Dann zog er die Johnson-Stange, um die Lokomotive in den Rückwärtsgang zu bringen. Seldon sprang hinunter, trat nach vorn und schaltete die Schienen so, daß die Maschine auf Gleis zwölf zurücklaufen und auf Piatt treffen konnte, der an der vorderen Kupplung des Führungsfrachtwagens stand. Bacon schlug leicht auf den Drosselarm und ließ die Kupplung hinter dem Kohlentender in die des Wagens gleiten.

»Die Stifte sind richtig drin«, rief Piatt hinter dem Tender.

Bacon schob leicht den Drosselarm auf. Mit einer Reihe von lauten, metallenen Geräuschen strafften sich die Kupplungen. Dann zog er an der Drossel, schickte eine Ladung Dampf an den Kolben und ließ die großen Antriebsräder drehen, um das enorme Gewicht hinter der *Maschine Nr. 51* vorwärtszuschieben. Zuerst langsam pustend, kroch *Zug Nr. 8* nach Kansas City aus dem Eisenbahnhof in Denver. Parallel an der Larimer Street vorbeifahrend, gewann der Zug allmählich an Geschwindigkeit.

Die von Baldwin gebaute Lokomotivklasse Mogul 4-6-0 war das Arbeitspferd der staatlichen Eisenbahnen. Mit vier Rädern auf einem Drehrad auf der Vorderseite und sechs 54-Zoll-Antriebsrädern wurde sie als das Monstrum ihrer Zeit bezeichnet, das in der Lage war, einen langen Zug schwerbeladener Frachtwagen ohne große Anstrengung über lange Höhenwege zu ziehen. Erst drei Jahre alt, war die *Maschine Nr. 51* eine von nur drei schweren Zugmaschinen im rollenden Inventar der Kansas Pacific Railroad. Obwohl sie normalerweise dafür eingeteilt war, Züge über die Berge zu ziehen, bedurfte diese Reise ihrer riesigen Kraft, um die schwergewichtige Ladung aus Schrotteisen an die Schmelzöfen im Osten zu transportieren.

Der größte Teil ihrer Metallteile war schwarz bemalt und glänzte jetzt unter einem Wasserüberzug. Dünne, handgemalte rote Streifen schmückten die Ränder ihrer Räder, die Rahmen der Kabinenfenster und die Handläufe über den Antriebsrädern. Die vorn an der Maschine direkt über den Schienen befestigten, fächerförmigen Gleisräumer waren nie dazu ausersehen gewesen, umherwandernde Stiere aus offenen Feldern einzufangen, sondern nur, um ihre Kadaver zur Seite zu schieben. Vor dem hohen Schornstein mit seiner diamantenen Spitze saß ein großer Scheinwerfer, dessen Kerosinlampe und Spiegelreflektoren einen breiten Strahl in die dunkle Nacht warfen.

Nachdem er die Kette an der Dampfpfeife befestigt und das Seil der Glocke gezogen hatte, trotzte Bacon dem Regen und lehnte sich aus dem Seitenfenster, als die Maschine die Steele Street und die Außenbezirke der Stadt passierte und zu den großen flachen Feldern fuhr, die sich von den Rockies bis zum Mississippi erstreckten. *Zug Nr. 8* dampfte jetzt auf seinem monotonen Kurs ostwärts, durch eine Landschaft ohne jeden Baum und Strauch. Keiner an Bord hatte eine Vorahnung, daß dies ihre letzte gemeinsame Fahrt sein würde.

Fünfzig Meilen die Bahngleise hinunter erhob sich das Wasser wie eine Wand, und die Brandung schlug gegen »Brücke Nr. 607.80«. Die Flut traf mit einer Woge ein, die nicht aus Wut oder Rache geboren, sondern einfach aus der Wucht und der Schwerkraft entstanden war. Holzsplitter brachen aus den Brückenstützen, hölzerne Pfosten, die acht Fuß tief in das Strombett getrieben waren. Das aufschäumende Wasser spaltete sie in riesige Splitter auf und trug sie davon. Durch die unheilige Kraft des tobenden Stroms abwärts getrieben, wurden die Pfosten wie Strohhalme im Wirbelsturm herumgeschleudert. Die eisernen Schienen oben auf der

Brücke schwankten ohne ihre Stützen, blieben aber in der Luft hängen und erzeugten so die Illusion einer sicheren Überfahrt.

Jesse Dillup lag in einem ausgewaschenen Loch neben dem angeschwollenen Strom unterhalb der Schienen der Kansas Pacific neben einem Baumwollpflanzenwäldchen. Eine in Fetzen zerfallene Wolldecke, jetzt vom durchdringenden Regen völlig durchgeweicht, klebte an seinen Schultern. Seine wenigen, armseligen Besitztümer hatte er in einem Bündel zusammengeknotet zu seinen Füßen liegen. Er nieste und erhob sich aus seinem schlammigen Unterstand.

Dillup war auf dem Weg von Texas nach Kalifornien. Mitfahrgelegenheiten verschaffte er sich, indem er sich auf leere Frachtwaggons schwang. In Kalifornien gab es Arbeit. Das hatte er zumindest gehört. Seine Reise beruhte auf der Hoffnung, sein Leben würde sich endlich ändern. Er hatte erst kürzlich das wenige, das er im Leben angespart hatte, verspielt und war jetzt fast pleite, als er sich auf den Weg nach Westen machte. Ein wenig Vorrat an Nahrungsmitteln, die wenigen persönlichen Gegenstände trug er in seinem Bündel mit sich, und vier Dollar in Münzen waren alles, was er besaß.

Das Loch, dessen Boden jetzt zu einer Pfütze geworden war, war nicht länger bewohnbar, und der Fluß stieg ständig, mit beängstigender Geschwindigkeit, auf seinen Unterstand zu. Also beschloß er, weiter nach Westen zu wandern in der Hoffnung, einen bequemeren Ort, etwas höher gelegen, zu finden, wo er diese abscheuliche Nacht verbringen konnte. Schnell den Hang hinaufkletternd zu den Ballaststeinen unter den Querbalken und Schienen, hielt er inne, als er die Schienen erreicht hatte, und aus Gewohnheit blickte er zurück durch den Regen, in der Erwartung, einen Zug kommen zu sehen. Statt des Lichts einer Lokomotive erkannte er die verstreuten Reste der Brücke 607.80 unter einer Vielzahl von Blitzen. Die Eisenschienen hingen freischwebend in der Luft über einem reißenden Strom von aufgewühltem Wasser. Noch während er das betrachtete, stürzte der riesige Stamm eines Baumwollbaums in die östlichen Fundamente der Brücke und brach die letzten Stützen los. Das hölzerne Skelett, das der Brücke ihre Stärke gegeben hatte, war jetzt vollständig weg.

Dillup rannte den Schienenstrang entlang in Richtung auf die nächstliegende Stadt, Kiowa Crossing, in der Absicht, den Stationsvorsteher zu warnen. Er rutschte aus und verletzte sein Knie an einem spitzen Gegenstand. Nachdem er einen Lumpen aus seiner Tasche gezogen und um die Wunde gewickelt hatte, setzte er stolpernd seinen Weg über die Gleise nach Westen fort.

Ein Aschenwirbel, Funken und dichter Rauch wurden durch den Schornstein von *Lokomotive Nr. 51* geschleudert, als sie ostwärts auf die Brücke zuraste. Frank Seldon hielt die Glut im Brenner, und der Boiler stand unter vollem Dampf, während Bacon die Druckmesser genau beobachtete. Der Regen hatte ein bißchen nachgelassen, so daß sein Gesichtsfeld unter dem Scheinwerfer etwas größer geworden war. Er zog die Drossel um eine Markierung weiter, und die Lokomotive donnerte über die nassen Schienen.

In Richtung auf die Mitte des Zuges bewegte sich George Piatt von Wagen zu Wagen, prüfte die Bremseinstellungen und vergewisserte sich, daß die Zusatzsperrklinken richtig funktionierten.

Die Männer an Bord von *Zug Nr. 8* hatten keine Ahnung, welche Gefahr immer schneller auf sie zukam, und daß ihnen nur noch ein paar Minuten zu leben blieben.

Im vor dem Sturm sicheren Stationsgebäude in Kiowa Crossing, weniger als eine Meile von der Brücke über den Fluß entfernt, teilte Abner Capp an einem Tisch eine Runde Karten aus. Er spielte mit sich selbst. Einen Augenblick hielt er inne, um an einem Truthahn-Sandwich zu knabbern, das seine Frau ihm als Abendmahlzeit eingepackt hatte. Die große Seth-Thomas-Wanduhr zeigte zwei Minuten bis Mitternacht.

Im Inneren des kleinen, hölzernen Stationsgebäudes war es behaglich warm. Capp schauderte bei dem Gedanken, in die feuchte Dunkelheit hinaustreten zu müssen. Doch der fahrplanmäßige Zug hatte einer bestimmten Route zu folgen, und er mußte am Gleis stehen, falls *Zug Nr. 8* auf der Durchfahrt besondere Post oder Anweisungen von der Firma mit sich führte, die ein Schaffner auf einem Stock herausschob und der Stationsleiter in einem kleinen Netz, das er in der Hand hielt, auffangen mußte. Capp konnte nicht wissen, daß *Zug Nr. 8* in dieser Nacht keinen Schaffner haben würde.

Er zog gerade seinen Mantel an, als Jesse Dillup durch die Tür kam und aussah wie eine abgesoffene Ratte.

»Die Brücke ist weg!« keuchte Dillup.

Capp starrte den durchnäßten Reisenden an. Dillups Haar hing in nassen Kringeln herunter und klebte an seinem Gesicht, das dringend einer Rasur bedurfte. Seine Kleider waren zerschlissen und alt, seine Hosen aufgerissen und blutig, wo er sich das Knie verletzt hatte.

»Hast du getrunken?« fragte Capp geradezu.

»Nein, um Gottes willen!« rief Dillup. »Ich sage dir doch, die Brücke östlich von hier ist vom Hochwasser weggerissen worden. Die Schienen schweben da, wo das Gleis war, in der Luft, mit nichts darunter. Die Stützen sind weg.«

Zwei kurze Meilen nach Westen hörte man die schrille Dampfpfeife von *Lokomotive Nr. 51* durch den Lärm des Regens auf dem Bahnhofsdach. Die Zeit wurde knapp.

Weniger als vier Minuten Reisezeit von der kleinen Stadt Kiowa Crossing entfernt, raste der Frachtzug nach Osten auf die Brücke zu. Seldon saß zurückgelehnt in seinem Metallstuhl und ruhte sich aus, nachdem er den Brenner aufgestochert hatte. Bacon wickelte seinen Kopf fast um den Fensterrahmen, um mit einem Auge die restliche regennasse Dunkelheit vor sich zu durchdringen.

Sieben Wagen weiter hinten regelte George Piatt eine nachschleifende Bremse, begab sich dann auf den Weg nach vorn zur Lokomotive, um sich dort ein paar Minuten Wärme und einen kurzen Plausch mit Bacon und Seldon zu gönnen.

Fünfundzwanzig Güterwagen, jeder mit zwanzigtausend Pfund Schrotteisen beladen, sammelten Schwung auf der leicht abfallenden Strecke, die in östliche Richtung zur Grenze von Colorado und Kansas verlief.

Capp warf Dillup einen liegengebliebenen Regenmantel zu und gab ihm eine Messinglaterne mit roter Glaslinse. Dann winkte er in Richtung Brücke. »Du gehst östlich zur Brücke und hängst dieses Licht an den Pfosten neben den Gleisen.«

»Bist du sicher, daß ich nicht nach Westen gehen soll, um den Zug zu warnen?« fragte Dillup.

»Ich werde mich darum kümmern. Da du ein verletztes Bein hast, bin ich schneller als du.« Capp warf die Tür auf, und herein wehte ein eisiger Windstoß und kalter Regen. »Geh jetzt!« Dann sprang er auf die Schienen und fing mit seinem sinnlosen Versuch an, den Zug aufzuhalten.

Das Geräusch der sich schnell nähernden Lokomotive erreichte die Männer, die auf dem Gleis in entgegengesetze Richtung liefen. Capp kam schneller voran als Dillup, aber er mußte weiter gehen. Er erreichte den östlichen Lichtwarnpfosten nicht vor dem Zug. Er winkte die rote Laterne verzweifelt hoch über seinem Kopf und hoffte, der Ingenieur würde ihn sehen.

Aber in dem Augenblick hatte Bacon seine Aufmerksamkeit vom Gleis abgewandt und prüfte gerade die Manometer. Capp und sein verzweifeltes Signal blieben unbeachtet. In größter Panik warf Capp die Laterne gegen die Seite der Kabine. Aber er schätzte die Geschwindigkeit des *Zuges Nr. 8* falsch ein und warf zu spät. Die Laterne schlug gegen die Wand des Kohletenders hinter der Lokomotive und blieb unbemerkt.

Dillup humpelte auf den Schienen hinunter, so schnell es sein verletztes Bein erlaubte. Er erreichte den Signalpfosten, kletterte die Leiter hinauf und hakte die Laterne hoch über dem Gleis ein. Dann ließ er sich neben dem Pfosten auf den Boden fallen, gerade in dem Augenblick, als das Licht von der Baldwin-Lokomotive ihn blendete.

John Bacon hatte Dillup und die rote Laterne gesehen. Er reagierte sofort, zog zweimal schnell hintereinander das Seil der Dampfpfeife. Obwohl er den Grund für das Stoppsignal noch nicht kannte, hoffte er verzweifelt, George Piatt wäre an seinem Platz, um die Bremsen zu setzen. Er schob die Drossel zu und zog fast mit der gleichen Bewegung die Johnson-Stange. Dann zog er die Drossel wieder auf und trieb die großen Antriebsräder wie verrückt drehend in den Rückwärtsgang.

»Sie haben uns ein rotes Signal außerhalb von Kiowa Crossing gegeben«, schrie er Seldon zu.

»Die Kiowa-Creek-Brücke scheint weg zu sein!« schrie Seldon zurück.

»Das muß es sein. Ich kann mir keinen anderen Grund denken, warum man einen Frachtzug in einer solchen Nacht anhalten läßt.«

Piatt war nur zwei Wagen hinter ihm, als er die doppelten Schreie der Pfeife hörte. Ohne zu zögern drehte er das Rad an den Frachtwagen, das die vorderen Bremsen festhielt. Dann sprang er über den Schienenschrott und rannte zur rückwärtigen Bremse, ehe er auch sie feststellte. Darauf kam der nächste Wagen dran, wo er das Verfahren wiederholte.

Die Mannschaft hatte erstaunlich schnell reagiert, aber die Triebkraft des Zuges war einfach zu groß.

Capp eilte die Gleise hinunter, jagte dem roten Licht auf der Rückseite des Bremswagens hinterher. Er rannte waghalsig über die Schienenbalken. Wie in einem Alptraum spürte er sein Herz gegen den Rippenbogen schlagen.

Zweihundert Yards vor Capp ging ein Windzug durch Dillups Regenmantel, als der Zug vorbeiraste. Er erkannte plötzlich, daß es keine Möglichkeit gab, den Zug rechtzeitig zu stoppen. Er hatte alles getan, was er konnte, aber es war nicht genug.

»Ich glaube, es ist nichts«, sagte Bacon, als er den Lichtstrahl der Lokomotive auf den Schienen vor ihm reflektiert sah.
»Es sieht aus, als ob die Brücke noch steht«, meinte Seldon ahnungslos, als er sich aus dem gegenüberliegenden Kabinenfenster lehnte.
Nachdem Piatt die Bremsen von drei Waggons festgemacht hatte, die rückwärts drehenden Antriebsräder kreischend, verlangsamte sich *Zug Nr. 8*, als er über das erhobene Gleisbett von Kiowa Crossing kommend, aber noch weit vom Anhalten entfernt, über die ungestützten Schienen fuhr. Die große Schubkraft des Zuges trug ihn fast bis zur Mitte über den irrsinnigen Ansturm des Wassers. Dann brachen die beiden Stränge des Eisens unter dem Gewicht des hundert Tonnen schweren Metalls. Verdreht wie eine sterbende Schlange rollten die Lokomotive und achtzehn der fünfundzwanzig Waggons in das tobende Wasser, wo sie sich in der unüberwindlichen Überschwemmungsflut zu einer einzigen Masse von Wracks verkeilten. Trümmer und Schienen wurden von den Güterwagen gerissen und stromabwärts geschoben, als würden sie aus einer Kanone geschossen.
Bacon, Seldon und Piatt starben fast augenblicklich; ihre zerschmetterten Körper wurden stromabwärts getrieben.

Jesse Dillup stand in schweigendem Entsetzen auf den Gleisen oberhalb von Kiowa Creek und beobachtete, wie die großen Scheinwerfer der *Lokomotive Nr. 51* in das Wasser tauchten, wo sie noch ein paar Sekunden glühten, bis die vorderen Linsen zerschlagen und vom schäumenden Wasser ausgelöscht wurden. Sieben der Güter- und der Bremswagen blieben, als grimmige Erinnerung an die Tragödie, auf den Gleisen stehen. Dillup sackte zusammen, blieb sitzen, zu entsetzt, um sich überhaupt auf den Beinen zu halten. Der Regen klatschte ihm ins Gesicht.

Abner Capp kam angerannt. Er hielt neben Dillup und starrte ungläubig auf das schwarze, dahinrauschende Wasser und die Verwüstung. Eiskalte Schauer liefen durch seinen Körper, als er den riesigen Spalt in der Mitte der Brücke sah. »Hast du jemanden gesehen?« fragte er Dillup.

Der reisende Vagabund schüttelte den Kopf. »Nicht eine Seele. Sie müssen alle untergegangen sein.«

»Die Lokomotive?«

»Fiel mitten rein; ihre Scheinwerfer leuchteten noch.«

»Wo ungefähr?«

Dillup zeigte nach Norden, wo die Brücke einmal gestanden hatte. »Fast in der Mitte des Stroms, dort drüben nahe dem Baumwollwäldchen.«

Capp nickte feierlich. Langsam konnte sein Verstand das Entsetzen verarbeiten. »Ich gehe zurück zum Bahnhof und telegrafiere der Firma.«

»Was kann ich tun?« fragte Dillup.

»Nichts«, antwortete Capp. »Am besten kommst du mit mir nach Hause. Meine Frau wird dir eine gute, warme Mahlzeit machen, und du kannst bei uns bleiben, bis der Sturm nachläßt.«

Gemeinsam wandten die entsetzten Männer dem Unglücksort den Rücken zu und wanderten langsam durch die Regennacht zurück nach Kiowa Crossing.

Nachdem Capp die traurige Nachricht an die Büros der Kansas Pacific in Denver telegrafiert hatte, wurde ein Zug mit Untersuchungsbeamten und Suchtrupps ausgesandt, die die Leichen finden sollten. Die Morgensonne ging an einem Himmel auf, der jetzt von jenen Regenwolken befreit war, die ihn bedeckt hatten, als der Zug kurz vor dem Eintauchen in die mörderische Flut bremste und halten wollte. Fünfzig Männer standen schweigend mehrere Minuten lang vor der Zerstörung.

Über Nacht, so als sei die Überschwemmung nichts als eine Erscheinung gewesen, sanken die Wassermassen, bis sie nur noch ruhig vor sich hinflossen, nicht mehr als vier Fuß tief. Die Wucht der Überschwemmung war deutlich an den entwurzelten Baumwollsträuchern zu erkennen, die halb begraben im Flußbett lagen. Sand und Schlamm waren an die Seiten geschwemmt worden und hingen wie kleine Blätter an den Hochwassermarkierungslatten. Ein oder zwei Gleise ragten aus dem Wasser heraus: Das war alles, was von dem Brückenbogen übriggeblieben war. Sie waren verdreht und von dem Gewicht der Lokomotive zerquetscht, als sie in dem wütenden Toben herumgewirbelt wurden.

Die dicken Holzpfeiler und ihre Querbalken, die einst die Brückenstützen gebildet hatten, waren nirgends mehr zu sehen. Sie waren weit stromabwärts geschwemmt worden, als der Wolkenbruch am heftigsten war. Über der Leere, zwischen den restlichen Querbalken, hingen nackte Schienen herab. Sieben der Güterwagen, die in den Fluß gefallen waren, blieben fünfzig Fuß nördlich der früheren Brücke teilweise sichtbar. Stücke und Teile ihrer Bodenplatten und Zugmaschinen ragten aus dem Schlamm und dem Treibsand heraus. *Lokomotive Nr. 8*, ihr Tender und die restlichen elf Wagen waren völlig verschwunden.

Nachdem er die Situation eine halbe Stunde lang studiert hatte, legte Superintendent Oberst C. W. Fisher von der Kansas Pacific seine Hand auf Capps Schulter und zeigte stromabwärts. »Haben Sie sich um Hilfe aus dem Ort bei der Suche nach den Leichen unserer Männer gekümmert?«

Capp nickte. »Zwölf Lohnarbeiter sind bereit, auf Ihren Befehl hin auszuschwärmen.«

»Sagen Sie ihnen, sie können jetzt mit der Suche beginnen«, sagte Fisher ruhig. Dann wandte er sich an den Ingenieur der Lokomotive, der den Zug von Denver hergefahren hatte. »Gehen Sie mit Mr. Capp zum Bahnhofsgebäude und telegrafieren Sie meinem Büro in Denver. Sagen Sie ihnen, ich möchte einen Stützensetzer und einen Schienenwagen, auf dem ein Kran montiert ist, um neue Stützen zu setzen und Schienen zu legen. Zusätzlich soll ein Versorgungswagen für Unterkunft und Ernährung unserer Mannschaften kommen. Ich möchte schleunigst das erforderliche Gerät, damit ein provisorisches Gleis über das Flußbett gelegt wird und der Verkehr sofort wieder rollen kann. Diese Eisenbahnstrecke ist die Lebensader nach dem Westen. Sie muß so schnell wie möglich wieder geöffnet werden.«

Rund um die Uhr arbeitend, hatten Fishers Gleisverleger-Mannschaften in weniger als fünfzig Stunden ein vorläufiges Gleis für den Verkehr fertiggestellt. Vier Wochen später konnten die Passagiere der Kansas Pacific im Vorbeifahren das Wrack von *Zug Nr. 8* betrachten.

Als erstes fand man den Leichnam von Frank Seldon.

Bauern aus der Umgebung, Sam Williams und John Mitchell, ritten am Westufer an der Hochwassermarkierung vorüber, als Williams auf ein Trümmerteil deutete, das aus einem Sandberg herausragte.

»Es sieht aus wie ein Teil der Lokomotivenkabine«, meinte er.

Die beiden Männer stiegen aus ihren Sätteln, banden die Pferde an einen Baumstamm und näherten sich dem Hügel. Mitchell schob mit seinem Stiefel den feuchten Sand weg. »Stimmt, es ist ein Stück Kabine.« Dann deutete er zu dem Gegenstand ein paar Fuß weiter. »Das sieht aus wie der Rest eines Schornsteins.«

Williams schob einen Haufen Baumzweige weg, die der Wasserstrom in den Hügel eingegraben hatte. »Ich habe etwas, das aussieht wie ein Hut«, sagte er und grub tiefer.

Mitchell ging zu ihm. »Vielleicht hast du –« Seine Stimme brach abrupt ab, als seine Hand etwas Weiches und Biegsames berührte. »O Gott! Ich glaube, wir haben eine Leiche gefunden.«

Sie befanden sich eineinhalb Meilen stromabwärts von der »Brücke Nr. 607.80«, die einst den Kiowa Creek überspannte. Frank Seldon hatte von den dreien die kürzeste Reise hinter sich gebracht.

Später am gleichen Tag fand eine zweite Gruppe Bauern George Piatt. Sein großer Körper war auf der Todesreise schlimm zugerichtet worden. Man fand ihn drei Meilen stromabwärts.

Sechs Tage nach dem Unglück wurde endlich Ingenieur John Bacon gefunden. Er war bis sieben Meilen unterhalb der zerstörten Brücke getragen worden. Sein Körper steckte in den Zweigen eines Baumwollbaumes, zwölf Fuß hoch. Der Abstand vom Boden hatte die Kojoten ferngehalten, aber die Vögel hatten ihre Besuche abgestattet und an der Leiche gepickt. Bacons Gesicht war gnadenlos entstellt, und man würde ihn in einem Zinnsarg beerdigen müssen.

Zu Ehren der Toten ordnete die Gewerkschaft der Eisenbahn-Ingenieure eine dreißigtägige Trauerzeit an. Bacon und Seldon waren mit Schwestern verheiratet, deren Mädchenname Bennett lautete. Die Stadt Kiowa Crossing wurde in Bennett umbenannt, zu Ehren der verwitweten Schwestern.

Als das Gleis über das jetzt fast trocken liegende Flußbett fertig war, beschloß die Eisenbahngesellschaft, es sei jetzt Zeit, die fehlende Lokomotive aufzuspüren und die Wagen zu bergen. Die Bergungsanstrengungen konzentrierten sich auf die paar Wagen, die noch immer in kurzer Entfernung von der ausgewaschenen Brücke zu sehen waren. Verschalungen wurden in den Sand getrieben, damit die weichen Wände nicht einbrachen. Dann begannen Bergungsleute mit den Ausgrabungen. Eine kleine Hilfsdampfmaschine wurde an eine Pumpe gehängt, die vierundzwanzig Stunden am Tag lief, damit das größer werdende Loch von eindringendem Grundwasser freiblieb.

Die Arbeit war schwierig. Die Fracht aus Schrottschieneneisen, das die Wagen geladen hatten, war von der unheimlichen Wucht des Wassers um das Wrack gewickelt worden wie gefrorene Spaghetti. Jede Schiene mußte losgeschnitten werden, ehe man die Wagen zum Transport in eine Werkstatt zurück auf das Gleis heben konnte. Der mit der Bergungsoperation beauftragte Chef der Kansas Pacific war N. H. Nicholson. Er war hochgewachsen und hatte etwas von einem Dandy. Ein dichter, sorgfältig mit Brillantine eingeriebener Schnurrbart zierte ein hübsches Gesicht, braungebrannt vom Leben im Freien. Nachdem er aus einer Blechtasse Wasser geschlürft hatte, trocknete er sich mit dem Handrücken den Bart.

»Wir haben den 1. August und noch immer kein Zeichen von der Lokomotive«, rief er zu Johnnie Schaffer, einem einheimischen Bauernknecht, den man eingestellt hatte, um bei der Eisenbahn zu helfen.

»Wenn diese Luftpumpe kommt, können wir vielleicht tiefer graben und sie finden«, meinte Schaffer.

»Sie sollte am Mittwoch schon hier sein.«

»Wir können sie wirklich gut brauchen.« Schaffer wies in Richtung unterhalb von Nicholsons Schulter. »Da kommt Mollie mit dem Frühstück.«

Jeder Mann hielt bei dem, was er tat, inne, als sich ein zwölfjähriges Mädchen näherte. Es war Katherine Mack, die von jedem in der Stadt Mollie genannt wurde. Sie lief auf den Schienen östlich von Kiowa Crossing, dicht gefolgt von ihrem zahmen Reh, mit Körben und Blecheimern beladen. Ihre Mutter war von Nicholson engagiert worden, um die Bergungsmannschaft mit Mittagessen zu versorgen. Als Mollie hielt und ihre Last absetzte, blieb ihr zahmes Reh ein Stück zurück.

»Dieses Reh scheint uns einfach nicht zu mögen«, sagte Nicholson, Mollie freundlich zulächelnd.

»Vielleicht hat es Angst, daß wir es aufessen«, scherzte Schaffer.

»Es mag nur mich«, sagte Mollie und schnitt Schaffer eine Grimasse. »Meine Mutter hat heute Rindfleisch, Brot, Kartoffeln und Kuchen eingepackt.«

Nicholson wies auf Henry Nordloh, der nur ein Jahr älter war als Mollie.

Henry war groß für sein Alter, und sein Vater hatte ihn und seinen Bruder Gus während ihrer Sommerferien für die Arbeit an der Dampfmaschine eingestellt.

Henry tippte schüchtern an seinen Hut. »Guten Tag, Mollie.«

Mollie lächelte scheu. »Mr. Nordloh.« Nachdem sie das Essen an die Männer verteilt hatte, sparte Mollie den letzten Korb für Henry auf und breitete eine Serviette über einen Baumstumpf. Als er zu essen anfing, setzte sie sich neben ihn und starrte auf das riesige Loch, das wie ein Mondkrater aussah.

»Wie weit seid ihr heute gekommen?«

»Bis zum Ende der Woche werden wir den letzten Waggon aus der Erde geholt haben«, antwortete Henry und kaute auf einem Stück Rindfleisch. »Wir haben den Kohletender hochgeholt, aber wir können die Lokomotive nicht finden. Mr. Nicholson schafft eine Pumpe herbei, um die Luft durch ein Rohr zu blasen. Er meint, wenn er genügend Löcher macht, wird eins auf die Lokomotive stoßen.«

»Eher wirst du deinem Vater schon wieder bei der Ernte helfen müssen.«

»Er versprach, Gus und ich dürften arbeiten und Geld verdienen, bis die Schule anfängt«, erwiderte er mit jugendlicher Zuversicht.

Beide Kinder wurden erwachsen, wurden alt und schworen bis an das Ende ihrer Tage, daß die *Lokomotive Nr. 51* niemals geortet und ausgegraben wurde. Sie erzählten die Geschichte von der verlorenen Lokomotive ihren Kindern weiter. Ja, Henry und Mollie wurden ein Liebespaar, heirateten 1885 und gründeten eine Familie mit sechs entzückenden Mädchen und zwei netten Jungen.

Die wahrscheinliche Theorie zu der Zeit war, daß die Lokomotive Meilen stromabwärts getrieben und im Flugsand begraben worden war, so tief, daß man sie niemals finden, geschweige denn bergen konnte.

Mitteilung aus der *Rocky Mountain News*:

22. Mai 1880. Die Menschen in Denver erinnern sich alle an den Unfall der Kansas Pacific letzte Nacht vor zwei Jahren, bei dem Ingenieur John Bacon und Heizer Frank Seldon getötet wurden. Zu jener Zeit wurde die Kiowa-Brücke von einer Flut weggeschwemmt, und nachdem der Zug in das reißende Hochwasser gestürzt war, sah man die Lokomotive nie wieder, obwohl alles unternommen wurde, um sie zu finden. Man nimmt an, daß sie im Treibsand versunken ist, denn der Tender wurde zehn Fuß unterhalb der Biegung des Creek gefunden.

Aus diesem Unfall erwuchs eine Vielzahl von Schadensersatzklagen. Der Prozeß von Mrs. Bacon wurde gestern entschieden. Das Urteil lautet: »Wir, die Geschworenen, beschließen zu Gunsten der Klägerin und beziffern den Schaden auf 5000 Dollar. John Best, Vorsteher.« Ein ähnlicher Prozeß seitens Mrs. Seldon führte zu dem gleichen Urteil. Die Anwälte der Eisenbahn, Usher und Teller, werden die Fälle allerdings bis zum bitteren Ende durchkämpfen.

Im Laufe der nächsten Jahre berichteten Zeitungen und Eisenbahnjournale weiter über die verlorengegangene *Lokomotive Nr. 51*: gespenstische Geschichten von einem mysteriösen Licht, das dem einer Lokomotive ähnelte und auf halbem Wege über der neuen Brücke des Kiowa Creek gesehen worden war, bevor es plötzlich erlosch. Ein paar Bauern aus der Gegend schworen, sie hätten gespenstische Bilder einer Mannschaft wahrgenommen, die durch das Flußbett wateten.

Wenn die *Lokomotive Nr. 51* nie gefunden worden ist, wo war sie dann?

II
Der Geist der Lokomotive
Mai 1989

Was hat ein Zugwrack auf dem flachen Land von Colorado mit Schiffswracks zu tun? Abgesehen von einem vergleichbaren Verfahren, Forschungsarbeiten und Erkundungen an Ort und Stelle: absolut gar nichts. Wir wollen einfach sagen, ich hätte eine Schwäche für die *Lokomotive Nr. 51* in meinem Herzen gehabt.

In der Ausgabe der »Sunday Empire«, Teil der *Denver Post*, vom 21. Mai 1978 hatte Elizabeth Sagstetter einen Artikel geschrieben. Der Titel lautete »Die Lokomotive, die nie zurückkehrte«. Es war das erste, was ich je von der Tragödie gehört hatte. Zu der Zeit war ich nicht so sehr von dem Gedanken fasziniert, eine Suche nach der Ausreißer-Lokomotive zu organisieren, sondern wollte ihr Verschwinden in das Projekt eines Abenteuerromans mit meinem Helden Dirk Pitt einarbeiten. Zwei Jahre später schrieb ich ENDE unter die letzte Seite des Manuskripts und schickte es meinem Literaturagenten, Peter Lampack. Die Geschichte über einen Zug, der vermutlich von einer Brücke über den Hudson River gefallen war, aber später versiegelt in einem verlassenen Tunnel wiedergefunden wurde, war 1981 unter dem Titel »Nächtliche Suche« erschienen. Dank der verlorenen Lokomotive von Kiowa Creek wurde »Um Haaresbreite« eine meiner besten Geschichten.

Mein Sohn Dirk und ich fuhren mehrmals die sechzig Meilen von Denver nach Kiowa Creek. Wir durchmaßen Raster mit dem Schonstedt-Gradiometer unter und um die moderne Stahlträgerbrücke (erbaut 1935), die sich genau an der Stelle über den Fluß spannt wie diejenige, die 1868 weggespült worden war. Außer ein paar kleineren Kontakten erhielten wir keine Hinweise, die auch nur im entferntesten auf eine große Eisenmasse unter dem Boden hindeutete. Ich schob das Geheimnis schließlich beiseite und ging zu anderen Projekten über. Die Geschichte der verlorenen Lokomotive zog sich fast zehn Jahre lang durch meine NUMA-Akten, ehe meine Faszination für ihr Verschwinden sich wieder meldete, und ich beschloß, es noch einmal zu versuchen. Ich wurde von jeder Menge Freunde und Nachbarn angestachelt, die meinten, ich sollte zur Abwechslung einmal nach einem verlorenen Gegenstand in Colorado suchen, besonders, da er ja fast in meinem Hinterhof lag.

1988 war Craig Dirgo zur NUMA gestoßen, und nun arbeitete er von einem kleinen Büro in Arvada, Colorado, aus. Er kümmerte sich um die Korrespondenz und entwarf die Logistik für unsere Schiffswrack-Expeditionen im Sommer. Craig, ein prima Kerl, der wie ein College-Footballstürmer gebaut ist, wurde ebenfalls von dem Geheimnis angeregt und fragte, ob er ihm nachgehen dürfe. Nachdem es mir nicht gelungen war, die Lokomotive in dem Bereich zu finden, den ich für am wahrscheinlichsten gehalten hatte, war ich nicht gerade optimistisch gestimmt. Aber da es mir gegen den Strich ging, ein Projekt ohne Ergebnisse aufzugeben, gab ich Craig meinen Segen.

Ich meinte, es sei seltsam, daß in den 111 Jahren, seit die alte *Nr. 51* in dem Fluß verschwunden war, so wenige Leute sich die Mühe gemacht hatten, nach ihr zu suchen. Einer von ihnen war der Lebensmittelhändler Wolfe Londoner aus Denver. Kurz nachdem die Bergungsmannschaft in jenem Sommer das Handtuch geworfen hatte, lud Londoner ein Brecheisen mit Strom auf und machte es so zu einem Magneten. Nachdem er im Flußbett auf- und abgewandert war, stieß er auf eine Stelle, die das Brecheisen in heftige Bewegung versetzte, in den Sand hinunterzog und zur großen Freude und Überraschung mehrerer Zuschauer Londoner dabei mit eintauchte. Londoner wurde erschöpft und durchnäßt herausgezogen. Er erklärte, er habe die verlorene Lokomotive gefunden und forderte eine Belohnung. Oberst Fisher, der die neuen Eigentümer der Eisenbahngesellschaft, Jay Gould, repräsentierte, wies ihn kalt lächelnd zurück – eine ungewöhnliche Weigerung, die viel später zu der letztendlichen Lösung des Rätsels paßte.

Die einzig andere bekanntgewordene Suche war die von Professor P. A. Rodgers aus der geophysikalischen Abteilung der Bergwerksschule von Colorado. Im Mai 1952 führten er und mehrere seiner Studenten eine systematische Suche mit Minendetektoren, wie sie für militärische Zwecke benutzt wurden, durch. Ein Bereich von 150 x 400 Fuß wurde ergebnislos durchforscht.

Craig nahm Kontakt zum Direktor des kleinen Museums in Strasburg, Colorado, auf, nur ein paar Meilen von Bennett und der Kiowa-Creek-Brücke entfernt. Emma Mitchell, die Direktorin, erwies sich als ein richtiger Schatz, deren Familie seit mehreren Generationen auf diesem Land lebte. Schriftstellerin ebenso wie Historikerin und Museumskuratorin, hatte sie ein Buch geschrieben, »Unsere Seite des Berges«, eine faszinierende Erzählung über die Pioniere, die sich in Adams County angesiedelt hatten. Eine unglaubliche Zahl ihrer Nachkommen lebte noch immer in der Gegend.

Emma erwähnte, daß sie einen Bruder und eine Schwester kannte, deren Eltern Augenzeugen der Ereignisse waren, nachdem die Brücke weggewaschen worden war, und fragte uns, ob wir sie gerne interviewen würden. Wir waren sofort einverstanden und trafen eine Verabredung. Am folgenden Tag fuhren Craig und ich nach Bennett und wurden den Geschwistern vorgestellt.

Charles und Henrietta Nordloh waren erstaunliche Leute.

Chuck war zweiundneunzig und Henrietta fünfundneunzig und beide waren geistig so wach wie manche jungen Leute nicht. Ihre Mutter war natürlich Mollie Mack gewesen, das Mädchen mit dem zahmen Reh, und ihr Vater Henry Nordloh, der an der Hilfsdampfmaschine gearbeitet hatte.

Chuck Nordloh hatte einen phantastischen Humor. Als Craig ihn fragte, ob er sein ganzes Leben lang in Bennett gelebt habe, winkte Nordloh ab und sagte: »Das weiß ich noch nicht.«

Auf der Suche nach etwas Verlorenem, ist es immer gut, wenn man die Zeit mit Fragen an die Älteren verbringt, die zur Zeit der Ereignisse lebten oder dem tatsächlichen Geschehen noch viel näherstehen als wir. Die meisten erinnern sich mit erstaunlicher Klarheit an die Vergangenheit. Mehr als einmal hat eine zusätzliche Bemerkung eines alten Menschen NUMA auf die richtige Spur zu einer Entdeckung gebracht. Charles und Henrietta konnten nicht mit neuen Erkenntnissen dienen, aber ich erinnere mich an keine angenehmere Unterhaltung als die mit ihnen. Sie erzählten die Geschichten, die ihre Mutter und ihr Vater an sie weitergegeben hatten, in lebhaften Einzelheiten.

Die Ranch der Nordlohs war dem Punkt am nächsten, an dem die Eisenbahn den Kiowa Creek kreuzte, und sie erinnerten sich beide genau, wie ihre Eltern gesagt hatten, daß, obwohl die Mannschaft den ganzen Sommer über gesucht habe, keine Spur von der Lokomotive gefunden wurde. An einem bestimmten Punkt überstiegen die Kosten der Bergungsoperation den Wert der zertrümmerten Lokomotive, also hatte die Kansas Pacific logischerweise mit der Arbeit aufgehört. Wenn sie sich an den glücklosen Sommer von 1878 erinnerten, war es nur logisch anzunehmen, daß die *Lokomotive Nr. 51* noch im Creek begraben sein mußte.

Auf dem Weg zurück nach Denver am späten Nachmittag sah Craig nachdenklich aus. »Eine Riesenmasse Eisen wie diese müßte von einem guten Mag innerhalb von ein oder zwei Stunden aufgespürt werden.«

»Es ist nicht in der Nähe der Brücke«, sagte ich. »Glaub mir, Dirk und ich haben bereits den leichteren Teil ausgeschlossen.«

»Dann müßte man es weiter stromabwärts finden.«

»Cusslers Bergungsführer-Regel Nummer zweiundzwanzig«, sagte ich: »Wenn es leicht zu finden wäre, müßte schon jemand dort gewesen sein.«

Um der Ortung der Lokomotive näherzukommen, war der nächste Schritt die Organisation einer noch intensiveren Suche. Craig stürzte sich auf die Logistik und die Bodenuntersuchungen. Er traf sich mit Einwohnern von Bennett, die den Forschern großzügig ihr Gemeindezentrum anboten, wo sie sich aufwärmen und die Toiletten benutzen konnten. Sie boten auch den Bagger der Stadtverwaltung an, wenn die NUMA für Sprit und eventuell notwendige Reparaturen bezahlen würde.

Bis Dezember wurden die Pläne abgeschlossen, und die Expedition kam in Gang. Eines Tages beim Mittagessen fragte ich Craig: »Wie viele Anrufe hast du von Leuten bekommen, die ihre Dienste anbieten?«

»Fast hundert«, antwortete Craig.

»Auf keinen Fall werden viele von ihnen auftauchen und mitten im kalten Januar auf gefrorenem Boden herumwandern. Wir haben Glück, wenn wir zehn zusammenbekommen.«

»Du hast wahrscheinlich recht«, meinte Craig. »Es wird kälter sein als Eis am Stiel aus einer Jahrmarktbude draußen in der Prärie. Warum hast du dir den 12. Januar überhaupt ausgesucht?«

»Newtonsche Feigen.«

Er starrte mich an. »Was hat das denn mit Keks zu tun?«

»Barbara brachte einen Sack voll nach Hause; und so setzte ich ein Datum fest.«

»Und?«

»Hast du nicht gewußt, daß zu häufiger Genuß von Newtons Feigen zu Halluzinationen führt?«

Craig sah völlig belämmert drein. »Erstaunlich, daß Leute im Kiowa Creek erfrieren müssen, weil du dich an albernen Keksen besoffen gemacht hast.«

In Wirklichkeit hatte ich gelogen. Ich hasse Newtons Feigen. Es war ein Sack Schokoladensplitter. Außerdem, wer würde mir glauben, wenn ich zugäbe, daß ich mich für den 12. Januar als Datum für den Beginn der Suche entschieden hatte, weil der hundertjährige Bauernkalender einen sonnigen Tag angekündigt hatte?

Kurz zuvor war Craig vorbeigekommen und hatte ganz nebenbei erwähnt, daß die Direktorin des Historischen Museums von Colorado angeboten habe, eine kleine Anzeige in ihrer Monatsschrift zu schalten. Craig meinte, das wäre eine gute Art, an Freiwillige zu kommen. Ich dachte, wir würden vielleicht drei oder vier Reaktionen von Leuten mit der richtigen Ausrüstung bekommen, und sagte, er möge es versuchen.

Craig schrieb eine einspaltige Ankündigung zu der bevorstehenden Lokomotivenjagd und schloß den Artikel mit der Frage »ob jemand, der einen Metalldetektor besaß, gerne hinaus nach Kiowa Creek kommen würde, er oder sie wären herzlich willkommen.« Diese Ankündigung wurde von der *Rocky Mountain News* und der *Denver Post* übernommen. Dann kamen die örtlichen Fernsehstationen dazu, gefolgt von einer Geschichte im lokalen Rundfunk. Es wurde bald zu etwas, was man heute Medienereignis nennen würde.

George Schott, ein Unteroffizier der Luftwaffe, kam an Bord und erwies sich als außerordentlich wertvoll. Harold Perkins aus Bennett bot an, den Bagger zu bedienen. Claudia Mueller nahm es auf sich, Karten und Anweisungen zusammenzustellen und sie an die Freiwilligen zu schicken, die dann anriefen. Das Projekt fing an, ein Eigenleben zu entwickeln.

Eines Nachmittags erschien Craig bei mir zu Hause. »Ich wollte dich schon früher treffen«, meinte er ermüdet, »aber mein Telefon hörte nie lange genug zu klingeln auf, um deine Nummer zu wählen.«

»Du hättest nach Hause gehen und von dort aus anrufen können«, empfahl ich schlau.

Er zuckte schicksalsergeben mit den Schultern. »Ich habe in den Berichten meine Privatnummer angegeben. Kann ich mich eine Weile bei dir verstecken?«

Ich fragte mich, wohin das alles führen sollte.

Am Morgen der Suche, obwohl das Quecksilber kaum über zehn Grad unter Null kletterte, erschienen die Freiwilligen wie eine Ameisenarmee. Mehr als vierhundert Leute krochen unter der Kiowa-Creek-Brücke herum. Wenn die Union Pacific Railroad erfahren hätte, daß eine Horde Menschen auf ihrem Grund und Boden herumstampfte und über ihre Vorfahrtgleise kletterte, hätten ihre Firmenanwälte Herzanfälle bekommen.

Das Suchfieber hatte sich wie eine Epidemie ausgebreitet. Ganze Familien fuhren aus Bennett heran, die Kinder in Schneeanzüge gepackt. An ein Ehepaar erinnere ich mich noch. Ein Mann und eine Frau in den Endsechzigern und offensichtlich verheiratet, entstiegen ihrer Mercedes-Benz-Limousine, bereit zu graben. Sie trug einen Nerzmantel und Hut, er einen teuren Kaschmirmantel, seidenes Tuch und Lederhandschuhe. Sie hatten beide brandneue Schaufeln dabei, die sie erst ein paar Minuten zuvor in einem Werkzeugladen in Bennett gekauft hatten.

George Schott lieh sich ein riesiges Zelt von der Air Force, und bis ich ankam, hatten er und Craig zusammen mit mehreren anderen widerstandskräftigen Individuen es aufgerichtet, einen Generator mit einem Heizgerät in Betrieb genommen, und der Kaffee war auch schon aufgesetzt. Von mehreren Grabungsmitgliedern wurden Teams gebildet, die sich jeweils einem anschlossen, der ein Magnetometer oder einen Metalldetektor besaß. Don Boothby, ein Geophysiker, brachte ein Unterboden-Radargerät mit zum

Standort, ein wertvolles Zubehör bei der Sichtbarmachung eventueller Kontakte durch die Detektoren. Craig hatte sogar einen Kurzwellenfunk-Club aufgetan, der die Verbindung zwischen den verschiedenen Suchtruppführern organisierte, dem jeweils ein Funkbetreiber zugeordnet wurde. Auch eine fernbediente Kamera wurde aufgestellt, die Richtstrahlbilder an das Kommandozelt sandte, so daß Jim Grady und Marie Mayer, ansäßige Archäologen, jedes Objekt und jeden Gegenstand anschauen und identifizieren konnten, den die Sucher hochgeholt hatten.

Eine begeisterungswürdige Demonstration von Tatkraft, mehr als beeindruckend, um die Special Forces der Vereinigten Staaten vor Neid grün werden zu lassen. Alles was noch fehlte, waren die Tänzer für die hawaiianische Nummer.

Craig versammelte alle mit lautem Rufen durch einen Trichter. Alle standen trotz der Eiseskälte, und obwohl der Atem dampfend aus allen Mündern und Nasen aufstieg, gut gelaunt herum. Beginnend bei der derzeitigen Brücke stellte ich die Mannschaften hinter den Leuten auf, die Metalldetektoren trugen, die Bediener jeweils zehn Fuß voneinander getrennt. Ich und der Schonstedt-Gradiometer in der Mitte. Es war beabsichtigt, das jetzt trockene Flußbett Quadratzoll für Quadratzoll abzusuchen.

Ich hätte genausogut Flöhe hüten können.

Nachdem ich etwa zwanzig Schritte gegangen war, sah ich mich um. Meine kleine Armee hatte sich aufgelöst und war in alle Windrichtungen ausgeströmt. Alle waren darauf bedacht, den eigenen Instinkten zu folgen. Ich wollte so etwas wie eine Ordnung herstellen, aber es erwies sich als unmöglich. Diese Leute waren auf Spaß aus und wollten nicht irgendeinem komischen Buchschreiberling zuhören, der ihnen sagte, wo sie suchen sollten. Die einzigen Teams, die mit einer gewissen Effektivität arbeiteten, waren die beiden, die ich drei Meilen stromabwärts geschickt hatte und die sich langsam wieder auf die Brücke zuarbeiten sollten. Sie arbeiteten eine erhebliche Länge Flußbett ab, bevor der Tag zu Ende war.

Ich bat sie, besonders eine scharfe Biegung des Flusses zu untersuchen. Es geschieht häufig, daß ein großer, vergrabener Gegenstand einen Fluß- oder Stromlauf ändert. Das ist oft genug bei Strömen passiert, die so stark waren wie der Mississippi. Die Biegung erwies sich schließlich als ein vergrabener Baumwollstrauch.

Bis zum frühen Nachmittag waren mehrere vielversprechende Ziele geortet und vom Bagger freigelegt worden. Die meisten waren Stücke und Trümmer der verschollenen Waggons und der Brücke selbst. Es war lustig zu sehen, wie die Suchtrupps alles stehen- und liegenließen und jedesmal angerannt kamen, wenn der Bagger anfing zu graben. Nichts versäumen zu wollen ist eine menschliche Reaktion, die bis auf unsere Vorfahren in den Bäumen zurückgeht.

Craig rief mich beiseite und gab seiner Sorge Ausdruck, daß wir die Raster nicht richtig bearbeiteten. »Ich habe sie nicht unter Kontrolle«, beklagte er sich.

»Das nächste Mal werden wir Flammenwerfer mitnehmen, und jeden anzünden, der nicht dort sucht, wo ihm gesagt wird«, meinte ich sarkastisch.

»Es muß eine bessere Methode geben.«

»Einverstanden. Gute Flammenwerfer sind teuer.«

»Nein«, sagte Craig ungeduldig. »Die Teams brauchen genauere Anweisungen.«

»Sieh her, mein Freund«, antwortete ich ernsthaft, »wir können nur soundso viel Grund bearbeiten. Der Fluß ist in den meisten Gebieten kaum 50 Meter breit. So chaotisch, wie die Suche war, ist doch der ganze Flußlauf von Ufer zu Ufer und drei Meilen stromabwärts abgesucht worden. Manche Stellen fünfmal, weil die Teams sich ständig gegenseitig überkreuzen.«

»Was, wenn wir es übersehen hätten?«

»Die Möglichkeit besteht immer. Wenn du mich fragst, ich fange an zu glauben, das verdammte Ding ist nicht hier.«

Kaum hatte ich das gesagt, als ein lauter Schrei aus einem Feld westlich des Flusses und direkt nördlich der Brücke zu hören war. Die Brauer-Brüder, Mike und Scott, hatten eine vielversprechende Veränderung entdeckt. Craig und ich schoben den Gradiometer über die Stelle. Die Anzeige war gut, aber sehr eng konzentriert. Nicht das, was ich erhofft hatte, es sei denn, die Lokomotive wäre dreißig Fuß tief eingegraben. Zum Glück hatten wir eine Möglichkeit, unter die Erde zu sehen.

Don Boothby ließ sein Bodendurchdringungsradar über und um die Stelle laufen. In Radarschulungskursen wird heute der Gegenstand vorgeführt, den wir damals fanden, um den Studenten zu zeigen, wie ein zurückgelassenes Ölbohrrohr aussieht. Es war ein perfektes Bild.

Um vier Uhr rief ich alle herbei und machte Schluß. Ich stand einem Meer von mutlosen Gesichtern gegenüber, als ich ihnen sagte, es gäbe wenig Grund, weiterzumachen. Die Stücke des Puzzles paßten nicht zusammen. Es sei noch mehr Forschungsarbeit nötig, ehe man einen weiteren Versuch unternehmen konnte. Ich dankte jedem für die hervorragende Arbeit. Sie ihrerseits applaudierten Craig und mir, daß wir ihnen die Gelegenheit gegeben hatten, etwas anzufangen, das ihnen Freude bereitete und wovon sie jetzt immer erzählen konnten. Es scheint, sie waren stolz, daß sie auf der Suche nach der alten *Lokomotive Nr. 51* dabeigewesen waren. Für sie war es ein Abenteuer gewesen.

Als ich an jenem kalten Sonntag im Januar durch Denver nach Hause fuhr, untersuchte ich im Geist alle Daten nach einem Hinweis, den ich übersehen haben könnte. Nach dem Abendessen las ich wieder und wieder alle Papiere in meiner Untersuchungsakte, enttäuscht von meiner Unfähigkeit, das Rätsel zu lösen.

Vielleicht, aber nur vielleicht, wie ich Craig gesagt hatte, war das verdammte Ding gar nicht da.

Bob Richardson, der das Eisenbahn-Museum von Golden, Colorado, leitet, behauptete, daß die Lokomotive geborgen worden sei. Er zitierte einen Artikel aus dem Jahr 1953, der besagt, daß die an jenem schicksalhaften Abend benutzte Lokomotive die *Nr. 51* war und daß diese bestimmte Lokomotive als im Jahre 1881 umgebaut aufgeführt und die Nummer in 1026 geändert worden war.

Ich hatte aus mehreren Gründen Probleme mit dem Artikel. Erstens ist keine andere Quelle zu finden, die die Aussage des Artikels von 1953 bestätigt. Wenn man einen Bericht für wahr halten will, braucht man mehr als einen Hinweis. Und zweitens: Warum hat die Eisenbahn fast drei Jahre gebraucht, um die Lokomotive wieder in Dienst zu nehmen, wenn man sie ebensogut hätte reparieren und in ein paar Monaten auf die Schiene bringen können?

Ich hatte schon fast aufgegeben, die Antwort zu finden, als ich durch einen glücklichen Zufall gebeten wurde, anläßlich meiner Teilnahme an einer Konferenz von Detektivromanautoren in Omaha, Nebraska, ein Radiointerview zu geben.

In einem Telefonat während der Veranstaltung, die auf die Suche der NUMA nach der verlorenen Lokomotive von Kiowa Creek gefolgt war, erklärte der Anrufer, daß er in den Archiven der Union-Pacific-Büros in Omaha arbeite. Ich erhielt seine Anschrift und Telefonnummer, und wir nahmen Kontakt auf.

In seiner Freizeit durchwühlte er die alten juristischen Unterlagen der Kansas Pacific aus der Zeit des Unglücks, bis die Firma mit der Union Pacific zusammenging. Nach drei Monaten stieß er auf etwas.

Die Geschichte, die er ausgrub, war eine, wie sie in der heutigen Zeit nicht selten ist. Es schien, daß N. H. Nicholson, der die ursprüngliche Bergungsoperation geleitet hatte, tatsächlich die Lokomotive mit Sonden, die von seiner Luftpumpe in den Sand versenkt worden waren, gefunden hatte. Ohne seine Entdeckung der

Bergungsmannschaft oder den Bauern aus dem Ort mitzuteilen, hatte er die Firmenchefs in Kansas City benachrichtigt. Die jetzt längst dahingeschiedene »Kansas Pacific Railroad« stellte dann sofort einen Antrag auf Versicherungsschadenersatz in Höhe von 20 000 Dollar für die angeblich verlorene Lokomotive und kassierte.

Ein paar Wochen später kam in tiefster Nacht ein Sonderzug unter Nicholsons Leitung in Kiowa Creek an. Sie gruben die Lokomotive aus, hoben sie mit einem riesigen Eisenbahnkran auf die Schiene und zogen sie in die Wartungswerkstätten der Firma in Kansas City. Dort wurde sie umgebaut, ihr äußeres Erscheinungsbild geringfügig verändert. Sie erhielt eine neue Nummer und wurde wieder in Dienst gestellt. Die Operation lief so reibungslos, daß keiner der Bauern in der Gegend jemals etwas von der Bergung merkte. Die Aufzeichnungen gaben keinen Hinweis darauf, daß die Lokomotive die neue Nummer 1026 bekommen hatte, wie von Bob Richardson bereits angenommen. Dieser Teil der Geschichte wird wohl niemals bekannt werden.

Ich bin Hunderten von Leuten zu Dank verpflichtet, die auf der Suche ihr Bestes gegeben haben. Obwohl wir die Maschine nicht fanden, deckten wir den einhundertzwanzig Jahre alten Versicherungsbetrug durch eine Eisenbahngesellschaft auf, die jetzt längst nicht mehr existierte.

War es so?

Trotz der Aufzeichnungen in den Archiven gibt es viele Leute, die sich weigern zu glauben, daß die Lokomotive gefunden wurde. Die dortigen Bauern bestehen darauf, daß sie noch immer unter dem Sand von Kiowa Creek begraben liegt. Es wird gemunkelt, daß um Mitternacht, wenn keine Züge vorbeikommen, das klagende Wimmern einer Dampfpfeife zu hören ist, die sich aus der Entfernung nähert. Dann folgt das Schlagen einer Glocke und ein Geräusch, als ob Dampf abgelassen würde. Wenn die Wetterbedingungen entsprechend sind und Regen fällt, sieht man ein Licht von

Westen auf den Fluß zukommen. Wenn es die Brücke erreicht hat, geht der Strahl plötzlich aus, und die Geräusche einer Lokomotive verschmelzen in der Nacht.

So lange man sich an sie erinnert, wird der Geist der alten *Lokomotive Nr. 51* niemals sterben.

Teil 8

H. M. S. *Pathfinder* *U-21* und *U-20*

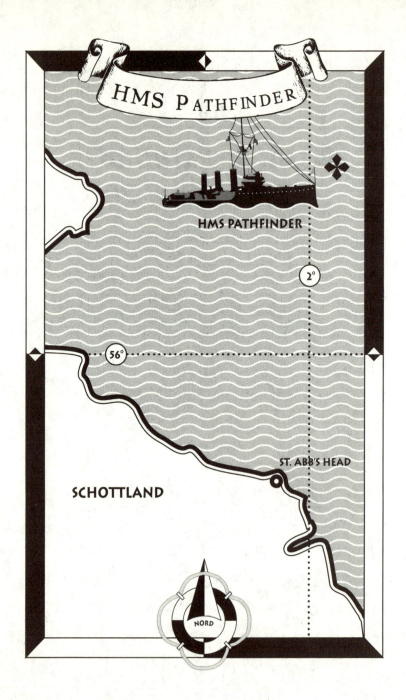

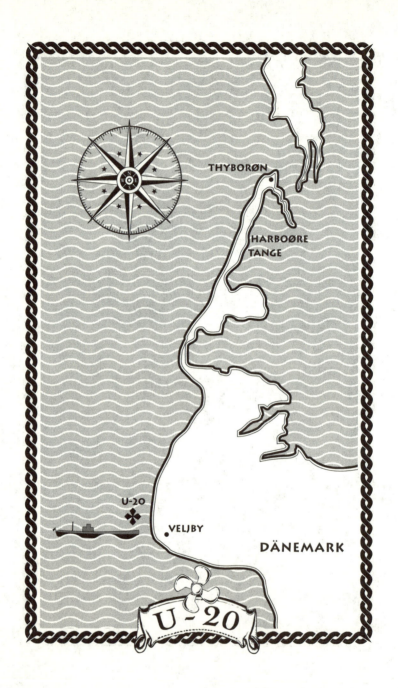

I
Tod aus der Tiefe

5. September 1914

»Keine Feindsicht«, verkündete der Ausguck von einer kleinen Verbreiterung des Kommandoturms aus seinem Kommandanten. Dreißig Meilen außerhalb von Saint Abb's Head, Schottland, war das Meer flach mit nur einer leichten Erhebung. Bei zwölf Knoten in Gewässern kreuzend, wo man selten gutes Wetter antraf, stampfte die *U-21* durch die Wellen, so grün wie ein unreifes Maisfeld. Die Gischt des kalten Wassers, das über die Decks der *U-21* spritzte, machte ein Geräusch ähnlich dem Quietschen von durchnäßten Schuhen. Es war 3 Uhr 40 nachmittags. Die Luft war klar und rein und es wehte eine leichte Brise. Ein herrlicher Herbstnachmittag.

Dem wie eine Geistererscheinung aus Stahl durch die tobende See dahinrasenden Unterseeboot verliehen die wie gemeißelt erscheinenden Konturen seines anmutig spitz zulaufenden Rumpfes die notwendige Stabilität in der rauhen See. Der äußere Rumpf jedoch war Fassade. Sein sichtbares Äußeres war einfach eine stromlinienförmige Haut, die überflutet wurde, wenn das Schiff unter Wasser lag. Die einzigartige Konstruktion ließ höhere Geschwindigkeiten zu, wenn das Unterseeboot an der Oberfläche kreuzte.

Seine Betriebsanlagen waren bequem in einem röhrenförmigen

Druckkörper aus Stahl untergebracht, wo die Mannschaft lebte und arbeitete. In Amerika und in England gebaute Unterseeboote aus dem Ersten Weltkrieg hatten die Form von Zigarren und wurden bei rauher See im Wasser hin und her getrieben wie angeschlagene Wale. Nicht so die deutschen Unterseeboote. Ihre besondere Doppelrumpfanordnung ermöglichte ihnen eine schnelle Fahrgeschwindigkeit, sowohl über als auch unter Wasser. Im Jahr 1914 galt dies als brillante Konstruktion.

»Kein Ziel zu sehen«, meldete der Ausguck erneut.

Auf beiden Seiten der äußeren Schiffshülle waren an Doppelwellen die vorderen und hinteren Tiefenruder angebracht. Dies waren die Flügel, auf denen das Unterseeboot in den Tiefen aufwärts und abwärts reiste. Wenn der Befehl zum Tauchen kam, wurden die Ballasttanks mit Seewasser geflutet, bis die vorgeschriebene Tiefe angezeigt und neutraler Auftrieb erreicht wurde. Stellen Sie sich ein Kind vor, das seine Hand aus dem Fenster eines fahrenden Autos hält. Wenn es lediglich seine Fingerspitzen abwinkelt, werden seine Hände von dem Widerstand des Luftstroms nach oben oder unten gedrückt. Das Prinzip ist das gleiche bei den Tauchflügeln des Unterseebootes.

Doppelrohre, die die langen Dreiundzwanzigfuß-Sechszolltorpedos abschossen, ragten protzig aus der Hecksektion des Rumpfes parallel zu den doppelten Bronzepropellern und dem Ruder hervor. Ein zweites Paar Rohre befand sich im Bug des Schiffes unterhalb der Anker, die von festen Stützen gehalten wurden, so daß Bewegungen verhindert wurden, wenn das Boot in Fahrt war.

Unter der Decklinie war das Unterseeboot genauso anmutig wie ein Nadelfisch. Oben war es so häßlich wie ein Warzenschwein.

Das flache obere Deck bestand aus zwei, mit schwarzer Gummifarbe angestrichenen Ebenen, die das Ausrutschen verhinderte. Eine vier Fuß hohe Metallreling begrenzte die Bereiche des Decks, wo die Mannschaft sich während der Überwasserfahrt am meisten aufhielt. Anderswo an Deck mußten die Männer vorsichtig sein und sich an Rettungsleinen festhalten, damit sie nicht ins Meer gespült wurden. Selbst bei ruhiger See, wenn das Boot auf der Oberfläche schwamm, stand das Deck fast immer unter Wasser.

Zwölf Fuß hoch erhoben sich der Kommandoturm wie ein Amboß, mit gerade aufragenden Seitenwänden und in Fahrtrichtung stromlinienförmigem Querschnitt. Eine Zweizoll-Deckkanone war auf halbem Wege zum Heck montiert. Die vier Dieselmaschinen des Unterseeboots, je zwei an einer Schraubenwelle angeschlossen, konnten das Schiff mit einer Überwassergeschwindigkeit von fünfzehn Knoten durch das Wasser schieben und mit fast neun Knoten, wenn es untergetaucht war. Wie ihre Schwesterboote war die *U-21* hellgrau bemalt, um mit der Farbe von See und Himmel zu verschmelzen.

»Noch zwanzig Minuten für die Batterien, bis sie volle Last erreichen«, schrie der Maschinenoffizier durch das Sprechrohr dem Korvettenkapitän Otto Hersing zu, Kommandant der *U-21*, der oben im Kommandoturm stand. Hersing war ein vornehm aussehender Mann mit traurigen braunen Augen. Sein schwarzes Haar war kurz geschnitten und glatt gekämmt. Groß und schlank mit falkengleichen Zügen, wurde er von den Frauen für attraktiv gehalten.

Er blickte kurz zur Küstenlinie in der Ferne, dann wandte er seine Aufmerksamkeit einer Seekarte zu. Nach nur einer Woche auf See war das Papier von der gnadenlosen Feuchtigkeit des Meeres schon stark beschädigt. Hersing spielte ein gefährliches Versteckspiel mit der britischen Flotte. Die Schiffe der Königlichen Marine, die durch den Firth of Forth fuhren, waren auf Patrouille und suchten über und unter Wasser nach deutschen Kriegsschiffen. Zu Hersings Enttäuschung verfehlte die *U-21* sie immer wieder.

Ein Monat und ein Tag waren vergangen, seit die Kanonen des Augusts den Krieg eingeleitet hatten, der fast jedes Land in Europa in seinen Strudel riß, und die *U-21* hatte noch immer ihren ersten Torpedo abzuschießen. Seit die konföderierte *Hunley* im amerikanischen Bürgerkrieg die *Housatonic* versenkt hatte, war kein Schiff mehr von einem Unterseeboot zerstört worden. Hersing hätte den Sold eines ganzen Jahres dafür gegeben, wenn die *U-21* die Ehre gehabt hätte, als erstes der dreißig U-Boote, die Deutschland zu Beginn des Konflikts in Dienst gestellt hatte, einen tödlichen Schuß abzugeben.

Die Seeluft und die salzige Gischt einatmend, die vom Bug hinter dem Wasserschutz des Kommandoturms hochgeschossen wurde, nutzte Hersing jede Gelegenheit, der Enge des Druckrumpfs mit seinem feuchten Geruch nach Diesel, Dämpfen und Schweiß zu entfliehen. Die Kondensation war so schlimm, daß die Mannschaft im Ölzeug schlafen mußte. Die Männer bedeckten ihre Gesichter und hatten Gummidecken über ihre Körper gezogen. Das Lüftungssystem reinigte die Atmosphäre ganz gut, aber die stinkende Luft war unbewegt, als sei sie in den stählernen Schotten eingeschlossen.

»Wenn wir voll beladen sind, bleiben wir an der Oberfläche«, rief Hersing in das Sprechrohr zum Maschinenraum.

Er war nicht in Eile, die Luken wieder zu schließen. Es war besser, der Mannschaft Gelegenheit zu geben, die frische Luft so lange wie möglich zu genießen. Außerdem, bei der niedrigen Silhouette des Unterseeboots konnte dieses ein feindliches Schiff sehen, lange bevor das die *U-21* bemerkte.

Er bog seinen Rücken durch und streckte sich, auf den wolkenlosen Himmel starrend. Im Augenblick dachte er an sein Dorf in Deutschland und fragte sich, ob er am Leben bleiben würde, um noch einmal durch dessen enge Straßen zu schlendern. Widerwillig wandte er seine Aufmerksamkeit wieder der anstehenden Aufgabe zu, hob sein Fernglas und suchte das Meer nach Anzeichen des Gegners ab: Ein Jäger, der im Hinterhalt wartet, ohne daß ein Opfer in Sicht ist.

Wo verstecken sich die Briten? fragte sich Hersing. Die größte Flotte der Welt konnte nicht für immer verschwunden sein.

Anders als Hersing, der es genoß, sein Schiff an der frischen Luft zu kommandieren, stand der Kapitän der Royal Navy, Martin Leake, in dem behaglichen Kommandobrückenraum der H. M. S. *Pathfinder* und nippte an einer Teetasse aus Porzellan. Sein leichter Kreuzer hatte die ersten paar Wochen des Krieges auf Routinepatrouille verbracht und keine Feindsicht gehabt. Er hatte wenig Angst vor den Unterseebooten des Feindes. Sein Schiff war zweimal so schnell wie diese Unterwassersärge. Für die meisten britischen Marineoffiziere galten die U-Boote als unterbesetzt, unfair und unenglisch. Bereits zwei waren erledigt worden, die *U-15* von dem Kreuzer *Birmingham* gerammt und versenkt und die *U-13* wahrscheinlich auf eine Mine gelaufen.

Leake war stolz auf sein schnittiges Kriegsschiff. Es war schnell und todbringend. Er glaubte, er könnte jedem Unterseeboot dadurch entkommen, daß er seine Geschwindigkeit und Manövrierfähigkeit geschickt einsetzte. Seine Befehle waren einfach. Er und die *Pathfinder* sollten auf der Nordsee außerhalb der schottischen Küste patrouillieren und jeden Deutschen, der in Sicht kam, versenken.

Vor zehn Jahren gebaut und für 2940 Tonnen ausgelegt, war die *Pathfinder* kürzlich von der britischen Marine mit Kosten von fast einer halben Million Pfund ausgebessert worden. Auf der Werft Cammel Laird gebaut, betrug die Länge des schnellen Aufklärungskreuzers 370 Fuß und die Breite 27 Fuß. Er trug zehn 12-Pfund-Geschütze und acht 3-Pfund-Leichtgeschütz-Kanonen. Der Steven, der den Bug schmückte, lief sachlich geradewegs nach oben und unten. Er hatte nichts von einem verwegenen Klipperschiffbug.

Mittschiffs waren die Seitenwande des Rumpfes eingeschnitten, so daß das Achterdeck viel tiefer zum Wasser lag als der Bug. Über der hohen Bugsektion stand die Kommandobrücke unpraktisch auf einem Wirrwarr von Pfeilern. Direkt dahinter erhob sich ein hoher Mast, der eine Rundfunkantenne trug und ein einsames

Krähennest, die Beobachtungsplattform. Noch weiter achtern ragten drei Schornsteine über dem Deck empor, die die Kohlebrenner lüfteten. Fünf Rettungsboote, zwei Motorbarkassen und eine Kapitänsgig hingen mittschiffs in ihren Davits über den Decks.

Nach der Überholung freute sich Leake über seine renovierten Anlagen, die offensichtlich ordnungsgemäß funktionierten. Aber die neu installierten Brennöfen warfen mehr Rauch aus, als ihm recht war. Immerhin tat die Mannschaft fachmännisch ihre Pflicht, und das Schiff reagierte auf das Steuer wie ein edles Pferd auf den Schenkeldruck.

Alles an Bord der *Pathfinder* lief gut, fast zu gut. Die Tagesbefehle von der Admiralität warnten die Schiffe ihrer Flotte, wachsam zu bleiben. Aber fünf Wochen langweiliger Patrouillendienst schläferten jeden Sinn für Gefahr ein. Die gefürchteten Unterwassergeister spukten irgendwo da draußen im Meer herum. Aber so frühzeitig im Krieg gab es nur wenige erfahrene Seeleute, die die verräterischen Zeichen eines Periskops zu deuten wußten.

Leake stellte die Tasse auf die Untertasse zurück. Die *Pathfinder* war der Aufgabe gewachsen, dachte er. Sie wurde beinahe mit jedem Gegner fertig, außer mit einem Schlachtkreuzer. Er überlegte sich, ob er das Ruder seinem Ersten Offizier übergeben und sich für ein paar Augenblicke der Entspannung in seine Kabine zurückziehen sollte. Aber er war nicht müde und beschloß, sich später hinzulegen.

Das war eine Entscheidung, die ihm das Leben retten sollte.

Hersing kletterte vom Kommandoturm die Leiter mit den Stahlsprossen hinunter in den Kontrollraum. Ein Wirrwarr von Instrumenten, Meßgeräten, Drähten und Rohren lief an den kurvenreichen Wänden entlang wie vertrocknete Schlangen. Elektrische Birnen in Metallgehäusen, um das Umherfliegen von Splittern zu verhindern, wenn die Mannschaft zum Beispiel während eines Unterseeangriffs durch die Gegend geschleudert würde, warfen ein wundersames gelbes Licht. Die Lampen schienen in zufälligen Abständen angebracht, so daß Bereiche in den fernsten Ecken des Schiffs im Zwielicht lagen.

Vom Kontrollraum ausgehend verlief ein winziger Gang. Auf einer doppelten Heizplatte und in einer Fünfzigliter-Gulaschkanone wurde das Essen für die Offiziere und die Mannschaft gemeinsam gekocht.

Für ein Schiff, auf dem sich zweiundvierzig Männer und mehrere Offiziere befanden, gab es nur zwei Toiletten, eine davon zu Beginn der Reise oft als Vorratsschrank verwendet. Die Toiletten konnten unter achtzig Fuß nicht richtig funktionieren. Und selbst wenn das Schiff an der Oberfläche war, waren die vielen Hebel, die man benutzen mußte, um die kleine Schüssel zu spülen, so kompliziert, daß eine falsche Drehung genügte, und der Inhalt der Toilettenschüssel wurde dem Benutzer zurück ins Gesicht geblasen.

Deutschlands Boote waren nicht für einen bequemen Aufenthalt konstruiert worden. Sie wurden gebaut, um zu töten, und sie waren so kalt wie die Seele eines Steuereintreibers.

Hersing setzte sich an einen kleinen, für ihn und seinen Ersten Offizier reservierten Tisch und aß Kartoffelsuppe mit Wurst, die er mit einem Glas Wasser herunterspülte. Als er fertig war, steckte einer der *U-21*-Mannschaft den Kopf durch den engen Gang.

»Sir, der Erste Offizier bittet um Ihre Anwesenheit an Deck.«

Hersing stand auf, setzte sich seine Offiziersmütze in einem schrägen Winkel auf den Kopf, kletterte die Leiter aus dem Kontrollraum hinauf und kehrte zum Kommandoturm zurück.

»Was ist los?« fragte er ohne Vorrede.

Der Erste Offizier, Erich Heibert, übergab Hersing sein Fernrohr und deutete in nordwestliche Richtung. »Dort im Nordwesten steht eine Rauchsäule.«

Hersing spähte zu dem dunklen Fleck am Horizont. Später beschrieb er den dichten, schwarzen vielversprechenden Rauch als einen undeutlichen Fleck, der sich allmählich immer mehr vergrößerte, bis er die Konturen eines Schiffs annahm. Geduldig wartete er, bis es deutlicher wurde. »Es scheint ein leichter britischer Kreuzer zu sein. Aufklärerklasse. Alarmieren Sie die Mannschaft, und geben Sie Befehl zum Tauchen.«

Mit einem Geräusch ähnlich dem Läuten einer Feuerglocke erklang der Tauchalarm der *U-21* tief bis ins Innere des Unterseeboots. Die Mannschaft rannte schnell auf ihre Dienstposten, die Köpfe eingezogen, wo sie durch die engen Luken kriechen mußten. Die Befehlsturmluke wurde fest zugezogen, die Ventile geöffnet, um die Ballasttanks zu fluten, und die *U-21* versank langsam in den unruhigen Gewässern der Nordsee.

»Richten Sie die Tauchruder auf Periskoptiefe ein«, befahl Hersing.

Auf ihrem vorgeschriebenen Patrouillenweg vor der schottischen Küste dampfend, fuhr die *Pathfinder* unbewußt der Bedrohung weiter. Die Spur des dicken schwarzen Rauchs störte Leake noch immer, aber er konnte nichts dagegen tun, bis sein Schiff wieder im Hafen lag.

»Wachenbericht«, befahl Leake.

»Wachenbericht alles klar«, kam die Antwort seines Ersten Offiziers.

»Zeit?«

»Sechzehn Uhr vierzig, Sir.«

Leake starrte auf die große Rauchsäule, die aus den drei riesigen Schornsteinen der *Pathfinder* aufstieg und sich hoch oben am Himmel kräuselte, ohne daß ein kräftiger Wind zu Hilfe gekommen wäre. »Wir werfen eine ziemliche Menge Rauch aus«, sagte er. »Wir könnten genausogut unsere Position an alle deutschen Schiffe innerhalb von fünfzig Meilen durchgeben. Läuten Sie hinunter zum Maschinenraum und fragen Sie, ob sie das nicht reduzieren können.«

Unter Deck überprüfte Unterleutnant Edward Sonnenschein gerade die Sicherung der wasserdichten Türen und trug auf einem Anschlagbrett Notizen ein. In England geboren, hatte Sonnenschein einen eindeutig deutschen Namen, war aber durch und durch britisch.

»Pulvermagazintür gesichert«, berichtete ein Seemann.

»Tür gesichert«, bestätigte Sonnenschein.

Und so ging es weiter, bis alle Türen inspiziert waren und als in gutem Zustand befunden wurden. Dann steckte Sonnenschein die Checkliste in den Dokumentenschlitz vor der Kapitänskabine und berichtete zur Brücke.

»Alle Türen sind gesichert, Sir«, sagte er zu Leake. »Der Bericht ist in Ihrem Schlitz.«

»Sehr gut.« Leake sprach, ohne seine Aufmerksamkeit von der See abzuwenden. Seine Gedanken waren mehr bei deutschen Schiffen an der Oberfläche als bei Unterseebooten.

Die *Pathfinder* dampfte weiter.

Bei einem Tiefgang von sechzig Fuß unter den Wellen war das einzige Geräusch, das von der *U-21* erzeugt wurde, das der Elektromotoren, die wie ein Rudel Katzen schnurrten. Fünfzehn Minuten vor fünf am Nachmittag begann die *U-21* ihre Feindannäherung. Hersing drehte den Rand seiner spitzen Kappe nach hinten und preßte sein Auge gegen den Schärferegler des Zweizollperiskops. Nach knapp zehn Sekunden lehnte er sich zurück.

»Periskop einziehen«, befahl er. »Kurs Zwei-neun-null.«

»Zwei-neun-null«, wiederholte sein Steuermann.

»Wenn der Tommy seinen jetzigen Kurs beibehält«, sagte Hersing im Kontrollraum zu seiner Mannschaft, »müßten wir in fünfzehn Minuten in Schußweite sein.«

Wie ein Tiger auf sein Opfer zuschleichend, kam die *U-21* dem Todesstoß immer näher. Hersing schob das Periskop noch einmal hoch, ortete das Ziel erneut und machte seine Kurskorrekturen, um einen Torpedo abzuschießen. Der britische Kreuzer war fast genau im Visier. Die beiden Schiffe trennte nicht mehr als eine halbe Meile.

»Rohr eins bereithalten«, sagte Hersing. Geduld war eine Notwendigkeit für deutsche U-Boots-Kommandanten. Er sah dem näher kommenden Ziel so ruhig entgegen, als warte er auf ein Taxi.

Der Erste Offizier, Heibert, der vorn im Waffenraum stand, schraubte den Deckel vom Feuermechanismus ab und stand ruhig da, bereit, den Befehl auszuführen, der demnächst erfolgen mußte.

Das U-Boot und der Kreuzer waren nur fünfzehnhundert Yards voneinander entfernt, als Hersing rief: »Torpedo los! Periskop einziehen!«

Der Torpedo wurde aus dem Bugrohr der *U-21* wie ein Speer aus der Hand eines mythischen Gottes herauskatapultiert und raste der *Pathfinder* entgegen. Hersing wartete gespannt auf das Geräusch einer gedämpften Explosion und die darauffolgende Erschütterung. Ihm waren die Wirkungen von Unterwasserexplosionen ebenso unbekannt wie fünfzig Jahre zuvor Leutnant Dixon. Nervös klopfte er mit einem Fuß auf das kalte Stahldeck.

Dreißig Sekunden verstrichen. Dann eine volle Minute. Ein Fehlschuß, dachte Hersing. Als bester Schütze bei den Übungen mit Torpedos in der U-Boot-Flotte bekannt, konnte er nicht glauben, sich verrechnet zu haben. Eine Minute und fünfzehn Sekunden. Zu lang für eine Strecke von nur fünfzehnhundert Yards.

»Torpedo!« schrie der Ausguck hoch oben im Krähennest der *Pathfinder*. »Steuerbord achtern!«

Kapitän Leake reagierte sofort. »Volle Kraft voraus, hart Steuerbord!«

Die *Pathfinder* kippte zur Steuerbordseite hinüber, das Steuerborddeck fast überschwemmend, als sich ihre riesigen Schrauben in das Wasser gruben und es weiß aufschäumen ließen. Ihre mächtigen Maschinen rasten, um dem sicheren Verderben zu entrinnen.

In einem verzweifelten Vabanquespiel versuchte Leake, den Torpedo durch das Propellerkielwasser der *Pathfinder* vom Kurs abzubringen.

Auf Kollisionskurs eingestellt, verkürzte der Torpedo den Abstand. Fünfzig Yards, dreißig, zehn. Vom Steuerhaus zusehend, hatte Leake das Gefühl, die Zeit sei angehalten worden. Dann war es soweit.

Der Sprengkopf des Torpedos schlug unterhalb des Schornsteins in die *Pathfinder*, durchschlug die Stahlpanzerung und zerstörte einen der Kessel. Ein hocherhitztes Schrapnell durchlöcherte die Schotten um das Pulvermagazin herum und entzündete eine massive Explosion, die dem Schiff die Gedärme herausriß.

Die Erschütterung war viel schlimmer, als Hersing gedacht hatte. Ein riesiger Wasseransturm drückte nun gegen den Rumpf der *U-21*. Mehrere Mannschaftsmitglieder wurden umgeworfen und verletzt, als sie gegen Stahlgegenstände fielen, die gerade im Weg waren. Die Lampen gingen aus und blinkten wieder, als die Batterieanschlüsse losgerüttelt wurden.

»Periskop hoch.« Hersing lehnte sich gegen das Fernglas und war erfreut von dem, was er über das Wasser hinweg sehen konnte.

Der britische Kreuzer hatte tatsächlich seinen Todesstoß bekommen. Während Hersing zuschaute, erschütterte eine weitere Explosion das bereits angeschlagene Schiff, als der vordere Munitionsbehälter detonierte. Stücke der Kommandobrücke flogen durch die Luft und klatschten wie schwerer Regen auf das Wasser. Es tauchte ein, Bug voran, das Heck in die Höhe, bis es gerade in der Luft stand. Die Schrauben drehten sich noch immer und schlugen gen Himmel. Hersing suchte das Wasser nach Rettungsbooten ab. Er sah eines, halb untergegangen, aber kein Hinweis auf Überlebende.

Fest an das Periskop geklammert, beobachtete er mit wachsendem Erstaunen das sich darbietende Spektakel. Noch eine Explosion erschütterte das Schiff, als beim plötzlichen Kontakt mit kaltem Seewasser ein Kessel explodierte. Hersing starrte wie hypnotisiert hinüber, als die *Pathfinder* unter die Wellen glitt und weg war, als hätte es sie nie gegeben.

»Periskop einziehen«, flüsterte Hersing leise, voller Entsetzen. »Auf Null-drei-null gehen.«

Leise unter Wasser schwimmend, entfernte sich die *U-21* von ihrem ersten Opfer und begab sich auf die Suche nach weiteren.

Bis auf eine Handvoll Männer von der *Pathfinder* hatte keiner Gelegenheit, das Schiff zu verlassen. Keiner hatte Zeit, Rettungsboote auszusetzen, denn die meisten waren ohnehin zerstört, bevor das Schiff sank. Keiner hatte Zeit genug, um aus dem Inneren des Schiffs hervorzukriechen. »Wenn man nicht auf dem offenen Deck war, als der Torpedo einschlug, hatte man keine Überlebenschancen«, erinnerte sich Leutnant Sonnenschein. Er hatte den Brückenkasten von allen Schwimmwesten geleert, ehe er ins Wasser sprang. Er band sie um eine Ansammlung Männer, die noch immer zwischen schwimmenden Trümmern um ihr Leben kämpften. Er war erschrocken, weil er so entsetzlich wenig Überlebende sah.

Kapitän Leake, obwohl schwer verwundet, lebte noch. Als die *Pathfinder* nach der ersten Detonation von dem Torpedoeinschlag ins Schlingern kam, wurde er durch die Tür der Kommandobrücke geschleudert, Sekunden bevor das Bauwerk weggerissen wurde. Der Chefchirurg war ebenfalls verwundet, aber bei Bewußtsein. Er war an Deck gewesen, um eine Zigarette zu rauchen.

»He«, wisperte er durch die vor Schmerzen zusammengebissenen Zähne. »Könnte mir jemand helfen, mich über Wasser zu halten? Meine Arme sind offenbar gebrochen.«

»Arzt, heil dich selbst«, sagte Sonnenschein mit einem sauren Grinsen. Er schwamm hinüber zum Chefchirurgen und band ihn an eine Planke, die einmal Teil eines Motorbootes war. Dann zog ihn Sonnenschein zu dem einzigen Rettungsboot und den zwei Flößen, die irgendwie intakt geblieben waren.

Das Wasser der Nordsee war bitter kalt für die Männer, die jetzt um ihr Leben kämpften. Sie paddelten oder packten Treibgut, um über Wasser zu bleiben, und kämpften so lange, bis sie das Boot und die Flöße erreichten. Dann warteten sie auf eine Rettung, von der sie wußten, sie würde zu spät kommen. Sie wußten, daß der Tod durch Unterkühlung nur eine Frage der Zeit war, und fingen an, den Mut zu verlieren und vom Sterben zu reden.

Sonnenschein wollte nichts davon hören. »Verdammte Kerle!« schrie er. »Gebt nicht auf! Hilfe ist unterwegs.«

Ein Matrose spuckte ein Mundvoll Salzwasser durch seine Zähne. »Es hat keinen Zweck, Leutnant. Ich bezweifle, daß Sparks noch ein SOS aussenden konnte.«

»Halten Sie die Männer nah beieinander«, sagte Leake schwach zu Sonnenschein. »Lassen Sie sie nicht wegtreiben.«

Sonnenschein fing an, Rudyard Kiplings Gedicht »Wenn« zu rezitieren: »Wenn du deinen Kopf hochhalten kannst, wenn alle um dich herum den ihren verlieren, und dich beschuldigen...«

Langsam gehorchten die Überlebenden einer nach dem anderen, als Sonnenschein sie das Gedicht wieder und wieder rezitieren ließ.

Die *Pathfinder* war in vier Minuten gesunken. Der allergrößte Teil ihrer Mannschaft ging mit ihr unter. Die Glücklichen im Wasser wurden kurz nach dem Sinken gerettet. Die Explosion war vom Land aus zu sehen gewesen und sofort gemeldet worden. Ein britischer Zerstörer in der Nähe wurde sofort umgelenkt und zog die Überlebenden kurze Zeit später aus dem Wasser.

Von der fast 350köpfigen Besatzung überlebten nur elf. Es war das zweite Schiff, das jemals von einem Unterseeboot versenkt wurde, und das erste in einer langen Reihe derer, die die deutschen U-Boote noch versenken sollten. Der Verlust an Menschen auf der *Pathfinder* war viel größer als der der *Housatonic*.

Otto Hersing und seine *U-21* machten Geschichte, weil sie das Unterseeboot waren, das als erstes ein Schiff versenkte und davonkam. Gemeinsam eilten sie von Ruhm zu Ruhm und errangen Bedeutung bei weiteren Ereignissen.

Nachdem ein Rendezvous mit einem Tanker vor der Küste Spaniens organisiert worden war, wurde die *U-21* auch als erstes Unterseeboot auf See betankt. Es war das erste, das ins Mittelmeer fuhr, wo es zwei Kriegsschiffe vor Gallipoli versenkte. Unter ihren Opfern befanden sich auch zwanzig Handelsschiffe, die es auf den Boden des Meeres schickte.

Es gab andere U-Boot-Kommandeure, die mehr versenkten als Hersing, aber keiner erreichte seine Tonnage. Er war auf Kriegsschiffe aus und verzichtete oft auf mehrere Handelsschiffe, damit er seinen kleinen Vorrat an Torpedos auf einen Zerstörer oder Kreuzer abfeuern konnte.

Von Deutschlands ersten hundert U-Booten überstand nur eine kleine Handvoll den Krieg. Die *U-21* gehörte zu ihnen. Nach dem Waffenstillstand vom 20. November 1918 bekam Hersing den Befehl, sein Boot der britischen Marine in Harwich, England, auszuliefern, wo es beschlagnahmt und verschrottet werden sollte. Auf der Reise von Kiel berichtete er seiner britischen Eskorte, daß sein Boot leckgeschlagen sei. Es war zu spät, die Selbstversenkung zu verhindern. Die britischen Seeleute konnten nur noch die deutschen Überlebenden auffischen.

Trotzig bis zum Schluß hatte Hersing seine geliebte *U-21* lieber auf den Boden der Nordsee geschickt, als sie dem Feind zu überlassen.

Mehrere Jahre nach dem Krieg besuchte der berühmte Forscher und Korrespondent Lowell Thomas Hersing in seinem nur 30 Meilen von der Nordsee entfernten Dorf. Der legendäre U-Boot-Kommandant, jetzt ein wohlhabender Bauer, lebte in einem Haus inmitten von Obstbäumen und Gärten. Nachdem er aus der Nordsee gefischt und nach Deutschland zurückgeschickt worden war, setzten die Briten etwas verspätet einen Preis auf seinen Kopf aus, aber es gelang ihm, seiner Festnahme zu entkommen, bis sich die Haßgefühle gelegt hatten.

Als Thomas die ehemalige Geißel der alliierten Schiffahrt fragte, womit er sich beschäftige, antwortete Hersing: »Ich züchte sehr gute Kartoffeln.«

II
Untergegangen in achtzehn Minuten
7. Mai 1915

Wie ein umherwandernder Geist erschien plötzlich aus dem Nebel der Irischen See die *U-20* und schlüpfte längsseits eines kleinen Schoners mit viereckigem Mast, bevor dieser es merkte. »Mannschaft an die Kanone«, befahl Kapitänleutnant Walter Schwieger ruhig.

Hinter seinem jungenhaft guten Aussehen, blondes Haar und helle Haut, lag eine Portion Skrupellosigkeit verborgen. Ein Schiff mit einer Ladung Zivilisten an Bord auf den Meeresboden zu senden bereitete ihm keine schlaflosen Nächte. Auf einer früheren Fahrt hatte er sich an ein deutlich als Lazarettschiff gekennzeichnetes Boot herangeschlichen und ihm einen Torpedo nachgejagt. Zum Glück verfehlte er sein Ziel, sonst hätte er seinem Ruf als Dämon höchstens noch mehr Ehre gemacht.

Die Geschützmannschaft rammte schnell eine Vierzollgranate in den Verschlußblock ihrer Waffe und zielte auf den Schoner. Schwieger langte nach einem Megaphon und rief über die neblige Wasserfläche: »Was für ein Schiff seid ihr?« fragte er, als er bemerkte, daß das britische St.-Georgs-Kreuz von den Falleinen flatterte.

»*Earl of Latham*«, antwortete der erstaunte Kapitän und starrte das drohende Unterseeboot mit großen Augen an.

»Bereiten Sie sich vor, wir kommen an Bord«, wies ihn Schwieger an.

Die Fünfmannbesatzung des kleinen Schoners versammelte sich an Deck, als das Schlauchboot herüberruderte und Schwiegers Erster Offizier, Raimund Weisbach, an Bord kletterte. »Wo sind Ihre Papiere?« fragte Weisbach den Kapitän.

Der Kapitän ging schweigend nach unten und kam mit einem einzelnen Blatt in der Hand zurück, auf dem die Fracht des Schoners verzeichnet war. »Überwiegend Kartoffeln und Räucherschinken, auf dem Weg von Limerick nach Liverpool. Nichts, was sie interessieren dürfte.«

»Nahrungsmittel für Ihre Truppen«, rief der schlaue Weisbach. »Gehen Sie zu Ihren Booten. Wir versenken dieses Schiff.«

Während die Besatzung der *Earl of Latham* die Boote herabließ und in Richtung auf die nur drei Meilen entfernte Küste fuhr, kehrte Weisbach zur *U-20* zurück und berichtete Schwieger. »Kartoffeln und Räucherschinken. Da wir noch genügend Kartoffeln haben, schlage ich vor, wir machen uns über den Räucherschinken her.«

Schwieger lächelte. »Bitte sehr, Leutnant. Aber machen Sie schnell. Wir können nicht riskieren, daß uns ein britisches Kriegsschiff findet.«

»Sollen wir sie versenken oder verbrennen?«

»Ich glaube, es geht schneller, wenn wir Granaten und das Deckgeschütz benutzen. Es lohnt sich sicher nicht, einen Torpedo dafür zu verschwenden.«

Nachdem fünfzig Pfund Räucherschinken an Bord geschafft und in den Rumpf des Unterseeboots herabgesenkt worden waren, warf die Besatzung Granaten in die Luken der *Earl of Latham*. Dann eröffnete das Deckgeschutz das Feuer und schoß drei Löcher unter die Wasserlinie. Die Besatzung des Schoners blickte zurück und sah traurig zu, als ihr Schiff sich, die Segel schlapp herabhängend, auf die Seite neigte, um zu kentern und in den Wellen zu verschwinden.

Zwei Stunden später sichtete die *U-20* einen Dampfer, feuerte einen Torpedo darauf ab und verfehlte ihn. Das Schiff dampfte weiter, seine Besatzung glücklicherweise ahnungslos, wie nahe sie daran gewesen waren, in die Luft geblasen zu werden. Dann entdeckte Schwieger die norwegische Flagge, die vom Mast des Schiffes flatterte, und blies den Angriff ab.

Bis jetzt war die Reise der *U-20* ergebnislos. Sie brauchten ein richtiges Ziel. Etwas, das sich lohnte, ihre letzten Torpedos zu verschießen. Dann hatte Schwieger Glück. Kurz hintereinander torpedierte er das Passagier-Linienschiff *Candidate* und den Frachter *Centurion*. Wunderbarerweise wurden die Passagiere und Mannschaften beider Schiffe gerettet.

Schwieger besaß nur noch einen einzigen Torpedo. Er beschloß, noch einen Tag zu verweilen, in der Hoffnung, seine Punktzahl weiter zu vergrößern, bevor er umkehrte und zum Auftanken und Aufladen in den Heimathafen in Deutschland fuhr.

Dichter Nebel lag auf dem Meer, als die *Lusitania* auf ihrer Reise von New York sich der zerklüfteten Südküste Irlands näherte. Kapitän William Thomas Turner strich auf der Brücke seines Schiffes umher, starrte in den feuchten Dunst und hörte auf ein Echo von seinem Nebelhorn, das die Anwesenheit eines anderen Schiffs signalisieren sollte. Vom Brückenfenster aus sah er zu, wie die Männer der Besatzung auf dem Vorderdeck wie Phantome erschienen und wieder verschwanden, während sie ihren Pflichten nachgingen.

Turner entfernte sich nie mehr als ein paar Schritte vom Steuermann, sondern blieb immer in der Nähe, falls er den Befehl »Voll achtern« rufen mußte, wenn ein anderes Schiff plötzlich hinter dem grauen Vorhang auftauchen sollte. Er schaute angespannt nach vorne, als versuchte er, auf die andere Seite zu sehen.

»Haltet die Augen auf, um eine Kollision zu verhindern«, sagte Turner zu den Offizieren, die durch das Steuerhausfenster spähten.»Wir sind nicht das einzige Schiff in der Irischen See.« Besser ein anderes Schiff als ein deutsches U-Boot, murmelte der Dritte Junioroffizier, Albert Bestic, ganz leise.

Turner hörte es trotzdem und antwortete bissig:»In dieser Suppe kann uns kein Unterseeboot finden, Mr. Bestic. Jeder Blinde kann Ihnen das sagen.«

»Entschuldigung, Sir, ich habe nur laut über Berichte von deutschen Torpedoangriffen nachgedacht.«

»Dieses ganze Geschwätz von U-Booten und Torpedos«, schnaubte Turner.»Ich habe noch nie von einem Unterseeboot gehört, das siebenundzwanzig Knoten machen kann.«

Bestic war nicht in der Stimmung, den Streit mit dem Kapitän der *Lusitania* fortzuführen. Das war ein Streit, in dem er nie siegen konnte, besonders wenn er eine gute Beurteilung in der Personalakte bei der Cunard-Linie haben wollte. Aber es war kein Geheimnis unter den Besatzungsmitgliedern, daß wegen des Mangels an Heizern, von denen viele für die Dauer des Krieges in die Royal Navy eingezogen worden waren, und wegen der hohen Kohlepreise die *Lusitania* mit weniger als zwei Drittel ihrer normalen Geschwindigkeit fuhr. Außerdem waren sechs ihrer fünfundzwanzig Kessel nicht in Betrieb. Die *Lusitania* machte nur achtzehn Knoten. An einem guten Tag, wenn alle Brenner ordentlich in Gang waren, erreichten ihre Maschinen siebzigtausend Pferdestärken, was ihre vier großen Bronzepropeller zum Schwirren brachte, so daß sie bei dreißig Knoten nur so durch das Meer flog, schnell genug, um jedem noch so schnellen nach ihr abgefeuerten Torpedo davonzufahren.

Ein Seemann näherte sich Turner und händigte ihm einen Funkspruch aus. Er lautete.»Steuern Sie Kurs auf die Mitte des Kanals. Unterseeboote vor Fastnet.« Der Felsen von Fastnet, vor der Südspitze Irlands, war ein aufragender Orientierungspunkt für Seeleute. Diese Botschaft war die ganze Nacht wiederholt worden.

Turner schien unbeeindruckt. Er schob die Nachricht tief in

seine Manteltasche und sagte nichts. Will Turner war ein hartgesottener alter Seebär. Er hatte als Schiffsjunge auf Segelschiffen angefangen und sich im Laufe von siebenunddreißig Jahren bis zum Herrn über die größten und vornehmsten Schiffe der Cunard-Linie emporgearbeitet. Ein komischer alter Vogel, erinnerte sich ein Offizier an ihn. Turner mischte sich nie gern unter die Passagiere. »Eine Horde blöder Affen«, hatte er sie einmal genannt. Ein einziges Mal war er schiffbrüchig gewesen, später wurde er von King George selbst zum Kommandanten der Royal Navy ernannt.

Die Botschaften kamen den ganzen übrigen Morgen schneller und immer dringlicher durch. »Die britische Admiralität empfiehlt einen Zickzackkurs zu fahren, wenn wir uns den Gefahrenzonen nähern«; dann kam noch eine Warnung: »Unterseeboottätigkeit im südlichen Teil des Irischen Kanals...« Und noch eine: »Unterseeboot fünf Meilen südlich von Cape Clear nach Westen fahrend, um 10 Uhr morgens gesichtet.«

Turner zerknüllte die letzte Warnung und warf sie in einen Behälter.

»Verdammte Geschäftsleitung«, knurrte er. »Wenn das Hauptbüro mir erlauben würde, alle Kessel zu feuern, könnten wir den verdammten U-Booten und ihren Torpedos einfach davonfahren.«

Warum Turner, ein erfahrener Seemann mit fast vier Jahrzehnten als vertrauenswürdiger Schiffsführer bei Cunard, die Warnungen ignorierte und es versäumte, nach ihren Anweisungen zu handeln, ist noch heute ein Mysterium. Es war fast so, als ob er versuchte, die *Lusitania* Walter Schwieger und seinem Unterseeboot, der *U-20*, Schwester des U-Boots von Otto Hersing, der *U-21*, in den Weg zu stellen.

In weniger als einer Stunde würden sich die zwei Männer und ihre Schiffe auf eine Art und Weise treffen, die keiner von beiden erwartet hatte.

In einer der luxuriösen Erste-Klasse-Staatskabinen der *Lusitania* saß Charles Frohman, der berühmte Theaterproduzent, tief in einem überladenen Veloursessel. In seidenem Pyjama und Frisiermantel hielt er einen Augenblick beim Lesen seines Manuskripts inne, das ein Komponist für Musicals geschrieben hatte, und wischte seine Lesebrille mit einem Taschentuch ab.

»Wie findet Ihr es?« fragte sein Diener, William Stainton.

»Mit den richtigen Musiknummern hat es Aussichten.«

Anders als andere Bedienstete durfte Stainton die Gesellschaft seines Dienstherrn genießen. Im Laufe der Jahre, in denen er für den Produzenten gearbeitet hatte, waren die Männer sich nähergekommen. Frohman behandelte seinen Diener mehr als Assistenten, weniger wie einen Bediensteten. Statt nur zu sprechen, wenn angesprochen, zögerte Stainton nie, seinen Brotherrn zu fragen, um seine Bedürfnisse zu erfahren.

»Werden Sie Ihren Lunch im Speisesaal einnehmen, oder soll ich das Essen hier in die Suite bringen lassen?« fragte Diener Stainton.

»Ich werde mit Freunden im Salon zu Abend speisen«, antwortete Frohman, während er begann, seinen frisch gebügelten Anzug anzuziehen, den Stainton auf dem Bett für ihn ausgelegt hatte.

Stainton schüttete mehrere Pillen auf ein silbernes Tablett und stellte ein Glas Tomatensaft daneben. Der Produzent litt unter Arthritis, die sich auf seine Beingelenke auswirkte. »Ich habe dafür gesorgt, daß der Schiffsarzt ein paar Pillen zusammenstellt, die den Schmerz in Ihren Knien lindern werden.«

»Ist es so offensichtlich, William?« fragte Frohman.

»Ich konnte nicht umhin festzustellen, daß Sie humpelten, als Sie zum Badezimmer gingen«, sagte Stainton sorgenvoll und händigte Frohman einen Stock aus.

»Sie können hierbleiben, wenn Sie möchten.«

»Wenn Sie nichts dagegen haben, Sir«, sagte Stainton, als er die Tür zum Deck öffnete, »würde ich Sie gerne zum Speisesalon begleiten, um zu sehen, ob Sie auch den richtigen Platz haben.«

»Wie Sie wünschen«, lächelte Frohman und ging den Gang hinunter, bevor er in den dichten Nebel vor der Suite hinaustrat. Sein Stock schlug leicht auf dem polierten Teakdeck auf.

Der reiche Mann der besseren Gesellschaft, Alfred Vanderbilt, betrat den Speisesalon und begab sich zu dem Tisch nahe dem Fenster, den er vom Zahlmeister verlangt hatte. Er hatte einen anthrazitfarbenen Nadelstreifenanzug mit einer blaugepunkteten Krawatte an und eine modische Tweedkappe auf dem Kopf. In seinen Taschen trug er keinerlei Geld oder Ausweis. Er war so bekannt und so reich, man brauchte nur seinen Namen zu erwähnen, und schon öffneten sich alle Türen, und überall wurden rote Teppiche ausgelegt.

Der einzige Gegenstand, den Vanderbilt mit sich trug, war eine Taschenuhr, eine Gewohnheit, die er mit den meisten Passagieren einschließlich der Frauen teilte, die aber meist kleinere Modelle um den Hals trugen. Er öffnete den verzierten goldenen Deckel des Zeitanzeigers und starrte auf das Zifferblatt mit den römischen Zahlen: 12 Uhr 42.

Sein Diener, Ronald Deyner, zog den Stuhl zurück, ließ Vanderbilt sich niedersetzen und stellte sich dann an seine Seite. »Sehen Sie bitte nach, ob irgendwelche Nachrichten für mich angekommen sind.« Dann drehte er sich um. »Guten Morgen«, nickte Vanderbilt freundlich, als ein Kellner ihm die Speisekarte hinhielt. Er winkte mit einer Hand ab und wies die Karte zurück. »Ich werde essen, was immer Ihr Chefkoch empfiehlt.«

Charles Frohman ging an Vanderbilts Tisch vorbei und hielt einen Augenblick. »Guten Tag, Alfred.«

Vanderbilt bemerkte, daß der Produzent hinkte. »Eines Ihrer Beine verletzt, Charles?«

»Arthritis.« Frohman zuckte resigniert mit den Schultern. »Sie macht mir in den Gelenken zu schaffen.«

»Haben Sie Schwefelbäder versucht?«

»Das und fast jedes andere bekannte chemische Bad.«
»Reisen Sie geschäftlich oder zum Vergnügen auf dem Kontinent?« fragte Vanderbilt.
Frohman lächelte: »Mein Geschäft *ist* das Vergnügen. Ich sehe mir an, was die Londoner Revuen zu bieten haben. Immer auf der Suche nach gutem Material und Talent, wie Sie wissen.«
»Ich wünsche Ihnen Glück.«
»Wie ist es mit Ihnen, Alfred? Was sind Ihre Pläne?«
»Ich will mir in London ein Pferd für meine Ställe ansehen«, gab Vanderbilt zurück.
»Ich wünsche eine angenehme Reise. Wenn Sie zurückkommen, lassen Sie bitte Ihren Sekretär mein Büro anrufen, und ich werde Ihnen Karten für meine nächste Produktion schicken.«
»Das werde ich tun, danke.«

Frohman nickte höflich und ging hinüber zu seinem Tisch, in einer Ecke, wo er die anderen Gäste beobachten konnte, von denen damals viele Berühmtheiten waren. Da war der exzentrische Verleger und Autor von »A Message to Garcia«, Elbert Hubbard. Der berühmte Theaterautor und Romanschreiber, Justus Forman. Die berühmte Suffragette, Lady Margaret Mackworth. Theodate Pope, anerkannter Architekt und Medium.

Frohman und Stainton lächelten, als sie die sechs Kinder der Cromptons aus Philadelphia sahen. Sie waren lebhaft und ignorierten völlig die frustrierte Kinderfrau, der es nicht gelang, die Kinder dazu zu bringen, daß sie ruhig am Tisch saßen. Mr. und Mrs. Crompton nahmen es gelassen auf und tadelten sie selten.

Frohman und die meisten Leute im Speisesaal um ihn herum hatten keinerlei Vorahnung, daß dies ihre letzte Mahlzeit auf Erden sein würde.

Wie aus einem Dampfbad brach der Bug der *Lusitania* plötzlich in das helle Sonnenlicht hinaus. Kapitän Turner sah von seinem Bordbuch auf, als das monotone Dröhnen des automatischen Nebelhorns plötzlich verstummte. Nach achtern blickend sah er die großen Schornsteine, ihre rote Cunard-Farbe wegen des Krieges schwarz übermalt, die aus dem Nebel glitten wie Hände aus Handschuhen.

Das Mittagessen war vorüber, und die Passagiere gingen der Reihe nach hinaus, andere spazierten auf den offenen Decks herum, die noch immer von dem dichten Nebel naß waren. Aufregung kam auf, als sie die gezackte Küste von Irland in der Ferne bemerkten. Wegen des Nebels etwas im unklaren über seine genaue Position, war Kapitän Turner überrascht festzustellen, daß er dem Land so nahe war. Er hätte noch mindestens vierzig Meilen weiter draußen mitten im Kanal sein müssen.

Der Vorsitzende des Aufsichtsrats der Cunard, Alfred Booth, appellierte persönlich an die Admiralität, die Passagierdampfer über den Verlust der *Candidate* und der *Centurion* vor gerade ein paar Stunden zu benachrichtigen. Aber die Nachricht wurde irgendwie verwässert, und Turner ignorierte sie einfach, wie er es mit den anderen getan hatte. Die *Lusitania* dampfte weiter, ahnungslos ihrem Schicksal entgegen.

Schwieger hatte keinen besonderen Kurs geplant. Die *U-20* kreuzte ziellos an der Oberfläche, und ihr Kommandant war im Nebel nicht in der Lage, ein Opfer auszumachen. Er wartete geduldig, daß es sich aufklärte, um eine Gelegenheit zu finden. Er brauchte nicht lange zu warten.

Plötzlich fanden sich die Ausgucks unter blauem Himmel und in heller Sonne wieder. Doch das Blindfahren während der letzten Stunde hatte das Unterseeboot dem Land zu nahe gebracht. Unten im Kontrollraum wandte sich Schwieger um, als der Erste Offizier Weisbach, im Kommandoturm auf Posten, rief: »Schiff an Backbord.«

Schwieger rannte nach oben und spähte durch das Fernrohr. Das Schiff war groß, trug vier Schornsteine und hatte ein gutes Tempo drauf. Er nahm an, sie sei etwa noch zwölf Meilen entfernt, wandte sich nach Weisbach um und seufzte. »Sie ist zu weit entfernt für uns und zu schnell. Wir werden sie nie mehr einholen.«

»Wollen wir keinen Angriff versuchen?« fragte Weisbach.

»Ich habe nicht gesagt, daß wir es nicht versuchen werden«, sagte Schwieger. »Vorbereiten zum Tauchen.«

Die Tauchglocke klang rauh, und die Mannschaft begann, an einer Reihe von Ventilen zu drehen, die die Ballasttanks fluteten und das Boot unter die Oberfläche gehen ließen. Sein geübtes Auge auf das polierte Messinginstrument fixiert, wartete der Tauchoffizier, bis sie Periskoptiefe erreicht hatten, bevor er die *U-20* auf Kiel gerade laufen ließ.

»Auf Kurs Null-Sieben-Null gehen«, befahl Schwieger ruhig.

»Periskoptiefe«, berichtete der Tauchoffizier.

Durch das Fernrohr sah Schwieger, daß die Situation hoffnungslos war. Es gab keine Möglichkeit für die *U-20*, in Position zu manövrieren, bevor das große Schiff ihr sein Heck zeigte. Bei ihrer Höchstgeschwindigkeit von neun Knoten unter Wasser hätte das eher eine Lektion über die Nutzlosigkeit werden können, zu denken, daß sie ein schnelles Passagier-Linienschiff überholen könnten. Er überließ Weisbach das Periskop, der das ferne Schiff betrachtete.

»Mindestens fünfundzwanzigtausend Tonnen«, meldete er.

»Wahrscheinlich ein bewaffneter Liniendampfer, der für Truppentransporte eingesetzt wird.«

»Können Sie eine Identifikation vornehmen?« fragte Schwieger.

Weisbach fing an, ein Schiffserkennungsbuch durchzublättern.

»Eine Reihe von britischen Linienschiffen haben vier Schornsteine«, gab Weisbach zur Antwort. »Nach ihren Aufbauten zu urteilen gehört sie der Cunard. Es könnte die *Aquitania*, die *Mauritania* oder die *Lusitania* sein. Für die ersten beiden sind zu viele Ventilatoren auf dem Oberdeck zu sehen. Ich würde auf die *Lusitania* tippen.«

»Wie schade«, kam es verdrießlich von Schwieger. »Sie wäre ein leichtes Ziel gewesen.«

Dann, plötzlich, als sei es vom Teufel geritten, machte das Schiff eine Wendung nach Steuerbord.

»Wir haben sie!« schrie Schwieger plötzlich. »Sie kommt direkt auf uns zu.«

Turner erkannte einen Leuchtturm, auf einer hohen, aus dem Meer aufragenden Klippe sitzend, und wußte, daß er jetzt vor dem Old Head of Kinsale fuhr. Er winkte seinem Ersten Offizier zu. »Steuerbord anlegen und Kurs auf Queenstown nehmen.«

Die *Lusitania* war weniger als fünfundzwanzig Meilen von einem sicheren Hafen entfernt, aber jetzt nur noch zehn Meilen von U-Boot *U-20* und direkt darauf zuhaltend. Keine Spinne hatte je ein kooperativeres Opfer gehabt. Das Netz war ausgelegt, und die Spinne wartete.

Schwieger konnte seinem Glück nicht trauen. Wenn das große Linienschiff seinen neuen Kurs beibehielt, stand es gerade richtig für eine ideale Breitseite.

Im Leben vieler Männer bedeuten ein paar Augenblicke alles. Bewegung und Gedanke scheinen ineinanderzufließen, das Ereignis nimmt ein Eigenleben an. Schwieger beobachtete voller Ehrfurcht, wie das Schiff in der Linse des Periskops wuchs und wuchs, bis es wie eine Ansichtskarte eingerahmt war.

Die Spannung im Inneren des U-Boots war erdrückend. Inzwischen war der ganzen Mannschaft klargeworden, daß sie im Begriff standen, sich an einen riesigen Ozean-Liniendampfer heranzupirschen. Ihre Gefühle waren mehr als gemischt.

»Torpedo fertig«, befahl Schwieger.

Charles Voegele, Quartiermeister der *U-20*, stand festgenagelt wie in Trance. In einem Augenblick, in dem Disziplin alles ist und Tränen in den Seelen der Männer ersticken müßten, war er nicht in der Lage, den Befehl an das vordere Torpedoabteil weiterzugeben.

»Torpedo fertig«, wiederholte Schwieger scharf.

Voegele blieb bewegungslos. »Es tut mir leid, Sir, aber ich kann mich nicht dazu überwinden, ein Schiff zu zerstören, auf dem unschuldige Frauen und Kinder sind. Ein solcher Akt wäre Barbarei.«

Den Befehl eines Kapitäns auf See in Kriegszeiten zu ignorieren, kam Landesverrat gleich. Voegele wurde denn auch später für die Weigerung, seinen Teil zu der Tragödie beizutragen, zu einer Gefängnisstrafe verurteilt. Ein einfacher Matrose gab daher die Anweisung weiter. Im Torpedoabteil wurde der Befehl ausgeführt. Die Antwort kam zurück: »Torpedo fertig.«

Die Spannung in Erwartung der nächsten Sekunden hing wie ein Dunstschleier in der Luft. Schwieger war ruhig und entspannt. Er war das einzige Mitglied der Mannschaft, das pessimistisch war. Er bezweifelte, daß er ein Schiff von der Größe der *Lusitania* mit dem einzigen ihm noch verbliebenen Torpedo versenken könnte. Wieder und wieder hatten sich deutsche Torpedos als unzureichend erwiesen, hatten Schiffe getroffen und waren dann nicht explodiert. Und häufig, wenn sie doch explodierten, reichten die angerichteten Schäden nicht aus, das Opfer wie gewünscht zu versenken. Er hatte bereits in sein Logbuch geschrieben, daß seiner Meinung nach seine Torpedos ein Schiff mit fest geschlossenen, wasserdichten Schotten nicht versenken könnten.

Um 14 Uhr 05 sprach er die Worte aus, die zwölfhundert Männer, Frauen und Kinder in den Tod schicken sollten: »Torpedo los.«

Mit dem lauten Zischen der ausströmenden Druckluft schoß der Torpedo aus dem Rohr. Angetrieben von einer kleinen Vierzylindermaschine, die zwei gegeneinander drehende Schrauben antrieb, flog er mit zweiundzwanzig Knoten in seiner festgelegten Tiefe von neun Fuß durch das Wasser. Obwohl er die Geschwindigkeit des Liniendampfers unterschätzt hatte, beobachtete Schwieger mit großer Genugtuung, wie die aufgewühlte Gischt des

Kielwassers sich direkt auf die massive Steuerbordseite der hilflosen *Lusitania* zubewegte.

Es war ein Bugschuß wie aus dem Bilderbuch, aus nur siebenhundert Yards Entfernung. Es schien Schwieger, als ob die *Lusitania* direkt hineindampfte. Der Torpedo schlug in den großen Liniendampfer ein, gerade achtern vom vorderen Mast, riß die Rumpfplatten in Fetzen und schlug ein Loch so groß wie ein Scheunentor. Der Schaden war schwer, aber nicht tödlich. Halb und halb erwartete Schwieger, daß das Schiff weiterfahren würde, als ob es lediglich gestochen worden sei. Um so erstaunter war er über das, was er in den nächsten paar Sekunden erlebte.

Der ersten Explosion folgte eine noch größere, bei der der ganze Bug sich im Winkel verdrehte und die dazu führte, daß das Schiff fast sofort fünfzehn Grad Schlagseite bekam. Tausende Tonnen Wasser ergossen sich in das so entstandene gigantische Loch. Später sollte es Streit darüber geben, ob die *Lusitania* von zwei Torpedos durchlöchert worden war, von einer synchronen Explosion des Kohlenstaubs in den leeren Bunkern oder von der Detonation von 1248 Kästen Dreizoll-Schrapnellgranaten, die heimlich hinter der vorderen Ladeluke mitgeführt worden waren.

Es ist ein Rätsel, das bis heute nie gelöst wurde.

Turner erstarrte, als er den gefürchteten Schrei des Beobachtungspostens hörte: »Torpedo an Steuerbordseite!« Er eilte hinüber zur anderen Seite der Brücke, gerade als die Explosion das Schiff erschütterte. »Die wasserdichten Türen schließen!« brüllte er über den verklingenden Donner hinweg. Dem Desaster folgte die Katastrophe. Nur eine Sekunde, und ein Donnerlaut, vollkommen anders als der erste, erschütterte das Deck unter seinen Füßen. Die Schlagseite kam so schnell, daß er kaum in der Lage war, einen Handlauf festzuhalten, damit er nicht über die Seite rollte.

In der Tiefe seiner Seele wußte William Turner, daß sein Schiff verloren war.

Innerhalb von Sekunden verwandelte sich die friedliche Szene unter dem klaren, ruhigen Himmel in eine Massenkonfusion. Es gab keine Panik, aber viele rannten um die Rettungsboote herum; Passagiere suchten verzweifelt nach ihren Lieben oder wanderten wie verloren auf den Decks umher. Das Chaos wurde noch schlimmer, als die *Lusitania*, noch immer in Fahrt, ihr Rollen nach Steuerbord mit dem untergehenden Bug gemeinsam begann. Turner telegraphierte »Volle Fahrt nach achtern«, um die Fahrt des Schiffs zu verlangsamen, aber Probleme mit den Turbinen – eines der Hauptdampfrohre brach auseinander – verhinderten die Ausführung des Befehls. Der Steuermann drehte das Rad, um die *Lusitania* herumzubringen, aber das Ruder verweigerte den Dienst. Das Schiff fuhr weiter vorwärts und gerade schnell genug, um die Rettungsboote zu überschwemmen, die in das tobende Wasser herabgelassen wurden.

Nur sechs Rettungsboote von den achtundvierzig, die das Schiff mitgeführt hatte, schwammen intakt auf dem Wasser. Die meisten waren schlimm beschädigt oder sogar zerstört, als sie in Richtung auf den Bug nach vorne glitten, durch andere Boote brechend und Passagiere zermalmend, die im Wege standen.

Viele Mannschaftsmitglieder im Maschinenraum wurden entweder sofort getötet oder von Wasserschwällen nach oben geschwemmt, die durch die offengebliebenen Luken brachen. Im Funkraum gab Funker David McCormick eilends durch: »Sofort kommen, großes Leck. Zehn Minuten von Old Head Kinsale.« Die Botschaft wurde gehört und alles, was schwimmen konnte, eilte zum Ort des Geschehens.

Alfred Vanderbilt blieb reglos. Es war nicht seine Natur, Emotionen zu zeigen. Nur einem vorbeilaufenden Kind half er die Schwimmweste festzumachen; er selbst erwartete wie ein Lord stoisch den Tod.

Charles Frohman, heißt es, zitierte gegenüber verängstigten Passagieren.«»Warum den Tod fürchten? Er ist das schönste Abenteuer im Leben.«

Von seiner Arthritis gezeichnet stand er da und wartete, bis das Deck so tief lag, daß es vom Wasser überflutet wurde. Dann schritt er einfach zur Seite, gefolgt von seinem treuen Diener Stainton und ging unter.

Eine Belohnung von eintausend Pfund wurde für Alfred Vanderbilts Leichnam geboten. Aber weder er noch Frohman wurden je gefunden. Die Leichen der Cromptons, zusammen mit denen ihrer sechs Kinder und der ihrer Nanny, blieben ebenfalls verschwunden.

Turner war allein auf der Brücke, eine einsame Gestalt, auf die Decks seines Schiffes hinaufstarrend, die über ihm schwebten. Da hing er nun, an die Reling geklammert, als die *Lusitania* hinabsank, bis sie an einen Granitfelsen stieß, der unten aus dem Boden ragte. Von der durch die Unterwasserturbulenz geschaffenen Brandung hinweggefegt, fand Turner einen Holzstuhl und benutzte ihn als Floß, bis er von einem Fischkutter gefunden wurde.

Die *Lusitania* war weg. Ihr Todeskampf hatte nur achtzehn Minuten gedauert. Von den 1958 Passagieren und Mitgliedern der Mannschaft waren 1198 umgekommen. Auf den Fersen der *Titanic*, die 1912 1500 Menschen mit sich in den Tod riß, und der *Empress of Ireland* mit 1000 Toten im Jahre 1914, war der Verlust der *Lusitania* besonders erschütternd. Rückblickend scheint es unglaublich, daß so viele Meereskatastrophen mit so hohen Zahlen an Verlusten in dieser kurzen Zeit von drei Jahren passierten.

Es sollte noch einmal dreißig Jahre dauern, ehe im Zweiten Weltkrieg der Rekord durch russische U-Boote gebrochen wurde, die das deutsche Passagierschiff *Wilhelm Gustloff*, die *General Steuben* und die *Goya* versenkten. Die Schiffe hatten Flüchtlinge an Bord, die sich vor der Roten Armee zu retten versuchten. Die Todeszahl von allen drei torpedierten Linienschiffen betrug 18 000.

Schwiegers Gesicht spiegelte Unglauben wider, daß ein einziger Torpedo den Untergang eines der größten Ozeanlinienschiffe verursachen konnte, so daß es innerhalb von achtzehn Minuten völlig verschwand. Er senkte sein Periskop und gab Befehl an den Ersten Offizier Weisbach, Kurs auf Deutschland zu nehmen.

Schwieger wurde das Eiserne Kreuz für seine »Heldentat« in der Irischen See verliehen, und er sollte in den kommenden Jahren noch mehrere andere Schiffe versenken; aber dann verließ ihn sein Glück. Das Ende für die *U-20* kam im darauffolgenden Jahr, im Oktober 1916. Wegen eines defekten Kompasses lief die *U-20* bei dichtem Nebel auf eine Sandbank, direkt vor der Halbinsel Jütland in Dänemark. Schwieger sandte schnell eine Anforderung nach Hilfe an die nächste deutsche Marinebasis. Eine ganze Flotte von Torpedobooten und Zerstörern antwortete. Die Deutschen nahmen korrekterweise an, daß wenn die britische Marine den SOS-Ruf abgehört hatte, sie jedes Kriegsschiff innerhalb von hundert Meilen ausgesandt hätte, um das U-Boot zu zerstören, das die *Lusitania* versenkt hatte. Wenn das erfolgreich verlaufen wäre, hätte man es als großen Marinesieg gefeiert.

Es wurden Leinen angebracht und mit Mühe zog man die *U-20* von der Sandbank, sobald die erste Flut hereinbrach. Aber diesmal lief für Schwieger und sein Boot alles schief. Der Sand der Sandbank, nicht mehr als hundert Yards vom Strand entfernt, hatte das U-Boot unerbittlich gepackt. Seile und Ketten brachen mehrmals. Mit jeder Welle sank die *U-20* tiefer in den Boden. Schwieger betrachtete das Projekt als hoffnungslos und befahl, Sprengladungen in die Biesen zu stopfen.

Die Besatzung verließ ihr Schiff und nahm alle Papiere und persönlichen Gegenstände mit. Außer ein paar Löcher in ihren Rumpf zu schlagen hatten die folgenden Explosionen wenig Wirkung auf die *U-20*. Schwieger ließ sie schweren Herzens dort, aber gefühllos gegenüber dem Tod und der Zerstörung, die sie zusammen verursacht hatten.

Als ihm das Kommando über ein anderes großes U-Boot neuester Konstruktion gegeben wurde, die *U-88*, nahm er seine ganze Mannschaft von der *U-20* mit. Er störte die englische Seefahrt noch ein Jahr lang. Dann, am 17. September 1917, traf eine britische Mine die *U-88* und versenkte sie mit allen Matrosen. Walter Schwieger hatte das Schicksal einmal zu oft herausgefordert.

Die *U-20* saß verlassen und vor sich hinrostend bis 1925 im Sand von Jütland. Aus irgendeinem unerklärlichen Grund beschloß die dänische Admiralität das U-Boot zu zerstören, wofür sie Ladungen mit Dynamit um das Wrack herum verteilen ließ. Es wurde fast eine Tonne Explosivstoffe verbraucht, um das obere Deck und den Kommandoturm wegzusprengen. Ein Hagel zerbrochenen Metalls wurde über ein weites Gebiet verteilt. Einer der Männer, die die Ladungen angebracht hatten, schlief im Maschinenraum ein, und man vermißte ihn erst nach der Explosion. Unglaublicherweise stolperte er aus dem Wrack und schwamm mit nur ein paar Kratzern und Abschürfungen am Körper auf den Strand zu.

In ihrem kurzen Leben hat die *U-20* über zwanzig Schiffe versenkt und den Tod von beinahe fünfzehnhundert Männern, Frauen und Kindern verursacht. Ihre bösen Taten sind auf den Grabsteinen ihrer Opfer verzeichnet. Ihr Name ist auf ewig mit dem der *Lusitania* verknüpft, aber bald war sie tief im Meeressand versunken, und ihr Ruheplatz geriet schließlich in Vergessenheit.

Deutschlands frühe Unterseeboote hatten im Ersten Weltkrieg die unglaubliche Zahl von 4838 Schiffen versenkt, 2009 mehr als ihre Nachfolger im Zweiten Weltkrieg. Im letzten Krieg zerstörten die U-Boote der Nazis 4,5 Millionen Bruttoregistertonnen gegenüber 11 Millionen in den Jahren 1914–18.

Das Entsetzen des nächsten Krieges wird nicht aus Schiffen bestehen, die durch von U-Booten abgefeuerte Torpedos versenkt wurden, vielmehr aus ganzen Städten und Nationen, vernichtet von aus Silos abgefeuerten Raketen.

III
Ich wäre lieber auf Hawaii
Juni 1984

Es gibt schlimmere Gegenden als die Nordsee, aber ich kann mir nichts Schlimmeres vorstellen, als in der Nordsee auf einem 64-Fuß-Schiff zu stehen, das von 15 Fuß hohen Wellen gebeutelt wird. Dies war meine dritte Reise in jene bösartigen Gewässer, und da ich geistig ein wenig zurückgeblieben bin, hatte ich mich auf diese Reise gefreut. Meine ersten zwei Expeditionen waren vergebliche Versuche, John Paul Jones Schiff *Bonhomme Richard* zu finden.

Jetzt waren meine Zielsetzungen noch ehrgeiziger. Die Sechswochenexpedition war in zwei Phasen unterteilt. Die ersten drei Wochen sollten mit der Suche nach der H. M. S. *Pathfinder*, der *U-20* und der *U-21* zugebracht werden und nach mehreren Schlachtkreuzern, die in der großen Seeschlacht zwischen der britischen und der deutschen Flotte vor Jütland, Dänemark, versenkt worden waren. Die zweite Phase, bestehend aus drei Wochen, sollte darauf verwendet werden, den Truppentransporter *Léopoldville* aus dem Zweiten Weltkrieg zu finden, ebenso wie das berühmte konföderierte Kaperschiff *Alabama*, das nach einer wilden Schlacht mit der Unionsfregatte *Kearsarge* vor Cherbourg untergegangen war. Insgesamt brachten wir eine Zielliste von fast dreißig verlorenen Schiffen zusammen.

Wer immer den Satz »mehr von der Torte abbeißen, als man kauen kann« geprägt hat, muß dabei an mich gedacht haben. Tatsächlich war es wohl so, daß ich zehn Vögel mit einem Stein erschlagen wollte. Wer A sagt, muß auch B sagen. Man könnte auch sagen: die Pleite einkalkulieren, im großen Rahmen denken oder aufs Ganze gehen. Wenn traditionelle Sprichwörter einen Fünfer wert wären und Klischees ein Pfund, würde ich immer das große Geld wählen.

Mein klügster Beitrag war, zwei Wochen aus den sechs Wochen als verloren einzukalkulieren, die wir aufgrund von Sauwetter, Problemen mit dem Boot oder mit unseren Suchinstrumenten verlieren würden. Man kann das Unbekannte nicht im voraus kritisieren, aber man kann sich etwas Spielraum verschaffen. Wenn man ein Projekt plant, soll man immer, aber wirklich immer, unproduktive Zeiten mit einkalkulieren. Man wird sehr enttäuscht, wenn man es nicht tut.

Fast zwei Jahre Forschung waren vonnöten. Zwischen mir, Bob Fleming, den britischen und deutschen Marinearchiven fand eine rege Korrespondenz statt. Eine Menge Aufzeichnungen aus englischen, schottischen, deutschen, holländischen und dänischen Aussagen von Fischersleuten, die die See ebensogut kannten wie die Decks ihrer Trailer, hatten sich angesammelt. Ein Stoß Seekarten wurde zusammengestellt, durchgearbeitet und markiert. Bei der *Alabama* prüften wir französische Aufzeichnungen von der berühmten Schlacht. Ich saß eine halbe Stunde vor Renoirs Gemälde »Das Sinken der *Alabama*«, das im Museum of Art in Philadelphia hängt. Briefe, Tagebücher und zeitgenössische Zeitungsberichte wurden ebenfalls studiert.

Der erste Rückschlag, den wir erleben mußten, waren die widersprechenden Positionsberichte über Schiffswracks aus dem Ersten Weltkrieg. Ihre letzten bekannten Positionen, wie sie von der britischen Admiralität und der kaiserlichen deutschen Marine aufgezeichnet worden waren, stimmten nicht mit den Positionen überein, die auf den Karten der Fischersleute eingezeichnet waren. Außerdem waren die Daten der Fischer nicht sehr akkurat, wie wir feststellen sollten. Nehmen wir zum Beispiel das Wrack der *Invincible*, eines britischen Schlachtkreuzers, der getroffen und zerstört wurde, wobei alle bis auf sechs ihrer tausend Mann Besatzung in die Tiefe gerissen wurden. Im weiteren Umkreis der Stelle, wo sie untergegangen sein soll, gab es acht verschiedene Positionsmarkierungen für ein unbekanntes Schiff innerhalb eines Dreimeilenradius.

Wie, so fragte ich mich voller Schrecken, konnte man einen 562 Fuß mal 78 Fuß großen Schlachtkreuzer von 17 150 Tonnen verlegen? Aber so war es. Wir stießen auf das Wrack eine gute Meile oder mehr von der nächsten geschätzten Position entfernt. Es ist jedoch eine Tatsache, daß Fischer nicht gerne Ortsangaben über gute Fischereigründe oder über die Haken und Angeln, die ihre Netze auffangen, machen. Sie meinen, wenn sie die genaue Position kennen, wo die Fische sich versammeln oder die Stelle, wo sie eine Netzesammlung im Wert von 5000 Dollar verloren haben, sind sie besser dran, wenn sie ihre Konkurrenten nicht aufklären. Wenn man also einen Fischer über eine Wrackstelle ausfragt, muß man sehr höflich und diplomatisch sein und sich fragen, ob einem vielleicht Aktien an einer Firma verkauft werden, die Ladenhüter herstellt.

Mein Flugzeug nach London hatte sich verspätet, und ich verpaßte meinen Anschlußflug nach Schottland, so daß ich in Heathrow herumsaß und britische Revolverblätter mit den neuesten Klatschgeschichten las, ehe mein Flug nach Aberdeen aufgerufen wurde. Nachdem ich mit drei Stunden Verspätung angekommen war, stieß ich auf Bill Shea, der ziemlich geistesabwesend wie ein Kind, das sich verlaufen hat, zwischen den Ankunftsschaltern hin und her lief. Bill hatte Angst, ich sei von einem feindlichen Schotten entführt worden, und fing an zu glauben, daß er vielleicht dazu verdammt sei, das Jüngste Gericht auf dem Flughafen von Aberdeen zu erwarten.

Wir riefen ein Taxi und fuhren zum Dock, wo wir das Boot vorfanden, das ich gechartert hatte. Es war das gleiche wie das, das ich auf der Suche nach der *Bonhomme Richard* fünf Jahre zuvor benutzt hatte. Solide und stark, war die *Arvor III* irgendwann in den 60ern in Buckie, Schottland, gebaut worden. Ihr erster Besitzer, ein reicher Franzose, wollte eine Yacht, die in den rauhesten Meeren und im schlimmsten Wetter kreuzen konnte, die die Natur ihr bescheren würde. Also entschied er sich für ein Buckie-Boot mit kräftigem Rumpf, wie sie die Fischer benutzten, die ihren Lebensunterhalt in der Nordsee schwer verdienen mußten. Nicht viele Vergnügungsyachten werden um einen Fischkutter herum konstruiert. Die *Arvor* war wahrscheinlich das einzige seiner Art.

Von zwei großen Dieselmotoren angetrieben, kreuzte sie mit einer angenehmen Geschwindigkeit von acht Knoten. Ihr Hauptsalon und die Passagierkabinen besaßen tiefrote Mahagonitäfelungen und waren ziemlich groß. Neben einer Toilette hatte der vordere Teil der Hauptpassagierkabine sogar ein Bidet. Beim ersten Mal, als ich es ausprobierte, drehte ich den Hahn zu weit auf und verbrühte meinen Hintern, während ich mit dem Kopf an das Deck darüber stieß.

Die *Arvor III* war ideal als Such- und Erkundungsschiff geeignet. Solide und stabil wie eine Arbeitsplattform waren ihre Wohnquartiere gemütlich und praktisch. Wenn man auf einem Dock an ihr vorbeiging, würde man sie wahrscheinlich kein zweites Mal betrachten. Sie sah ganz gewöhnlich aus, ohne jeden Schnickschnack. Sie war in schlichtem Schwarz bemalt, mit weißen Aufbauten und innen und außen absolut makellos. Ich hatte Glück, daß ich sie bekommen hatte, und war doppelt gesegnet mit ihrer erstaunlichen Besatzung.

Auf allen meinen Reisen habe ich keine netteren Menschen gefunden als die Schotten. Trotz ihres Rufs, geizig zu sein, sind sie in jeder Hinsicht großzügig. Versuchen Sie mal, einen Schotten auf einen Drink einzuladen. Der Barkeeper hat Geld in der Hand, noch ehe man seine Brieftasche herausgezogen hat. Wenn man friert, ziehen sie sich die letzte Jacke aus und geben sie einem. Höflich, rücksichtsvoll, und jeder Gefallen wird doppelt vergolten. Sie sind ein starkes und widerstandsfähiges Volk. Mein Vater pflegte eine Geschichte über die Schotten zu erzählen, als er im Ersten Weltkrieg in der deutschen Armee diente. Ja, mein Vater war bei den bösen Jungs. Ich habe auch einen Onkel, der vierzehn alliierte Flugzeuge abgeschossen hat. Jedenfalls pflegte mein Dad die Franzosen als mittelmäßige Kämpfer zu beschreiben, die Briten als hartnäckige Bulldoggen, die Amerikaner als wilde Kerle. »Aber meine deutschen Kameraden waren hart im Nehmen. Nur wenn wir die Dudelsackpfeifen mit dem Lied ›Ladies from Hell‹ hörten, trat uns der kalte Schweiß auf die Stirn, und wir wußten, daß viele von uns Weihnachten nicht nach Hause kommen würden.«

Der Skipper der *Arvor*, Jimmy Flett, ist ein Schotte, und jeder Mann wäre stolz, sagen zu können, er habe ihn zum Freund. Ehrlich, mit einer Rechtschaffenheit, die meilenweit reicht, würde man keinen Augenblick zögern, ihm seine Kinder, sein Leben und sein Bankkonto anzuvertrauen. Jimmy war während des Krieges zweimal torpediert worden, einer der wenigen, die eine Öltankerexplosion überlebt hatten. Später, als er Kapitän auf einem Küstenpassagier-Frachtschiff wurde, brachte er das Schiff durch einen der schlimmsten Stürme, die die Nordsee je erlebt hat. Die dankbare Regierung wollte ihm eine Medaille verleihen, aber Jimmy wies sie zurück, es sei denn, sein Chefingenieur würde ebenfalls eine bekommen. Jimmy drückte es so aus: »Wenn er die Maschine nicht unter unmöglichen Bedingungen am Laufen gehalten hätte, wären alle auf dem Schiff ertrunken.« Die Bürokraten verweigerten Jimmys Chefingenieur eine Medaille, also blieb er bei seiner Ablehnung. Seine einzige Belohnung dafür, daß er soviel Menschenleben gerettet hatte, ist eine Fotografie der Medaille, die er niemals bekam.

Unser Erster Maat war John, der in der Nacht, als sie gegen den schrecklichen Sturm ankämpften, zu Jimmys Mannschaft gehört hatte. Still, sehr hilfsbereit, war John stets präsent, aber auf unscheinbare Weise. Colin Robb, unser Koch von der rauhen Nordostküste Schottlands, war nie um Worte verlegen. Das einzige Problem war, daß keiner von uns Amerikanern seine seltsame Aussprache verstehen konnte. Bill Shea und ich dachten, daß wir uns nach ein paar Wochen an seine Aussprache gewöhnen und verstehen könnten, was er sagt. Es tut mir leid, berichten zu müssen, daß, als die Expedition sechs Wochen später abgeschlossen war, wir noch immer nicht den Lehrgang 1A im Übersetzen der schottischen Aussprache bestanden hatten. Aber wir wurden besonders geschickt im Zuhören, wenn Colin einen Witz erzählte. Obwohl wir keinen einzigen Satz verstehen konnten, warteten Shea und ich geduldig, bis Colin eine Pause machte. Dann, in der Annahme, daß es jetzt soweit war, lachten wir für gewöhnlich. Erstaunlicherweise ist Colin nie darauf reingefallen, obwohl wir es auf der ganzen Reise immer wieder versuchten. Zumindest dachten wir, wir hätten ihn reingelegt. Oder vielleicht auch nicht. Colin hat es nie zugegeben.

Das britische LKW-Transportsystem ist ein Thema für sich, so daß wir vier Tage Verzögerung hatten, weil wir auf unsere Anlagen warten mußten. Das Seiten-Scan-Sonar, das Magnetometer und die Unterwasserkamera waren per Luftfracht drei Wochen früher aus den Staaten gekommen und lagen im Lagerhaus in London fest. Da wir wenig zu tun hatten, während wir auf dem Boot am Dock von Aberdeen lagen, durchstreiften Shea und ich die Stadt.

Ins örtliche Kino zu gehen war besonders interessant. Nachdem wir unsere Karten bezahlt hatten, schickte man uns nach oben auf den Balkon. Keiner von uns hatte jemals ein Theater gesehen, das nur aus dem Balkon bestand. Als wir uns über das Geländer in der ersten Reihe beugten, sahen wir, daß der untere Teil der Sitzplätze dreißig Jahre nicht benutzt worden war. Die Gänge und Sitze waren unter jahrzehntealtem Staub vergraben. Hier gab es keine tolle Snackbar mit heißem Popcorn und Jumbo-Pepsi. Statt dessen kamen zwei Mädchen, stellten sich auf die gegenüberliegende Seite des Balkons und leuchteten mit Taschenlampen auf Tabletts, die mit Bändern um ihre Hälse hingen und mit Süßigkeiten beladen waren. Ich fragte eines der Verkaufsmädchen, warum der Hauptzuschauerraum nicht benutzt würde.

Sie sah mich über den Lichtkegel ihrer Taschenlampe hinweg an: »Also, Sir, es ist nicht sicher da unten.«

Nicht sicher vor was? Ich hatte nicht den Mut zu fragen, warum ich auf dem Balkon körperlich unversehrter bleiben sollte.

Als wir zum Schiff zurückschlenderten, trafen Bill und ich eine Menschenmenge vor einem kleinen Gebäude an. Wir gingen zu einem Polizisten und fragten nach dem Grund der Aufregung. »Das Gebäude, das Sie da sehen, ist Aberdeens Marinemuseum«, erklärte er stolz. »Die Königinmutter kann jeden Augenblick kommen, um es zu eröffnen.«

Da Bill und ich annehmen mußten, daß wir ohnehin keine Chance hätten, in den Buckingham Palast eingeladen zu werden, stellten wir uns an den Straßenrand, wo alle standen und kleine britische Fahnen schwenkten und schrien: »Hurra für Queen Mum, Hurra für Queen Mum.« Eine entzückende alte Dame, zu der Zeit um die Achtzig, winkte anmutig zurück und verschwand im Museum.

Meine nächste bemerkenswerte Erfahrung in Aberdeen fand in der einzigen Telefonkabine auf den Docks statt. Nachdem wir eine Stunde lang in einer typisch britischen Schlange gestanden hatten, ging ich schließlich hinein und rief die Speditionsfirma in London an, um mich wegen meines nicht angekommenen Gerätes zu beklagen. Als man mir sagte, daß es auf einen LKW geladen worden sei, dessen letzter Auslieferungsstopp Aberdeen wäre, und daß er jetzt irgendwo in Wales sein müßte, rastete ich beinahe aus.

Mein Elend vergrößernd, schlug ein junger Fischer, der ungeduldig darauf wartete, das Telefon zu benutzen, wütend gegen die Tür. Da ich erst drei Minuten gesprochen hatte, ignorierte ich ihn. Dann schob er die Tür auf und versuchte mich herauszuziehen. Ich wollte gerade der Speditionsfirma Schimpfworte entgegenschleudern, so daß ich mich nicht umwandte und nicht feststellen konnte, daß er dreißig Jahre jünger und viel breiter gebaut war als ich, zudem ganz in Schwarz gekleidet mit einem Ohrring im Ohr – will sagen, in jener Zeit war das noch kein allgemeiner Trend. Ich war mehrere Zoll größer, aber wenn es zu Handgreiflichkeiten gekommen wäre, hätte er die Kabine mit mir darin leicht hochheben und in den Hafen werfen können. Zum Glück arbeiteten ein paar Faktoren zu meinen Gunsten. Erstens war ich bereits wütender auf die Speditionsfirma als zulässig, und es war mir gleichgültig, ob er Muskeln wie Baumstämme hatte; zweitens war ich stocknüchtern und der gräßliche Fischer total betrunken.

Mehr einem Impuls nachgebend als aus Vernunftsgründen plazierte ich meine ausgestreckte Hand in seinem Gesicht und gab ihm einen mächtigen Stoß. Er stolperte rückwärts über den engen Gang und schlug mit dem Kopf gegen die Steinmauer. Da stand er nun mit einem irren Blick in den Augen und hielt sich an der Wand fest. Er starrte mich einfach nur an. Mir war jetzt klar, daß er zu der Art Kerle gehörte, die man nicht ärgern darf, also brachte ich mein Gespräch zu Ende und machte mich eilig davon.

Unsere Geräte kamen endlich an, und ich war sehr froh darüber. Keine wütenden Telefongespräche oder häßlichen Zusammenstöße mehr von dieser Dock-Telefonzelle aus. Nachdem alles an Bord geladen und geprüft war, segelten wir aus Aberdeen ab und fuhren planmäßig in Richtung Süden auf St. Abb's Head, achtzig Meilen entfernt, zu. An diesem Abend wehte eine leichte Brise unter einem bleigrauen Himmel, an dem hohe Wolken hingen. Auf dem Weg zur Fundstelle der *Pathfinder* machten wir einen kleinen Umweg und verbrachten vier Stunden auf der Suche nach der

U-12, einem deutschen Unterseeboot, das von der H. M. S. *Ariel* im Jahre 1915 gerammt und versenkt wurde. Im Jahre 1977 gelang es einem britischen Sonar beim Überstreifen nicht, sie zu finden, aber wir hatten die klare Anzeige eines Unterseebootes etwa zwei Meilen von dort, wo die Admiralitätskarten sie aufzeigten. Das Bild zeigte sie aufrecht sitzend mit einem hübschen Schatten, der ihren Kommandoturm darstellte.

Den Fund als gutes Omen betrachtend, fuhren wir weiter das Raster ab, das ich außerhalb von St. Abb's Head markiert hatte. Ich gab Breite und Länge an Jimmy weiter, der sie auf seiner Loran-Navigationskarte einzeichnete. Die See wurde sehr rauh, und der arme Bill war kaum in der Lage, am Seiten-Scan-Recorder zu arbeiten. Er schluckte zehn verschiedene Arten Pillen und beklebte seinen ganzen Körper mit den modernen Medikamenten gegen Seekrankheit in Pflasterform. Seine Übelkeit siegte allerdings selbst über die besten, auf dem Markt erhältlichen Mittel. Ich habe mir immer gedacht, er könnte ein Vermögen verdienen, wenn er sich als Versuchskaninchen an die pharmazeutische Industrie vermietete. Wenn die ein Medikament herausbrächten, das Bill von seiner Kinetose heilt, dann könnten sie die Welt beherrschen, ohne das viele Schmiergeld in Washington zu verschwenden.

Wir stellten den Seiten-Scan auf Eintausendmeterbahnen ein und fingen am späten Nachmittag an, »den Boden zu mähen«. Dabei gingen wir zusammen mit der Flut nach Norden und Süden. Der Meeresboden ließ sich glatt und flach ablesen, dazwischen kleine Kiesrinnen. Der Boden in diesem Bereich war außerdem sehr sauber und frei von Abfällen und Trümmern. Die Stunden vergingen. Colin bereitete das Essen in der Kombüse zu. Bill hatte natürlich keinen Hunger.

Um 8 Uhr 20 am nächsten Morgen verkündete Jimmy: »Wir sind gerade über eine Erhebung auf dem Boden gefahren.«

Da sein Echolot den Boden direkt unter dem Rumpf abtastete, während der Sonarsensor fünfzig Yards nach achtern gezogen wurde, versammelten sich alle um das Aufzeichnungsgerät und warteten, daß ein bestimmtes Objekt auftauchte. Man spürt eine hypnotische Anziehungskraft, wenn man auf die rötlichbraunen Schmierer starrt, die langsam auf dem Papier Form annehmen. Erwartung und Aufregung scheinen nie abzunehmen. Ich habe Männer und Frauen gesehen, die über einer Maschine saßen, bis ihre Augen rot wurden und anschwollen.

Das Bild eines von Menschenhand geschaffenen Gegenstands, der auf ebenem Grund lag, zeigte sich langsam an der äußeren Kante des Tausendmeterbereichs. Der Gegenstand war nur vage angezeigt, aber er war da. Wir machten noch einmal einen Versuch und schalteten das Sonar ein, um eine Bahn von nur zweihundert Metern aufzuzeichnen. So erhielten wir das Bild eines schwer zertrümmerten Schiffs, das in drei Sektionen, jetzt in leicht veränderten Winkeln zueinander liegend, aufgebrochen war. Die Hecksektion war der einzige Teil des Wracks, der noch deutliche Konturen hatte.

Wir gingen noch fünfmal darüber, und beim sechsten Mal erkannten wir eine kleine Marinekanone, die neben dem Wrack lag. Als nächstes versuchten wir, unsere Video-Unterwasserkamera über die Seite abzusenken und ein Bild zu bekommen, aber die Strömung war so stark, und die sieben Fuß hohen Wellen warfen uns so schlimm herum, daß der Videoschirm wenig mehr als verschwommene Bilder des gezackten Wracks erkennen ließ. Rückblickend ist mir klar, daß wir leicht die Kamera hätten verlieren können, wenn sie am Wrack hängengeblieben wäre.

Die Identifizierung war vom archäologischen Standpunkt gesehen nicht positiv, denn wir fanden kein Hinweisschild mit der Aufschrift: »Dieses hier ist die *Pathfinder*.« Aber die Abmessungen, die der Seiten-Scan aufzeichnete, paßten sehr gut zu denjenigen der *Pathfinder*. Die Entdeckung der kleinen Marinekanone stellte ein weiteres Indiz dar. Und schließlich existierte kein anderes Schiffswrack innerhalb von zehn Quadratmeilen in jede Richtung.

Als wir einen Bericht über unsere Entdeckungen an die Admiralität sandten, war man dort hocherfreut, ihre Karten mit unserer Wrackposition aktualisieren zu können, da es die einzige von nachgewiesener Genauigkeit war. Die verdrehten und rostenden Stücke der H. M. S. *Pathfinder* liegen einsam und verlassen unter einer See mit weißen Schaumkronen dreißig Meilen außerhalb von St. Abb's Head bei 56 07 21 mal 02 09 15 in 155 Fuß Wassertiefe. In diesem Gebiet gibt es starke Strömungen, und das Tauchen ist gefährlich.

Jetzt ging es weiter zur berüchtigten *Lusitania*.

Bill betete um Erlösung und wurde erhört. Die Wasser verwandelten sich für die Reise über die Nordsee nach Thyborøn, einem kleinen Fischerhafen auf der Halbinsel Jütland in Dänemark, in Glasflächen. Unterwegs suchten wir nach mehreren Kriegsschiffen, die während der großen Seeschlacht vor Jütland 1916 versenkt wurden. Nach nur drei Läufen bekamen wir die Aufzeichnungen der H. M. S. *Hawke*, ein britischer Kreuzer, der von der *U-9* torpediert worden war. Sie wurde sehr nahe der Position gefunden, von der Fischer berichtet hatten und die auf den Admiralitätskarten eingezeichnet war. Bei einem der wenigen Male dieser Art waren die Abgrenzungen der *Hawke* sehr deutlich zu erkennen, und ihre errechneten Abmessungen waren ihr Geld wert. Ihr Rumpf ist so ziemlich in einem Stück geblieben, aber ihr Aufbau scheint auf der einen Seite des Wracks zerdrückt zu sein.

Wir fuhren weiter und suchten nach den Wracks der H. M. S. *Defence* und der H. M. S. *Warrior*, zwei schwere britische Kreuzer, und dem deutschen leichten Kreuzer *Wiesbaden*. Die ersten beiden waren ein Reinfall. Nichts, was Schiffswracks irgendwie ähnlich gesehen hätte, war in einem Umkreis von fünf Meilen, wo sie liegen sollten, zu finden. Eine große Veränderung fand man oberhalb der ungefähren Position der *Wiesbaden*, aber wir kamen für eine detailliertere Sicht wegen der Fischnetze, die in der Gegend herumschwammen, nicht nahe genug heran. Diese Praxis nennt man Wandnetzfischen. Insbesondere die dänischen Fischer stellten fest, daß Fische sich gern um Schiffswracks und über geologischen Erhebungen auf dem Meeresboden versammeln. Also werfen sie um die Erhebungen befestigte Netze hinab, lassen sie dort ein paar Tage und ziehen sie dann heraus in der Hoffnung, sie randvoll mit Fischen zu finden.

Nach Colins sehr nahrhaftem Essen, zu dem immer gekochte Pellkartoffeln gehörten, gossen Jimmy und ich uns meistens einen Whisky ein, während Bill auf dem Videobildschirm Filme abspielte. Einer muß der langweiligste Film gewesen sein, der je gedreht wurde, eine Rudyard-Kipling-Geschichte mit dem Titel »Kim« mit Peter O'Toole. Ein alter Hindu-Bettler wandert fünfzig Jahre in Indien herum und sucht einen Fluß. Flüsse gibt es in Indien zu Dutzenden. Wir konnten nur annehmen, daß er ganz besonders pingelig war.

Die Briten haben noch immer eine große Vorliebe für ihr verlorenes Imperium in Indien. Bill und ich schliefen ein, aber die Schotten meinten, es sei wahnsinnig unterhaltsam. Andererseits war unser Lieblingsfilm während der Überquerung der Nordsee Stephen Kings »Creepshow«. Sie fanden es ekelhaft. Verschiedene Kulturen, verschiedene Filmgeschmäcker.

Kaum hatten wir in Thyborøn angelegt, als die See ungemütlich wurde. Man konnte höchstens klagen, hatte aber kaum eine andere Möglichkeit, als auf ruhigeres Wetter zu warten. Bill und ich gingen zu Fuß zur Bank der Stadt und tauschten ein paar Reiseschecks in dänische Kronen ein. Während wir am Schalter standen, fühlte sich die ganze Bank an, als ob sie vorwärts und rückwärts schaukeln wollte. Zu viele Tage auf See tun einem nicht gut. Das Gleichgewicht braucht eine Weile, sich an einen Boden anzupassen, der nicht rollt.

Ich habe mich immer gefragt, warum irgend jemand in Thyborøn wohnen möchte. Die Stadt ist hübsch, sauber und malerisch, die

Leute sind höflich und freundlich, aber der Wind bläst elf Monate im Jahr so schlimm, daß alle Bäume innerhalb fünf Meilen von der Küste horizontal wachsen. Obwohl es Juni war und die Sonne hell schien, erinnerte mich der kalte Wind an eine Skipiste in Telluride, Colorado, im Januar.

Während wir darauf warteten, daß die See sich beruhigte, sprachen Bill und ich mit den örtlichen Fischern und tranken Bier mit den Honoratioren der Stadt. Am Strand sitzen und all die herrlich blonden skandinavischen Mädchen in ihren Bikini-Unterteilen ohne BHs anglotzen, die auf dem Sand lagen und sich sonnten, wurde schnell unsere Lieblingsbeschäftigung. Man hätte denken können, sie seien in Acapulco, wie sie dalagen, ohne das geringste Anzeichen von Gänsehaut, während wir großen, dickfelligen Ausländer in dicke Mäntel und Pullover eingewickelt waren.

Eines Nachmittags ging ich am Kai spazieren und beobachtete die Fischer, wie sie nach der Rückkehr in den Hafen ihren Fang ausluden. Aus einem Augenwinkel beobachtete ich zufällig Bill auf der anderen Seite des Docks, wie er mit seiner Videokamera über den Hafen schwenkte. In dem Augenblick, als er mit seiner Linse in meine Richtung zielte, fing ich an, auf und ab zu springen und alle möglichen verrückten Bewegungen zu machen. Ich war zu weit weg, um erkannt zu werden, und er bemerkte mich auch nicht durch seinen Sucher.

Später, während des Essens, ließ er das Band laufen. Als die Kamera auf die gegenüberliegende Seite des Docks schwenkte, deutete ich auf die wie verrückt tanzende Figur und sagte: »Was tut denn der Kerl da?«

Bill starrte hinüber. »Den habe ich bisher nicht bemerkt. Sieht so aus, als ob er einen spastischen Anfall hat.«

Jimmy, John und Colin starrten fragend auf das verrückte Bild auf dem Bildschirm. »Kein Fischer, den ich kenne, würde sich so benehmen«, meinte John lakonisch.

»Wie seltsam«, sagte ich und mußte mir das Lachen verkneifen.

»Vielleicht ist er einer von diesen Dock-Unterhaltern, die für Geld tanzen.«

Colin schluckte den Köder. »Ich habe noch nie Dock-Tänzer gesehen.«

Ich dehnte den Witz noch fünf Minuten lang aus, bis Bill schließlich kapierte. »Wenn ich es nicht besser wüßte, würde ich sagen, der sieht aus wie Clive.«

Da habe ich mich also als Vollidiot verewigt.

Ganz allgemein erwies sich die Zeit an Land als produktiv. Ich traf den dänischen Taucher und Archäologen Gert Normann Andersen, der schon große Anstrengungen auf der Suche nach verlorenen Schiffen entlang der jütländischen Küste auf sich genommen hat. Seine Wrack-Projekte waren noch bescheidener als meine. Sein einziges Suchgerät war ein Enterhaken, den er und sein Partner an der Küstenlinie auf und ab zogen. Zwischen dem stillen Dänen und dem verrückten Amerikaner war ein Geschäft ausgehandelt worden. Wenn wir ihm halfen, nach mehreren Wracks zu suchen, die er erst noch entdecken mußte, würde er seine Entdeckungen dazu benutzen, uns auf den Baseballplatz der *U-20* zu führen. Wie sich herausstellen sollte, war das Arrangement für beide Seiten gewinnbringend.

Das Wetter war noch immer scheußlich, aber mit Andersen und seinem Tauchpartner an Bord fuhren wir dennoch südlich in Richtung auf die Stelle, wo die *U-20* vor achtundsechzig Jahren auf den Meeresboden gesunken war. Das Meer rollte mit sechs Fuß hohen Wellen, die die *Arvor* zur Seite bürsteten, als ob sie auf einer sonntäglichen Kreuzfahrt die Themse hinauffuhr. Dank ihrer Schlingerdämpfungsanlage wurden die gewaltigen Roll- und Schlingerbewegungen auf ein Minimum reduziert. Der arme Bill Shea wurde aschfahl und zog sich in seine Kabine zurück, weniger als eine Meile außerhalb von Thyborøn, und wir sahen ihn vor unserem abendlichen Andocken nicht wieder.

Es ist zweifelhaft, ob in zweihunderttausend Jahren Dänemark noch existieren wird, so wie wir es heute kennen. Das Meer erodiert die Küstenlinie mit unglaublicher Geschwindigkeit. Betonbunker und Geschützstände, die die Deutschen während des Zweiten Weltkrieges gebaut haben, um Invasoren abzuwehren, sitzen schon jetzt zehn Fuß im Wasser, nur hundert Yards von der Küste entfernt. Diese Erosion ist ein Hindernis für Meeresarchäologen und Wrackjäger. Hunderte von Schiffen, die entlang der Küste Jütlands gesunken sind und die letzten fünfhundert Jahre unter dem Strand vergraben waren, liegen jetzt exponiert draußen im Wasser.

Wir ankerten nahe Vielby Beach. Es war nicht schwierig, die Stelle auszumachen, denn ältere Anwohner erinnerten sich, daß der Kommandoturm der *U-20* in einiger Entfernung vom Strand sich über dem Wasser erhoben hatte. Mehrere Leute erzählten, wie sie dagestanden und zugesehen hatten, als sie in die Luft gesprengt wurde. Ein paar Bewegungen mit dem Seiten-Scan-Sonar, und wir hatten das Ziel. Die dänischen Taucher gingen über die Seitenwand und kamen bald zurück. Sie hatten das Wrack gefunden, aber die rauhe See wühlte den Sand am Boden auf, und die Sicht war auf nur zwei Fuß reduziert. Um etwa 13 Uhr ließ der Wind nach, die See beruhigte sich, und es wurde klar genug, um fünf Fuß weit zu sehen. Jeder tauchte und untersuchte das Wrack. Andersen produzierte eine ausgezeichnete Skizze, die den endgültigen Zustand zeigt.

Die *U-20* liegt jetzt beinah vierhundert Yards von der Küste entfernt in siebzehn Fuß Tiefe. Wenn die See nicht unruhig ist, kann man leicht zu ihr hinabtauchen. Die untere Sektion ihres Rumpfes liegt exponiert. Der Kommandoturm und die verschiedenen Trümmerteile sind auf dem Sand verstreut. Die Dieselmotoren sitzen noch immer fest in ihren Aufhängungen, und die dänischen Taucher fanden eine Schraubenwellenkupplung mit einer gravierten Messingplatte, auf der der Hersteller und das Installationsdatum der *U-20* angegeben sind. Da lag sie vor uns, mit »Unterschrift« versiegelt und ausgehändigt. Eine beglaubigte Identifikation.

Ich wäre gerne hinab in das Wrack getaucht und hätte Artefakte zur Ausstellung im Marinemuseum der Vereinigten Staaten heraufgeholt, aber der Archäologe Andersen und die dänische Regierung waren nicht einverstanden. Also blieben mir nur die Seiten-Scan-Aufzeichnungen und eine Skizze der Taucher.

Der auseinandergebrochene Leib der *U-20* hat viel mehr Bedeutung für Deutschland, England und die USA als für Dänemark. Ich bin sicher, daß wenn sich jemand die Zeit nähme und sich die Mühe machte, eine Genehmigung für die Erkundung und das Einsammeln von Artefakten zu beantragen, würden die Dänen das zulassen.

Ich hoffe auch, das Land wird den enormen Beitrag von Gert Normann Andersen und seinem Mitarbeiter anerkennen, den sie im Namen der dänischen Marinearchäologie geleistet haben. Ohne seinen Einsatz würde die *U-20* noch immer unentdeckt da unten liegen. In diesem Buch bezeuge ich ihm meine ganze Achtung, obwohl ich lediglich die Ehre hatte, mit ihm zusammenzuarbeiten. Es war jetzt an mir, den Gefallen zu erwidern.

Den Küstenboden zwischen der *U-20* und Thyborøn absuchend, fanden wir mehrere Wracks, die die Dänen später untersuchten und identifizierten. Zwei von ihnen waren von historischer Bedeutung: das königlich-schwedische Dampfschiff *Odin*, 1836 auf Grund gelaufen, und die *Alexander Nevski*, ein russischer Frachtdampfer, der 1874 mit dem Kronprinzen an Bord gestrandet war. Nach den Aufzeichnungen wurde jedermann auf beiden Schiffen gerettet, einschließlich des russischen Kronprinzen.

Wir fuhren nach Thyborøn zurück und verabschiedeten uns von den Dänen – nach mehreren Runden des guten dänischen Biers. Am nächsten Morgen fanden wir ein großes Segelschiff, das an die *Arvor* angebunden war. Da jeder Platz längsseits des Docks eingenommen war, verlangte die Yachtsporthöflichkeit, daß der Eigner des Segelboots den Skipper der *Arvor* um Genehmigung bat, wenn er sein Segelboot an der Außenseite unseres Schiffs festmachen und über unser Deck auf das Dock und zurück laufen wollte. Die Genehmigung wurde regelmäßig erteilt. Das Problem? Kein Antrag.

Jimmy Flett, ein netter Mann, sagte nichts und erlaubte den Männern von der Yacht freundlicherweise über sein Deck zu laufen. Die Mannschaft der Segelyacht bestand aus zwei Ehepaaren, durch und durch Deutsche. Sie pflegten unsere zusammengewürfelte Mannschaft anzustarren und in ihrer kehligen Sprache, die einem in den Ohren kratzt, etwas zu schwätzen. Mein Vater hat immer versucht, mir deutsch beizubringen, aber es wäre leichter für ihn gewesen, eine Atombombe im Badezimmer zu bauen. Er selbst hatte die Sprache nicht mehr gesprochen, seit er nach Amerika gekommen war. Die einzigen Worte, die mir im Gedächtnis haften geblieben waren, sind Schimpfwörter, von wenig Nutzen, um sich in eine Unterhaltung einzuschalten.

Sie spielten den ganzen Tag und die ganze Nacht lang irgendeine verrückte deutsche Rock-and-Roll-Musik, in einer Lautstärke, die etwa zwischen einem Donnerschlag und einer Atombombendetonation lag. Die Frauen trugen kurze Feld-Wald-und-Wiesen-Badeanzüge, und die Männer priesen ihre Schamhaare in Schnürchenbadehosen an. Unsere Mannschaft, bestehend aus guten konservativen Schotten, vermißte die Unterhaltung. Sie wünschten sich ordentliche Dudelsackmusik.

Ich sah es als meine Pflicht an, eine zweite Schlacht von Jütland zu verhindern, indem ich mir ein sadistisches Platzkonzert ausdachte. Cussler, »with a song in his heart«, hatte einen hinterlistigen Plan: Als die Deutschen anfingen, ihre Rock-and-Roll-Musik über den Hafen zu plärren, ging ich mit meinen Dixieland-Jazzbändern zur Gegenoffensive über. Es war kein Gesangswettstreit. Bill Shea leitet eine Videoabteilung an der Brandeis-Universität. Er schloß genügend Lautsprecher mit ausreichend Dezibel an, die ausgereicht hätten, das Steinhaus der »drei kleinen Schweinchen« in die Luft zu sprengen. Bei Sonnenaufgang hatte sich das deutsche Segelboot auf die andere Seite des Hafens zurückgezogen. Das Leben war wieder schön.

Vom Standpunkt der Meeressuche-Technologie sind Schiffswracks aus dem Ersten Weltkrieg nicht so schwierig zu finden. Ich bin der erste, der zugibt, daß wir wenig von archäologischer Bedeutung erreicht haben. Aber unsere Bemühungen wurden von Fischersleuten aus vier Ländern dankbar begrüßt. Wir überließen ihnen Kopien aller unserer Dokumente mit genauen Ortsangaben für ihre Fischerei-Regierungsstellen. Wenn sie genauere Wrackpositionen hatten, war es für viele leichter, direkt zu den Wracks zu segeln und ihre Gillnetze herabzulassen. Diese großmütige und wohltätige Handlungsweise führte zu der erschreckendsten Erfahrung der Reise.

Dänische Fischer sind eine faszinierende Rasse. Sie wohnen in ziemlich bescheidenen, roten Klinkerhäusern mit einfachen Spitzdächern, die zu jeder Zeit von herrlichen blonden Ehefrauen makellos sauber gehalten werden, zusammen mit ihren unglaublich guterzogenen, ebenso blonden Kindern. Sie besitzen auch riesige, moderne Fischerboote, ausgestattet mit genügend Instrumenten, um die Mannschaft einer Raumfähre zu beeindrucken. Ihre Investitionen müssen haarsträubend hoch sein. Ich sah kein Schiff, das unter einer Million US-Dollar gekostet haben konnte.

Der Fischer Poul Svenstrop bot freundlicherweise an, Jimmy Flett und mich zum Hafen von Ringkøbing zu fahren, wo sein Boot angelegt hatte, in dem die Sonar-Fischsuchaufzeichnungen verstaut waren. Der Zweck unserer Fahrt war, seine Wrackpositionen mit den unsrigen zu vergleichen. Die Fünfundvierzigmeilenfahrt nach Ringkøbing war angenehm. Svenstrop, der ausgezeichnet englisch sprach, tauschte mit Jimmy Seemannsgeschichten aus und wollte von mir wissen, wie man Bücher veröffentlicht. Ich stellte fest, daß jeder Däne mit etwas Selbstachtung Geschichten und Gedichte schreibt. In den langen Wintern scheint es ein nationaler Zeitvertreib zu sein.

Nachdem wir an Bord seines Schiffes gegangen waren, eine schwimmende Fabrik, verglichen mit den kleineren Kuttern, die ich an der Ost- und Westküste der USA kennengelernt hatte, studierten wir unsere gemeinsamen Wrackpositionen. Ich deutete auf zwei Standorte, die er und seine Fischerkollegen nicht hatten finden können, und gab ihm bestätigte Positionen an, während er mir drei zeigte, die ich übersehen hatte. Ich war besonders interessiert an dem mittleren Kanalstück der Nordsee zwischen Ringkøbing und Hull, England. Ich zeigte ihm meine geschätzte Position der *U-21*. Svenstrop wußte von zwei Wracks, die ungefähr in der Gegend lagen, hatte aber keine Kenntnis von ihrer Größe oder Konstruktion. Er meinte allerdings, daß keines sehr groß zu sein schien.

Wie die meisten Fischer war Svenstrop nicht an der Geschichte der Seefahrt interessiert. Er konnte die Position eines Schiffswracks angeben, das er mit seinem exotischen Fischsuchgerät ausgemacht hatte, konnte einem aber weder Namen noch Konstruktion oder das Datum des Untergangs nennen. Es war ihm schlicht und einfach egal.

Die Quälerei fing auf der Rückfahrt nach Thyborøn an. Es gab keine kollegiale Unterhaltung mehr während der Reise. Svenstrop sah sich selbst als Rennfahrer, der Anspruch auf einen Platz beim Grand Prix auf Lebenszeit haben müßte, und zwar in der ersten Reihe. Er trat auf den Gashebel seines Volvo-Pritschenwagens, bis er fast bis zum Kühler vorstieß. Es störte ihn nicht, daß ein Wolkenbruch einen Wasservorhang herunterkommen ließ, der die Sicht auf circa hundert Fuß reduzierte.

Obwohl ich noch nie einen Volvo besessen hatte, kenne ich die hervorragende Straßenlage dieses Fahrzeugs sehr wohl. Aber wenn man mit fünfundachtzig Meilen pro Stunde über einen gepflasterten Kuhpfad ohne Mittelstreifen braust, der kaum breit genug ist für ein Auto, geschweige denn für ein zweites aus der anderen Richtung, das über ein Minenfeld von Schlaglöchern hüpfen muß, während man durch einen Regenguß planscht, dann übersteigt das bei weitem ein lediglich waghalsiges Abenteuer.

Jimmy Flett, der das Schlimmste durchgemacht hatte, das die See und die Deutschen ihm antun konnten, saß auf dem Vordersitz, steif wie eine Bronzeskulptur. Ich lag vor Angst zitternd auf dem Rücksitz, mit einer Hand den Türgriff festklammernd, und betete, daß meine Lebensversicherungsprämie bezahlt ist und mein Nachlaß in den Händen eines guten Anwalts liegt.

Es gab keine Zäune entlang der Straße, und die dortigen Kühe benahmen sich, als hätten sie Vorfahrt. Svenstrop muß irgendwie Punkte gesammelt haben. Ich sah Kerben auf seinem Lenkrad. Ich hätte schwören können, die Kühe gingen in Rauch auf, als wir scheinbar durch sie hindurch fuhren. Svenstrop drückte auf die Hupe und wich keinen Zoll breit aus, als eine Holsteiner vor der Windschutzscheibe auftauchte. Ich hatte schon vom »Hühnerspiel« gehört, niemals aber vom »Kuhspiel«. Als wir endlich nach Thyborøn hineinfuhren, war mein Haar weiß geworden. Jimmy steuerte direkt auf die Kombüse zu, um seine Flasche Lieblingswhisky zu kassieren.

Ich wette, die Bauern auf Jütland fanden an dem Tag viele Liter saure Milch in ihren Eimern.

Das Wetter wurde ein bißchen besser, und wir fuhren hinaus auf die Nordsee, um die Kriegsschiffe zu suchen, die während der großen Seeschlacht außerhalb von Jütland zwischen der Royal British Navy und der Deutschen Kaiserlichen Marine 1916 versenkt worden waren. Unser erstes Ziel war der britische Schlachtkreuzer H. M. S. *Invincible*. Wie bereits erwähnt, fuhren wir über die Position, die auf den Admiralskarten eingezeichnet war, und fanden ihre riesigen Reste etwas mehr als eine Meile von da, wo sie vermutet wurde. Als nächstes waren zwei deutsche Zerstörer und die H. M. S. *Defence* an der Reihe, ein britischer Schlachtkreuzer, dem nach einem direkten Treffer seines Pulvermagazins der Boden herausgeschlagen worden war. Fast die gesamte Mannschaft von eintausend Mann starb – zusammen mit ihrem Schiff. Wir brauchten sechsunddreißig Stunden, ehe wir seinen massiven, teilweise von Treibsand bedeckten Rumpf fanden. Abgesehen von den gezackten Wrackteilen, die aus dem Schlamm herausstehen, ist es auf dem Seiten-Scan als riesiger Hügel zu erkennen.

Die nächste Phase des Projekts hieß Überquerung der Nordsee zum Fischereihafen von Bridlington an der Küste von Yorkshire, wo wir geplant hatten, den Präsidenten der NUMA, Wayne Gronquist, zu treffen. Dann wollte ich einen kurzen dritten Versuch starten, um John Paul Jones *Bonhomme Richard* zu finden. Während der Überfahrt brauchten wir nur einen kurzen Abstecher zu der ungefähren Position zu machen, wo Otto Hersing seine geliebte *U-21* auf den Meeresboden geschickt hatte. Ich legte ein Suchraster über neun Quadratmeilen aus und übertrug es auf Jimmys Loran-Karten.

Schließlich wurde es Zeit, unseren freundlichen dänischen Gastgebern und der wohlhabenden Hauptstadt Thyborøn ein herzliches Lebwohl zu sagen und in den Sonnenuntergang zu segeln. Mit dem Emblem des Royal Yacht Club an der Fahnenstange des Hecks und der NUMA-Flagge am Mast ließen wir unser Horn für die Menschen in der Stadt ertönen und fuhren durch die Hafenmolen hinaus ins offene Meer.

Ich sollte vielleicht erwähnen, daß die NUMA in der Tat ihre eigene Fahne hat. Nichts Auffallendes, nur ein altes Segelboot auf einem rot-weiß-blau gestreiften Hintergrund mit dem Wort EUREKA. Die Flagge war auf fast allen unseren Expeditionen seit 1978 gehißt worden und fängt jetzt an, ein bißchen verwaschen und ausgefranst zu wirken.

Zwei Stunden später, nachdem wir Thyborøn verlassen hatten,

liefen wir in einen heftigen Sturm der Stärke acht, die das Meer in einen dampfenden Hexenkessel mit zehn bis zwölf Fuß hohen Wellen verwandelte. Ich konnte mich an keine einzige meiner vielen Berg- und Talfahrten erinnern, die schlimmer gewesen wäre als diese. Möbel, Tischgeschirr und alle möglichen Trümmer wurden bald über den ganzen Hauptsalon verstreut. Meine Kabine unten sah aus, als ob eine Bombe eingeschlagen wäre. Niemand machte sich die Mühe, das Boot aufzuräumen.

Es gibt kein vergleichbares Erlebnis mit demjenigen, im Steuerhaus eines Vierundsechzigfußschiffs zu stehen, wenn der Bug in ein Wellental eintaucht, während man auf dem Kamm der nächsten ankommenden Welle fünfzehn Fuß hoch über einem starrt, dann darauf wartet, daß die Wand aus grünem Wasser und weißem Schaum wie rasend über das Boot schwappt.

Es sah seltsam aus, wie die Scheibenwischer noch im Untergehen hin- und herschlugen. Was die Situation besonders unangenehm machte, waren die SOS-Rufe von einigen der kleineren Fischerboote weit draußen in der Nordsee. Jimmy bot übers Radio an, die *Arvor* in Richtung auf die angeschlagenen Boote zu lenken, aber Meeresrettungsflotten, sowohl von Großbritannien als auch von Dänemark aus, denen die Launen der bösartigen Nordsee nicht fremd waren, lehnten seine Hilfe ab und antworteten, daß Rettungsschiffe bereits auf dem Weg seien.

Der Autopilot streikte zugleich mit den Schlingerdämpfungsanlagen, die das Rollen des Schiffes reduzierten. Der arme Bill Shea begab sich für die nächsten achtundvierzig Stunden in seine Koje und erschien erst wieder, als wir anlegten. Er war so seekrank, daß Colin und ich uns jede Stunde die Passagierleiter hinunterquälten zu seiner Kabine, um nachzusehen, ob er noch unter den Lebenden weilte. Wir vergewisserten uns auch, daß die Seitenbretter an seiner Koje hochgeklappt waren, damit er nicht auf das Deck geschleudert wurde.

Es war schon ein wenig gruselig, wenn man den Wind heulen

hörte wie Geisterstimmen und ein tobendes Meer unter heiterem blauem Himmel beobachtete, der von keinem Wölkchen getrübt wurde. Der Anblick war häßlich und schön zugleich. Jimmy, John und Colin lösten einander während der Nacht am Ruder ab, während ich auf der Bank im Steuerhaus hinter dem Steuermann saß und die kleinen roten digitalen Zahlen auf dem Loran anstarrte, die blinkend die Entfernung angaben, die wir noch hinter uns zu legen hatten, ehe wir Bridlington erreichen würden.

Ich hatte keine große Angst vor dem, was die Nordsee uns antun könnte. Da ich wußte, daß meine standhafte Mannschaft aus Schotten schon durch viel schlimmeres Wetter gekommen und die *Arvor III* wie ein Beton-WC gebaut war, fühlte ich mich so sicher wie eine Kröte unter einem Wasserfall. Ich verkniff mir auch, mich über all die Schrammen zu beschweren, die ich davon bekam, daß ich ständig gegen Dinge geworfen wurde, die viel härter waren als mein Körper.

So seltsam es scheint, ich fand das alles erheiternd. Jane Pauley fragte mich einmal in ihrer Talk-Show, ob ich vielleicht in einem früheren Leben ein Kapitän gewesen sein könnte. Ich antwortete: »Das würde ich gern glauben.« Vielleicht waren die Gene von meinem Vorfahren Roger Hunnewell an mich weitergegeben worden, einem Fischer, der Mitte des sechzehnten Jahrhunderts auf See außerhalb New Yorks verschwunden war.

Colin, der bei der rauhen See natürlich nicht kochen konnte, bot mir ein Roastbeef-Sandwich an, das ich dankend annahm. Dann band ich mich in einem Stuhl an Deck fest und döste sofort ein.

Obwohl es nicht logisch klingt, aber wenn man in einem Sturm auf See durcheinandergeschüttelt wird, wirkt das wie ein Schlafmittel. Man wird unglaublich müde und fällt in tiefen Schlaf, während der Kopf wie bei einer Handpumpe hin und her kippt. Ich hatte Glück, daß ich niemals seekrank wurde. Ich habe die Gewohnheit, schon am ersten Tag, sobald ich an Bord gehe, ein paar Tabletten gegen Übelkeit zu nehmen. Nach einem Tag auf See hat sich mein Körper angepaßt, und ich muß mich nie wieder um Medikamente kümmern. Auf dieser Reise war ich der Seekrankheit sehr nahe. Das kam aber mehr von den Dämpfen des Diesels, die durch die Kabinen zogen, weil die Luken geschlossen waren, als vom Wellengang.

Als wir schließlich die letzte angegebene Position der *U-21* erreichten, hatten sich Sturm und Seegang um die Hälfte verringert. Kaum ideale Bedingungen für eine Rastersuche, aber ich war zu weit gegangen, als daß ich die Bemühung hätte aufgeben können. Bill lag immer noch flach, aber Jimmy Flett war guter Dinge. Also warfen wir den Seiten-Scan-Sensor über Bord und fingen an, Suchbahnen in eine ekelhafte See zu ziehen, die keinerlei Rücksichtnahme zeigte.

Sechs Stunden lang rollte und stampfte unser Schiff dahin, ehe wir ein Wrack fanden, das große Ähnlichkeit mit einem kleinen Frachter aufwies, aber nicht mit einem Unterseeboot. Ich fand in der Bibliothek der *Arvor* eine Kassette von Franz Liszt und hörte mir die mitreißenden Melodien der »Zweiten ungarischen Rhapsodie« an, während das Schiff mit fünf Knoten dahinschaukelte.

Der Stuhl, auf dem ich vor dem Seiten-Scan-Recorder saß, war nicht an das Deck geschraubt. Jimmy wandte sich an mich, um mir zu sagen, daß wir das Ende einer Bahn erreicht hätten und daß er jetzt umkehren und eine neue anfangen wolle. In dem Augenblick wurden wir zur Seite geschleudert und hochgeworfen. Mein Stuhl kippte um, ich vollführte eine Rückwärtswelle und verschwand hinter der Schott aus Jimmys Augen. Er schickte John zurück, um zu sehen, wie schwer ich mitgenommen war.

Einen Handlauf festhaltend, um sich zu stützen, starrte John auf mich hinunter, der ich auf dem Deck lag. »Hast du dir den Kopf gestoßen?« fragte er.

»Nein«, antwortete ich. »Ich schiele immer so, wenn ich unter Streß bin.« Nach zwei Minuten Massage, weiteren vier oder fünf Kratzern und blauen Flecken, war ich wieder voll dabei.

Nachdem ich mich hinter dem Aufzeichnungsgerät niedergelassen hatte, sah ich, daß die *U-21* wie ein kleiner Fleck weit weg auf unser Backbordseite erschienen war, als ich noch flach auf dem Rücken lag. Jimmy kämpfte, um noch vier oder mehr Übergänge direkt über das Wrack zu schaffen. Es war nutzlos, die Kamera hinunterzulassen in eine widerliche, so gar nicht hilfsbereite See. Abmessungen auf der Sonaranzeige deuteten ein ungefähres Gegenstück an und die Konturen eines Unterseebootes.

Unsere Navigationsinstrumente legten sich auf 54 14 30 mal 04 02 50 fest.

Wir fanden die einzigen zwei Schiffe in der Gegend, die Svenstrop auf seinen persönlichen Karten eingezeichnet hatte. Auf meiner Karte gibt es in einem Umkreis von zwanzig Meilen keine weiteren Wracks. Das Unterseeboot liegt etwas weniger als eine Meile östlich der Admiralitäts- sowie der deutschen und der dänischen Aufzeichnungen. Es war eine hübsche kleine Entdeckung. Was historische erste Male betrifft, kennen wir jetzt die Grabstätten der *Housatonic*, der *Hunley*, der H. M. S. *Pathfinder* und der *U 21* und könnten jederzeit ohne große Mühen zu ihnen zurückkehren.

Viel war in weniger als einem Monat geleistet worden, und wir hatten noch immer drei Wochen zur Verfügung. Jetzt ging es hinüber in den Hafen Cherbourg, Frankreich, um das berühmte konföderierte Kaperschiff *Alabama* und den belgischen Truppentransporter *Leópoldville* zu suchen.

Teil 9

Der Truppentransporter *Léopoldville*

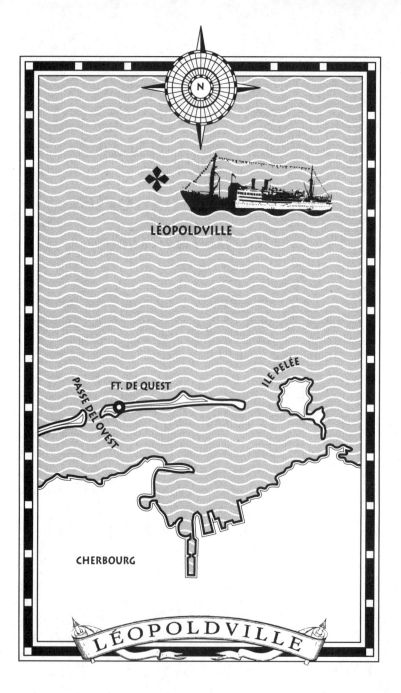

I
Stille Nacht, tödliche Nacht

Heiligabend 1944

Ein eisiger Wind blies am 23. Dezember durch den Hafen von Southampton in England, dichte Schneeflocken vor sich hertreibend. Pier 38 schien übervölkert wie ein Baseballstadion vor Beginn der Weltmeisterschaft. Sich langsam vorwärtsschiebend bewegten sich mehr als zweitausend GIs der 66. Infanteriedivision der US-Armee, bekannt als die Schwarzen Panther, auf dem Pier voran und warteten darauf, an Bord des Truppentransporters *Léopoldville* gehen zu können. Wie eine Lethargieseuche war ein allgemeiner Mangel an Enthusiasmus über die Männer gekommen. Seit der Invasion waren sechs Monate vergangen, aber der Zweite Weltkrieg war noch immer nicht zu Ende. Alle glaubten, die Entscheidung müsse kurz bevorstehen.

Die Truppen, die warteten, um an Bord zu gehen, hofften, es bliebe nichts weiter für sie zu tun, als deutsche Widerstandsnester auszuräuchern. In einem Krieg, der viele große Helden hervorgebracht hatte, war die größte Angst der Truppen, sie könnten nie eine Chance bekommen, ihren Mut zu beweisen.

Es gingen Gerüchte um, daß die deutsche Armee einen Gegenangriff starten wolle, die Ardennenoffensive, aber wenige glaubten an das Gerücht. Einzelheiten waren vage und bruchstückhaft. Es sei ein schwacher deutscher Angriff gewesen, den Patton zerbrochen hätte, meinten einige. Die Krauts seien schon geschlagen, tauchte von irgendwoher ein Bericht auf. Nur ein letztes Aufbäumen der Deutschen, die kurz vor der Kapitulation stünden. Nichts hätte falscher sein können. Die Soldaten, die jetzt begannen, die Gangways hinaufzumarschieren, wären sehr erstaunt gewesen, hätten sie gewußt, daß sie in die Schlacht gegen einen starken deutschen Gegner gingen, von dem die amerikanischen Streitkräfte in den Wäldern der Ardennen überrannt worden waren.

Was das ungute Gefühl bei den Truppen noch verschlimmerte, war ihre unerwartete Versetzung. Die 66. Division war kürzlich in Auffanglagern nahe Dorchester untergebracht worden. Ohne Marschbefehle und mit wenig zu tun, freuten sie sich alle auf ein fröhliches Weihnachten in ihren warmen Kasernen. In der nahen Stadt wurden Geschenke gekauft, die in der Runde weitergereicht oder als Päckchen nach Hause geschickt werden sollten. Kompanieköche hatten sorgfältig ein Fest mit Truthahn und allen möglichen Beilagen geplant, die mit Gallonen von Bier heruntergespült werden sollten. Eine Anzahl ortsansässiger Mädchen war überredet worden, an den Feierlichkeiten teilzunehmen. Aber die Versprechungen von Jubel, Trubel, Heiterkeit waren wie weggeblasen, als sie Befehl erhielten, auszuziehen und mit dem Zug nach Southampton zu fahren. Dort sollten sie an Bord eines ausländischen Truppentransporters gehen, den die britische Marine gechartert hatte.

So kurz vor Weihnachten aus ihren gemütlichen Quartieren gerissen, standen die Männer der 66. jetzt in der eisigen Luft, während anderswo hastige Entscheidungen getroffen wurden: 2235 sollten an Bord der *Leópoldville* gehen, während der Rest der Division auf die H. M. T. *Cheshire* verladen wurde, ein britischer Transporter, neuer und in besserer Form als das belgische Linienschiff. Die LKWs und schweren Geräte der Division wurden für die Reise über den englischen Kanal nach Cherbourg auf Landungsschiffe geladen.

Schon früh am Nachmittag waren zweitausend Fallschirmspringer auf die *Leópoldville* verladen worden. Dann mußten sie wieder aussteigen, denn sie waren auf dem falschen Schiff. Für das Durcheinander wurde kein Grund angegeben. Mit der Armee gut vertraut, zuckten die meisten einfach nur mit den Schultern und machten sich nicht einmal die Mühe zu fragen. Es war ein schlechtes Omen, das keiner zu erklären wußte.

Die Fallschirmspringer erfuhren erst viel später, wieviel Glück sie gehabt hatten, daß sie ihren Weihnachtstag begehen konnten. Die Männer der 66. waren schließlich zwei Stunden nach Mitternacht des 24. Dezember bereit, an Bord zu gehen, und das Verladen zog sich bis acht Uhr morgens hin. Mit dem Emblem des fauchenden schwarzen Panthers, stolz auf die Ärmel ihrer schmutzigolivgrünen Winterjacken genäht, marschierten die Männer an Bord der *Leópoldville*. Desorganisation war an der Tagesordnung. Wegen des vorangegangenen Durcheinanders mit den Fallschirmspringern wurden den Männern von der 66. im voraus keine Kojen zugeteilt. Sie erhielten hastig Raum zugeteilt, sobald sie an Deck kamen. Einheiten wurden geteilt, Freunde auseinandergerissen, Truppenführer von ihren Kompanien getrennt.

Das Durcheinander war ein weiteres Omen, das die Tragödie ankündigte, die noch kommen sollte.

Zugfeldwebel Robert Hesse von der Pionierkompanie für Schwere Waffen, Regiment D 264, folgte pflichtbewußt den Anweisungen, die ihn und seine Kameraden aufforderten, durch eine offene Luke und eine steile Treppe hinunter in den Frachtraum zu klettern, der zu engen Quartieren für den Transport der Truppen umgebaut worden war. Sieben primitiv konstruierte Holzdecks mit niedrigen Decken und vierstöckig aufeinandergeschichtete Kojen füllten jetzt die Frachtabteile. Die Männer waren zusammengepfercht in schwacherleuchteten Stahlaushöhlungen, wie die Passagiere in der New Yorker U-Bahn während der Hauptverkehrszeit. Die Ventilation war alles andere als ausreichend. Die Luft war bald heiß und abgestanden. Der Gestank nach Schweiß tat sein übriges in der stickigen Atmosphäre.

Der zwanzig Jahre alte Hesse aus Roselle, New York, ließ sein Paket, den Tornister und das Gewehr auf dem überfüllten Deck dankbar fallen und nahm seinen Helm ab. »Das ist also unser Zuhause über Weihnachten«, murmelte er zu niemand besonderem.

Kapitän Charles Limbor starrte durch das Steuerhausfenster hinüber zu der Masse von Menschen, die in der bitteren Kälte über die Gangway in sein Schiff kletterten, und beobachtete schweigend die Unordnung. Er trat von einem Bein aufs andere, weil er unter schlechter Durchblutung litt, die sehr schmerzhaft sein konnte und versuchte eine bequeme Stellung zu finden. In Belgien geboren und aufgewachsen, war er seit fast fünfundzwanzig Jahren bei der belgischen Linienschiffsgesellschaft angestellt. Limbor war etwas weniger als sechs Fuß groß. Seine Haut schien auf natürliche Art sonnengebräunt, ungewöhnlich für einen Flamen. Es mögen die Gene eines längst vergessenen Vorfahren in Belgisch-Kongo sein, überlegte er oft. Sein Haar war grau und an den Schläfen silbrig, und seine Augen waren braun. Im Alter von sechsundvierzig Jahren war er zurückgezogen und still und in sich ruhend. Offiziere, die auf zahlreichen Reisen mit ihm zusammengewesen waren, fanden es schwierig, ihm näherzukommen, aber alle betrachteten ihn als einen fähigen Seemann.

Seine Handlungen zwölf Stunden später sollten für einen völlig anderen Charakter sprechen.

Er las aufmerksam eine Nachricht von seinem Funker und wandte sich an seinen Chefoffizier, Robert de Pierpont. »Wir werden von dem britischen Truppenschiff *Cheshire* begleitet und von einer kleinen Flotte amerikanischer Landungsfahrzeuge.«

»Und unsere Eskorte?« fragte de Pierpont.

»Ein französischer und drei britische Zerstörer.«

»Ich hoffe, die Deutschen machen keine Schwierigkeiten.«
»Seit der Invasion gibt es kein Zeichen von der Luftwaffe«, meinte Limbor. »Und die deutschen Torpedoboote vom Typ E schlagen zweihundert Meilen nördlich von hier immer nur einmal kurz zu und verschwinden dann wieder.«
»Es könnten sich immer noch U-Boote hier herumtreiben«, meinte Pierpont.
Limbor zuckte gleichgültig mit den Schultern. »Nicht, wenn so viele alliierte Kriegsschiffe den Kanal bewachen und die Jäger am Himmel herumschwirren. Die meisten U-Boote sind draußen auf dem Atlantik und jagen Konvois. Ich bezweifle, daß von denen welche in dieser Gegend operieren.«

Obwohl sie erst vor acht Monaten völlig überholt worden war, schien die *Léopoldville* den amerikanischen Truppen etwas müde, alt, verkommen und dreckig. Im Jahre 1929 in Hoboken, New Jersey, von John Cockerill & Sons gebaut, ging sie für die Königlich-Belgischen Lloyd-Linien in Dienst, für die sie Fracht und Passagiere aus Belgisch-Kongo und anderen Häfen in Afrika in ihren Heimathafen Antwerpen, Belgien, transportierte. Nachdem der Krieg ausgebrochen war, wurde sie in Liverpool vom Passagierliniendampfer zum Truppentransporter umgebaut. Im Laufe der nächsten vier Jahre transportierte sie überwiegend britische Truppen ins Mittelmeer und zurück. Nach der Invasion in Frankreich machte sie vierundzwanzig Überfahrten von England an die Strände der Normandie und landete mehr als 53 000 Mann. Bis zu ihrer letzten Reise hatte die *Léopoldville* 124 240 Soldaten sicher durch gefährliche Gewässer zu ihren Bestimmungsorten gebracht.
Die *Léopoldville* war für 11 500 Tonnen ausgelegt, hatte eine Länge von 479 Fuß und eine Breite von 62 Fuß. Ihre Maschinen konnten sie mit einer Höchstgeschwindigkeit von 17 Knoten durch das Wasser treiben. Sie trug 14 Rettungsboote mit einer Aufnahmefähigkeit von 797 Personen, 4 große Flöße, 156 Rettungs-

ringe und 3250 Schwimmwesten. Sie war bewaffnet mit 10 Bofor-Kanonen, einer 3-Zoll-Bugkanone, einer 4-Zoll-Heckkanone und einem 3-Pfünder-Flakgeschütz. Die Mannschaft bestand aus 120 Belgiern, 93 Kongolesen und einem britischen Kontingent von 34 Offizieren und Männern, die an den Geschützen standen und das Laden und Entladen der Truppen überwachten.

Wegen der Weihnachtsfeiertage waren viele von der britischen Mannschaft in Urlaub und schafften es nicht, rechtzeitig zum Verladen auf das Schiff zu kommen. Folglich zählte niemand die Einheiten der 66. Panther, als sie sich mühsam an Bord schleppten.

In Doppelreihen standen die Soldaten um die Docks Schlange vor den Gangways der *Léopoldville* und der *Cheshire*, wie Tentakel von Ungeheuern, die in den Schiffsrümpfen lebten. Während der ganzen desorganisierten Verladeprozedur wurden mehrere Infanteriekompanien der 66. irrtümlich an Bord der *Cheshire* dirigiert. Die der *Léopoldville* zugeordneten Sanitätskommandos fanden ihr Verbandszeug und die Medikamente auf dem falschen Schiff verladen. Kompanieschreiber hatten ihre Mühe, die Männer aufzuspüren, die sich auf dem einen Schiff befanden, während ihre Unterlagen auf das andere gegangen waren. Durch einen glücklichen Zufall versäumte eine Kompanie Fußsoldaten ihren Aufruf, an Bord der *Léopoldville* zu gehen, weil sie sich bei Kaffee und Doughnuts verplaudert hatten. Bis sie sich wieder in Reih und Glied gestellt hatten, wurden sie auf die *Cheshire* befohlen.

Mitten in diesem Chaos brach der Morgen des Heiligen Abend an.

Um 9 Uhr vormittags waren die Transporter endgültig beladen und für die kurze Reise über den Kanal bereit. Die Truppen hangelten sich hinunter in ihre vollgepackten Abteile. Die meisten versuchten zu schlafen, da ihre Mägen knurrten, denn die Soldaten dachten sehnsüchtig an das Frühstück, das den meisten nicht serviert worden war.

Die *Léopoldville* glitt vom Pier und dampfte aus dem Hafen von

Southampton. In ihrem Kielwasser folgte die *Cheshire* wie ein gehorsamer Hund. Beide Schiffe waren voll beladen. Alles in allem machten sich an diesem Tag 4500 Soldaten zu der neunstündigen Kanalüberquerung auf.

Gerade hinter dem Brackwasser ging der Lotse von Bord des Führungsschiffes. Über die Anti-Unterseebootnetze gleitend fuhren die Truppentransporter in den Kanal ein. Während sie so durch die Wasserwüste dampften, die das Festland und die Isle of Wight trennte, trafen die *Léopoldville* und ihr Konvoi die Zerstörer-Eskorte. Die H. M. S. *Brilliant*, die *Anthony* und die *Hotham* zusammen mit der Fregatte des »Freien Frankreich«, *Croix de Lorraine*, nahmen ihre Verteidigungsposten um die Truppenschiffe auf. Es war alles wie gewohnt.

Um 14 Uhr kam der Befehl von der *Brilliant* über Funk, die Transporter mögen einen Zickzackkurs fahren. Seltsamerweise, trotz der vielen Kanalüberquerungen, die sie schon hinter sich hatte, war dies das erste Mal, daß die *Léopoldville* ein solches Manöver durchführen mußte. Die britischen Kanoniere standen an ihren Geschützen in Habtachtstellung. Die Offiziere führten eine kurze Inspektion durch, als das Schiff bereits unterwegs war. Alles schien sicher. Nichts wurde übersehen, nichts außer einer Rettungsbootsübung. Jede Einheit war einem Sammelplatz an Deck zugeordnet, aber wenige wußten genau, wohin sie zu gehen hatten. Schwimmwesten waren in die verschiedenen Stauluken geworfen worden, aber keine wurde ausgegeben.

Der erste Unterseebootalarm kam um halb drei. Das ASDIC-System an Bord der *Brilliant* entdeckte ein Unterwasserobjekt. Eine schwarze Flagge hochziehend, als Signal für die Truppentransporter, machten sich die Zerstörer daran, Wasserbomben fallen zu lassen. Fünfzehn Minuten später war die Übung vorbei. Es hieß, es sei falscher Alarm gewesen. Aber es sollte keine Ruhepause geben. Kurze Zeit später wurde wieder ein Kontakt gemeldet. Erneut stürzten sich die Zerstörer vor den Konvoi und ließen Wasserbomben fallen. Ob sie ein Boot gefunden hatten oder nicht, wurde nie festgestellt.

Als der zweite Unterseebootalarm zu Ende war, wurde die See unangenehm. Es waren Wellen von acht bis neun Fuß vom Wellenkamm bis zum Wellental aufgekommen, und die Männer im Inneren der Schiffe begannen zu leiden. Viele wurden seekrank und eilten zu den Luken. Andere übergaben sich, wo sie gerade saßen oder lagen. Sie begannen zu schreien, als sie Ratten sahen, die umherliefen und so groß wie Katzen aussahen. Die belgische Besatzung wollte die ungemütlich untergebrachten Soldaten mit Essen versorgen, aber die, die nicht seekrank waren, fanden das Essen ungenießbar.

Die Luft in der *Léopoldville* wurde immer schlechter. Es stank nach Erbrochenem und schlechtem Essen. Überall konnte man Dieselöl riechen, das die Luft weiter verpestete. Das Klopfen der Maschinen und das Stampfen der Propeller war für alle, die gegen den kalten Stahl des Rumpfes lehnten, genau zu spüren. Die meisten Männer saßen auf ihren Seesäcken oder versuchten, etwas Ruhe in den Hängematten zu finden. Sie zogen Decken über ihre Mäntel, um sich zu wärmen. Nur wenige unterhielten sich oder spielten Karten. Niemand hatte Lust auf ein scherzhaftes Kämpfchen, wie es bei den meisten Überfahrten üblich war.

Die Gischt peitschte über die Brückenflügel der *Léopoldville*, als die nächste Wache heraufkam und ihre Posten bezog. Zusammen mit dem Navigator, dem Steuermann und dem Rest der Mannschaft auf der Kommandobrücke sollte der Kapitän abgelöst werden. Statt dessen blieb Limbor auf der Brücke, wie er es auf allen Kanalüberquerungen seit der Invasion getan hatte.

Sieben Stunden dauerte die Reise nun schon. Der Wind peitschte das Meer um den Konvoi mit Stärke 6. Die 2235 Männer auf der *Léopoldville* waren jetzt nur noch fünfundzwanzig Meilen nördlich und etwas östlich von Cherbourg.

Mehr als ein Drittel von ihnen hatte weniger als zwei Stunden zu leben.

Obwohl Deutschland im Winter 1944/45 noch immer hastig U-Boote baute, wurden diese von den Alliierten ebenso schnell versenkt, wie sie die Docks verließen. Oberleutnant Gerhard Meyer zweifelte nicht, daß seine Tage gezählt waren. Kommandant Meyers *U-486* war eines der sehr wenigen U-Boote, die noch in und um den englischen Kanal herum lauerten. Tagsüber zum Grund tauchend und nur nachts aufsteigend, war die *U-486* ständig von Horden von Zerstörern und Jägern aus der Luft bedroht.

Neun Monate bevor die *Léopoldville* ihre schicksalsschwere Reise antrat fertiggestellt, hatte die *U-486* die neueste deutsche Unterwasserkonstruktion. Das Unterseeboot der C-Klasse vom Typ VII war mit einem Faltschnorchel ausgerüstet, damit das Boot über lange Zeiträume unter der Oberfläche bleiben konnte. Das Unterseeboot mußte nicht mehr auftauchen und sich beim Aufladen der Batterien sehen lassen. Der Schnorchel lüftete die Dieselmaschinen, und es konnte jetzt tagelang auf seiner Periskoptiefe, achtundvierzig Fuß, kreuzen.

Nachdem er die lange Reise von seiner Basis in Norwegen aus gemacht hatte, wäre Meyer an diesem Heiligabend lieber irgendwo anders als in den kalten Gewässern vor der Küste der Normandie gewesen, als er durch das Periskop spähte. Es war 17 Uhr 45. Es war dunkel, während ein heraufziehendes Licht sich auf den Wolken im Westen widerspiegelte. Die See war rauh und wurde von einem heftigen Wind hochgepeitscht.

Meyer legte die stählernen Handsteuerhebel herunter. Die Stirn gegen das Augenstück gelehnt, starrte er in die Linsen des Periskops. Der Himmel war sturmgrau. Wolkenfetzen in ständig wechselnden Formen spiegelten das sterbende Licht der Sonne wider. Graupelschauer gingen dem kommenden Sturm voraus und rasten über das Wasser, änderten dann ihre Richtung wie aus einer Laune heraus. Die sturmgepeitschte See rollte über die hervorstehende Spitze des Periskops.

Die Welle drehend, sah Meyer hinüber zur fünf Meilen entfernten Küste. In dem geschützten Hafen von Cherbourg flackerten die Lichter der Stadt in der aufziehenden Nacht. Er schwang den Sucher zurück auf die offene See und spähte durch die Düsternis in Richtung England. Und dann sah er etwas.

Er machte die Umrisse zweier großer Schiffe aus und von einem Zerstörerpaar. Da waren auch mehrere andere Schiffe, kleinere, die er für amerikanische Landungsfahrzeuge hielt. Der Schuß mußte schnell und genau sein. Keine Gelegenheit zu einem zweiten Versuch. Meyer hatte einen gesunden Respekt vor den Zerstörern, von denen er wußte, daß sie sich innerhalb einer Minute nach dem Torpedoabschuß über die *U-486* hermachen konnten.

»Röhren eins und zwei fertig machen«, befahl er ruhig.

Um 17 Uhr 56 zielte Meyer auf das größte Schiff im Konvoi. Der Bug des Unterseeboots bewegte sich fast unmerklich, als Meyer den Schuß einrichten ließ. Dann gab er Befehl zum Feuern. »Teleskop einziehen und tauchen!« brüllte er. »Schnell, schnell! Volle Kraft voraus in Richtung Küste, um die Meute abzuschütteln!«

Meyer stand nicht herum und wartete, um die Zerstörung durch die Torpedos zu beobachten. Alles was er mit Sicherheit wußte, war, daß einer vorbeigegangen war, aber er war froh, als er die gedämpfte Explosion des anderen hörte, der gesessen hatte.

»Wir haben ihn getroffen«, verkündete er seiner Mannschaft, die in Jubel ausbrach.

Ein Mitglied des britischen Kontingents an Bord der *Léopoldville* hatte den Beobachtungsposten übernommen und saß im Krähennest auf dem Mast. Um sechs Uhr an Bug rief er hinunter zur Mannschaft, die das Vierzoll-Heckgeschütz bediente: »Hey, Kameraden, ich habe gerade die Blasen von einem Torpedo gesehen!«

»Bist du sicher?« schrie ein junger Leutnant zurück.

»Ich habe die Blasen gesehen.«
»Paß genau auf –«
»Noch eine, noch eine!« unterbrach ihn der Ausguck. »Torpedo an Steuerbord!«

Tief unten in den Gedärmen des Schiffs waren die meisten Soldaten fest eingeschlafen, als der Torpedo achtern an Steuerbord in den Laderaum Nummer vier einschlug. Nieten brachen auf und flogen wie Gewehrkugeln durch die Gegend. Hunderte starben, ohne zu wissen wodurch. Beobachter an Deck schworen, daß sie Körperteile gesehen hätten, die hoch durch die Luft geschleudert worden waren. Fast alle Männer, die den Abteilen G-4 und F-4 zugewiesen waren, sah man nie wieder.

Abteil G-4 war mit 185 Soldaten besetzt. Direkt darüber in Abteil F-4 schliefen 170 Soldaten in ihren Kojen. Die Stahlträger, die die Schotten abstützten, knickten zusammen. Deck F stürzte durch Deck G und riß die Treppen mit sich, so daß es kein Entrinnen gab. Schmerzens- und Panikschreie waren schnell verstummt, nachdem die riesige Brandung das Wasser in den Rumpf gepreßt hatte. Hunderte waren im Meer und in der plötzlichen Dunkelheit verschwunden. Nach Schätzungen sind 315 Mann sofort tot gewesen. Weniger als zwanzig Mann gelangten nach oben auf die Decks. Einer, ein Nichtschwimmer, wurde durch das Loch hinausgeschwemmt, das der Torpedo gerissen hatte und von Männern, die ihn entdeckt hatten, zurück an Deck gezogen.

Walter Blunt von der L-Kompanie hörte die Schreie und erstickten Rufe erst, als sein Kopf aus dem Wasser stieß. Die umherwirbelnden Trümmer rochen nach Öl und Kanonenpulver. Er fand sich eingekeilt in einem Loch in dem Deck darüber. Sein Kopf und die Schultern ragten in das obere Abteil hinein, aber er saß fest ein gekeilt und konnte sich nicht freikämpfen. Die Wellen schlugen über ihm zusammen, als das Schiff unter ihm zu sinken begann. Das schmutzige Wasser stieg höher und höher, so daß er seinen Atem anhalten mußte, bis er fast erstickte. Er dachte gerade »Das ist eine höllische Art zu sterben«, als ein Licht auf sein Gesicht fiel und sein Kompaniechef, Kapitän Orr, sich zu ihm hinunterlehnte.

»Geben Sie mir Ihre Hand, mein Sohn. Sie schaffen es.«

Blunt wurde befreit und auf das Außendeck gezogen. Dort wurde er in das einzige Rettungsboot gelegt, das verwundete GIs aufnahm, die die Explosion überlebt hatten. Aus Blunts 181-Mann-Einheit waren 74 getötet und 61 verletzt.

Walter Brown aus der F-Kompanie verdankte sein Leben der Tatsache, daß er seekrank war. Nachdem er gleich die Auswirkungen der rauhen See gespürt hatte, verließ er sein Abteil und kletterte auf eine Stelle am Bug, wo er sich übergeben wollte. Kaum war er zu einem Abguß gekommen, als der Torpedo einschlug. Bewußtlos geschlagen, wachte er auf, weil Wasser aus geborstenen Rohren an der Decke über ihm auf ihn herabspritzte. Er rettete sich, indem er auf das Deck eines kleinen Schiffes sprang, das längsseits an die *Léopoldville* gefahren war, während sie auf Grund glitt. Er war der letzte Mann, der dem Schiff entkam, ohne ins Wasser zu springen.

Nur Brown und fünf andere aus der F-Kompanie überlebten. 153 gingen mit dem Schiff unter.

Stabsunteroffizier Jerry Crean, B-Kompanie, spielte Karten, als er den Schlag spürte und das Schiff plötzlich stoppte. Ohne Anweisung erhalten zu haben sammelte Crean die zwölf Männer seiner Einheit und führte sie hinauf auf die offenen Decks. Er vergewisserte sich, daß sie sich aneinander festhielten, während er zurückging und genügend Schwimmwesten holte, um sie alle auszustatten. Um sieben Uhr, eine Stunde, nachdem die *U-486* ihren Torpedo in die *Léopoldville* gejagt hatte, wurde Crean mitgeteilt, daß Hilfe auf dem Weg sei. Rettungsschiffe und Schlepper sollten angeblich aus dem nahen Hafen kommen, um sie abzuschleppen. Aber während das Schiff über zehn Grad rollte, erkannte er zum ersten Mal, daß »dieses verdammte Ding im Begriff ist zu sinken«.

Als der Befehl kam »Schiff verlassen«, war es entweder auf flämisch oder auf französisch und wurde nicht übersetzt. Wenn die amerikanischen Offiziere, die das Kommando hatten, früher gewußt hätten, daß das Schiff sinkt, hätte man viel mehr Leben retten können.

Mehrere der Offiziere der *Léopoldville* arbeiteten schwer, um das Schiff zu retten und die Ordnung aufrechtzuerhalten, aber die plötzliche und unerwartete Katastrophe hatte sie alle überrascht. Die kongolesische Mannschaft verlor wenig Zeit, ihre persönlichen Besitztümer zusammenzuraffen und sich auf die Rettungsboote zu stürzen. Der Schiffsarzt, Dr. Nestor Herrent, bot dem britischen Schiffsarzt Major Mumby und den Ärzten der 66. Division seine Dienste an. Seine zwei Krankenschwestern hatten ihn bereits verlassen und waren in den ersten Rettungsbooten davongefahren. Die Ärzte arbeiteten zusammen, um die wachsende Zahl der in das Krankenrevier gebrachten verwundeten Männer zu versorgen.

Kapitän Charles Limbor auf der Brücke schien allzu ruhig. Manche beschrieben seinen Zustand als Schock. Er schien das Furchtbare der Situation nicht erfaßt zu haben. Langsam kämpfte er um Selbstkontrolle, als offenkundig wurde, daß das Schiff in Gefahr stand zu sinken. Es ist ihm niemals ganz gelungen.

Als man ihn informierte, daß das Wasser im Maschinenraum schnell stieg, befahl er, die Maschinen abzuschalten. Da er glaubte, daß die Schleppboote auf dem Wege seien, um die *Léopoldville* an die Küste zu schleppen, befahl er, den Anker zu werfen, um das Schiff vom Abtreiben mit der Flut zu hindern. Das war ein Beurteilungsfehler, der durch tausend andere Fehler in jener schicksalhaften Nacht noch vergrößert wurde.

Die Verwirrung war mit stoischer Ruhe gemischt, als unverletzte Soldaten der Panther-Division entweder in Formation auf dem offenen Deck standen und auf Befehle warteten oder einfach nur herumliefen und nicht wußten, was sie tun sollten. Man hatte ihnen nur gesagt, sie sollten warten oder Platz machen für die Mannschaft.

Sie sahen amüsiert zu, bald aber wutentbrannt, als die kongolesische Mannschaft sich bemühte, die Rettungsboote herabzulassen. Ein paar Jubelrufe ertönten, als die Truppen dachten, die Boote würden für sie vorbereitet. Aber dann stellte sich heraus, daß die Mannschaft das Schiff allein verlassen wollte. Mehrere Boote kippten um und warfen die Mannschaft ins Meer. Keiner der Kongolesen machte irgendeinen Versuch, ihre Passagiere zu retten. Sie ruderten bald davon, nahmen Gepäck, Radios, persönliche Gegenstände und sogar einen Papagei in seinem Käfig mit und ließen niemanden auf dem Schiff zurück, der wußte, wie man die restlichen Rettungsboote und Flöße herabließ. Die Soldaten schworen außerdem, daß Offiziere in Mänteln mit goldenen Streifen mit der Mannschaft wegruderten. Man stimmte allgemein darin überein, daß die Mannschaft mehrere Boote genommen hatte, obwohl eins für ihre kleine Zahl ausreichend gewesen wäre.

Mehrere Soldaten wurden getötet oder verwundet, als sie versuchten die Boote aus ihren Davits zu befreien. Viele versuchten die Seile zu durchtrennen, an denen die vielen Flöße befestigt waren, hatten aber keine Messer. Den Soldaten gelang es tatsächlich, ein Boot auszusetzen, aber es war schnell von der Mannschaft der *Léopoldville* besetzt, während die Amerikaner ungläubig daneben standen.

Während des ganzen Debakels tat oder sagte Kapitän Limbor nichts. Normalerweise ein äußerst disziplinierter Mensch, stand er stumm da, ohne den geringsten Versuch, sich als Kommandant des Schiffs zu erweisen. Fünfzig Jahre später verfluchen Überlebende noch immer Limbor und seine belgische und kongolesische Besatzung.

Unteroffizier Gino Berarducci von der I-Kompanie wurde von einem britischen Offizier in ein Rettungsboot befohlen. Er glaubt, das war das einzige Boot, das die *Léopoldville* mit unverletzten amerikanischen Soldaten an Bord verließ.

Ein Bericht des U.-S.-Generalinspekteurs fünfzehn Jahre später lautet: »Es besteht wenig Zweifel, daß die Mannschaft der *Léopoldville* in der Ausübung ihrer Pflichten nachlässig war. Die Männer waren nicht auf ihren Posten, um die Passagiere anzuweisen, über den Zustand des Schiffes zu berichten und die Rettungsboote zu Wasser zu lassen. Sie schienen sich nur für sich selbst zu interessieren.«

Verwunderung schien die anderen Schiffskapitäne zu paralysieren. Während die britischen Zerstörer herumfuhren und Wasserbomben abließen, stand das Truppenschiff *Cheshire* fast eine Stunde und weniger als zweihundert Yards von der *Léopoldville* untätig herum. Die Männer an Bord der *Cheshire* dachten, sie hätten eine gedämpfte Explosion in der Ferne gehört, und dann schien es ihnen, als ob das andere Truppenschiff Schlagseite hätte. Ihre Schiffsoffiziere erfaßten das schreckliche Debakel nicht, das vor ihren Augen stattfand. Sie hatten keine Ahnung von der Katastrophe. Sie konnten nur dastehen und in der Dunkelheit auf das getroffene Schiff starren, bis die *Cheshire* schließlich abdrehte und nach Cherbourg weiterfuhr. Bald war die *Léopoldville* in der Dunkelheit verschwunden, und sie wendeten ihre Aufmerksamkeit den Lichtern des Hafens zu.

Nur fünf Meilen vom Land entfernt hätte die *Léopoldville* noch immer eine Chance gehabt, an den Strand gezerrt zu werden, wenn die Schlepper rechtzeitig gekommen wären. Aber die Meldung kam nicht durch. Jeder feierte Heiligabend, und sehr wenig Personal hatte Dienst. Alle möglichen Rettungsschiffe lagen untätig im Hafen, ihre Mannschaften hatten Urlaub. Die städtischen Bars und Restaurants waren voll mit Menschen. Flackernde Lichter und festliche Dekorationen rahmten die Ladenfenster ein, als sowohl militärische wie zivile Anwohner das letzte Weihnachtsfest des großen Krieges feierten. Sie konnten nicht ahnen, daß nahe bei der Küste ein Kampf auf Leben und Tod stattfand.

Dreißig Minuten vergingen, ehe Konvoi-Kommandant John

Pringle, Kapitän der H. M. S. *Brilliant*, nach Cherbourg signalisierte: »Nehmen Überlebende auf. Brauchen Hilfe.«

Weil er zu lange mit dem Befehl gewartet hatte, das Schiff zu verlassen, hatte Limbor es zum Massengrab verurteilt. Die Offiziere am Kontrollposten der Hafeneinfahrt waren über die unerwartete Aufforderung entsetzt. »Überlebende von was?« fragten sie.

»*Léopoldville* getroffen. Brauchen Hilfe.«

Von der *Léopoldville* kam überhaupt keine Nachricht.

An Land war die Militärbürokratie am Werke. Botschaften wurden abgesandt und empfangen. Befehle wurden gegeben, aber nicht weitergeleitet. Hochrangige Offiziere genossen die Weihnachtspartys und durften nicht gestört werden. Schließlich fingen tatkräftige Männer an, die Verantwortung für die Rettungsaktion selbst zu übernehmen – Männer wie Oberstleutnant Tom McConnell in Fort L'Ouest an der Hafeneinfahrt.

McConnell war vor dem Krieg ein erfolgreicher Geschäftsmann in Indiana gewesen und nahm jetzt kein Blatt vor den Mund, als er die Situation seinen Vorgesetzten beschrieb. Er ließ die Telefonleitung schamrot werden mit seiner deutlichen Sprache, indem er forderte, bettelte, Unteroffiziere und Generäle gleichermaßen scharf kritisierend in seinem Bemühen, eine Rettungsoperation in Gang zu setzen. In deutlichen Worten unterrichtete er den kommandierenden General des Hafens, daß er von jetzt an alles auf die eigene Kappe nehmen und Rettungsschiffe aussenden würde. Mit der Zeit gelang es McConnell, Armeerettungsschlepper auf den Weg zu dem sinkenden Schiff zu bringen. Fünfzig Minuten waren vergangen.

Leutnant zur See Natt Divoll, der Marineoffizier vom Dienst in Fort L'Ouest, hatte nicht viel mehr Glück, bis er sich mit Leutnant-Kommandant Richard Davis zusammenschloß. Als Divolls Ruf vom Fort her kam, packte Davis nicht nur den Amtsschimmel am Zaum, er brachte ihn sogar auf Trab. Weniger als fünf Minuten, nachdem er von der Situation der *Léopoldville* benachrichtigt worden war, ließ Davis zwei Patrouillentorpedoboote zu dem angeschlagenen Schiff rasen. Zwei Minuten später verließ ein drittes den Hafen. Dann schickte er Offiziere in die Stadt, um Matrosen und Soldaten aus den Bars zu holen. Kurz nach sieben Uhr abends begann dank Davis die Mobilmachung in Cherbourg.

Minuten später kamen die ersten Rettungsboote mit den kongolesischen Mannschaften auf den Docks an und wurden befragt. Krankenhäuser wurden benachrichtigt, Essen und Betten organisiert. Endlich kam Ordnung in die Rettungsaktion.

Den Menschen an der Küste dämmerte, daß sich eine Katastrophe anbahnte, aber die Soldaten an Bord der *Léopoldville* waren noch immer nicht gewarnt worden, daß das Schiff unter ihren Füßen wegrutschte.

In einer präzisen Demonstration fachmännischer Seemannskunst brachte Kommandant Pringle seinen Zerstörer längsseits der *Léopoldville*. Erst neunundreißig Jahre alt, hatte Pringle bereits zweiundzwanzig davon auf See verbracht. Als sein Schiff näher kam, warf Pringles Besatzung Halteleinen aus. Ohne daß die belgische Mannschaft dabei gewesen wäre, um sie aufzufangen, wurde der britische Zerstörer schließlich von Soldaten, britischen Kanonieren des Schiffs und Matrosen der *Brilliant*, die an Bord der *Léopoldville* gesprungen waren, längsseits gesichert.

Die hohen Wellen schleuderten den viel kleineren Rumpf gegen den großen. Stahlplatten bogen sich und ächzten protestierend, als sie aneinanderschlugen. Die Geräusche waren beunruhigend, und Pringle erkannte, daß er nicht mehr lange an dem Truppenschiff bleiben konnte. Doch der Anblick der Angst in den Gesichtern der Soldaten genügte, um jeden Gedanken an schnellen Ruckzug in ihm von sich zu weisen.

Er würde die beiden Schiffe so lange es ging zusammenhalten, bevor die *Brilliant* zu Schrott zerschlagen würde. Bald gingen die Rufe seiner Männer zu den Soldaten hinüber.

»Springt, Yankees, springt!«

Die Evakuierung hatte keine Zielrichtung. Kein Offizier leitete die Maßnahmen, und die Organisation lag in den Händen der Unteroffiziere und der Ordonnanzen. Während das Schiff weiter abwärts glitt, erkannten die Truppen, daß die Chance, daß die *Léopoldville* an der Oberfläche bleiben könnte, jede weitere Minute abnahm. Alle, die noch unter Deck waren, wurden nach oben gewiesen. Sie kletterten auf die offenen Decks, wo sie dem kalten Wind ausgesetzt waren, und hatten ihre Mäntel fest zugeknöpft. Die meisten trugen noch immer ihre Gewehre, ihre Tornister und ihre Helme.

Die kalte, dunkle Nacht, die ungestüme See, die Wellen, die den kleinen Zerstörer auf und ab warfen wie ein Spielzeugboot, machten den Sprung zu einem schrecklichen Wagnis für die jungen Männer, die auf den Decks des Truppenschiffs zusammengedrängt waren. Das Ganze wurde nur noch verschlimmert durch den Anblick der Männer, die ihren Sprung falsch eingeschätzt hatten, den Zerstörer verfehlt und in das Wasser zwischen die zwei Schiffe gefallen waren, bevor sie dort zu Tode gequetscht wurden, als die Brandung Stahlplatten gegen Stahlplatten preßte.

Bis 7 Uhr 20 war es der H. M. S. *Brilliant* gelungen, fast siebenhundert Soldaten der 66. an Bord zu nehmen. Die anderen Zerstörer des Konvois, *Hotham, Anthony* und *Croix de Lorraine*, hatten die Jagd nach dem U-Boot aufgegeben und fuhren Richtung Hafen. Da keine Schadensberichte von der *Léopoldville* kamen, wußten sie noch immer nicht, daß das Truppenschiff in Gefahr stand, zu sinken.

Pringle bekam immer größere Angst um sein Schiff. Der konstante Druck der aufgepeitschten See hatte die Stahlplatten des Rumpfs der *Brilliant* gelöst. Vom Unterdeck rief sein Chefingenieur herauf, die Pumpen könnten gerade noch mit der plötzlichen Wasserflut Schritt halten, aber der Zustrom würde immer größer. Sein Funker berichtete, daß er Signale von Patrouillentorpedobooten und von Rettungsschleppern aufgefangen habe, die zu Hilfe eilten.

»Lockert die Leinen, die uns an der *Léo* halten«, schrie Pringle zu dem Offizier hinüber, der die Evakuierung unter dem offenen Deck leitete.

Bob Hesse, der Zugfeldwebel aus New York, kämpfte sich zusammen mit einer Handvoll seiner Männer über den vorderen Teil des Schiffs, bis sie die Ankerkette auf dem Vorturm erreichten.

Jemand vom britischen Zerstörer schrie zu ihnen herüber: »Wir schneiden ab, Yanks! Springt! Es ist eure letzte Chance!«

Hesse schien es, als ob zwei Drittel der *Léopoldville* bereits unter Wasser standen. Der Bug war aufgestiegen, bis sie dachten, sie schwebten in den Wolken. Hesse sah seine Männer Alex Yarmosh, Ed Riley und Dick Dutka an und sagte: »Laßt uns gehen. Jeder Mann für sich.«

Sie standen alle an der Reling und warteten, daß die *Brilliant* in Springabstand stieg, was eventuell das letzte Mal gewesen sein konnte. Als sich das kleinere Schiff mit der nächsten Welle erhob, sprangen sie alle zusammen. Jeder von ihnen landete sicher. Hesse kam es vor, als sei er vom Empire State Building gesprungen.

Britische Matrosen, mit Äxten ausgestattet, hieben die Leinen weg, und die *Brilliant* zog sich von der *Léopoldville* zurück. Kommandant Pringle plante nach Cherbourg zu fahren, die Überlebenden dort aussteigen zu lassen und dann für eine nächste Evakuierung zurückzufahren. Er glaubte nicht, daß die *Léopoldville* auf dem Grund des englischen Kanals liegen würde, ehe er das Dock verlassen konnte.

Der große Rettungsschlepper *ATR-3* kam heran und legte an der entgegengesetzten Seite des Truppenschiffs an. Kapitän Stanley Lewandowski verfluchte den Sturm und die Wellen, die bereits über das Heck der *Léopoldville* schwappten. Er war verdammt wütend.

Zweimal hatte er versucht, längsseits zu manövrieren, bevor das Schiff sank, wurde aber von den Davits der Rettungsboote, die hinaus- und hinunterhingen, gestoppt. Wäre die belgische Mannschaft ein paar Minuten länger geblieben und hätte die Rettungsboote ordentlich abgeladen, wären die Davits wieder eingezogen gewesen, und Lewandowski hätte sein Schiff an die Reling ziehen können.

Sein Funker, Seemann Erster Klasse Hugh Jones, versuchte Kontakt mit der *Léopoldville* aufzunehmen, erhielt aber keine Antwort. Lewandowski war ebenso von einer Gruppe von zweihundert Männern entsetzt, die in Reih und Glied am Bug standen. Beschwörungen, sie sollten an Bord springen, wurden ignoriert. Später, als er sie aus dem Wasser gezogen hatte, erfuhr er, ein Offizier habe sie nicht springen lassen. Jetzt verschwand das belgische Schiff vor seinen Augen.

»Zieht die armen Kids an Bord!« schrie er seiner Mannschaft zu, während er die Speichen seines Steuers fest mit der Hand packte und sein riesiges Tau in das Meer von schwimmenden Köpfen in den Wrackteilen herunterließ. Drei seiner Besatzungsmitglieder sprangen über Bord, um zu helfen, entkräftete und halberfrorene Soldaten an Deck des Schleppers zu ziehen.

In jener Nacht waren viele zu Helden geworden, als sie ihr Leben gaben, um das anderer zu retten. Einer war Colonel Ira Rumburg, dessen Witwe nicht wußte, wie ihr Ehemann gestorben war, bis Stabsunteroffizier Jerry Crean es ihr fünfzig Jahre später erzählte.

Rumburg, ein riesiger Mann, der ungefähr 250 Pfund wog, hatte sich an einem Seil festgebunden. Über eine Stunde lang, während das Schiff langsam sank, wurde er wieder und wieder im Haltegurt herabgelassen und kam jedesmal mit einem Mann unter jedem Arm zurück. Crean glaubte, der Oberst müßte mehr als zehn Hilfsaktionen unternommen haben, bevor die *Léopoldville* mit dem Heck voraus sank und Rumburg mit sich riß.

Kapitän Hal Crain starb wie ein Held. Sich in der Dunkelheit durch das ölige Wasser kämpfend, rettete er tief in den zerstörten Laderäumen Mann für Mann, tauchte in überflutete Abteile und zog die Halbertrunkenen und Verletzten heraus. Dutzende von Männern erklärten später noch ihre Dankbarkeit dem Offizier, der sie gerettet hatte. Hal Crain lebte nicht mehr, um den Dank von denen, die er gerettet hatte, entgegenzunehmen. Seine ihm posthum verliehene Tapferkeitsmedaille wurde seiner Witwe und seinem kleinen Sohn übergeben.

Auch Crean erhielt die Tapferkeitsmedaille für seine Arbeit bei der Rettung von Menschenleben in jener Nacht. Er führte ein Dutzend seiner Männer an einer Strickleiter hinunter und kämpfte zwei Stunden lang, indem er herumschwamm und alle zusammenhielt. Er fand Seesäcke und Trümmer im Wasser und brachte seine Männer dazu, sich an allem festzuhalten, was schwimmen konnte. Er vergaß auch die nicht, die einfach aufgaben und in der Dunkelheit verschwanden.

Obergefreiter Steve Lester von der K-Kompanie opferte sein eigenes Leben, um vier andere zu retten, die um ihn herum in dem verglasten Bereich an Deck eingeklemmt waren, als das Schiff sank. Er zerschlug die Fenster mit den Händen und hob seine Kameraden durch die zerschmetterten Öffnungen hinaus. Er war der letzte und hat es nicht geschafft. Die Tapferkeitsmedaille wurde posthum an seine Frau und seine drei kleinen Kinder verliehen.

Der britische Kanonenaufleger Bill Dowling half Männern durch eine Luke zu entkommen, die sich verklemmt hatte. Die Verwundeten wurden von Dowling und seinen Kameraden ins Lazarett gebracht.

Unteroffizier Albert Montagna zeichnete sich aus, indem er sowohl Rumburg als auch Crain half, eine große Zahl Männer aus der Hölle hochzubringen, so lange, bis er selbst in dem eisigen Wasser neben dem Schiff hertrieb.

Im Lazarett kümmerten sich die Ärzte und Sanitäter weiter um die Verwundeten. Tragen wurden herausgebracht und auf das Deck gelegt. Ein paar wurden auf die *Brilliant* herabgesenkt. Viele wurden im wahrsten Sinne des Wortes auf die Decks von Schleppern und einer Küstenwachkorvette geworfen. Ein paar Tragen wurden von Deck gespült, als das Schiff anfing, zum Meeresboden zu gleiten. Sie sanken wie Steine, und ihre Insassen waren hilflos festgeschnallt.

Der Heldenmut derjenigen, die hinunter in den angeschlagenen Laderaum stiegen, um die Verwundeten hochzuziehen, die Geschichten derjenigen, die ins Wasser sprangen und dank der Bemühungen von Männern auf den Rettungsschiffen herausgezogen wurden, werden von den Soldaten der 66., die noch leben, niemals vergessen.

Abgesehen von ihren heroischen Bemühungen, die Verwundeten und Eingeschlossenen zu retten, hat keiner der Offiziere eine Befehlsentscheidung getroffen. Sie waren auf eine solche Katastrophe nicht vorbereitet und genauso hilflos und verloren wie ihre Männer. Und doch ging das Verhalten der Truppen an Bord der *Léopoldville* in den zwei Stunden vor ihrem Sinken in die Militärannalen ein als eines der imposantesten Beispiele von Disziplin, die jemals beobachtet wurden. Alle warteten auf Befehle, die niemals kamen.

Ein tiefer, donnernder Ton drang aus dem Rumpf der *Léopoldville*, als das kalte Wasser die Kessel erreichte und sie zerbarsten. Quietschend und dröhnend hob sich der Bug in die Luft und begann eine Spiralbewegung nach unten, als das Schiff seine letzte Reise zum Meeresboden antrat. Man sah die Körper wie Blätter von den offenen Decks fallen. Um 20 Uhr 30 verschwand das Truppenschiff mit einem entsetzlichen Zischen, das von dem entweichenden Dampf herrührte, unter dem schwarzen Wasser mit dem Heck voran und ward nie mehr gesehen.

Man hat geschätzt, daß mehr als eintausend Männer noch im

Wasser bei Temperaturen von ungefähr 10 Grad herumschwammen. Viele wurden von der *Léopoldville* in die Tiefe gezogen, einschließlich Kapitän Limbor, dessen Leichnam nie gefunden wurde. Erst jetzt setzte die Panik ein, als die Männer in dem eiskalten Wasser um ihr Leben kämpften. Männer, die nicht schwimmen konnten, griffen nach denen, die es konnten, und zogen sie mit hinunter. Es war, als ob die Menge bei einem Fußballspiel wie ein Mann losbrüllte. Hunderte von Männern schrien, weinten, bettelten um Gottes Hilfe. Viele riefen nach ihren Müttern. Manche verfluchten alle und jeden, der an ihrem Unglück schuld war. Eine große Zahl gab einfach auf und starb durch Ertrinken oder Erfrieren. Diejenigen, die die entsetzliche Qual überlebten, wurden noch viele Jahre von Alpträumen heimgesucht.

Vince Codianni von der K-Kompanie war einer von mehreren Männern, die unter einem Glasschutzdach für Passagiere eingeklemmt waren, als das Schiff nach Backbord rutschte und unterzugehen begann. Codianni wurde hinuntergezogen, weil seine Kleider an einem Teil des Glasdachs festhingen. Als guter Schwimmer kämpfte er sich frei und erreichte die Oberfläche, aber nicht ohne Verletzung. Seine Vorderzähne waren herausgebrochen, seine Zunge gespalten und sein Hals und seine Arme schrecklich von Glasteilen zerschnitten.

Unglaublicherweise überlebte Codianni zwei Stunden in dem kalten Wasser, die Kleider an seinem Körper festgefroren, auf Hilferufe horchend, die schließlich in der Nacht verklangen. Er wurde gefunden und mehr tot als lebendig von einem französischen Schlepper aus dem Meer gezogen.

Rekrut Edwin Phillips, Hauptquartier Kompanie, wurde aus dem Wasser gezogen und auf das Deck eines Marineminensuchers gelegt. Ein Besatzungsmitglied, das ihn für tot hielt, gab ihm einen kleinen Schubs mit dem Fuß. »Du kannst doch nicht lebendig sein«, sagte er.

»Bin es aber«, murmelte Ed leise.
»Das ist gut«, sagte der Matrose. »Wir sollen nämlich keine Leichen rausholen.«
Phillips sollte noch ein langes und gesundes Leben führen.

Die Mannschaften der Schleppboote der Küstenwachkorvetten und französischen Fischerboote arbeiteten wie die Besessenen, um die vielen Männer herauszufischen, die gegen Kälte, Wellen und Tod ankämpften. Unterkühlung ergriff schnell all diejenigen, die nicht untergingen. Kälte und Erschöpfung nahmen ihnen die Kraft, und ihre mit Wasser vollgesogenen Mäntel und Stiefel, die die meisten wegzuwerfen versäumt hatten, zogen sie nach unten. Müde und steif bis zur Ohnmacht hatten wenige die Kraft, an Bord der Rettungsboote zu klettern. Fast alle wurden von Matrosen und Fischern gerettet, die die halbtoten Soldaten über ihre Bordkanten zogen oder ins Wasser sprangen, um ihnen hinaufzuhelfen.

Lewandowski blieb mit seinem Schlepper auf Posten. Seine Männer nahmen siebzig Überlebende auf, bevor die Schreie in der Nacht erloschen und er sein Boot widerwillig in den Hafen zurückwendete. Die ersten Boote, die in Cherbourg mit Überlebenden ankamen, hatten ein paar Tote an Bord, die Boote, die später zurückkamen, noch viel mehr. Mit der Zeit waren weniger und weniger von denen, die aus dem Wasser gezogen wurden, noch am Leben, und die Anzahl der Toten stieg in erschütternde Höhen.

Als sie die Docks erreichten, wurde eine große Zahl der Überlebenden sich selbst überlassen. Manche wurden in Zeltstädten untergebracht oder in irgendwelchen Baracken oder Gebäuden, die Schutz vor der kalten Nacht boten. Hunderte, die unter Erfrierungen und Schock litten, wurden in Krankenhäuser gebracht. Die Toten wurden in dichten Reihen auf das Dock gelegt. Ärzte gingen von Leichnam zu Leichnam, um zu prüfen, ob irgendeiner noch lebte. Sie wurden von einem Priester begleitet, der ihre Erkennungsmarken überprüfte und den Toten die letzte Ölung gab.

Von der Besatzung der *Léopoldville* war Kapitän Limbor der einzige Offizier, der sein Leben verlor. Der Schiffszimmermann und drei Kongolesen starben ebenfalls. Da die Admiralität sich noch immer weigert, Informationen über das gesunkene Schiff herauszugeben, sind die Verluste bei dem britischen Kontingent des Schiffs unbekannt. Die 66. Pantherdivision war stark dezimiert. Über 1400 Männer wurden gerettet, etwa 300 starben durch den Einschlag des Torpedos, während 500 später im Wasser umkamen. Die genaue Todesziffer liegt bei 802.

Es war eine Tragödie, die auf Schicksal, Fehlkalkulation, dumme Fehler und Ignoranz zurückzuführen ist. Wenn die Evakuierung des Schiffes ordentlich durchgeführt worden wäre, hätten Hunderte von Familien nicht die Telegramme erhalten, die sie von dem Tod ihrer Lieben in Kenntnis setzte.

Die offiziellen Untersuchungen waren vielfältig, aber begrenzt. Die Familien zu Hause erhielten nur die Nachricht, daß ihre Söhne oder Ehemänner in Kampfhandlungen gefallen oder vermißt seien. Nur wenige erfuhren die Wahrheit. Der Fall *Léopoldville* wurde unter den Teppich gekehrt und der Untergang in den offiziellen Akten begraben.

Mit Ausnahme derjenigen, die zur Beerdigung in die Vereinigten Staaten zurückgebracht worden waren, liegen die Männer, deren Leichen gefunden wurden, auf dem Omaha-Beach-Friedhof in der Normandie begraben. Innerhalb des Friedhofs findet man einen feierlichen Säulengang, der »Garten der Vermißten« genannt wird und 1557 amerikanische GIs ehrt, deren Leichen niemals gefunden wurden. Auf der Rückseite sind in der Mauer die Namen der vermißten Männer eingraviert, deren Leichen noch immer zusammen mit der *Léopoldville* auf dem Grund des englischen Kanals liegen dürften.

Zwei letzte feierliche Handlungen für die Tragödie sollten die Überlebenden der *Léopoldville* noch sehen dürfen, bevor sie in die geheiligten Ränge ihrer Kameraden, die ihnen vorangegangen sind, eintreten. Die eine wäre ein Monument auf dem Nationalfriedhof von Arlington, mit dem die 800 geehrt werden sollten, die mit dem Schiff starben. Die zweite ist eine ihrer Erinnerung gewidmete Briefmarke.

Ist es von unserer Regierung zuviel verlangt, ihr Opfer zu ehren?

Das U-Boot, das die schreckliche Tragödie verursacht hatte, die *U-486*, wurde von dem britischen Unterseeboot *Tapir* vier Monate später versenkt. Oberleutnant Gerhard Meyer und die gesamte Besatzung kamen um.

Nur das Kriegsschiff *Arizona*, das während des japanischen Angriffs auf Pearl Harbour versenkt wurde, verlor mehr Männer als die *Léopoldville*. Der Truppentransporter wurde fast erreicht von dem vom Unglück verfolgten Kreuzer *Indianapolis*, dessen Todesrate sich auf 783 belief.

II
Mist, wieder nichts!
Juli 1984

Manchmal ist es schwer, Wirklichkeit und komische Erleichterung voneinander zu unterscheiden. Trotz der noch so gut ausgelegten Pläne von Mäusen und Cussler entwickelte sich die zweite Phase der Nordsee-Expedition 1984 wie eine komische Oper, die von Insassen einer psychiatrischen Anstalt produziert und inszeniert wird, und endete auch so. Wenn ich das Fiasko gekannt hätte, dem die NUMA-Mannschaft der *Arvor III* in Cherbourg zu begegnen im Begriff war, hätte ich Jimmy Flett befohlen, direkt weiterzufahren und Kurs auf den Hafen von Monte Carlo zu nehmen.

Nachdem wir die *U-21* gefunden und untersucht hatten, erreichten wir Bridlington, England, auf glatter See unter einem hellblauen Himmel – eines der wenigen Male, bei denen ich Bridlington ohne Wolke am Himmel antraf. Bei meinen früheren Besuchen während der *Bonhomme Richard*-Suchprojekte regnete es unaufhörlich. Bridlington ist ein sauberer Erholungsort für die Arbeiterklasse, mit Spielkasinos und Unterhaltungszentren, und die Menschen sind freundlich. Die Einfamilienhäuser an den Seitenstraßen im alten Viertel der Stadt verströmen einen ländlichen Charme, wie er für das Zeitalter König Eduards typisch ist.

Ich habe ganze Familien im strömenden Regen an der Strandpromenade entlangspazieren sehen. Mama, Papa und die Kinder hatten die gleichen Regenmäntel an, genauso wie die Babys in ihren Kinderwagen und der Familienhund. Sie waren im Begriff, ihren Urlaub zu genießen, mögen Regen, Graupelschauer oder Nebel ruhig kommen. Wenn man Englands allzu häufig trauriges Wetter bedenkt, habe ich mich immer über den Humor der Briten gewundert. Anders als die Einwohner von Seattle, die sich während der neunzig Tage mit durchgehend grauem Himmel unter die Höhensonne setzen, um sich vor Anfällen von Depression zu schützen, ertragen die Engländer, Schotten und Waliser das Wetter mit einem Lächeln und bleiben dabei unglaublich fröhlich.

Die *Arvor III* schob ihren Bug in den kleinen künstlichen Hafen in Bridlington und schmiegte sich mit ihrer Breitseite gegen die südliche Kaimauer. Bill Shea war jetzt mehrere Pfund leichter, von den Toten auferstanden und starrte durch die Tür auf den heiteren Hafen und die an den Leinen liegenden Fischerboote an den Docks.

»Ich wußte es, ich wußte es«, sagte er und legte seine Hand vor die Augen, um sie gegen die Sonne zu schützen. »Ich bin gestorben und für meine Sünden dazu verurteilt, die Ewigkeit in Bridlington zu verbringen.«

»Zumindest regnet es nicht«, antwortete ich.

»Warte nur noch fünf Minuten.« Bill sah mich mit diesem gewissen Blick an, der sagte: *Du armer Narr.* »Weißt du nicht, daß man im Augenblick des Todes immer durch einen Tunnel und in ein helles Licht geht?«

Was konnte ich dazu sagen? Bills Theorie war vergessen, nachdem wir die nächsten vier Tage nur klaren Himmel gesehen hatten.

Wir nutzten den Vorteil des guten Wetters und der ruhigen See und suchten einige Tage einen Rasterbereich ab, den ein paar Gestörte für die Reste der *Bonhomme Richard* markiert hatten. Der Rekord unserer zauberhaften Abteilung blieb ungebrochen. Fünf Geradeausstriche. Nichts Interessantes war zu sehen. Das Meeresbett war so sauber wie die Toilettenschüssel in Omas Haus.

Bill und ich freuten uns über eine Einladung von Manny und Margaret Thompson in Bridlington, unseren guten Freunden und Helfern während der *Bonney Dick*-Suchprojekte. Großartige Menschen mit ein paar breitschultrigen Söhnen. Manny und Margaret besitzen und betreiben Vergnügungszentren, die in Großbritannien so beliebt sind. Nach drei Wochen an Bord der *Arvor III* sah ihr hübsches Einfamilienhaus für uns wie ein Fünf-Sterne-Hotel aus, solide gebaut, auf festem Grund, ohne Neigung und Stampfen und Rollen. Wir mußten uns die erste Nacht an den Kopfenden unserer Betten festhalten, damit unsere inneren Stabilisatoren sich wieder an die stabile Position gewöhnen konnten.

Ich rief zu Hause an und wünschte meiner Frau Barbara Glück zum Geburtstag. Ich glaube wirklich, es war das einzige Mal in einundvierzig Jahren, daß ich es versäumt hatte, bei dieser Gelegenheit mit ihr zusammenzusein.

Margaret Thompson ist eine der liebenswürdigsten Frauen in ganz Yorkshire. Sie ragt unter den anderen Damen der Küstenstädte heraus und Manny ist so großzügig und hilfsbereit wie ein Heiliger. Nun, vielleicht ist er noch nicht soweit, daß man ihn heiligsprechen müßte, aber er ist doch ein verdammt großartiger Kerl. Während der früheren *Bonhomme Richard*-Expeditionen pflegte unsere Mannschaft Witze über die Mädchen des Ortes zu reißen, besonders über solche von über fünfundzwanzig Jahren. Sie schworen, diese Mädchen würden Häßlichkeitspillen nehmen. In aller Fairneß muß man sagen, die Frauen hier heiraten früh, gewöhnlich Fischer. Dann ging es mit ihnen bergab. In ihren Jugendjahren waren sie hübsch, schienen aber jedes Interesse an ihrem Äußeren zu verlieren, sobald sie Kinder hatten. Der gängige Witz lautete: In Yorkshire wurde ein Schönheitswettbewerb abgehalten, und niemand ging hin. Die Mannschaft veranstaltete dann ihren eigenen Wettbewerb. Eine Flasche feinsten Whiskys für den Mann, der die hübscheste Frau über fünfundzwanzig in der ganzen Grafschaft Yorkshire fand und ein Foto mit ihr zusammen aufnehmen ließ. Margaret schied aus, denn sie war außerhalb der Grafschaft geboren und aufgewachsen, bevor Manny sie geheiratet hatte.

Ich gewann den Wettbewerb, denn als ich eines Morgens zur *Arvor III* zurückkehrte, nachdem ich eine Seekarte von der Küste gekauft hatte, wurde ich auf dem Pier von einem Fotografen angehalten, der Fotos von vorübergehenden Leuten machte und sie neben als Miß Piggy verkleidete Mädchen stellte. Ich bezahlte ihn sofort für das Privileg, und sobald die Bilder entwickelt waren, forderte ich den Whisky ein. Erstaunlicherweise protestierte keiner der anderen Jungs.

Ein Freund der Thompsons lud Bill und mich zu einem Gang durch eine russische Automobil-Vertriebsgesellschaft ein. Die Autos waren eigentlich Fiats, aber in der Nähe von Moskau hergestellt. Ich hatte bessere Rennautos für Seifenkistenderbys hergestellt, als ich ein Kind war. Neben diesen Schrotthaufen sahen Yugos aus wie Bentleys. Keine der Farbe an den Türen paßte zur anderen, die Polster waren zusammengeflickt wie Patchworkdecken, und der Motor sah aus wie ein Stromaggregat aus einem verschrotteten Schneeräumgerät. Ich glaube wirklich, Ronald Reagan studierte eines dieser Autos und überlegte sich, daß man die Sowjetunion vernichten könnte, indem man sie zu einem Technologie-Wettrennen verführte.

An dem Tag, als wir nach Cherbourg aufbrechen und mit der Suche nach der *Alabama* und der *Léopoldville* beginnen wollten, tauchte Wayne Gronquist, der aus Austin, Texas, erwartet wurde, einfach nicht auf. Wir warteten fast eine Stunde, noch immer kein Wayne. Die Flut, die bis zu zehn Fuß stieg und fiel und die *Arvor III* oft in den Schlamm fallen ließ, sank schnell. Jimmy teilte mir mit, daß wir die nächsten zwölf Stunden im Hafen festsitzen würden, wenn wir nicht in ein paar Minuten ablegten.

Um meine Führungsqualitäten unter Beweis zu stellen, sagte ich zu Jimmy: »Du bist der Kapitän. Wenn du befiehlst, daß wir ablegen, dann legen wir ab.«

Jimmy läutete die Maschinenraumglocke und warf die Dieselmotoren an. Colin und Bill machten die Mooring-Leinen los. Und dann, genau wie im Kino, kam Wayne wie verrückt über den Kai gerannt. Jimmy warf die Maschinen in die Gänge und blickte nicht mehr zurück. Bill und ich riefen und schrien Wayne zu, schneller zu laufen. Er lief erstaunlich gut, wenn man bedenkt, daß er eine riesige Einkaufstasche trug.

Ich glaube ganz bestimmt, daß Wayne an dem Tag einen neuen Weitsprungrekord aufgestellt hat. Er sprang samt Einkaufstasche vom Kai ab und landete gerade noch auf Deck der *Arvor III* in meinen und in Bills Armen. »Warum, zum Teufel, kommst du so spät?« fragte ich ihn. »Du wußtest, daß wir die Flut ausnützen müssen, oder wir hätten noch einen Tag verloren.«

»Tut mir leid«, antwortete Wayne wie ein geprügelter Collie. »Ich habe eine Kamera gekauft.«

»Das hättest du doch tun können, ehe du in Texas wegfuhrst.«

»Ich dachte, ich könnte sie hier billiger kriegen.«

Bill starrte auf die Kamera, die Wayne um die Schulter geschlungen hatte. »Du hast dir eingebildet, du bekommst eine japanische Kamera in England billiger als in Texas?«

»Heißt es denn nicht, daß sie außerhalb des Landes billiger verkauft werden?« fragte Wayne unschuldig.

»In England gibt es gar nichts billiger«, erklärte Bill, »besonders nicht in Bridlington.«

»Ach, du meine Güte, ich dachte, ich hätte ein gutes Geschäft gemacht.«

Man könnte noch so sehr an Waynes Hirnrinde kratzen und würde nie herausfinden, wo er sich sein Denkvermögen herholt. In den nächsten drei Wochen schoß er fast fünfzig Filmrollen. Mit der Zeit wurde er klüger und ließ seine Kamera niemals mehr allein herumliegen. Zunächst wunderte er sich, warum er nur fünf Aufnahmen gemacht hatte. Er hatte die Kamera hingelegt, um etwas anderes zu tun, und als er zurückkam, war der Film voll. Erst als

433

er nach Hause zurückgekommen war und in Austin, Texas, den Film hatte entwickeln lassen, stellte er fest, daß er zwanzig Aufnahmen von seinen Frühstückseiern, zwanzig Aufnahmen von seinen Turnschuhen, zwanzig Aufnahmen von einem toten Fisch usw. geschossen hatte.

Als wir die Nordsee verließen und durch die Straße von Dover in den englischen Kanal fuhren, war Bill im siebten Himmel. Die See lag da wie ein Teich. Keine Wellen schaukelten die *Arvor III*. Die Reise verlief ruhig und angenehm. Jimmy beobachtete mit freundlichem Wohlwollen, wie Wayne seine Yoga-Übungen am Vorderdeck absolvierte. Die Schotten nannten Wayne von da an Yogi-Bär.

Die Klippen oberhalb von Cherbourg kamen in Sicht, und wir glitten an dem Brackwasser vorbei in den Hafen, vorbei an dem alten Fort und den riesigen Bohrinseln. Jimmy hatte im voraus nach einem Liegeplatz im Yachthafen gefunkt, und wir machten nicht weit von einem hübschen Hotel fest, das ein Feinschmeckerrestaurant besaß. Bei einer harmlosen Unterhaltung mit dem Hafenmeister erwähnten wir, daß wir nach Cherbourg gekommen seien, um nach dem konföderierten Kaperschiff *Alabama* zu suchen. Als er fragte, wann die Suche beginnen sollte, wurde ihm gesagt, am nächsten Tag.

Als die Zeit kam, mit der Arbeit anzufangen, konnten wir das Dock nicht verlassen. Sechs uniformierte Zollbeamte mit roten, runden Hüten auf ihren fettigen Köpfen kamen schon am frühen Morgen an Bord und begannen, das Boot auseinanderzunehmen, während sie uns die ganze Zeit alberne Fragen stellten. Wir bissen uns alle auf die Zungen, preßten unsere Fingernägel in die Handflächen und bewiesen Kooperationsbereitschaft, fragten uns aber die ganze Zeit, warum wir für eine so ekelhafte Behandlung ausgewählt worden waren. War das ihre Art, ausländische Besucher willkommen zu heißen?

Sie stießen jede Schranktür auf, durchsuchten jeden Koffer, jede

Schachtel und jeden Behälter, ob groß oder klein. Sie gingen mit einem Zahnarztspiegel durch den Maschinenraum, um hinter jedes Rohr und jeden Abzweig sehen zu können. Die Stauräume, die Kombüse, die Passagierkabinen, nichts, was sie nicht durchwühlten. Ich erwartete schon eine Leibesvisitation. Sie fragten uns nach dem Zweck des Seiten-Scan-Sonars, des Magnetometers und der Videogeräte und wollten jedes Detail ihrer Handhabung erfahren.

Als sie schließlich überzeugt waren, daß wir keine Atombombe mit uns führten, fragte mich der Häuptling, der aussah wie eine Kreuzung zwischen Inspektor Clouseau und dem einzigartigen Lino Ventura, nur mit einem Schnurrbart, was unser Besuch in Frankreich bezweckte. Da wir nichts zu verheimlichen hatten, erzählte ich ihm offenherzig, daß wir das Wrack des konföderierten Kaperschiffs *Alabama* suchten.

Dann wurde mir in unzweideutigen Worten erklärt, daß wir in französischen Gewässern nicht ohne Genehmigung suchen dürften. Genehmigung von wem, fragte ich. Dem Kommandanten des örtlichen französischen Marinebezirks, antwortete Clouseau, als spräche er mit einem Pilz.

Mir gerann das Blut in den Adern, meine Nervenenden vereisten. Oh, mein Gott, nicht die französische Marine! Ich hasse es, mit der Marine zu tun zu haben, mit *jeder* Marine. Eine Genehmigung für einen Zivilisten auszustellen, die mehr ist als ein Antrag, auf die Toilette gehen zu dürfen, ist für sie fast unmöglich. Untergebene überall auf der Welt, die es genießen, das Wort »Nein« auszusprechen, noch bevor sie den Antrag auf dem Dienstweg zu irgendeinem nebulösen Offizier im Thronsaal weitergeben, sind ungefähr so weit verbreitet wie Bakterien.

Unter Einsatz unserer Streitkräfte gingen wir zum Gegenangriff über. Wayne Gronquist stieg in seine Cowboystiefel, setzte seinen neuen, handgemachten Cowboyhut auf, steckte seine Taschenuhr mit der goldenen Kette in die Westentasche und ging auf die Büros des Admirals zu, der den Marinebezirk von Cherbourg unter sich hatte. Man muß Wayne sehen und kennen, um zu wissen, daß er der Typ ist, der niemals ein Nein als Antwort akzeptiert. Er spricht sehr freundlich, hat klare blaue Augen und einen riesigen Goldgräberbart, und sein Körper ist durch und durch yogatrainiert. Er sieht den alten Fotografien von Jeb Stuart, dem berühmten konföderierten Kavalleriemann, erstaunlich ähnlich.

Der erste Tagesbefehl lautete, einen Übersetzer zu engagieren, denn unser gemeinsames französisches Vokabular bestand aus Sätzen wie »Wo ist die Bank?« und »Kann ich Ihre Hupe benutzen?« Als ich auf dem Deck stand, kam ein Kerl zu mir und begann eine Unterhaltung auf französisch. Ich hob die Augenbrauen, spitzte meine Lippen und antwortete: »No parlez vous français.« Ich dachte, ich hätte gesagt: »Ich verstehe kein französisch.« Was ich wirklich gesagt hatte, war: »Sie sprechen nicht französisch.« Kein Wunder, daß er mich ansah, als wäre bei mir mehr als eine Schraube locker.

Nachdem er Gronquist in seiner Ausstaffierung als texanischer Anwalt taxiert hatte, empfahl der französische Admiral ganz höflich, der Texaner und seine Freunde mögen die nächste Postkutsche nehmen und Cherbourg verlassen. Statt dessen setzte sich Wayne in einen Zug nach Paris und kampierte außerhalb der Botschaft der Vereinigten Staaten. Er benahm sich wie Ben Franklin während des Revolutionskrieges und sorgte in diplomatischen Kreisen für ziemliche Aufregung. Mittlerweile hatte ich mich mit einem Schlag zu staatsmännischer Größe aufgeschwungen, hielt Pressekonferenzen ab und rief jedes hohe Tier an, das ich in Washington kannte.

Sofern sie mittlerweile endlich beschlossen haben, mit dem Rest der Welt gleich zu ziehen, mag es jetzt anders sein, jedenfalls zu der Zeit konnte man in Frankreich kein Ferngespräch mit einer Kreditkarte an einem öffentlichen Telefon führen. Sie weigerten sich, die AT&T-Karte zu akzeptieren. In England dauert es oft eine Weile, bis man eine Vermittlung bekommt, aber immerhin geht der

Ruf problemlos durch. In Dänemark steckte ich einfach eine Silberkrone in den Schlitz, wählte die zweistellige Nummer des internationalen Codes und gab dem Vermittler, der immer auf englisch antwortete, meine Kartennummer und die Nummer, die ich anrufen wollte. Und schon sprach ich mit meiner Frau, als ob sie in der nächsten Telefonzelle neben mir stünde. Nicht so in Frankreich. Entweder muß man ein privates Telefon benutzen oder sich in einem Hotel einquartieren und vom Zimmer aus anrufen. Und da kein Franzose jemals einen verrückten Amerikaner in sein Heim einladen würde, um ihn von seinem Telefon aus nach Übersee telefonieren zu lassen, mußte ich mich im örtlichen Gasthof einquartieren und von der Geschäftsleitung protegieren lassen.

Nun begannen die Belästigungen von allen Seiten. So seltsam das klingen mag, wir haben es eigentlich genossen.

Während die *Arvor III* am Dock im Yachthafen festgemacht wurde, flogen Hubschrauber über das Boot hinweg, während Kameramänner sich hinauslehnten und Luftaufnahmen von uns sonnenbadend an Deck schossen. Es machte uns auch einen Riesenspaß, uns an die Leute heranzuschleichen, die in ihren Autos saßen oder sich hinter Seemauern duckten, um das Boot und seine Besatzung durch ihre Fernrohre zu beobachten. Ein amerikanischer Yachtbesitzer und seine Ehefrau, deren Küstensegler gegenüber dem Dock der *Arvor III* festgemacht hatte, erzählten uns, zwei Franzosen in Armeeuniformen seien eines Abends an Bord gekommen, als wir alle zusammen zum Essen in einem Restaurant in der Nähe der Docks waren. Er sagte, ihm schien es, als hätten sie Wanzen auf unserem Boot angebracht. Ich fragte, wie er das wissen könne. Er antwortete, daß er ein pensionierter Detektiv vom Chicago Police Department sei und über solche Dinge Bescheid wisse.

Wir versuchten irgendwelche Abhöranlagen zu finden, aber ohne Erfolg. Also begannen wir, in bizarren Dialekten und Akzenten und in unverständlicher Sprache miteinander zu reden und zu diskutieren, und die Themen waren absurde ökonomische Lehrsätze über die Antarktis. Zurück ins Stereogerät mit meinen Dixiland-Jazzkassetten! Jimmy und die Schotten machten Bemerkungen über die »Froggies«, wie sie sie nannten, die noch nie einen Krieg gewonnen hätten, was, wie ich mit Sicherheit annehme, uns keine Punkte bei ihrer Marine einbrachte.

Eines Abends nach dem Essen saßen Jimmy Flett und ich an Deck und genossen unseren Brandy und die Zigarren, als wir Blasen im Wasser bemerkten, die von den Lampen an den Kais beleuchtet wurden. Wir gingen in die Kabine und machten Bill darauf aufmerksam, der sein Videogerät einschaltete. Wir ließen dann vorsichtig die Unterwasservideokamera über die Bordwand. Erwartungsvoll starrte die gesamte Mannschaft auf den Bildschirm, als Bill die Lichter an der Kamera einschaltete. Plötzlich erschienen die erschrockenen Gesichter von zwei französischen Marinefroschmännern mit ihren vorstehenden Augen durch die Linsen ihrer Unterwassergesichtsmasken mitten auf dem Bildschirm. Einen Augenblick später waren sie mit schnellen Stößen in der Dunkelheit verschwunden.

Was, zum Teufel, war hier los? fragten wir uns alle. Warum wurden wir wie Spione behandelt?

In Washington wandte sich NUMAS leitender Direktor, Admiral Bill Thompson, ehemaliger Marine-Pressechef, an jeden Offizier, den er in der französischen Marine kannte, rief das Pentagon zusammen und ging dem Weißen Haus auf die Nerven. Es gab ein derartiges Durcheinander, daß die französische Botschaft eine Nachricht an unser State Department sandte, mit den Worten: »Wir bitten um Entschuldigung für den Zwischenfall.«

Das State Department, in völliger Unkenntnis unserer Zwangslage, antwortete: »Wir entschuldigen uns ebenfalls.«

Nach Aussage meines Literaturagenten in Paris wurde ich mit meiner Toberei und Raserei der Liebling der französischen Presse. Ich war besonders erbost, weil Jacques Cousteau in sämtlichen

Gewässern von Chesapeake Bay herumschwamm, als ob sie ihm allein gehörten, ohne daß ein amerikanischer Regierungsvertreter irgend etwas von einer Genehmigung erwähnte. Die Beamten der französischen Marine waren besonders peinlich berührt. Sie dachten, sie hätten es mit einer verachtenswerten Mannschaft von Schatzsuchern zu tun, und hatten keine Ahnung, daß ihr Widersacher ein hochangesehener Autor war, der auf der Bestsellerliste in Frankreich ganz oben stand. Der Feuersturm von Publizität war kaum das, was sie erwartet hatten.

Einige sehr hochrangige Beamte in der französischen Regierung bedauerten unsere Situation, sagten aber, sie hätten nichts tun können. Wer war dieser Dorfadmiral? fragte ich. Und warum hat er einen so großen Einfluß gehabt? Ich dachte, daß er uns, wenn er einmal eingesehen hatte, daß unsere Anwesenheit nicht mehr war als eine unschuldige Suchexpedition, ohne daß Artefakte gestohlen würden, sicher erlauben würde, mit der Suche zu beginnen. Wie könnte die Mannschaft der *Arvor III* die nationale Sicherheit Frankreichs bedrohen?

Während dieser Schwachsinn andauerte, genehmigte sich unsere Besatzung ein paar Besichtigungen. Mein Sohn Dirk schloß sich der Expedition an. Er ließ sich von Motorola in Phönix, Arizona, Urlaub geben, flog nach Paris und kam mit dem Zug nach Cherbourg. Gemeinsam wanderten wir über die berühmten amerikanischen Invasionsstrände der Normandie, Omaha und Utah, und die britischen Abschnitte Gold, Juno und Sword. Die Sandküsten der Normandie, obwohl todbringend für jene, die im Juni 1944 landeten, sind die spektakulärsten Strände der Welt, vor allem wegen ihrer weiten, goldenen Sanddünen, die sich über viele Meilen erstreckten. Fehlte dort nicht das tropische Wetter und das warme Seewasser, würden sie alles, was die Karibik oder der Pazifik zu bieten haben, in den Schatten stellen.

Wir wanderten durch den extrem ordentlich gehaltenen amerikanischen Friedhof auf den Dünen oberhalb von Omaha Beach und lasen die hinter den Säulen des großen Amphitheaters eingetragenen Namen, davon viele, die auf der *Léopoldville* starben oder vermißt wurden.

Den spaßigeren Teil bestritt Bill, der einen dauerhaften Eindruck bei den guten Bürgern von Cherbourg hinterließ. Er ging in den Waschsalon der Stadt, stopfte seine Wäsche in die Maschine und fütterte sie mit französischen Münzen. So weit, so gut. Dann schüttete er eine halbe Schachtel konzentrierten Waschpulvers hinein. Statt nun herumzusitzen und zu warten, traf er Dirk und mich zum Mittagessen in einem hübschen kleinen Bistro.

Fünfundvierzig Minuten später, als wir zusammen zu dem Waschsalon zurückgingen, liefen wir schon an der Straßenecke in eine riesige Mauer aus Seifenblasen. Wir starrten verblüfft wie die Hauptdarsteller in einem Science-fiction-Film, die eine Kreatur von einem fremden Planeten erblicken. Die Überschwemmung mit konzentriertem Seifenpulver war das größte Erlebnis, das einem Seifenschaum bereiten kann, und die größte Katastrophe, die die Stadt Cherbourg seit der Explosion der Margarinefabrik im Jahre 1903 erlebt hat.

Bill raste in das sich vorwärtsschiebende Ungeheuer aus Seifenblasen und verschwand. Irgendwie gelang es ihm, seinen Weg in den Waschsalon zu ertasten, wo er seine Kleider aus der Maschine riß und sich schleunigst aufs Boot zurückzog. Er verbrachte den ganzen nächsten Tag damit, die dickgewordene Schmiere mit einem Schlauch neben dem Dock aus den Kleidern zu spülen.

Wayne trug zur Belustigung bei, als Dirk aus einem Spielzeugladen in der Stadt zurückkam und ein Piratenkostüm mitbrachte. Er winkte mit einer Piratenflagge, setzte sich einen Piratenhut auf, zog eine Augenklappe über und trug einen Haken zur Schau. Dann schlich er sich von hinten an die französischen Sicherheitsleute heran, die uns ausspionierten, drohte mit seinem Plastikhaken und schrie: »Haarrrh!«

Ich hätte meinen linken Fuß dafür gegeben, die Berichte lesen zu können, die die französischen Sicherheitsleute über unsere Aktivitäten geschrieben haben.

Nach zwei Wochen sinnloser Kämpfe zog ich unsere Flagge ein. Ich war der Ansicht, wir könnten hier nichts mehr erreichen. Der französische Admiral weigerte sich zu kapitulieren; er gebärdete sich höchst nachtragend. Ich kann mich noch immer nicht an seinen Namen erinnern. Ich übergab meine Aufzeichnungen, Karten und Pläne dem französischen Schullehrer, der als Dolmetscher für uns fungiert hatte, anstatt sie im Flugzeug mit nach Colorado zurückzunehmen. Er versprach, sie sicher aufzubewahren, bis ich zurückkäme. Ich war überzeugt, wir würden in den kommenden Monaten das Ganze ausbügeln können und mit einer Genehmigung in der Hand im folgenden Sommer zurückkommen.

Am liebsten hätte ich den Zollbeamten noch eins ausgewischt, bevor wir den Hafen von Cherbourg verließen, aber zumindest habe ich noch einen letzten Schuß auf sie abgefeuert. Da eine Seiten-Scan-Suche nach der *Alabama* eines ziemlich weiten Rasters bedurfte, konnte ich nicht riskieren, die ganze französische Marine noch vor dem Mittagessen in Aufruhr zu versetzen. Aber ich überlegte mir, daß es absolut nicht unmöglich war, ein Schiff von der Größe der *Léopoldville* innerhalb kurzer Zeit zu finden. Wir zahlten unsere Hafengebühr, legten ab und setzten eines Morgens, bevor die Sonne aufging, Segel in Richtung auf ihre Ruhestätte. Mit Regierungsbeamten in einem fremden Land Katz und Maus spielen, ist keine Sache für Amateure, und ich war etwa so grün wie ein Bauernjunge, der vor den Wolkenkratzern in Fargo, North Dakota, steht. Der Trick bestand darin, die *Léopoldville* zu finden, zu iden tifizieren und dann aus französischen Gewässern nach Großbritannien zu verschwinden. Obwohl keine Hubschrauber über das Dock flogen und wir keinerlei Ferngläser bemerkten, die in unsere Richtung zielten, hatte ich doch das Gefühl, daß wir jeden Zoll des

Weges beobachtet würden. Wenn die *Arvor III* verfolgt würde, dann war alles möglich, und wir müßten weiter Kurs auf Großbritannien nehmen.

Unser einziger Vorteil war, daß Wayne und ich die Genehmigung beantragt hatten, nur nach der *Alabama* zu suchen. Wir haben die *Léopoldville* nie erwähnt. Seit die *Arvor III* sich aus dem Bereich der letzten Ruhestätte des konföderierten Kaperschiffs wegbewegt hatte und unser Kurs westwärts auf Weymouth, England, gerichtet war, hoffte ich, daß es den französischen Beamten so scheinen möge, als hätten wir aufgegeben und würden für immer aus Cherbourg wegfahren.

Seltsamerweise ist die *Léopoldville* auf den Seekarten im Bereich Cherbourg falsch eingetragen. Ein großes Wrack ist etwa eine Meile nördlich markiert, aber seine Position liegt nicht da, wo wir das Truppenschiff schließlich fanden. Ich beschloß, die Position der Admiralität für die Bibel zu halten und von dort weiterzuarbeiten.

Ich hatte Befürchtungen, den Seiten-Scan über Bord zu werfen. Sollten wir einen Helikopter oder ein schnelles Boot ausmachen, die in unsere Richtung kamen, würde es zu lange dauern, den Sensor herauszuziehen und das Gerät abzuschalten, ehe sie uns sahen und merkten, was wir tun wollten. Wir würden im wahrsten Sinne des Wortes auf frischer Tat ertappt werden.

Da wir nach einem Gegenstand suchten, der fast 500 Fuß lang und 62 Fuß breit war, setzte ich darauf, nur das eingebaute Echolot unseres Schiffes benutzen zu können. Das bedeutete, wir mußten fast direkt über die *Léopoldville* fahren, um ihren Rumpf aufzuzeichnen. Wieder wich ich von meiner normalen Routine ab, die darin bestand, den Rasen innerhalb entweder eines viereckigen oder rechteckigen Suchrasters zu mähen. Ich bat Jimmy, eine kleine Boje über der Position der Admiralität abzuwerfen und dann darum herumzukreisen. Dann sollte er außen arbeitend jede Kreislinie spiralförmig erweitern. Der Meeresboden war flach und hatte eine Tiefe von 160 Fuß.

Nach einer Stunde und zwanzig Minuten zeichnete das Echolot eine Veränderung auf, die sechzig Fuß aus dem Boden herausragte. Es war ein Glückstreffer. Nach weiterem zweimaligen Überfahren wurde ein langer Gegenstand bestätigt, der Richtung Cherbourg zeigte, aber in einem leichten Winkel, der zweifellos von Strömungen verursacht wurde, weil die *Léopoldville* an ihrem Anker von den Strömungen hin und her geworfen worden war, bevor sie sank. Sie liegt gerade 300 Meter nordwestlich der aufgezeichneten Position. Unsere Navigationsaufzeichnungen orteten sie auf 49 44 40 mal 01 36 40.

Es tat mir leid, daß wir keinen Kranz hatten, den wir über Bord werfen konnten, und wir hatten auch keine Feier vorbereitet. Obwohl die Sonne hell schien, bedurfte es keiner großen Phantasie, um sich die Nacht des Entsetzens vorzustellen. Wir umkreisten langsam das Wrack und beobachteten, wie seine Masse auf dem Echolot vom Boden aufstieg. Es war ein herzzerreißender Augenblick, aber wir wußten, die französische Marine würde uns nicht erlauben, uns länger hier aufzuhalten. Wir hielten alle die Einfahrt zum Hafen von Cherbourg im Auge.

»Wirf das Seiten-Scan aus«, forderte Dirk.

»Sei so lieb und finde noch mehr von ihr«, meinte Jimmy zu dem Gerät.

»Nix suchen, nix finden«, fügte Bill hinzu.

Ich nahm es leicht. Und schon fing der Apparat an zu arbeiten. Klickklack machte das Aufzeichnungsgerät. »Das Schiff fünf Meilen nördlich von Cherbourg möge bitte sofort in den Hafen zurückkehren«, kam eine Stimme in perfektem Englisch über Funk.

»Mein Gott!« stöhnte ich. »Wie sind die Franzosen auf uns gekommen?«

»Wir befinden uns in ihrem Unterseeboot-Testgebiet«, meinte Jimmy.»Wahrscheinlich haben sie Sensoren am Boden stationiert, die Sonarsignale aufnehmen.«

»Das sagst du mir jetzt«, stöhnte ich und wandte mich an Bill. »Haben wir eine Aufzeichnung von unserem ersten und einzigen Übergang bekommen?«

»Nicht die beste. Die *Léopoldville* wirft einen riesigen Schatten auf das Aufzeichnungsgerät. Sieht intakt aus und ziemlich gut erhalten. Sie ist nicht in Trümmern über den Boden verstreut wie andere auch, die wir gefunden haben. Ich würde annehmen, sie liegt auf ihrer Steuerbordseite.«

»Das Schiff fünf Meilen nördlich von Cherbourg bitte sofort in den Hafen zurückkehren«, kam die körperlose Stimme wieder.

»Ich frage mich, ob der jemals Kinderpartys veranstaltet«, philosophierte Bill vor sich hin.

»Zumindest hat er ›bitte‹ gesagt«, erinnerte mich Dirk.

Ich sah zu Jimmy hinüber. »Wie weit ist es bis in britische Gewässer?«

»Etwa achtzehn Meilen.«

»Was meinst du, Skipper?«

Ehe er antworten konnte, kam unser Partyhecht wieder. »Das Schiff möge bitte –«

Jimmy Flett ist ein ganzer Mann. Er lächelte heimtückisch und schaltete das Radio ab.

Ich nickte. »Also gut, das war's mit dem Unterhaltungsprogramm. Laßt uns sehen, daß wir davonkommen.«

Jimmy, die Hände fest auf die Radspeichen gepreßt, richtete die Augen in Richtung England. Wir anderen standen am Heck und suchten französische Patrouillenboote oder Helikopter auf der Jagd nach uns. Angesichts unseres zuverlässigen Bootes, das mit neun Knoten dahintuckerte, kam ich mir vor, als hätte ich eine Bank ausgeraubt und wollte mich jetzt mit einem Bulldozer davonmachen.

Ich durfte auf keinen Fall die Menschen an Bord der *Arvor III* in Gefahr bringen, indem ich Widerstand leistete. Abgesehen von einem Enterhaken und ein paar Schweizer Armeemessern bestand unser Waffenarsenal aus Colins unglaublicher Menge kleiner Pellkartoffeln. Nicht gerade etwas, das die Moral hebt. Aber ein gut gezielter Wurf könnte ein Patrouillenboot ganze zehn Sekunden stoppen.

In meinem tiefsten Inneren glaubte ich, daß nicht einmal die französische Marine ein britisches Boot angreifen würde, das das Emblem des Royal Yacht Club aufgezogen und vier ehrenwerte Amerikaner an Bord hatte. Wir hatten genügend Probleme in den Nachrichten verursacht, daß sie genug davon hatten, einen internationalen Zwischenfall heraufzubeschwören. Außerdem wäre eine solche Affäre nur dem Verkauf meiner Bücher förderlich, eine edle Tat, zu der sie nichts beizutragen wünschten.

Es kommt eine Zeit im Leben jedes Menschen, wo das Glück durch die Wolken schimmert. Da hört man die Trompeten zusammen mit den Wirbeln der Trommeln und dem sanften Klang der Harfe. Die Rache ist mein, spricht Mickey Spillane. Die Zeit kam für die Sanftmütigen, denn ihrer sei die See. Als die *Arvor III* in den Hafen von Weymouth einlief, kamen wir an einer französischen Raketenfregatte vorbei, die an NATO-Übungen teilnahm.

»Wie knapp kannst du an ihr vorbeifahren, Jimmy?« fragte ich.

»Sind dreißig Fuß okay?«

»Dreißig Fuß sind genau richtig.«

Für die französischen Matrosen, die sich auf den Decks der Flugkörperfregatte herumtrieben, sah die *Arvor III* einfach aus wie irgendein Fischerboot, das in den Hafen einlief. Sie sahen kaum hin, als Bill, Dirk, Wayne und ich uns auf dem Achterdeck aufstellten. Der erstaunte Ausdruck auf ihren Gesichtern, als wir unser Trommelfeuer von Pellkartoffeln losließen, war für mich wie eine Droge. Sie schlugen auf den Köpfen der Männer ebenso wie auf dem Schiff ein, zerbarsten und spritzten herum. Sie haben nie herausgefunden, was sie getroffen hatte. Sie wußten nicht warum. Und ich nehme an, sie werden es nie erfahren.

Wir waren jetzt in freundlichen Gewässern, und ihnen blieb

nichts anderes übrig, als ihre Fäuste zu schütteln und uns fürchterliche Schimpfwörter auf französisch nachzurufen.
Rache ist süß, in der Tat.

Jimmy und John begleiteten uns zum Bahnhof, von wo aus wir nach London fuhren. Es fiel mir schwer, unserer schottischen Mannschaft Lebwohl zu sagen. Wir waren in den letzten sechs Wochen zusammen durch schlimme Zeiten gegangen und uns recht nahegekommen. Bill war beim Abschied besonders gerührt und hielt ein Foto in Ehren, das er von Jim und John beim Winken gemacht hatte, als der Zug aus dem Bahnhof fuhr.

Wie das bei Schiffswrackexpeditionen so geht, hielten wir diese in liebster Erinnerung. Viel war erreicht worden. Unser einziger Fehlschlag war der, daß wir nicht nach der *Alabama* suchen durften. Es war nie meine Absicht gewesen, eine Riesenkontroverse heraufzubeschwören. Aber insgesamt hatten wir gut abgeschnitten und eine Bootsfahrt voller Spaß noch nebenbei gehabt.

Ich hielt in New York und berief eine Pressekonferenz an Bord des Flugzeugträgers *Intrepid* ein, um unsere Funde zu verkünden. Ich wollte besonders über die tragische Geschichte der *Léopoldville* und ihr Sinken an Heiligabend 1944 berichten. Es schien seltsam, daß so wenige Menschen von der Katastrophe und dem furchtbaren Verlust an Menschenleben wußten. Jede Regierung, die auch nur im entferntesten beteiligt war, ignorierte die Tragödie und behandelte sie wie ein unbedeutendes Ereignis, das es nicht wert war, sich damit aufzuhalten. Die Armee und die Marine der Vereinigten Staaten taten so, als sei es nie geschehen. Die britische Admiralität erwähnte es kaum, während die Belgier die feigen Handlungen ihrer Besatzung herunterspielten.

Wir widmeten der Sache die beste Sendezeit und ließen die Ereignisse um die *Léopoldville* in den Sechsuhr-Fernsehnachrichten ausstrahlen und in allen großen Zeitungen des Landes abdrucken. Plötzlich begannen nun die Familien, die einfach nur Telegramme kurz nach dem Sinken bekommen hatten, in denen es hieß, daß ihre Lieben in Feindhandlungen gefallen seien, Fragen zu stellen.

Uns wurde warm ums Herz bei dem Gedanken, daß wir es waren, die dafür gesorgt hatten, daß jetzt eine große Zahl Ehefrauen, Brüder, Schwestern und die Überlebenden der Panther-Veteranen-Organisation, bestehend aus Männern, die in der 66. Division gedient hatten, wachgerüttelt wurden.

Bob Hesse, Präsident und einer der Gründer der Panther-Veteranen-Organisation, kreuzte auf der Pressekonferenz auf, und ich stellte ihn als Überlebenden vor. Begleitet wurde er von Alex Yarmosh, Ed Riley und Dick Dutka, drei der Männer, die in jener schrecklichen Nacht auf das Deck der H. M. S. *Brilliant* gesprungen waren. Im ganzen Haus blieb kein Auge trocken. Da ich nie zu träumen gewagt hatte, daß irgendein Überlebender der *Léopoldville* auftauchen könnte, war ich zutiefst gerührt. Im Laufe der Jahre wurden Bob und ich, zusammen mit vielen der Panther-Veteranen, gute Freunde. Ich hielt auf einem ihrer Treffen einen Vortrag und hatte das Privileg, als Ehrenmitglied aufgenommen zu werden.

In eines meiner Bücher, mit dem Titel »Cyclop«, schrieb ich folgende Widmung:

Den achthundert amerikanischen Männern, die mit der *Léopoldville* an Heiligabend 1944 in der Nähe von Cherbourg, Frankreich, untergingen.
Von vielen vergessen, von einigen in Erinnerung behalten.

Der letzte Akt des Cherbourg-Zwischenfalls war jedoch noch lange nicht zu Ende. Die Franzosen waren voller Überraschungen, wie unangemessen auch immer.

Kurz nachdem ich zu meiner Familie in Colorado zurückgekehrt war, las ich von der heimtückischen Ohrfeige, die mir die französische Marine verpaßt hatte. Eines ihrer Bergungsschiffe hatte zwei Wochen, nachdem wir unsere großartige Flucht aus Cherbourg organisiert hatten, eine Suche in Gang gesetzt. Dreimal darf man raten? Sie fanden die *Alabama*. Sie behaupteten, sie hätten zwanzig Jahre lang gesucht und die Lage des Wracks erst entdeckt, nachdem ihnen neues Forschungsmaterial unter die Augen gekommen war.

Meines!

Ich war von ihrem Timing überrascht. Dann schrieb mir ein Mitglied der U.-S.-Botschaft in Paris und informierte mich, daß der Kapitän des Bergungsschiffs Dokumente erhalten hatte, die die ungefähre Lage anzeigten. Zufälligerweise war der Vetter des Bergungsschiffskommandanten der Schullehrer, bei dem ich mein ganzes Forschungsmaterial mit der geschätzten Markierung der *Alabama* gelassen hatte. Die Spitzbuben, sie waren nicht nur stolz darauf, sie gaben sogar noch damit an.

Ich machte einen vollständigen Persönlichkeitswandel durch und wurde plötzlich ganz nüchtern. Ich sah aus und fühlte mich wie ein Basset, der vergessen hat, wo er seinen Knochen versteckt hatte. Ich konnte kaum der Versuchung widerstehen, in eins der vornehmen französischen Restaurants zu marschieren und nach ihrem Tagesgericht mit heißen Haferflocken zu fragen. Hatte es die französische Marine der NUMA nachgetragen, daß ihr Raketenkreuzer mit Pellkartoffeln beworfen worden war? Könnte es sein, daß die Entdeckung der Überreste der *Alabama* ihre Art war, Rache zu nehmen?

Die Franzosen gingen noch einen Schritt weiter. Als amerikanische Archäologen anfingen, Vorschläge für die Erkundung und Hebung von Artefakten zu unterbreiten, erklärte der französische Außenminister in einem Schreiben an das U. S. State Department in unzweideutigen Worten, daß es, da das Wrack in ihren Territorialgewässern liege, Frankreich gehöre. Es spielte keine Rolle, daß unsere Regierung die *Alabama* als Eigentum der Vereinigten Staaten betrachtete. Ihr Kultusminister und der Hochkommissar für archäologische Forschung ließen keine Zeit verstreichen, sondern finanzierten und organisierten ein umfangreiches Bergungsprojekt, und die ausgewählten Artefakte wurden an ein neues Konservierungsinstitut und Museum in Cherbourg geschickt.

Einige Zeit später wurde Kevin Foster vom National Park Service eingeladen, auf der *Alabama* zusammen mit französischen Archäologen zu tauchen. Sie taten so, als ob ihre Archive ein nationaler Schatz seien, und erlaubten ihm nur widerwillig, ihre Dokumentation über das Schiffswrack zu studieren. Als er Seekarten untersuchte, entdeckte er eine Karte mit meinem Namen darauf.

Ich fragte Kevin später: »Hast du meine geschätzte Position des Wracks gesehen?«

»Ja«, antwortete er. »Sie war mit einem kleinen Malteserkreuz markiert.«

»Wie weit war ich vom Ziel weg?«

»Weniger als eine halbe Meile.«

Eine halbe Meile. Mit unserem Seiten-Scan-Sonar hätte die Mannschaft an Bord der *Arvor III* das Wrack leicht an einem Tag finden können.

Als abschließende Analyse würde ich sagen, sie haben uns reingelegt.

Mein Hickhack mit der französischen Marine und die Suche nach der *Alabama* gerieten nur schwer in Vergessenheit. Mehrere Monate später erhielt ich einen Anruf von einem Herrn, der behauptete, er sei stellvertretender Leiter der Central Intelligence Agency. Was konnte die CIA von mir wollen? fragte ich mich. Dirk Pitt wandelte gelegentlich in den heiligen Hallen von Langley, aber ich hatte den Ort noch nie gesehen.

»Worum geht es bei diesem Anruf?« fragte ich, fest im Glauben, daß ich so unschuldig und weiß sei wie neugefallener Schnee.

»Ihre glänzende Vorstellung in Cherbourg letzten Sommer«, gab er zurück.

»Na ja, also bin ich mit dem Kartoffelkrieg etwas zu weit gegangen.«

»Dem Kartoffelkrieg?«

»Geht es nicht um meinen Angriff auf den französischen Raketenkreuzer?« fragte ich naiv.

»Davon habe ich nichts gehört«, antwortete er.

»Vergessen Sie, daß ich es erwähnt habe.«

»Mein Chef, der ein großer Liebhaber ihrer Bücher ist, hat vorgeschlagen, ich solle Sie anrufen und von dem Durcheinander informieren, das Sie in Cherbourg angerichtet haben.«

Jetzt war ich wirklich neugierig. »Wenn dieser verlotterte französische Admiral mir die Genehmigung gegeben hätte, die *Alabama* zu suchen, hätte es kein Durcheinander gegeben.«

»Glauben Sie mir, der Admiral war nicht sehr glücklich über Ihren heimlichen Fund der *Léopoldville*. Gut, daß Sie nach England abgehauen sind. Wenn Sie nach Cherbourg zurückgekehrt wären, hätten die französischen Sicherheitskräfte im Hafen auf Sie gewartet, Ihr Boot konfisziert und Sie und Ihre Besatzung in die örtlichen Verliese geworfen.«

Guter alter Jimmy Flett, dachte ich. Ich bin ihm eine große Belohnung schuldig.

»Keine große Sache«, meinte ich. »Kaum einen internationalen Zwischenfall wert.«

»Wußten Sie, daß die Gewässer um Cherbourg herum Marine-Testgelände sind?« fragte er.

»Ja, ich kannte die Gebiete. Sie sind auf den Navigationskarten genau eingetragen.«

»Was Sie nicht wissen konnten, Mr. Cussler, ist, daß die Franzosen gerade ihr neuestes Atomunterseeboot fertiggestellt und gerade zehn Tage vor Ihrer Ankunft geplant hatten, es zu testen.«

»Selbst wenn ich das gewußt hätte, es wäre mir scheißegal gewesen«, sagte ich und wurde immer lauter.

»Was Sie auch nicht wußten, ist die Tatsache, daß jedes Sicherheitsbüro und jede Agentur von einem Dutzend verschiedener Nationen, der CIA, der KGB, der britischen MI-5, der israelischen Mossad, um nur einige zu nennen, riesige Geldsummen ausgegeben und viele Stunden daran gearbeitet hatten, ihre Spione in Gang zu setzen, um das Testprogramm des französischen Atom-Unterseeboots zu beobachten.«

Ich fing an, dem Kerl zu ähneln, der in einem Motelzimmer nach einer durchsoffenen Nacht aufwacht, neben sich greift und einen warmen, weiblichen Körper ertastet. Dann fallen seine Augen auf ein Glas mit falschen Zähnen auf dem Nachttisch.

»Ein paar Tage, bevor die Versuche stattfinden sollten«, fuhr er fort, »wer segelt da in den Hafen von Cherbourg? Unser Clive Cussler mit einer lustigen Bande von Piraten und einer Schiffsladung voller Unterwassersuchgeräte.«

Jetzt wurde alles klar. Jetzt fühlte ich mich eng verwandt mit einem wollenen Mammut, das in die Teergruben von La Brea fiel.

»Da sie nicht wußten, was sie aus Ihrem Erscheinen machen sollten, bekam die französische Marine Angst und verschob ihre Tests um sechs Monate. All diese Spionageunternehmungen waren also sinnlos gewesen. Keiner von uns konnte ein weiteres halbes Jahr durchhalten. Also packten wir alles zusammen und gingen.«

»Ich habe meinem Land geschadet«, murmelte ich lahm.

»Nicht Ihre Schuld«, tröstete er mich. »Aber die Agency würde Sie bitten, uns einen großen Gefallen zu tun.«

Von weitem hörte ich eine Band »The Stars and Stripes Forever« spielen. Erlösung schien in greifbarer Nähe. »Sie brauchen nur zu sagen, was.«

»Das nächste Mal, wenn Sie und die NUMA-Besatzung eine Schiffswrackexpedition planen, würden Sie bitte unsere Büros in Langley darüber informieren, wohin Sie fahren, damit wir auf der anderen Seite der Welt etwas unternehmen können?«

Ich war zu schockiert, um zu antworten. Ich hatte keine Vorstellung davon, daß Vertreter des CIA Komödien inszenierten.

Schließlich murmelte ich: »Ich werde Ihnen eine Ansichtskarte schicken.«

Er meinte höflich: »Danke, leben Sie wohl«, und legte auf.

Und so enden die großen Irrungen der NUMA des Jahres 1984. Wir haben die *Titanic* nicht gefunden. Das sollte Bob Ballards große Leistung werden. Auch keine spanische Galeone wie die *Atocha*, überfüllt mit Gold- und Silberschätzen. Mel Fisher verdient die Ehren für diese Leistung. Aber wir fanden und erkundeten mehrere Schiffe von historischer Bedeutung. Ich hatte keine Meutereien zu ertragen, keine Verwundungen und keine Schiffsschäden. Alles zusammengenommen hatten wir außerordentlich viel Glück, von Aberdeen über Cherbourg bis Weymouth.

Ich weiß nicht, ob das wie ein Liedtitel oder wie eine Doppelspielkombination für ein Baseball-Team klingt.

Teil 10

Wer nicht sucht, kann nicht finden

Postskriptum

Es gibt nicht viele aufregende Erlebnisse, die dem des Schwimmens durch ein Schiffswrack gleichkommen. Ich habe es immer mit einem Gang durch einen Friedhof verglichen. Man kann die Geister der Mannschaft, die an Bord lebte und einsam starb, spüren und sich manchmal sogar bildlich vorstellen. Die Strömungen, der düstere Anblick, die Stille nur unterbrochen vom Zischen des eigenen Luftregulators, all das fügt sich zu dem grausigen Erlebnis zusammen.

Dank der neuesten Fortschritte in der Tiefsee-Technologie sind ein paar quälende Geheimnisse in der Tiefe endlich gelöst und auf Film- und Videokassetten aufgezeichnet worden. Wir haben fast jeden Quadratzoll des Mondes vermessen, aber wir haben weniger als ein Prozent von dem betrachten können, was im Wasser verborgen ist. Die Gebeine der Schiffe und Flugzeuge zu finden, die unberührt in der Tiefe liegen, ist eine Erfahrung, die nur wenigen vergönnt ist. Diejenigen, die suchen und gelegentlich auch finden, sind unter einer Vielzahl von Titeln bekannt. Abenteurer, Ozeanografen, Marine-Archäologen, Schatzsucher. Alle suchen in der einen oder anderen Form nach historischen Schiffen, die ins Unbekannte verschwunden sind. Manchmal sind sie erfolgreich. Häufiger aber noch erleiden sie Fehlschläge. Die Chancen stehen mehr als schlecht für sie. Aber solange sie getrieben werden von einer unstillbaren Neugier, werden ständig neue Entdeckungen an die Oberfläche kommen.

Die Lockung der Schiffswracks ist wie ein Sirenengesang. Da liegen buchstäblich Millionen versunkener Schiffe auf dem Meeresboden. Ich habe mich oft gefragt, wie viele alte Wracks unter dem Schlick des Nils in Ägypten liegen mögen. Das Mittelmeer ist übervoll von ihnen. Die »Großen Seen« allein beherbergen fast 50 000 bekannte Schiffswracks, beginnend mit dem berühmten Schiff *Griffin* des Forschers Sieur de La Salle, das vom Stapel gelassen wurde und 1679 irgendwo im Lake Michigan verschwand, bis zur *Edmund Fitzgerald*, die 1975 mit allen Matrosen auf dem Lake Superior verlorenging. Das Seebett zwischen Maine und Florida enthält eine riesige Flotte versunkener Schiffe. Wohl über eintausend Dampfschiffe ruhen unter den Ufern und Dämmen des Mississippi River.

Sie alle haben Geschichten zu erzählen.

Ich bin selbst einmal über die Decks eines Schiffs gegangen, das dann ins Unbekannte verschwand.

Im Frühjahr 1964 hatte ich ein paar Wochen Urlaub genommen, bevor ich als Direktor einer Fernsehproduktion für eine große Werbeagentur eine neue Stellung antrat. Nachdem ich das Haus angestrichen hatte, blieben mir noch zehn Tage Urlaub zum Nichtstun. Meine Frau arbeitete, und unsere drei Kinder gingen zur Schule. Ein Freund überredete mich, als Besatzungsmitglied auf eine wunderschöne Yacht mit Namen *Emerald Sea* zu gehen, die hinter einem weiträumigen Landhaus in Newport Beach, Kalifornien, festgemacht hatte.

Es war eine angenehme Arbeit, Meilen von lackiertem Holz zu pflegen und die Maschinen zu reinigen. Aber ich erinnere mich, wie überrascht ich war, als ich nach einer Reise nach Catalina, einer Insel vor Kalifornien, eine Uniform verpaßt bekam und den

Befehl erhielt, für die Passagiere zu sorgen, während der Kapitän am Steuer war. Die Gäste des Yachteigentümers vermuteten nie, daß ihnen ihre Drinks und Hors d'œuvres von einem ausgebildeten Werbefachmann serviert wurden statt von einem gewöhnlichen Matrosen. Und ich hatte überhaupt nichts dagegen, wenn sie mir ein Trinkgeld von fünfzig Dollar gaben, sobald sie an Land gingen. Ich muß zugeben, daß es nicht leicht war, die Teakholzdecks der *Emerald Sea* und den Geruch von Salzwasser gegen ein steriles Büro am Sunset Boulevard einzutauschen.

Die Yacht, die in der Nähe der *Emerald Sea* lag, war ein großes 1920 gebautes Zweideckschiff. Ich konnte über das Dock auf ein weiträumiges, mit Sonnensegel überdachtes Deck blicken und mir vorstellen, wie eine Anzahl Männer im Smoking mit Backfischen in Rüschenkleidchen und mit Bubikopf Charleston tanzten. Es gab Zeiten, da hätte ich schwören können, die Klänge einer Jazzband zu hören. Ich glaube, sie hieß *Rosewood*. Sie war eine elegante Dame und strömte Stil aus, wann immer ihre ältliche Eigentümerin, eine reiche Witwe, sie ausführte und in der Bucht Partys auf ihr gab.

Ich freundete mich mit einem der Matrosen, Gus Muncher, an, der schwor, daß er einmal im Film für Errol Flynn als Double aufgetreten war, aber mehr wie Peter Lorre aussah. Gus pflegte mir einen Rundgang über sein Schiff zu genehmigen, dann saßen wir an Deck und aßen zu Mittag, tranken aus bauchigen Bierflaschen und tauschten Geschichten über die verschiedenen Schiffe und ihre Eigentümer aus, die alle schon in dem Hafen angelegt hatten. Die Skandale waren ziemlich saftig.

Gus gab an, er würde nur auf der Yacht arbeiten, um genügend Geld zu sparen, weil er nach Tahiti wollte. Er träumte davon, dort eine kleine Fähre zwischen den Inseln zu betreiben.

Ich habe Gus aus den Augen verloren, sobald ich meinen Nadelstreifenanzug übergezogen hatte und wieder zurück zur Arbeit gegangen war, um eingängige Verkaufsslogans zu kreieren, mit denen die Massen verführt werden konnten, alle möglichen und unmöglichen Produkte zu kaufen, auf die sie gut hätten verzichten können. Zwei Jahre später traf ich meinen alten Kapitän von der *Emerald Sea* in einem Restaurant wieder. Ich fragte ihn, ob er Gus gesehen habe.

»Gus«, sagte er traurig, »ist tot.«

»Nein«, murmelte ich entsetzt. »Wie?«

»Er ist mit der *Rosewood* untergegangen.«

»Ich hatte keine Ahnung, daß sie gesunken ist.«

Der Kapitän nickte. »Die alte Dame, der sie gehörte, starb, und der Nachlaßverwalter verkaufte sie an einen Autohändler in New Jersey. Nachdem sie durch den Kanal gefahren waren, verschwand die *Rosewood* mit allen Matrosen in der tiefen See westlich der Bermudas. Gus war einer der drei Besatzungsmitglieder an Bord.«

»Armer alter Gus«, seufzte ich. »Er hat Tahiti nie gesehen.«

Meine Erinnerung an Gus wurde in den nächsten fünfzehn Jahren schwächer.

Nachdem ich der Werbeagentur ein fröhliches Lebewohl gesagt hatte und endlich mit Schreiben meinen Lebensunterhalt verdienen konnte, legten meine Frau Barbara und ich einmal in Tahiti einen Zwischenstopp ein, um dort Urlaub zu machen, nachdem eine Lesereise in Australien abgeschlossen war. Als Barbara ein paar Geschenke in einem Dorf auf der Insel Bora-Bora einkaufen wollte, ging ich in eine kleine Bar, von der aus man die berühmte türkisfarbene Lagune der Insel überblicken konnte. Aus den Augenwinkeln beobachtete ich einen Burschen, der einen breitrandigen Strohhut trug, ein geblümtes Hemd und ein paar zerschlissene Shorts. Er saß neben einer bemerkenswerten tahitischen Dame mit wallenden, schwarzen Haaren und einem Lächeln, in dem Goldfüllungen glänzten. Ein dichter roter Bart bedeckte sein Gesicht zur Hälfte, aber ich erkannte ihn sofort.

Ich ging an seinen Tisch und starrte ihm in die Augen. »Bist du das wirklich, oder sehe ich einen Geist?«

»Nur damit du siehst, daß ich am Leben bin, werde ich dir ein Bier kaufen«, meinte Gus Muncher lachend. »Nur mußt du vergessen, daß du mich jemals gesehen hast.« Dann stellte er mich seiner Frau Tani vor.

»Also bist du doch nach Tahiti gekommen?« wunderte ich mich und mußte dabei gegen den Wunsch ankämpfen, ihn in den Arm zu kneifen, um zu sehen, ob er schreien würde.

»Ich habe mir einen fünfzig Fuß großen Katamaran gekauft und verdiene ganz gut damit, Waren und Passagiere um die Insel herum zu fahren.«

»Dein Traum ist also wahr geworden.«

»Du hast es nicht vergessen«, sagte er grinsend.

»Ich habe gehört, du seist mit der *Rosewood* untergegangen.«

»In gewisser Weise kann man das schon sagen.«

»Das möchte ich gerne hören.«

»Da gibt es nicht viel zu erzählen. Wir öffneten alle Bordventile, und sie ging unter wie ein Felsbrocken.«

Ich starrte Gus ungläubig an. »Das ergibt doch keinen Sinn, eine absolut gute Yacht fast fünftausend Meilen zu segeln und dann zu versenken.«

Gus strahlte wie ein Honigkuchenpferd. »Kannst du dir einen besseren Ort als das Bermudadreieck denken, um ein Schiff für die Versicherung zu versenken?«

Ich hätte meine Ansichten von Moral und Gesetzestreue äußern sollen, aber in einer Bar mit Blick über eine wunderbare Landschaft, mit einem alten Freund zusammensitzend, von dem ich glaubte, er sei tot, schien mir das einfach nicht angemessen. Nach zwei Bier fand mich Barbara, sammelte mich ein, und ich sagte Gus und seiner Dame Lebewohl.

Zehn Jahre später lernte ich einen französischen Beamten von den Inseln kennen und fragte ihn, ob er einen Gus Muncher kenne. Er nickte und teilte mir traurig mit, daß Gus, seine Frau, sein Katamaran, zwei zahlende Passagiere und eine Ladung von achtzig

Küken in einem Sturm vor Mooréa untergegangen seien. Ein Suchtrupp habe keine Spuren gefunden.

Ich habe mich immer gefragt, ob Gus wieder einmal vom Erdboden verschwunden sei oder ob er wirklich auf dem Meeresboden läge. Ich nehme an, man würde einen Hinweis finden, wenn man die Akten der Versicherungsgesellschaft überprüfte, um zu sehen, wer die Entschädigung für Gus und sein Boot kassiert hat. Ich war zwar neugierig, aber da ich den Namen des Katamarans nicht kannte und nicht wußte, welche Schiffsversicherungsgesellschaft die Erstattung ausgezahlt hatte und an wen, wandte ich mich anderen Projekten zu. Ich bewahrte mir die Erinnerung an ihn, ließ aber sein Geheimnis mit ihm sterben.

Aus irgendeinem Grunde war ich nie gut darin, Dokumentarfilme über die Expeditionen der NUMA zu drehen. Ich machte fast nie Aufnahmen während einer Suche. Meine Werbemanagerin bestand einmal darauf, mir zwei kleine automatische Kodak-Kameras mitzugeben, weil sie dachte, wenn sie es mir leichtmachte, würde ich endlich eine Serie von Aufnahmen der Ereignisse schießen. Mein Sohn Dirk machte etwa drei Kästen voll Dias, die ich nach vier Jahren noch immer entwickeln lassen muß.

Wahrscheinlich bekomme ich nicht den ganzen Zuspruch, der möglich wäre, weil ich mich nicht an die großen Fotoverlage und Fernsehprogramme wende. Einmal habe ich die *National Geographic* angerufen, um zu sehen, ob Interesse an meiner bevorstehenden Expedition bestünde, mit der ich die *Bonhomme Richard* suchen wollte. Während einer Unterhaltung mit einer Dame, die sagte, sie sei für die redaktionellen Aufträge zuständig, wurde mir in deutlichen Worten mitgeteilt: »Wir vergeben keine Mittel.«

Ich antwortete: »Ich benötige keine Mittel. Ich zahle für die Suche mit meinen Buchantiemen.«

»Erwarten Sie nicht, daß wir für irgend etwas bezahlen«, verkündete sie säuerlich.

»Es kostet Sie keinen Pfennig.«
»Warum haben Sie dann angerufen?«
»Nur um Sie darauf aufmerksam zu machen, daß eine Suchexpedition eingeleitet worden ist, um das berühmte Schiff von John Paul Jones zu finden. Ich dachte, Sie wären vielleicht interessiert.«
»Wir finanzieren keine Suchexpeditionen nach Schiffswracks.«
»Das haben wir doch schon besprochen«, sagte ich völlig entnervt.
»Rufen Sie an, wenn Sie sie gefunden haben.«
»Dann was?«
»Dann werden wir einen Reporter und einen Fotografen entsenden, um eine Geschichte zu schreiben.«
»Ich bin Schriftsteller.«
»Wir ziehen einen professionellen Schriftsteller vor«, sagte sie ganz sachlich.
Ende der Konversation.

Ein paar Jahre später war ich wegen meiner Nebenrolle in dem schrecklichen Kinofilm zu meinem Buch »Hebt die *Titanic*« in Washington, D.C. Auf dem Weg zum Hotel, wo man gerade eine Pressekonferenzszene mit Jason Robards filmte, hielt ich einen Augenblick in den Redaktionsbüros der *National Geographic*. Ich ging zur Empfangsdame und bat, irgendeinen Redakteur sprechen zu dürfen, der ein paar Minuten Zeit für mich hätte.

Sie war so freundlich, vier verschiedene Redakteure anzurufen, um ihnen zu sagen, ich sei in der Eingangshalle. Nach einem letzten Anruf sah sie mich traurig an und sagte: »Es tut mir leid, Mr. Cussler, keiner von denen möchte mit Ihnen sprechen.«

Verschmäht von der *National Geographic*...

»Falls jemand fragen sollte«, wisperte die Empfangsdame süßlich, »was soll ich sagen, warum Sie sie sehen wollten?«

»Sagen Sie ihnen einfach, ich sei hier reingerannt, um einem Überfall zu entrinnen, und wußte nicht mehr, was ich wollte, als ich außer Gefahr war.«

Zerschmettert und aufgewühlt ging ich zurück in mein Zimmer im Jefferson Hotel, und abgesehen von den zwei Stunden, die ich damit verbrachte, eine defekte Großvateruhr im Wohnzimmer zu reparieren, weinte ich den Rest der Nacht in mein Kopfkissen.

Nicht genug damit, demoralisierende und lächerliche Sorgen wegzustecken, brachte ich dann auch noch das *Smithsonian*-Magazin gegen mich auf.

Nicholas Dean, ein wirklich feiner Fotograf aus Edgecomb, Maine, wurde vom *Smithsonian*-Magazin beauftragt, eine Fotogeschichte über die Entdeckung der *Cumberland* und der *Florida* durch die NUMA zu machen. Er verbrauchte viele Rollen Film über die Taucher und die Artefakte, die aus den Wracks geholt wurden. Dann, aus irgendeinem unbekannten Grunde, kappten die Redakteure des *Smithsonian* die Geschichte. Nick erhielt ein kleines Honorar als Entschädigung, aber nicht annähernd ausreichend, um seine Auslagen für den Hin- und Rückflug von Maine und fünf Tage Verdienstausfall auf der Expedition zu decken.

Mehrere Jahre später wurde ich von der Sekretärin eines leitenden Redakteurs des *Smithsonian*-Magazins angerufen, die mich fragte, ob ich eine Geschichte über ein Schiffswrack nach Ungenauigkeiten überprüfen würde. Da es sich um ein Schiff handelte, das ich kannte, war ich einverstanden. Die Geschichte kam mit der Post, ich las sie, machte ein paar Empfehlungen und schickte sie zurück.

Die Sekretärin benachrichtigte mich dann per Telefon, daß das Honorar für mein redaktionelles Gutachten 200 Dollar betrage. Überwältigt, aber meine Gefühle im Zaum haltend, bat ich sie, den Scheck nicht an mich, sondern an den Redakteur auszustellen.

»Ich verstehe nicht«, sagte sie verwirrt.

»Ich bestehe darauf, daß meine Entschädigung an ihn geht«, bestätigte ich nochmals.

Verständnislos murmelte sie: »Es ergibt aber keinen Sinn, daß das Honorar eines Schriftstellers an den Redakteur gehen soll.«

»In diesem Fall tut es das.«
»Darf ich fragen, warum Sie das tun?«
»Ja. Sagen Sie Ihrem Chef, daß die 200 Dollar Bestechungsgeld sind. Ich zahle dafür, daß er meinen Namen niemals im *Smithsonian*-Magazin erwähnt.«
Jetzt war die Sekretärin völlig aus dem Häuschen. »Sie wollen, daß Ihr Name nicht in unserem Verlagswerk erscheint? Das hat es noch nie gegeben.«
»Es gibt immer ein erstes Mal.«
Ich habe keine Ahnung, was sie mit dem Scheck gemacht hat. Ich weiß nur, daß ich ihn niemals bekommen habe.

Die NUMA hatte Glück, daß sie so viel mit so wenig erreicht hat. Fast sechzig gesunkene Wracks in Meeren, Flüssen und Seen sind gefunden und erkundet worden. Ich habe nur eine Handvoll in diesem Buch erwähnt. Ein paar wurden durch einen glücklichen Zufall entdeckt, die meisten erst nach langen Stunden der Forschung und schwerer Arbeit. Die Kosten sind natürlich bei jeder Expedition immer ein Faktor, aber wenn die Suche nicht allzu kompliziert ist und mit einfachen Mitteln durchgeführt werden kann, dann bleibt der Preis niedrig.

Trotz der Geschichten von Romanschriftstellern wie mir ist die Suche nach historischen Schätzen selten gefährlich und nur zu oft schlicht und einfach langweilig. Aber sie ist noch immer ein Abenteuer, an dem Menschen, die sich dieser Sache verschrieben haben, Spaß haben können. Entdeckungen kann man überall machen, und sie können in unmittelbarer Nähe Ihres Hinterhofs liegen. Sie würden sich wundern, wie viele berühmte historische Funde unentdeckt bleiben, weil niemand sich je die Mühe gemacht hat, sie zu suchen.

Ich nehme an, es wäre praktischer, meine Buchantiemen in kommunalen Schuldverschreibungen und Immobilien anzulegen, etwas, das finanziellen Gewinn bringen würde. Gott weiß, mein

Buchhalter und mein Makler denken womöglich, ich müßte unter Kuratel gestellt werden. Aber ich habe mir mein letztes Stündchen immer so vorgestellt, daß ich in einem Krankenhausbett liege, zwei Atemzüge vom großen Jenseits entfernt, und neben mir klingelt das Telefon. Eine große, blonde vollbusige Krankenschwester mißt meinen Puls und prüft meine nachlassenden Lebenszeichen. Dabei lehnt sie sich über mich, nimmt den Hörer ab und hält ihn an mein Ohr.

Die letzten Worte, die ich höre, bevor ich dahinscheide, sind die meines Bankiers, der mir sagt, mein Konto sei um 10 Dollar überzogen.

Was ich damit sagen will, ist, daß das einzige, was wir wirklich bereuen müssen, wenn der letzte Vorhang fällt, die großen Dinge sind, die wir nicht getan haben.

Oder, wie es ein alter, ergrauter Schatzsucher spätabends bei einem Bier in einer Hafenkneipe mir gegenüber in Worte faßte: »Wenn es keinen Spaß macht, lohnt es sich nicht.«

All denjenigen unter Ihnen, die verlorene historische Gegenstände suchen, wünsche ich viel Glück. Sie sind da draußen, und sie flüstern Ihnen zu.

Derzeitige Liste der Schiffswrackerkundungen und -entdeckungen der National Underwater & Marine Agency

C. S. S. *Hunley*

Erstes Unterseeboot der Geschichte, das ein Kriegsschiff versenkt hat. Nach der Torpedierung der U. S. S. *Housatonic* außerhalb von Charleston, South Carolina, im Februar 1864, verschwand die *Hunley* mit ihrer Neunmannbesatzung.

U. S. S. *Housatonic*

Eine Kriegsschaluppe der Unionsmarine. Erstes Kriegsschiff der Geschichte, das von einem Unterseeboot versenkt wurde, dem konföderierten Torpedoboot *Hunley* außerhalb von Charleston, South Carolina, 1864. Bis auf fünf Männer wurde die gesamte Mannschaft gerettet.

U. S. S. *Cumberland*

Fregatte der Unionsmarine. Erstes Kriegsschiff der Geschichte, das von einem Panzerschiff besiegt und versenkt wurde. Von dem Panzerschiff *Merrimack* der Konföderierten in New Port News, Virginia, 1862 gerammt. Über 120 Männer der Besatzung wurden getötet.

C. S. S. Florida

Berühmtes konföderiertes Kaperschiff, das während des Bürgerkriegs fast fünfzig Handelsschiffe der Vereinigten Staaten aufbrachte und versenkte. In Bahia, Brasilien, gekapert und nahe Newport News, Virginia, 1864 versenkt.

Sultana

Dampfboot mit Seitenschaufelrad, dessen Kessel explodierte und das Boot in eine Hölle verwandelte, 1865. Größtes nordamerikanisches Schiffsunglück. Zweitausend Männer starben, die meisten davon Soldaten der Union. Die Verluste übertrafen diejenigen der *Titanic*, 47 Jahre später.

Invincible

Bewaffneter Schoner, erstes Flaggschiff der Marine der Republik Texas. Kaperte Waffen und Vorräte von mexikanischen Handelsschiffen, die General Sam Houston übergeben wurden. In der Schlacht von Galveston, Texas, 1837 versenkt.

Zavala

Passagierdampfschiff; 1838 in ein bewaffnetes Kriegsschiff für die Marine der Republik Texas umgebaut. Wahrscheinlich das erste bewaffnete Dampfschiff in Nordamerika. 1842 in der Galveston Bay, Texas, versenkt.

Lexington

Außerordentlich schnelles Dampfschiff mit Seitenpaddel. Von Cornelius Vanderbilt 1835 konstruiert. In Brand geraten und gesunken im Sund von Long Island, New York, im Jahre 1840. 151 Männer, Frauen und Kinder starben.

U. S. S. *Akron*

Luftschiff der Marine der Vereinigten Staaten (lenkbar), das neun Flugzeuge im Flug andocken und bergen konnte. Vor Beach Heaven, New Jersey, 1933 zerschellt. 73 Mitglieder der Besatzung kamen um.

U. S. S. *Carondelet*

Ehrwürdiges Panzerschiff der Unionsmarine. Kämpfte in mehr Schlachten als jedes andere Kriegsschiff im Bürgerkrieg. Gebaut von dem erfindungsreichen Genie James Eads. Gesunken im Ohio River lange nach dem Krieg im Jahre 1873.

U. S. S. *Weehawken*

Nur die Unionsmarine kann von sich behaupten, daß sie ein konföderiertes Panzerschiff in der Schlacht besiegt und gekapert hat. Sie führte auch den ersten Angriff auf Fort Sumter an. Gesunken in einem Sturm außerhalb von Charleston, South Carolina, 1864.

U. S. S. *Patapsco*

Das Turmschiff der Marine der Union, *Passaic*-Klasse, kämpfte während der ganzen Belagerung von Charleston. Lief auf eine Mine der Konfoderierten und sank im Kanal außerhalb von Fort Moultrie im Jahre 1865. 62 Männer der Besatzung ertranken.

U. S. S. *Keokuk*

Einziges Panzerschiff der Union seines Typs mit zwei nicht schwenkbaren Geschütztürmen. Im allgemeinen als Zitadellen-Panzerschiff bezeichnet. Mehr als neunzigmal 1863 in Charleston von konföderierten Geschützen getroffen. Sank bald nach der Schlacht.

C. S. S. *Arkansas*

Widerstandsfähiges konföderiertes Panzerschiff, das allein gegen die gesamte Mississippi-River-Flotte unter Admiral Farragut kämpfte und sie besiegte. Von ihrer Besatzung vor Baton Rouge, Louisiana, 1862 verbrannt, um die Übernahme durch den Gegner zu verhindern.

C. S. S. *Manassas*

Erstes in den Vereinigten Staaten gebautes Panzerschiff und das erste Panzerschiff, das an einer Schlacht teilnahm. In erster Linie als Ramme konstruiert. Während der Schlacht um New Orleans 1862 im Mississippi in Brand geraten und gesunken.

C. S. S. *Virginia II*

Starkes konföderiertes Panzerschiff, das dabei half, die Armee von General Grant davon abzuhalten, den James River zu überqueren, um Richmond einzunehmen. Von der Besatzung in Drewry's Bluff auf Befehl von Admiral Semmes zum Ruhm der *Alabama* 1865 verbrannt.

C. S. S. Fredericksburg

Konföderiertes Panzerschiff der James-River-Flotte unter dem Kommando von Admiral Raphael Semmes. Aktiv engagiert bis Ende des Krieges. In Drewry's Bluff 1865 von ihrer Besatzung in die Luft gesprengt.

C. S. S. Richmond

Konföderiertes Panzerschiff, das fast drei Jahre lang die Flußstrecken des James River bewachte. Als Richmond fiel, wurde es von seiner Mannschaft 1865 in der Nähe von Chaffin's Bluff zerstört.

Northampton

Schneller Seitenraddampfer in der Chesapeake Bay, von den Konföderierten als Versorgungsschiff genutzt. 1862 unterhalb von Drewry's Bluff im James River als Hindernis versenkt.

Jamestown

Großer Passagierdampfer, von den Konföderierten beschlagnahmt. Kämpfte in Hampton Roads, Virginia, mit der *Merrimack*. 1862 als Hindernis unterhalb von Drewry's Bluff versenkt.

C. S. S. Louisiana

Gigantisches Panzerschiff der Konföderation, das sechzehn Geschütze trug. Unvollendet und nur kampffähig, als es an der Küste während der Schlacht um New Orleans festgemacht hatte. Es wurde von seiner Besatzung 1862 in die Luft gesprengt, um die Eroberung zu verhindern.

U. S. S. Varuna

Kanonenboot der Unionsmarine. Dreimal von den Konföderierten während der Schlacht um New Orleans gerammt. Sie versenkte sechs feindliche Schiffe, bevor sie 1862 an Land geschleppt und verbrannt wurde.

U. S. S. Commodore Jones

Das Seitenrad-Kanonenboot der Marine der Union, vorher ein New Yorker Fährschiff. Von einer sehr weit entwickelten konföderierten Zweitausendpfundelektromine 1864 zerstört.

U. S. S. Philippe

Kanonenboot der Unionsmarine, das bei Fort Morgan von Granaten der Konföderierten getroffen wurde, ausbrannte und 1864 während des Angriffs von Admiral Farragut auf die Stadt in der Einfahrt der Mobile Bay versenkt wurde.

C. S. S. Governor Moore

Kanonenboot der konföderierten Marine, ein umgebauter Passagierdampfer. Bereitete der Unionsflotte während der Schlacht um New Orleans einen harten Kampf. 64 Mann ihrer Besatzung starben. Lief 1862 im Mississippi auf Grund und brannte aus.

C. S. S. Colonel Lovell

Konföderiertes, baumwollverkleidetes Rammboot. Häufig in Feindhandlungen auf dem Mississippi in der Nähe von Tennessee verwickelt. Kämpfte heldenhaft, bevor es während der Schlacht um Memphis 1862 gerammt und versenkt wurde.

C. S. S. General Beauregard

Konföderiertes Seitenrad-Rammboot. Griff die Flottille der Union während der Schlacht um Memphis an und wurde schwer beschädigt, bevor es 1862 am Westufer des Mississippi sank.

C. S. S. General Thompson

Konföderiertes Seitenrad-Rammboot. Kämpfte auf dem Mississippi, entlang von Tennessee, bevor es in der Schlacht um Memphis 1862 in Brand geriet und auf Grund lief.

Platt Valley

Seitenraddampfer. Fuhr auf das Wrack der *General Beauregard* und sank 1867 unterhalb von Memphis.

Saint Patrick

Vierhunderttonnen-Seitenraddampfer, 1868 oberhalb von Memphis in Brand geraten und gesunken.

C. S. S. Drewry

Konföderiertes Kanonenboot. Kämpfte drei Jahre auf dem James River, bevor es durch Armeeartilleriefeuer 1865 in der Mitte von Trent's Reach versenkt wurde.

C. S. S. Gaines

Konföderiertes Kanonenboot, das während der Schlacht von Mobile Bay einen Kampf gegen Admiral Farraguts Flotte führte. Die *Gaines* lief 1865 hinter Fort Morgan auf Grund und verbrannte.

Stonewall Jackson

Konföderierter Blockadebrecher. Bei der Isle of Palms, South Carolina, 1864 auf Grund gelaufen.

Rattlesnake

Konföderierter Blockadebrecher. Von der Blockadeflotte der Union aufgebracht, während er versuchte, mit einer Ladung von Geschützen in den Hafen von Charleston außerhalb von Breech Inlet einzulaufen und 1863 verbrannt.

Raccoon

Konföderierter Blockadebrecher. Von einem Kanonenboot der Union 1863 außerhalb des Hafens von Charleston zerstört.

Ruby

Konföderierter Blockadebrecher, der viele erfolgreiche Fahrten gemacht hat. 1864 bei Folly Island, Charleston, zerstört.

Norseman

Konföderierter Blockadebrecher, vor der Isle of Palms, Charleston, 1865 auf Grund gelaufen.

Ivanhoe

Konföderierter Blockadebrecher. Von Kanonenbooten der Union aufgebracht und nahe Fort Morgan an der Einfahrt zur Mobile Bay, Alabama, 1863 zerstört.

Ausländische Schiffe, die entdeckt und erkundet wurden

Waratah

Ein Passagierlinienschiff der Blauer-Anker-Serie, das 1911 vor der Ostküste von Südafrika verschwand. Über 200 Passagiere und Besatzungsmitglieder kamen um. Eines der größten Geheimnisse des Meeres.

H. M. S. Pathfinder

Britischer Aufklärungskreuzer. Zweites von einem Unterseeboot versenktes Kriegsschiff und erster Treffer eines deutschen U-Boots. Im August 1914 in der Nordsee von dem Unterseeboot *U-21* torpediert.

U-21

Erstes deutsches Unterseeboot der Geschichte, das ein feindliches Schiff versenkte. Es zerstörte im Ersten Weltkrieg auch zwei Schlachtschiffe nahe der Türkei. In der Nordsee 1919 im Schlepptau untergegangen.

U-20

Deutsches Unterseeboot aus dem Ersten Weltkrieg, das das Linienschiff der Cunard-Linie, die *Lusitania*, versenkte. 1916 an der Küste Jütlands, Dänemark, gestrandet. Später, 1926, von den Dänen in die Luft gesprengt.

H. M. S. *Aceteon*

Britische Fünfziggeschützfregatte, während der Schlacht von Fort Moultrie, South Carolina, im Revolutionskrieg von 1776 gestrandet und verbrannt.

H. M. S. *Invincible*

Britischer Schlachtenkreuzer. Im Mai 1916 von deutschem Marine-Kanonenfeuer während der Schlacht von Jütland in der Nordsee versenkt. Admiral Hood und 1026 Mann seiner Besatzung gingen mit dem Schiff unter.

H. M. S. *Indefatigable*

Britischer Schlachtenkreuzer. Von deutschem Marine-Kanonenfeuer während der Schlacht von Jütland in der Nordsee 1916 versenkt. Über 1000 Männer gingen mit ihr unter.

H. M. S. *Defence*

Schwerer britischer Kreuzer. 1916 während der Schlacht von Jütland mit der gesamten Mannschaft versenkt.

H. M. S. Shark

Britischer Zerstörer. Während der Schlacht von Jütland 1916 von der Deutschen Kaiserlichen Flotte versenkt.

H. M. S. Hawke

Britischer Kreuzer; von dem deutschen Unterseeboot *U-9* im Oktober 1915 sechzig Meilen vor Schottland versenkt. 348 Männer der Besatzung kamen um.

Wiesbaden

Schwerer deutscher Kreuzer, verbrannt und versenkt 1916 während der Schlacht von Jütland vor Dänemarks Küste.

V-48

Deutscher Zerstörer, während der Schlacht von Jütland 1916 versenkt.

S-35

Deutscher Zerstörer, während der Schlacht von Jütland 1916 versenkt.

Blücher

Schwerer deutscher Kreuzer, der während der Schlacht auf der Dogger-Bank in der Nordsee 1916 zerstört und versenkt wurde.

U-12

Deutsches Unterseeboot. Gesunken, nachdem es vom britischen Kreuzer *Ariel* 1915 vor Schottland gerammt worden war.

U-74

Deutsches Unterseeboot. Vor Weymouth, England, versenkt, nachdem es von einem britischen Kanonenboot 1916 angegriffen worden war.

Glückauf

Prototyp des modernen Öltankers. Der erste, der alle Bulkheads verwenden sollte, um Öl zu lagern. Erstes Schiff, bei dem die Maschine im Heck untergebracht war. Auf Fire Island, New York, 1893 gestrandet.

Vicksburg

Britischer Dampffrachter. An der Küste von Fire Island, New York, nahe Blue Point, während eines Sturms 1875 gestrandet.

Alexander Nevski

Russische Dampffregatte, die an der Ostküste Dänemarks nahe Thyborøn 1868 auf Grund lief. Der russische Kronprinz befand sich an Bord. Alle wurden gerettet.

Arctic

Britisches Dampfschiff. An der Küste von Jütland, Dänemark, 1868 gestrandet.

Kirkwall

Britisches Dampfschiff, das an der Küste von Jütland, Dänemark, 1874 auf Grund lief.

Odin

Sehr frühes Königlich-Schwedisches Dampfschiff, in vielen Modellen kopiert, 1836 gebaut, lief 1836 nahe Thyborøn, Dänemark, auf Grund.

Commonwealth

Britischer Frachter, von einem deutschen U-Boot während des Ersten Weltkriegs 1915 in der Nordsee vor Flamborough Head versenkt.

Charing Cross

Britischer Frachter, von deutschem U-Boot während des Ersten Weltkriegs vor Flamborough Head 1916 torpediert.

Chicago

Sehr großer britischer Zehntausendtonnenfrachter, 1918 durch ein deutsches U-Boot vor Flamborough Head versenkt.

Léopoldville

Belgisches Linienschiff, während des Zweiten Weltkriegs zum Truppentransporter umgebaut. Von deutschem U-Boot an Heiligabend 1944 vor Cherbourg, Frankreich, torpediert. Über 800 amerikanische GIs starben bei der Tragödie.

Zusätzlich erkundete Lageplätze

Merrimack

Viele Magnetometer-Kontakte um den Ort, an dem das berühmte konföderierte Panzerschiff vor Craney Island, Portsmouth, Virginia, 1862 in die Luft gesprengt wurde.

Great Stone Fleet

Große Zahl von Untergrundkonturen und Magnetometer-Kontakten, wo 1861 sechzehn alte New-England-Walfangschiffe versenkt wurden, um den Kanal, der in den Hafen von Charleston führte, zu blockieren.

Der Schiffsfriedhof von Galveston

Zehn von zwölf Schiffen, die auf der alten Sandbank außerhalb von Galveston Bay zwischen 1680 und 1880 auf Grund liefen und jetzt im Sand vergraben liegen.

Swamp Angel

Reste der Brüstung, wo die berühmte Achtzoll-Papageienkanone im Laufe des Jahres 1863 150-Pfund-Geschosse in die Stadt Charleston 1900 Yards entfernt schoß.

Torpedo-Floß

Die Reste des Antitorpedo-Floßes der Unionsmarine, das vom Turmschiff *Weehawken* während der Schlacht um Charleston 1863 verwendet wurde, liegen in dem Sumpf am Nordende von Morris Island, South Carolina.

Die verlorene Lokomotive vom Kiowa Creek

Fundstelle, wo der Kansas-Pacific-Frachtzug 1876 von der Flut weggeschwemmt wurde. Es stellte sich heraus, daß der Zug heimlich geborgen, repariert und mit neuer Nummer wieder in Dienst gestellt wurde. Was wir fanden, war ein 120 Jahre alter Versicherungsschein.

Fotonachweis

Nicholas Dean, Edgecomb, MA: 8
Denver Public Library, Western History Department: 23
Imperial War Museum, London, England: 24, 25, 26
Mariners' Museum, Newport News, VA: 1, 2, 28
Bill Shea, Lincoln, MA: 31
U.S. Naval Historical Center: 5, 6, 7, 10, 11, 12, 13, 14
Ralph Wilbanks, Isle of Palms, SC: 20, 22

Alle anderen Fotos stammen vom Autor